W0041869

Kohlhammer

Wolfgang Vollmoeller

Was heißt psychisch krank?

Der Krankheitsbegriff in Psychiatrie,
Psychotherapie und Forensik

Verlag W. Kohlhammer
Stuttgart Berlin Köln

Die Deutsche Bibliothek – CIP-Einheitsaufnahme

Vollmoeller, Wolfgang:
Was heißt psychisch krank? : der Krankheitsbegriff in Psychiatrie,
Psychotherapie und Forensik / Wolfgang Vollmoeller. - Stuttgart ;
Berlin ; Köln : Kohlhammer, 1998
  ISBN 3-17-015210-6

Alle Rechte vorbehalten
© 1998 W. Kohlhammer GmbH
Stuttgart Berlin Köln
Verlagsort: Stuttgart
Gesamtherstellung:
W. Kohlhammer Druckerei GmbH + Co. Stuttgart
Printed in Germany

Inhalt

Vorwort

Schon seit einigen Jahren beobachten wir in den sog. Psychofächern weltweit eine besondere Entwicklung. Sie besteht im wesentlichen darin, daß es bei psychischen Störungen, unter denen immerhin mehr als ein Drittel aller Menschen irgendwann im Leben leiden, einen immer größer werdenden Prozentsatz an sog. Komorbiditätsfällen gibt, d.h. an Patienten mit psychiatrischen Doppel- oder Mehrfachdiagnosen. Offensichtlich bedingen es die modernen, im Sinne operationaler Diagnostik überwiegend syndromal orientierten Krankheitsklassifikationen ganz erheblich, bei ein und demselben Patienten relativ schnell mehrere psychische Störungsbilder gleichzeitig zu entdecken. Allerdings wird inzwischen auch hinterfragt, ob nicht vielleicht, neben vielen anderen Gründen, eine zunehmend restriktivere Praxis der Kostenerstattung im Gesundheitswesen Tendenzen fördern könnte, jeweils schon sehr früh weitere Einzelerkrankungen festzustellen, um nicht zuletzt eine Behandlung fortsetzen zu können. Gleichzeitig fehlt es inzwischen in den internationalen Fachgesellschaften nicht mehr an kritischen Äußerungen, mit denen, bei allem Respekt vor der Notwendigkeit einer einvernehmlichen Deskription psychopathologischer Phänomene, ein offensichtlich eklatanter Mangel an übergreifenden ätiologisch-psychogenetischen Konzepten für psychische Störungen beklagt wird. Darin sollten dann nicht nur die vielen psychischen und körperlichen Symptome jeweils zählbar bleiben, sondern auch angemessen gewichtet und in einen allgemeineren klinischen Zusammenhang gestellt. Daneben taucht nicht selten die Sorge auf, daß in den Wissenschaften von der menschlichen Seele bzw. ihren Grenzgebieten aufgrund eines zunehmenden "Kriteriendenkens" letztlich jedes zusammenhängende Verständnis des psychisch Kranken verloren gehen könnte.

Bei einer entsprechend komplexen Ausgangslage enthält diese Schrift eine umfassende Bestandsaufnahme zu traditionellen wie aktuellen Zuordnungs- und Gültigkeitsfragen in der Beurteilung abnormen Erlebens und Verhaltens sowie nicht zuletzt zu den in unterschiedlichen Bereichen von Psychiatrie, Psychotherapie und Forensik zu Grunde liegenden Krankheitsbegriffen bzw. -vorstellungen.

Ein solches Unternehmen erscheint insofern nicht problemlos, als es einerseits zwar einem offensichtlichen Bedarf an inhaltlicher und terminologischer Klärung im Gesundheitswesen bzw. in der kritischen Öffentlichkeit entgegenkommt, sich selbst dann andererseits aber sehr schnell wieder außerhalb herkömmlicher, eher am speziellen Detail orientierter Forschung wiederfindet. Daß dieses Vorhaben dennoch umgesetzt werden konnte, geht vorrangig auf die gleichbleibende Unterstützung durch Professor Dr. med. Dr. phil. Theo R. Payk zurück. Als Ärztlicher Leiter unserer Klinik hat er nicht zuletzt durch die Gewährung notwendiger akademischer Freiheitsgrade auch Auseinandersetzungen mit psychiatrischen Grundlagenfragen immer sehr gefördert. Ihm sei deshalb an dieser Stelle ganz besonders gedankt. Dank gebührt aber auch Frau U. Zieschang, die hier nicht nur beim Korrekturlesen behilflich war, sondern die mir durch ihre engagierte Mitarbeit als Oberärztin immer wieder einmal nutzbringende Entlastung im klinischen Alltagsbetrieb verschaffte. Bedanken möchte ich mich weiterhin bei Frau S. Berndt, der Betreuerin unserer Fachbibliothek, für die vielen Hilfen bei der Beschaffung von Literatur sowie bei Frau U. Wink, unserer Chefsekretärin, für die gewissenhafte Erledigung umfangreicher Schreib- und Korrekturarbeiten.

Nicht zuletzt wünsche ich mir, daß dieses Buch dazu beitragen möge, neben der weiterhin stattfindenden, vielerorts sicher auch notwendigen Differenzierung und Spezialisierung der Psychofächer, die zahlreichen, oft kaum lösbaren Probleme einer zusammenhängenden Betrachtung psychischen Krankseins nicht ganz aus dem Auge zu verlieren.

Bochum, im Winter 1997/98   Wolfgang Vollmoeller

Geleitwort

Psychische Krankheiten sind weit verbreitet. Sie werden nach den internationalen Standards der Diagnostik und Therapie behandelt, wobei in diesem Jahrhundert, vor allem während der letzten Jahrzehnte, bedeutsame Fortschritte erzielt wurden.

Auf schwierigem Terrain bewegt sich jedoch die nicht endende Diskussion um den Krankheitsbegriff, nicht nur in Psychiatrie und Psychotherapie, sondern bezüglich menschlichen Befindens überhaupt. Priv.-Doz. Dr. W. Vollmoeller, Vizedirektor am Zentrum für Psychiatrie und Psychotherapie der Ruhr-Universität Bochum, betrat mithin ein unsicheres Gelände, als er sich um eine Bestandsaufnahme der Kriterien bemühte, welche psychische Krankheit überhaupt kennzeichnen und definieren. Er mußte sich dabei mit ganz unterschiedlichen Krankheitsbegriffen, die zudem in der Psychiatrie kontrovers diskutiert werden, auseinandersetzen und sie auf ihren Gehalt hin untersuchen.

Mit seinem Buch legt Wolfgang Vollmoeller insgesamt eine überzeugende zusammenfassende Analyse der Grundlagen und Merkmale vor, die in synoptischer Schau den jetzigen Erkenntnisstand darstellt und gleichzeitig deutlich macht, wie notwendiger denn je hier die Bündelung von ätiologischen, pathogenetischen, symptomatologischen, phänomenologischen, katamnestischen und anderen Herangehensweisen ist. Spezialisierung und Auffächerung innerhalb der psychiatrisch-psychotherapeutischen Wissenschaften stehen hier der Suche nach integrativen Konzepten psychischer Störungen gegenüber.

Nach längerer Zeit der zentrifugalen Diskussionen, der fachspezifischen Dispute und der Prägungen durch Strömungen, Meinungsrichtungen, Schulen und Forschungsschwerpunkte stellt Vollmoellers Schrift auch ein notwendiges und gleichzeitig fundiertes, begründetes Monitum dar, das eine ordnende Funktion im derzeitigen Durcheinander der psychiatrisch-psychotherapeutischen Landschaft ausübt. Möge es Gehör finden!

Bochum, im November 1997   Theo R. Payk

"Psychiatrie ist die Lehre von den psychischen Krankheiten und deren Behandlung. Ihren Ausgangspunkt bildet die wissenschaftliche Erkenntnis des Wesens der Geistesstörungen."

E. Kraepelin (1903)

"Kein einzelnes psychopathologisches Symptom für sich genommen ist schlechthin abnorm oder gar krankhaft, denn alle Zeichen können auch beim Gesunden unter besonderen Umständen angetroffen werden."

C. Scharfetter (1991)

1. Einleitung

Stets wurde und wird in der Medizin diskutiert, daß es offensichtlich keinen einheitlichen, allgemein anerkannten Begriff von Krankheit gibt. Vielmehr finden sich seit jeher unterschiedlichste Begriffsvorstellungen und Konzepte, nicht nur bei den Vertretern zahlreicher medizinischer Schulrichtungen, sondern auch in sonstigen gesellschaftlichen Bezugssystemen mit eigenen medizinischen Fragestellungen. Die Psychiatrie als relativ heterogene medizinische Disziplin ist hiervon nicht erst seit kurzem in besonderer Weise betroffen. Ging es ihr doch schon immer nicht nur um vielfältige Einzelaspekte abnormen Erlebens und Verhaltens, sondern meist gleichzeitig auch darum, sich vom Ganzen "einen Begriff zu machen". Damit zieht sich die Begriffsgeschichte von "Krankheit" gleichfalls mehr oder weniger deutlich durch die zunehmend eigenständigere Entwicklung des Faches Psychiatrie.

Seit kurzer Zeit könnten wir dabei an einem besonderen historischen Punkt angelangt sein, der dadurch gekennzeichnet erscheint, daß die Psychiatrie als medizinisch-wissenschaftliche Disziplin ihren bisherigen, uneinheitlich definierten Begriff "Krankheit" ("disease") offenkundig abgeschafft hat. Dadurch hat sich zwar vordergründig die Grundsatzdiskussion um die Problematik des psychiatrischen Krankheitsbegriffs entschärft, andererseits gingen hier durch den beabsichtigten Verlust an sprachlicher Kontinuität auch wertvolle Sinnelemente und Begriffsinhalte

11

unseres medizinischen Alltagswissens und damit nicht zuletzt bewährte Verständigungsmöglichkeiten mit vielen Menschen und Einrichtungen verloren. Wie 1989 in der deutschen Einführung zum Psychiatriemanual DSM-III-R hervorgehoben wurde, werden nun nicht nur für den neuen Oberbegriff der "Störung" ("disorder"), sondern auch für den weiter gebräuchlichen Begriff der "Krankheit" genauere und befriedigendere Definitionen, als sie bereits vorliegen, zu suchen sein. Mancher Student oder junge Arzt wird sich im Trend dieser Entwicklung aber vielleicht erst einmal, überspitzt ausgedrückt, keine großen Gedanken mehr über den jeweils am meisten geeigneten Krankheitsbegriff in der Psychiatrie machen wollen. Er wird sich in diesem inzwischen auch offiziell um den Bereich Psychotherapie erweiterten Fachgebiet vermutlich lieber einprägen, daß die Patienten im Prinzip nur nominal definierte, relativ eindeutig diagnostizierbare "psychische Störungen" und nicht vielleicht auch anders zu bestimmende "psychiatrische Erkrankungen" haben. Wenn man entsprechende Begriffsvorstellungen einmal in überzogener Weise auf die Komplexität des ganzen Faches übertrüge, so könnte schlagwortartig fast von einer "nominalistischen Psychiatrie" gesprochen werden.

In der Tat impliziert die eigenständige Klassifizierung einer psychischen Abnormität oder einer besonderen Verhaltensauffälligkeit in den modernen psychiatrischen Diagnosesystemen, die sich in ihren Konzeptionen primär an einer zuverlässigen Wiedererkennung und entsprechend hohen Anwendungsübereinstimmung orientieren, nicht mehr automatisch die Anerkennung eines bestimmten "Krankheitswertes" dieser Phänomene und schon gar nicht, außer vielleicht bei den organisch begründeten psychischen Störungen mit ihren bereits nachgewiesenen somatischen Teilfaktoren, eine spezifische ätiopathogenetische Betrachtung. Damit wird nicht zuletzt der Tatsache Rechnung getragen, daß viele psychopathologische Erscheinungsbilder, sofern exakte Validierungskriterien, wie z.B. biologische Marker, weiterhin fehlen, zunächst nicht viel mehr als sprachliche Konventionen innerhalb bestimmter Bezugssysteme sein können. Schon gar nicht können sie offensichtlich eine nosologische Spezifität untermauern. Als begriffliche Konstruktionen dürften sie dann aber jeweils um so mehr die prinzipiellen Schwierigkeiten "geeigneter" Worterklärungen repräsentieren, nicht zuletzt auch die Komplexität ihrer übergeordneten Begriffskonzepte.

An dieser Grundproblematik setzt die vorliegende Arbeit an und versucht, vorrangig orientiert am Konstrukt des "allgemeinen Krankheitsbegriffs", spezifische psychiatrische Aspekte näher zu analysieren. Dabei ist es hier schon aus Gründen eines sinnvollen Arbeitsumfangs unumgänglich, inhaltliche Schwerpunkte zu bilden und z.B. aus der reichhaltigen Fachliteratur zum Krankheitsbegriff in der somatischen Medizin nur einige der für dieses Thema relevanten Arbeiten zu berücksichtigen. Aufgrund solcher Gewichtungen treten dann auch gezielte Begriffsanalysen in den Vordergrund, während z.b. die vielfältigen Probleme unterschiedlichster psychiatrischer Klassifikationsmöglichkeiten nur im Hinblick auf ihren allgemeinen begrifflichen Bezugsrahmen behandelt werden können. Keinesfalls geht es hier schließlich darum, für die Psychiatrie und/oder Psychotherapie einen völlig neuen Krankheits- oder Störungsbegriff zu entwickeln oder zu definieren. Dieses Vorhaben erschiene auch in Anbetracht bereits zahlreicher solcher Bemühungen sehr vermessen. Vielmehr stellt sich uns die Aufgabe, die umfangreiche Begriffsproblematik unter einigen zentralen Gesichtspunkten zu explizieren. Entsprechend stellen selbst die reichhaltigen Literaturhinweise in weiten Bereichen eher eine Auswahl dar.

Im einzelnen wird hier folgender Weg beschritten: Nach einer einführenden exemplarischen Darstellung der für psychische Krankheiten typischen Begriffssituation werden zunächst verschiedene begriffstheoretische Grundlagen behandelt. Daran anschließend werden in fokussierender Weise ideengeschichtliche Bezüge, u.a. zur platonisch-realistischen sowie aristotelisch-nominalistischen Krankheitstradition und zum Problem psychiatrischer Krankheitseinheiten, erörtert. Nach einer Diskussion des Abnormitätsbegriffs folgen methodenorientierte Überlegungen zur Konzeptualisierung und Validierung psychiatrischer Krankheitskonstrukte, bevor dann sehr gezielt auf den psychiatrischen Krankheitsbegriff in forensischen Bezugssystemen sowie auf Krankheitsvorstellungen in verschiedenen psychotherapeutischen Grundrichtungen eingegangen wird. Eine Schlußbetrachtung faßt schließlich einige wesentliche Aussagen der Arbeit kurz zusammen.

2. Die Besonderheit psychiatrischer Krankheitsbegriffe

2.1 Darstellung der grundsätzlichen Problematik

Der ursprünglich an der Psychiatrischen Klinik in Heidelberg tätige Arzt und Philosoph K. Jaspers überarbeitete letztmals 1942 seine nach dem 2. Weltkrieg in vierter, erweiterter Auflage erschienene "Allgemeine Psychopathologie", die, nicht selten als eigentlicher Anfang einer wissenschaftlichen Psychopathologie betrachtet, auch heute noch als herausragendes psychiatrisches Standardwerk angesehen wird (Blankenburg, 1984; Glatzel, 1984; Huber, 1984; Janzarik, 1984; Shepherd, 1982; Tellenbach, 1987). Darin unterstrich er in einem besonderen Kapitel zur Synthese psychiatrischer Krankheitsbilder die bleibende Bedeutung eines Zitats O. Bumkes, eines der vielseitigst tätigen Psychiater unserer ersten Jahrhunderthälfte:

"Wie die Wellenkreise auf der Wasseroberfläche, durch Regentropfen in Bewegung gesetzt, zunächst klein und deutlich sind, dann immer größer werden, sich verschlingen und zerfließen, so tauchen von Zeit zu Zeit Krankheiten in der Psychiatrie auf, die immer mehr wachsen, bis sie an ihrer eigenen Größe zugrunde gehen." (Jaspers, 1973)

Als typische Beispiele nannte Bumke 1909 in der hier von Jaspers aufgegriffenen Arbeit zur Umgrenzung der Psychosen die im 19. Jahrhundert von Frankreich ausgehende Monomanielehre, die verschiedenen als Paranoia diagnostizierten Krankheitsbilder, sowie den mehrfachen Bedeutungswandel des von der älteren Wiener Schule unter Meynert entwickelten Krankheitsbegriffs der Amentia. Auch die Entwicklung der Dementia praecox aus einer seinerzeit verhältnismäßig klar gefaßten Hebephrenie und Katatonie sowie die systematische Erweiterung eines zirkulären zu einem manisch-depressiven Irresein erlebte Bumke schon als grenzenlos. Er selbst prophezeite deshalb diesen beiden großen Krankheitsgruppen Kraepelins, auf denen die psychiatrische Systematik der bisher endogen genannten Psychosen noch weitgehend aufbaut und die sich im Prinzip auf der ganzen Welt entsprechend durchgesetzt haben, keine bleibende Größe (Bumke, 1909).

Für Jaspers repräsentierten solche Prophezeiungen nicht zuletzt ein Grundproblem der psychiatrischen Krankheitslehre, welches er in der Erkenntnis ausdrückte, daß "es reale Krankheitseinheiten für die psychiatrische Wissenschaft tatsächlich nicht gibt". Für ihn war die Idee der "natürlichen" psychiatrischen Krankheitseinheit vielmehr eine Idee im Kantischen Sinne, nämlich der Begriff einer Aufgabe, deren Ziel zu errei-

14

chen unmöglich erschien, da das Ziel in der Unendlichkeit liege. Gleichzeitig sei aber ein fruchtbarer Orientierungspunkt vorhanden, wenn statt der Idee der Schein des Erreichten gegeben werde. Jaspers warnte dabei besonders vor psychopathologischen Bewegungen in der Psychiatrie, die immer Wissen im Ganzen erzwingen wollten. Er lehnte dementsprechend großartige geistige Entwürfe (von ihm auch "Theorien" genannt) ab, durch die man die tiefsten Kräfte der Seele zu begreifen meine (1973).

In ähnlich kritischer Weise stand Jaspers auch dem (von ihm so genannten) "Krankheitsbegriff der Psychiatrie" gegenüber. Einen in jeder Hinsicht einheitlichen Begriff des "Kranken" lehnte er sogar völlig ab. Unter Bezug auf ein Zitat seines ehemaligen Heidelberger Lehrers K. Wilmanns "Normal ist leichter Schwachsinn" (1973) versuchte er vielmehr, paradoxe Inhalte des psychiatrischen Krankheitsbegriffs deutlich zu ma chen, sofern man dadurch etwas Einheitliches verstehe. Insbesondere ging es ihm aber darum, die Übertragung eines somatischen Krankheitsbegriffs auf Seelisches prinzipiell zu problematisieren sowie die stete Verschlungenheit subjektiver Wertmaße und statistischer Durchschnittsmaße im psychiatrischen Krankheitsbegriff zu verdeutlichen.

Bürger-Prinz (1971) zielte unter Hinweis auf die uns ständig begegnende Vielfalt menschlicher Ungewöhnlichkeiten mit seiner provozierenden These, daß es etwas Verrückteres als den gesunden Menschen gar nicht gebe, in eine ähnliche Richtung. Die umgekehrte Idee, nämlich die der Pathologie eines letztlich suspekten Nichtabweichens, hat in der Psychiatrie zeitweise das heikle Thema der "Normopathie" aufgeworfen (Wulff, 1972). Neben dieser Störungsform eines im eigentlichen Sinne Nicht-abweichen-Könnens finden wir bei anderen Autoren sog. "pseudonormale" Störungsbilder beschrieben, z.B. in Form außergewöhnlicher situativer Anpassungsfähigkeit. Für sie wurde u.a. auch der Begriff "Normalpathologie" geprägt (Bach und Heine, 1981). In einigen angloamerikanischen Arbeiten wurde entsprechend der Begriff der "Non-Disease" gebraucht. Hierbei ging es u.a. um "Patienten", die aufgrund falscher Labordaten behandelt wurden (Hoaken, 1976; Watson, 1976).

Wissenschaftliche Untersuchungen an bestimmten Patienten mit analogen Analysen an einer möglichst gesunden Vergleichsgruppe stehen in der Psychiatrie in besonderer Weise vor dem Problem der besten Ausschlußkriterien für die Probanden dieser (methodisch wichtigen) "Normalstichprobe". Solche gesunden Kontrollgruppen würden nämlich schnell zu einer eher ungewöhnlichen Gruppe von "Supernormalen" werden, wenn, z.B. auf der Suche nach bestimmten "Trait-Markern", hier das Fehlen jeglicher seelischer Problematik innerhalb der gesamten Lebenszeit gefordert würde. Gaebel und Maier (1993) erwähnen bei ihren Vorschlägen zur Methodik entsprechender Stichprobenselektionen zudem das Phänomen des "sensation seekings", welches selbst unter geschickter Berücksichtigung der üblicherweise in der Allgemeinbevölkerung vorkommenden Krankheiten letztlich doch zu artifiziellen Kontrollgruppen "Gesunder", hier derjeniger mit einem übermäßigen Verlangen nach Besonderheiten ("Sensationslust"), führen kann.

In eine ähnliche Richtung ging bereits die lebhafte Diskussion um sog. "Pseudopatienten" in psychiatrischen Kliniken, die insbesondere in den 70er Jahren in englischsprachigen Fachzeitschriften geführt wurde (vgl. Keupp, 1979). Auslöser dieser wissenschaftlichen Kontroverse war die Studie des Psychologen und Rechtswissenschaftlers D.L. Rosenhan zur Kontextabhängigkeit psychiatrischer Diagnosen, die 1973 unter dem Titel "On being sane in insane places" publiziert wurde. Rosenhan versuchte ganz prinzipiell nachzuweisen, daß gesunde "Pseudopatienten", die als echte Simulanten z.B. ein einziges psychopathologisches "Symptom" angeben, hier war es seinerzeit Stimmenhören, praktisch nicht von wirklich psychisch Kranken unterschieden werden können. Vielmehr seien gerade, wie diese Untersuchung zeige, die zeitgenössischen Klassifikationen der Psychiatrie (hier noch die DSM-II-Klassifikation) nicht nur weder reliabel und valide, sondern wegen ihrer offenkundigen Folgen auch noch sehr schädlich für die Betroffenen. Bis auf eine Ausnahme waren damals zunächst tatsächlich alle Versuchspersonen in verschiedenen Kliniken mit der Diagnose einer Schizophrenie aufgenommen und später, offensichtlich "nach Remission", wieder entlassen worden (Rosenhan, 1973).

Überzeugenster Kritiker von Rosenhan und seinen ebenso skeptischen Anhängern war der Psychiatrieprofessor R.L. Spitzer, der nicht zuletzt als Kommissionsvorsitzender entscheidend an der Weiterentwicklung eines eigenen Diagnoseschemas der American Psychiatric Association mitwirkte und deshalb inzwischen als einer der Väter ihres DSM-Systems gilt. Er betonte u.a. erhebliche methodische Schwächen des Untersuchungsansatzes von Rosenhan und unterstrich dabei selbst die Unzulässigkeit verallgemeinernder Behauptungen ohne Berücksichtigung der situativen Abhängigkeit psychopathologischer Einzelphänomene. In Anerkennung der vorhandenen Möglichkeiten, psychiatrische Diagnosen auch mißbrauchen zu können, sollte es gerade bei nicht exakt validierten Diagnosesystemen primär immer um deren klinische Nützlichkeit und praktische Effizienz und erst nachrangig um andere Aspekte gehen (Spitzer, 1975 und 1976). Bei der Beurteilung, ob jemand krank sei, sind zudem nach Jaspers gerade "Bewertungen" niemals auszuschließen. Er stellte hierzu fest:

"Mit krank wird zunächst bezeichnet, daß etwas einen Unwert darstellt; dann taucht sofort das Bewußtsein auf, Krankheit sei ein Sein, und das Urteil wird als empirisch-diagnostisches genommen. Zumal bei medizinischen Laien besteht dann

16

die grobe Vorstellung, man sei entweder krank oder nicht krank (ein Rest der alten Dämonenlehre in rationaler Form), und mit dem Urteil 'krank', das bloß auf einer subjektiven Wertung beruhte, glaubt der Urteilende nach einiger Zeit eine reale Erkenntnis zu besitzen." (1973)

Blankenburg (1978) thematisiert in seiner Arbeit über "Grundlagenprobleme der Psychopathologie" dann sogar eine besondere Relevanz des Laienurteils im Erkennen krankhafter Störungen:

"Der Psychopathologe vermag Gesundes und Krankes, Normales und Abnormes im Grunde nicht besser voneinander zu unterscheiden als der Laie. Er zeichnet sich nur durch subtilere Kenntnisse der Vorstadien (der z.T. unscheinbaren Symptome, die anzeigen, daß solche Veränderungen sich anbahnen, die am Ende auch dem Laien als 'krank' imponieren), der Vorläufe sowie der Entstehungsbedingungen und Beeinflussungsmoglichkeiten aus. Es bleibt der Rückbezug auf das vorwissenschaftliche Urteil, das stillschweigend vorausgesetzt wird." (1978b)

In etwas anderer Gewichtung findet sich diese Thematik auch in der Diskussion um mögliche Effekte der Laien-"Psychotherapie" wieder. Nach Ansicht vieler Beurteiler sprechen die Erfolge der Laientherapie bei psychisch Kranken aber eher für die Bedeutung sog. unspezifischer Wirkfaktoren (Bozok und Bühler, 1988; Karasu, 1986; Pfeiffer, 1991a).

V.E. Freiherr von Gebsattel (1883-1976), einer der Hauptvertreter der medizinischen Anthropologie und daseinsanalytisch orientierten Psychotherapie, war schließlich der Meinung,

"daß der allgemeine Gesundheits- und Krankheitsbegriff des Arztes sich nicht wesentlich von dem des Laien unterscheidet. ... Gemeint ist, daß auch der Gelehrte oder der Gebildete im Alltag in einer vorwissenschaftlichen und vorphilosophischen Welt lebt, in einer Welt, in der z.B. die Sonne noch immer auf- und niedergeht, in der es von Qualitäten wimmelt, deren Vorhandensein er vielleicht als Wissenschaftler längst bestritten hat, die aber sein tägliches Verhalten bestimmen, ohne daß er ihres Widerspruchs auf ihn sich bewußt wird." (1953/1975)

Eine von Stumme (1970) durchgeführte semantische Analyse des Begriffs "Geisteskrankheit" anhand einer Fragebogenaktion unter 280 Kölner Studenten ergab allerdings, daß dieses spezielle "Laienpublikum" keinen hinreichend umschriebenen Begriff für den gesamten Bereich der psychischen Krankheiten hatte (vgl. Stumme, 1975). Die im Prinzip schwierige wissenschaftliche Fundierung psychiatrischer Erkenntnisse einerseits, sowie deren gelegentliche inhaltliche Nähe zu laienhaften Urteilen andererseits stellen für Blankenburg dennoch insofern eine gewisse Eigentümlichkeit unseres Faches dar, als gerade eine Beschäftigung mit theoretischen Fragen der Psychiatrie wieder sehr schnell zur alltäglichen Praxis und deren Implikationen ("Laienätiologie") zurückführen kann. In ähnlicher Weise äußerte sich bereits E. Bleuler im Jahre 1921:

"Ebenso charakteristisch wie komisch ist es, daß nicht einmal der Begriff, mit dem wir alle in erster Linie operieren müssen, der der Krankheit, von uns anders als im vulgärsten und ungenauesten Sinne verwendet wird und überhaupt noch nie klargestellt worden ist." (1921)

Viele Schwierigkeiten dieser Art haben natürlich auch etwas mit der besonderen Stellung der Psychiatrie innerhalb der Medizin zu tun. Diese ergibt sich insbesondere daraus, daß sich die meisten psychischen Krankheiten allenfalls noch auf der Ebene von Erleben und Verhalten nachweisen lassen. Bei jeder methodologischen Bestimmung ihres Standortes findet sich die Psychiatrie dadurch letztlich zwischen Natur- und Geisteswissenschaften, zwischen einer objektivierenden Beobachtungssprache bzw. (wenigen) "harten" neurobiologischen Daten einerseits und einer Interpretation von (vielen) individuellen Lebensdaten bzw. einer "weichen" Entschlüsselung möglicher Sinnzusammenhänge andererseits.

"Die Sonderstellung der Psychiatrie in einer sonst ganz überwiegend naturwissenschaftlich begründeten Medizin beruht darauf, daß die nur in Annäherung zugängliche personale Komponente nicht nur, wovon im Grunde noch Jaspers und K. Schneider überzeugt waren, das symptomatische Bild, das Sosein psychiatrischer Syndrome, sondern daß sie auch Genese und Verlauf, ihr Dasein, wesentlich mitbestimmt. Der positivistische Traum von einem nach dem Hempel-Oppenheim-Schema realwissenschaftlich zu erfassenden Lebewesen Mensch stößt hier an seine Grenzen." (Janzarik, 1994)

Wie Heimann 1990 in seiner Tübinger Abschiedsvorlesung noch einmal heraushob, sind es insbesondere zwei Aspekte, die immer wieder die Frage auftauchen lassen, was mit seelischen Krankheiten eigentlich gemeint sein könne (Heimann, 1991). Zum ersten sei es die Tatsache, daß Psychiater auch Menschen behandeln müssen, die aufgrund ihrer Krankheit keine Einsicht in das Kranksein besitzen. Weder der Neurologe noch der Psychologe trügen im gleichen Ausmaß an einer solchen Bürde. Der zweite Aspekt sei die Beurteilung der Willensfreiheit von Straftätern. In der Regel steuere heute gerade der Psychiater oft entscheidende Informationen zur Beantwortung der Frage bei, ob ein delinquenter Mensch letztlich dafür auch die Verantwortung tragen müsse (Heimann, 1989).

Die Einschränkung der Selbstbestimmung durch einen "inneren" Verlust an Freiheit und Autonomie ist üblicherweise dann krankheitsbedingt, wenn das selbständige Über-sich-selbst-verfügen-Können beeinträchtigt ist, und sich der Betroffene aus Gründen, die in dem psychischen Kranksein selbst liegen, nicht mehr anders verhalten kann (Blankenburg, 1978). Ein wie auch immer definierter Krankheitsbegriff enthält durch die in der Praxis notwendige Grenzziehung zwischen Krankheit und Gesundheit und die damit verbundene Schaden-Nutzen-Abwägung offensichtlich ein ethisches Grundproblem. Auf der Seite des Psychiaters geht es dabei insbesondere um die Maxime seines ärztlichen Handelns, während auf der Patietenseite vorrangig die freie Selbstverfügbarkeit sowie nicht zuletzt das "Recht" eines psychisch Kranken, ggf. auch einmal gegen seinen Willen behandelt zu werden, aufeinanderstoßen (vgl. Finzen, 1984; Helmchen, 1986).

Wie McHugh und Slavney (1983) in ihren "Perspectives of Psychiatry", die von Koehler und Saß (1986) als englischsprachige Fortführung der Methodenlehre von Jaspers angesehen werden, betonen, arbeiten gerade die Psychiater mit einer ganz besonderen Gruppe von Menschen, nämlich mit psychiatrischen Patienten. Da sich ihre Aufmerksamkeit insofern überwiegend auf ganz spezielle fachliche Gesichtspunkte richte, seien sie auch nicht pauschal als Spezialisten für alle denkbaren menschlichen Schwächen oder all die vielfältigen Aspekte menschlichen Zusammenlebens anzusehen. Bereits in diesem Zusammenhang könnte man diskutieren, ob es im Gesundheitswesen überhaupt so etwas wie einen übergeordneten, allgemeinsten Störungs- oder Krankheitsbegriff geben sollte (vgl. Gottschick, 1963; Viefhues, 1976; Sadegh-Zadek, 1977). Speziell Jaspers hatte hierzu folgende Meinung:

"Was gesund und was krank im allgemeinen bedeute, darüber zerbricht sich der Mediziner am wenigsten den Kopf. Er hat es wissenschaftlich mit mannigfachen Lebensvorgängen und bestimmten Krankheiten zu tun. Was krank im allgemeinen sei, daß hängt weniger vom Urteil des Arztes als vom Urteil der Patienten ab und von den herrschenden Auffassungen der jeweilige Kulturkreise." (Jaspers, 1973)

Schon lange erscheinen allerdings auch konkretere Orientierungspunkte für eine Beurteilung von seelischer Gesundheit oder Krankheit wünschenswert. Schließlich begegnen uns die entsprechenden Begriffe ständig in vielfältigen Bezügen. Daß es sich dabei jeweils um besondere Konstrukte handelt, macht die Situation nicht gerade einfacher. Noch vor nicht allzu langer Zeit erinnerte Degkwitz in einer Arbeit über "Grundfragen der Psychiatrie" (1988) deshalb daran, daß innerhalb der Medizin weiterhin viele jungen Ärzte die exakten Nachbardisziplinen vorziehen, weil unser Fach insbesondere durch seine verschwommenen Begriffe ungewöhnlich stark belastet sei. Dadurch verliere die Psychiatrie immer mehr Terrain an die anderen Fächer.

Die innere Beziehung zwischen klinischen Fakten und benutzten Fachbegriffen ist zwar nicht nur für die Psychiatrie ein methodisches Grundproblem, Feer (1987), der die Fachsprache der Psychiatrie unter linguistischen Aspekten genauer untersucht hat, sieht aber gerade in der klinischen Notwendigkeit, teilweise ganz subjektive Sachverhalte möglichst exakt beschreiben zu müssen, eine psychiatriespezifische Schwierigkeit. Theoretisch könnten viele psychiatrische Fragen nämlich zunächst einmal daraufhin untersucht werden, ob sie nicht vielleicht bereits aus einer falschen Verwendung der Sprache heraus entstanden sein könnten. Diese prinzipielle Fehlerquelle ist bekanntlich nicht nur im Bereich einer logisch-grammatikalischen Struktur (Syntaktik), sondern ebenso in der Beziehung einer psychiatrischen Bezeichnung zum eigentlichen Referenzobjekt (Semantik) oder in der Interpretation im medizinischen Alltag (Pragmatik) denkbar. In der Regel ist die wahre Natur der psychischen Störungen, unserer eigentlichen wissenschaftlichen wie klinischen Referenzobjekte, jedoch nicht direkt erkennbar, obwohl es sich bei den jeweils beobachtbaren Fakten doch offensichtlich um Mosaiksteine aus einer für uns alle vorgegebenen Welt handeln muß. Nach Kripke (1972) lassen sich allerdings auch ohne "wirkliche" Hintergrundkenntnisse entsprechende Referenzen immer durch Definitionen fixieren, indem eine bestimmte Namensfestlegung zunächst einmal erfolgt und anschließend (bei Bedarf) weiter tradiert wird. Würde hierbei allerdings in Wirklichkeit gar nichts "Richtiges" bezeichnet, so könnte der Name im Prinzip auch wieder entfallen.

Hole (1992) plädierte jüngst am Beispiel der eigenen Neuschöpfung "endoneurotische Depression" für noch mehr Begriffe in der Psychiatrie, insbesondere aber für eine ständige Weiterentwicklung der bestehenden psychiatrischen Begrifflichkeiten. Solche Weiterentwicklungen müßten aber nicht notwendigerweise identisch sein mit einer Veränderung bestehender Fachtermini. Wie wir wissen, hatten Krankheitsbezeichnungen schon immer eine sehr unterschiedliche Herkunft. Sie können beispielsweise an den Erstbeschreiber erinnern, Bezug auf eine besondere Krankheitsursache nehmen oder völlig deskriptiv bleiben. Nicht zuletzt können bestimmte Befürchtungen oder Ängste namensprägend sein, wie dies noch bei älteren Bezeichnungen für die "Epilepsie" der Fall war (Schneble, 1986). Entsprechend finden wir in allen medizinischen Disziplinen bunte Mischungen. Letztlich bedeutsam sind deren begriffliche Praktikabilität und Nützlichkeit. Um diese aber beurteilen zu können, wird man Krankheitsbezeichnungen auch unter dem Gesichtspunkt ihres eigentlichen Merkmalsbestandes sowie ihrer sonstigen heuristischen Bedeutung näher analysieren müssen.

Differentialterminologisch unterscheiden sich z.B. in der englischen Sprache bereits die Schlüsselwörter "illness" und "disease". Mit "illness" wird überwiegend das thematisiert, worunter der Patient subjektiv leidet (Oxford Dictionary: "the quality or subjective condition of being ill"), also keine direkt somatischen, sondern eher anthropologische, d.h. persönliche, soziale oder ethnische Sachverhalte. Auf diesem Hintergrund sollte der Begriff "illness" auch nicht im naturwissenschaftlich-empirischen Sinne, d.h. operational, definiert oder nachgewiesen werden. "Disease", der in der internationalen Psychiatrie zunehmend zugunsten von "disorder" abgelehnte Begriff, meint dagegen insbesondere die objektiv aufzeigbaren Befunde ("a condition of the body"), unabhängig von der Tatsache, ob der betroffene Patient selbst überhaupt schon etwas merkt. Sollen dagegen eher die sozialen Interaktionsmuster und die Krankenrolle betont werden, so ist in der Regel von "sickness", "sick-role" etc. die Rede. (Barondess, 1976; von Gyldenfeldt und Ahrens, 1978; Kräupl-Taylor, 1979; Viefhues, 1976).

Aber nicht nur die unterschiedliche Gewichtung anthropologisch-ganzheitlicher oder naturwissenschaftlicher Korrelate von "Krankheit" wirkt sich auf die Konstituierung des Krankheitsbegriffs aus, sondern auch die angestrebte, oft praktisch notwendige Grenzziehung zwischen Krankheit und Gesundheit. Damit können aber je nach Standort und Intention der Entscheidungsträger tragfähige Übereinkünfte zustande kommen oder nicht, "Krankheiten" können kommen und gehen. Die bekanntesten Beispiele für solche zeitgenössischen Kompromisse der Psychiater finden sich in den aktuellen Begrifflichkeiten der großen internationalen Klassifikationssysteme (vgl. Koehler und Saß, 1984; Kramer et al., 1979; Wilson, 1993). Aber auch schon 1877 ließ beispielsweise der bedeutende Wiener Hirnpathologe und Psychiatrieprofessor Th. Meynert (1833-1892), seinerzeit Vertreter der naturwissenschaftlich orientierten Psychiatrie, nach einer Versammlung deutscher Psychiater in Nürnberg darüber abstimmen, ob die "primäre Verrücktheit" als selbständige Krankheitsform nun wissenschaftlich anzuerkennen sei oder nicht. Dies wurde damals übrigens einstimmig bejaht (Bodamer, 1953).

Offensichtlich nicht erst, seitdem die Weltgesundheitsorganisation 1984 ihr Programm "Gesundheit für alle bis zum Jahr 2000" herausgegeben und darin Ziele einer dringend notwendigen Qualitätssicherung in der allgemeinen Patientenversorgung festgelegt hat, erscheint auch die Psychiatrie gefordert, über Verbesserungen in verschiedenen Bereichen ihrer Struktur-, Prozeß- und Ergebnisqualität verstärkt nachzudenken (Gaebel und Wolpert, 1994; Rössler und Salize, 1995; Schmidt und Nübling, 1994 und 1995). Zur Prozeß- und Behandlungsqualität in der Psychiatrie dürfte dann aber ebenfalls die Qualität ihres allgemeinen Störungs- oder Krankheitsbegriffes gehören. Nachdem 1988 im Rahmen der ersten Gesundheitsreform in der Bundesrepublik Deutschland "Qualitätssicherung" sogar gesetzlich verankert wurde, wären insofern nicht zuletzt vielleicht auch in diesem Punkt "Kriterien für die Qualitätsbeurteilung" zu erstellen (AOK-Verlag, 1989, SGB V, §§ 135-137)

Ähnlich aktuell ist die Diskussion um die Einführung eines allgemein verbindlichen Diagnoseschlüssels in unserem Krankenversicherungswesen. Die gesetzlichen Krankenkassen wollen Abrechnungen der Leistungserbringer zukünftig nur noch vergüten, wenn auch alle psychiatrischen Diagnosen einheitlich verschlüsselt sind (SGB V, § 303). Auf der Basis des vierstelligen Diagnoseschlüssels der "Internationalen Klassifikation der Krankheiten, Verletzungen und Todesursachen" (ICD) wird derzeit eine sinnvolle Lösung gesucht, die insbesondere für alle Arztpraxen eine brauchbare "Dokumentationstiefe" mit einer praxisrelevanten, noch überschaubaren Zahl von speziellen Krankheitsbegriffen, möglichst auf der Basis des bisherigen Sprachgebauchs der ambulanten Versorgung, verspricht (Brenner, 1993; Synatschke, 1995).

Angrenzende Problemfelder eröffnen hier zudem Fragen nach der Abgrenzbarkeit von Pflege- und Behandlungsfällen bei psychischen Störungen (vgl. Bochnik, 1991; Pittrich und Schäfer, 1988; Foerster und Heimann, 1986) sowie hinsichtlich der Notwendigkeit eines besonderen Krankheitskatalogs im beabsichtigten Psychotherapeutengesetz. In diesem Fall geht es nämlich explizit um die Psychotherapie von "psychischen Störungen mit Krankheitswert" und gar nicht um "Krankheiten" (Referenten- bzw. Gesetzentwurf vom 24.5.93 bzw. 20.7.93, dort Art. 1 § 1 PsychthG). Während der Beratungen zum Entwurfs im deutschen Bundesrat (sowie gleichzeitig in den Medien) wurde von einigen Psychotherapieverbänden immerhin gefordert, den hier bereits vorgegebenen "Indikationskatalog" psychischer Störungen wieder ersatzlos zu streichen. Aber auch im bestehenden Fall bleibt zunächst wieder einmal offen, was z.B. bei psychoreaktiven Störungen, sog. psychischen Teilursachen körperlicher Erkrankungen oder Entwicklungsdefiziten im Sinne dieses Gesetzes dann den hier geforderten "Krankheitswert" ausmachen soll. Nicht zuletzt gab es schon immer Stimmen, die gerade diesen in normativen Bezugssystemen gebrauchten Hilfsbegriff für besonders problematisch hielten (Feldmann, 1981; Degkwitz et al., 1981; Viefhues, 1976; Weinschenk, 1979; Weitbrecht, 1963).

Nicht ohne Grund taucht die spezielle Problematik des "Krankheitswerts" in der psychiatrischen Praxis am häufigsten im Zusammenhang mit der sozialrechtlichen Beurteilung von Neurosen auf (Ecker, 1986). Die inhaltlichen Fragen sind dabei sehr unterschiedlich (Arbeitsfähigkeit, Erwerbsfähigkeit, Versorgungsansprüche etc.), wobei in foro sehr häufig gerade über die mangelnde subjektive Beherrschbarkeit seelisch bedingter Hemmungen verhandelt wird. Bei diesen von einer "Norm" des gesunden Zustands abweichenden Erscheinungen geht es in der Regel nämlich nicht um objektivierbare Einschränkungen der Gesundheit im körperlichen oder geistigen Bereich, sondern vielmehr um "Störungen", welche die Leistungsfähigkeit eines Betroffenen gerade in der Art und Weise schmälern oder aufheben, daß dieser Zustand aus eigener Kraft, z.B. durch tatkräftige

Anspannung des Willens, nicht mehr behoben werden kann (Gercke et al., 1986).

Daß sich der alte "Streit um den Krankheitsbegriff in der Psychiatrie" (Blankenburg, 1989) durch die Einführung des Störungsbegriffs endgültig erledigt haben könnte, muß ernsthaft bezweifelt werden. Nach Saß (1990) wurde der Krankheitsbegriff zwar in den modernen Klassifikationssystemen DSM-III-R und ICD-10 durch die ersatzweise Rede von den "mental disorders" schamhaft vermieden, er taucht aber unübersehbar wieder in den Zielsetzungen des ausdrücklich vertretenen Komorbiditätsprinzips auf (vgl. Sabshin, 1991). Dies darf auch für das kürzlich erschienene DSM-IV gelten (APA, 1994). Der Störungsbegriff erscheint dabei nur auf den ersten Blick sprachlich etwas neutraler und theoretisch vielleicht weniger belastet, letztlich ist seine Konkretisierung aber mit weitgehend ähnlichen Problemen verbunden wie die des Krankheitsbegriffs.

R.L. Spitzer, bereits zitierter Leiter der APA-Gruppe zur Erarbeitung des "Diagnostic and Statistical Manuals of Mental Disorders", und J. Williams bemühten sich 1987 in ihrer Einleitung zur revidierten DSM-III-Fassung dennoch eine inhaltliche Grundvorstellung zum Begriff "Psychische Störung" zu entwickeln. Dabei wurde, entgegen einer grundsätzlichen Präzisierungsabsicht, jedoch weder davon ausgegangen, daß eine solche Störung eine umschreibbare Einheit mit klaren Grenzen zwischen ihr und anderen Störungen darstellen könne, noch davon, daß zwischen Vorliegen und Nicht-Vorliegen einer psychischen Störung (im Sinne einer Diskontinuitätsannahme) prinzipielle Unterschiede bestehen müßten. Vielmehr wurde

"jede der psychischen Störungen als klinisch auffallendes Verhalten oder psychisches Syndrom oder Merkmalsmuster verstanden, das bei einer betroffenen Person in typischer Weise entweder mit als unangenehm erlebten Beschwerden (z.B. einem schmerzhaften Symptom) oder mit einer Behinderung (in einem oder mehreren wichtigen Funktionsbereichen) einhergeht; das Muster kann auch mit einem stark erhöhten Risiko, zu sterben, Schmerzen oder Behinderungen zu erleiden oder mit einem tiefgreifenden Verlust an Freiheit im Zusammenhang stehen. Dieses Syndrom oder Merkmalsmuster sollte darüber hinaus nicht ausschließlich eine verständliche Reaktion auf ein bestimmtes Ereignis wie etwa den Tod eines geliebten Menschen sein. Unabhängig von dem ursprünglichen Grund muß gegenwärtig eine verhaltensmäßige, psychische oder biologische Dysfunktion bei der betroffenen Person bestehen. Weder normabweichendes Verhalten, z.B. politischer, religiöser oder sexueller Art, noch Konflikte, die primär zwischen dem Individuum und der Gesellschaft bestehen, sind psychische Störungen, solange die Abweichung oder der Konflikt kein Symptom einer oben beschriebenen Dysfunktion bei der betroffenen Person darstellt." (DSM-III-R-Manual, 1989)

Selbst weitgehend deskriptiv angelegte Störungskonzeptionen bleiben aber unbefriedigend und unterstreichen die methodischen Schwierigkeiten, in der Psychiatrie zwischen relevanten Fällen und Nicht-Fällen zu unterscheiden. Es stellt sich letztlich immer die Frage, wie das erforderliche "Sieben" überhaupt erfolgen sollte. Hat sich der Blick zunächst auf allgemeinere Krankheitskriterien zu richten oder primär auf spezielle Einzelkriterien? Welche Möglichkeiten bleiben in Grenzbereichen? Da allgemeines menschliches Leiden oft unbestimmt erscheint, könnte vielleicht gerade in einer sehr speziellen "Diagnose" das eigentliche Auswahlkriterium bestehen. Bestimmte (einzelne) "Diagnosen" sind und bleiben für Falldefinitionen in der Psychiatrie, ggf. auch in nur vorläufiger Form, jedenfalls sehr häufig ein erster Bezugspunkt jeder weiteren Differenzierung (vgl. Cooper, 1978; Wing et al., 1981). Die in diesem Zusammenhang bekannteste und gebräuchlichste psychiatrische Falldefinition ist vermutlich die der Weltgesundheitsorganisation:

"Ein Fall von psychischer Krankheit ist durch eine manifeste Störung der psychischen Funktion definiert. Diese muß hinreichend spezifisch im klinischen Charakter, konsistent erkennbar in Übereinstimmung mit einem klar definierten Standard-Muster und schwer genug sein, um den Verlust der Arbeitsfähigkeit oder sozialer Fähigkeiten oder beider in einem Ausmaß zu verursachen, das mit dem Verlust von Arbeitszeit oder der Notwendigkeit rechtlicher oder sozialer Maßnahmen spezifiziert werden kann." (WHO, 1960, zit. nach Häfner, 1981)

Daß die Begriffsvorstellungen bei psychischen Erscheinungsbildern sehr heterogenen Einflüssen unterworfen und als zeitgeschichtlich geprägte Phänomene offensichtlich niemals abgeschlossen sind, soll zunächst an einigen Beispielen verdeutlicht werden. Damit wird gegenüber der Vielzahl vorhandener Explikationsmöglichkeiten nur eine relativ kleine Auswahl getroffen. Unseren Beispielen, u.a. der "Legasthenie" und der "Homosexualität", ist zudem gemeinsam, daß sie zwar zu vielfach diskutierten, für eine kritische Gesamtschau aber immer noch ausreichend aktuellen Problembegriffen gehören. Nicht zuletzt sind inzwischen viele Kommentatoren der Meinung, daß sich hier die klinische Diagnostik weitgehend erledigt haben sollte, obwohl einzelne Aspekte weiterhin im Kontext psychopathologischer Betrachtungen auftauchen. Über ihren möglichen "Krankheitswert" wird man sich insofern vielleicht auch zukünftig auseinandersetzen müssen, zumal, wie sehr oft in solchen Fällen, für die kausalgenetischen Zusammenhänge dann am ehesten ein multifaktorielles Bedingungsgefüge diskutiert werden müßte.

2.2 Exemplifikation charakteristischer Schwierigkeiten

2.2.1 "Legasthenie" als (unerwünschter) Krankheitsbegriff

Für viele Beobachter erstaunlich, wurde durch einen Beschluß der Kultusminister der Länder in der Bundesrepublik Deutschland am 24. April 1978 "Legasthenie" als eingeführter Fachbegriff wieder "abgeschafft" (Weinschenk, 1981). Er stand bis dahin für eine komplexe kognitive Funktionsstörung, der nicht zuletzt auch schon lange medizinisches Interesse galt. Dieser Kultusministerbeschluß betraf jedoch nicht so sehr einen Namen als den Legastheniebegriff selbst (von lat. legere: lesen und griech. asthenos: kraftlos, schwach).

Nachdem Lese- und Schreibstörungen als Folge von nachgewiesenen Hirnstörungen bereits 1865 von dem Franzosen Marcé beschrieben und schließlich von M. Benedikt, C. von Monakow und K. Goldstein als Agraphie-Syndrom konkreter erfaßt waren, fielen dem Braunschweiger Schularzt O. Berkhan immerhin schon vor über 100 Jahren einzelne Kinder auf, die bei ansonsten ausreichender Intelligenz das Lesen und Rechtschreiben nur unvollständig erlernten (Berkhan, 1885 und 1886; Weinschenk, 1987 und 1988). In England beschäftigte sich in dieser Zeit auch der Augenarzt W.P. Morgan mit einer Krankheit, die er 1896 "congenital word-blindness" nannte. Nachdem 1916 dann der ungarische Neurologe und Psychiater P. Ranschburg den Terminus "Legasthenie" in die wissenschaftliche Diskussion dieser Störungsform eingeführt hatte, beschäftigten sich zumindest bis zum 2. Weltkrieg fast ausschließlich Ärzte mit der Untersuchung rechtschreibschwacher Kinder (vgl. Warnke, 1990). So meinte z.B. von Stockert (1934), eine eigenständige (im Laufe des Lebens durch Hirnstörungen erworbene) Agraphie von der "angeborenen" Legasthenie dadurch gut differenzieren zu können, daß nur der Agraphiker im Bewußtsein einer aktuell gestörten Leistung (oft in Form von Perseverationen) schreibe und deshalb im Text von selbst viel häufiger als der Legastheniker korrigiere.

Nachfolgend wurde hier in allen medizinischen Erklärungsmodellen immer ein späterer, sekundärer Verlust des Lese-Rechtschreibvermögens von der Beeinträchtigung des erstmaligen Erlernens dieser Fähigkeiten (zu Beginn der Schulzeit) getrennt, und dann ausschließlich die zuletzt genannte Form als "umschriebene" Lese-Rechtschreibschwäche (LRS) begriffen (Klicpera, 1984). Als spezielle Teilleistungsstörung (bzgl. schulischer Fähigkeiten) ist diese Leistungsminderung allerdings nur innerhalb eines größeren cerebralen Funktionssystems einigermaßen sinnvoll einzuordnen (Schmidt, 1988b). Damit könnte die ursprüngliche "Legasthenie" innerhalb aller möglichen Lese-Rechtschreibschwächen aber durchaus ein spezifischeres Syndrom repräsentieren, das, wie viele andere psychische Störungen auch, ohne morphologisch nachweisbare Hirnschädigung jeweils die Endstrecke einer komplex gestörten Entwicklung darstellen würde (Eggers et al., 1993). Im internationalen Schriftum entspräche dieser Störung am ehesten die Bezeichnung "developmental dyslexia" (Rutter, 1978).

Nach Steinhausen (1993) stellt dieses Syndrom jedenfalls die inzwischen am meisten untersuchte Lernstörung dar. Nicht zuletzt unter organisatorischem und pädagogischem Blickwinkel ergaben sich dadurch bisher vielfältige zusätzliche Probleme (Moosbauer, 1980). Wegen unscharfer Feststellungskriterien schwanken hier allerdings die Angaben zur Häufigkeit im schulischen Alltag. In einer epidemiologischen Studie auf der Isle of Wight wurde z.B. unter 9- bis 11-jährigen Schülern ein Anteil von 3,7 Prozent ermittelt (Steinhausen, 1993). Warnke (1994) erwähnt für deutsche Verhältnisse im 2. und 3. Schuljahr einen Anteil von bis zu 7 Prozent, davon sogar 4 Prozent schwereren Ausmaßes.

Diagnostische Anhaltspunkte eines entsprechend eigenständig beschriebenen Syndroms "kongenitaler Wortblindheit" hatte 1904 schon Stephenson publiziert, indem er verlangte, daß bei den betroffenen Kindern ausreichende Intelligenz, normale Sehfähigkeit und Gesundheit im geistigen und körperlichen Bereich vorliegen müsse (Stephenson, 1904). In der Folgezeit waren dann die beiden häufigsten Kriterien sog. Diskrepanzdefinitionen die Abweichung der jeweiligen Lese-Rechtschreibleistungen von der Alters- bzw. Klassennorm sowie der Unterschied zu den Ergebnissen eines Intelligenztests (Linder, 1951; Miles und Haslum, 1986; Schenk-Danzinger, 1984). In der Bundesrepublik Deutschland wurde 1976 die (amtlicherseits seinerzeit noch akzeptierte) "Legasthenie" sogar per Kultusministererlaß einmal in ähnlicher Weise operational definiert, hier aber u.a. mit dem Ziel, dabei möglichst auf die diagnostische Mitwirkung von Ärzten verzichten zu können. "Legastheniker" war danach (bei ansonsten normalem Befinden) genau derjenige, der mindestens einen Intelligenzquotienten (IQ) von 95 (T-Wert 46) erzielte und im Rechtschreibtest nur einen mittleren Prozentrangplatz von 15 oder weniger erreichte (Weinschenk, 1981). Hierzu bemerkte im selben Jahr der Psychologe Angermeier, daß sich Schulpolitiker und letztlich die demokratische Öffentlichkeit fragen müsse, wieviel Prozent Legastheniker denn überhaupt gefördert werden können, und sich danach die definitive Feststellung dieser Störung mit Hilfe von Tests richten müsse (Angermeier, 1976).

Definitionen dieser Art wurden aber offensichtlich auf Dauer der besonderen Komplexität dieser Leistungsschwäche mit der Primärsymptomatik einer sprachlichen Synthese- und Analyseschwäche verschiedener Schweregrade und einer uneinheitlichen Sekundärproblematik (insbesondere in Form von Verhaltensstörungen bei fehlender frühzeitiger Therapie) nicht gerecht. In der Folge führte dies dazu, daß das ursprünglich von Schulmedizinern entdeckte und ärztlich beforschte, ätiologisch aber ungeklärte Syndrom "Legasthenie" amtlicherseits plötzlich nur noch als allgemeines "Problem der Gegenwart" und nicht mehr als "Störung" gesehen wurde. Per o.g. Ministerbeschluß sollte es deshalb auch endgültig jeder unmittelbaren kinder- und jugendmedizinischen Zuständigkeit entzogen werden (Loccumer Protokolle von 1979, zit. nach Weinschenk, 1981). Ausschlaggebend für diesen Schritt ohne das Hinzuziehen von Fachleuten außerhalb der Ministerien waren u.a. die mangelnde Spezifität der ursprünglich selbst gewählten Definition zu Lasten von sog. falsch negativen Fälle sowie die sich außerhalb der Schulmedizin zunehmend durchsetzende Vorstellung, daß es sich bei der seinerzeit lebhaft diskutierten Lese- und Rechtschreibschwäche wohl eher um ein "theoretisches Konstrukt" handele als um eine "reale" Funktionsstörung, die dann auch unabhängig von einer operationalen Definition "existiere" (Weinschenk, 1981). Hier wurde offensichtlich nicht nur ein vereinfachter Krankheitsbegriff unterstellt, sondern auch eine Kritik umgesetzt, die sich wesentlich an der grundsätzlichen Zweifelhaftigkeit jedes medizinischen Krankheitskonstrukts entfachte, und die teilweise bis heute anhält (vgl. Beck, 1989; Kutscher, 1993; Sirch, 1975; Schlee, 1976).

Ersatzweise ist inzwischen im behördlichen Sprachgebrauch nur noch von "besonderen Schwierigkeiten im Erlernen des Lesens und Rechtschreibens" die Rede, bei denen unter besonderer Berücksichtigung von Art und Schwere des Einzelfalls nach den Richtlinien und Zusatzverordnungen des Bundessozialhilfegesetzes (BSHG) Eingliederungshilfe gewährt werden kann, jedoch nur, sofern es sich dabei um eine wesentliche "Behinderung" handelt. Die Begriffe "Legasthenie" bzw. "Legastheniker" kommen behördlicherseits heute praktisch nicht mehr vor. Für die Frage, ob ein Kind nach den Runderlassen der Kultusminister eine schulische Förderung erhält, ist es inzwischen auch völlig unerheblich, aus welchen Gründen das Kind letztlich Lernschwierigkeiten hat, oder ob die Schwierigkeiten relativ isoliert auftreten oder nicht (Sommer-Stumpenhorst und Christiani, 1991). Die Grundsatzempfehlungen der Kultusministerkonferenz vom 20. April 1978, die in den meisten Bundesländern zu entsprechenden Richtlinien geführt und zweifellos einige praktische Hilfen gebracht haben, wurden deshalb auch schon bald vom Vorstand der Deutschen Gesellschaft für Kinder- und Jugendpsychiatrie erheblich kritisiert (Warnke, 1994).

Am 10. Juli 1979 hatte nicht zuletzt auch das Bundessozialgericht entschieden, daß der Legasthenie kein "Krankheitswert" im Sinne des § 182 der Reichsversicherungsordnung (RVO) zukomme. Der hier höchstrichterlich verneinte § 182 RVO betrifft gezielt die sog. Krankenhilfe, also u.a. die besonderen Merkmale der Krankenpflege, ohne dabei allerdings den Krankheitsbegriff der RVO selbst irgendwie zu definieren. Nach Auffassung des Gerichts bestehe jedenfalls das wesentliche Merkmal "dieser Erscheinung" (gemeint ist hier die bisher "Legasthenie" genannte Lese-Rechtschreibschwäche) nur darin, daß sich dabei, wie auch beim Erwerb anderer Fähigkeiten (z.B. musischer oder sportlicher Art), eben (nur) "Schwächen oder Störungen" zeigen würden. Diese Beurteilung lasse dann aber keinerlei Leistungsrisiko der gesetzlichen Krankenkassen mehr zu (BSGE 48, 258, 264, vgl. Schulte und Trenk-Hinterberger, 1982). Wie Sticken (1985) betont, wurde dabei seinerzeit allerdings die aktuell geführte medizinisch-wissenschaftliche Diskussion sozialrechtlich wie schulpolitisch überhaupt nicht mehr zur Kenntnis genommen. Vielmehr sei anhand eines medizinischen Standardlexikons richterlicherseits eine endgültige Einordnung vorgenommen worden, die im Sinne einer restriktiven Leistungsgewährung vorrangig normative Steuerungsfunktion bekommen sollte und auch bekam.

Ohne alle Lernstörungen pauschal "psychiatrisieren" zu wollen, sind sich aber die allermeisten Kinder- und Jugendpsychiater inzwischen darin einig, daß gerade bei dieser Störungskategorie in schwereren Fällen eine speziellere Diagnostik, ungeachtet einer gleichzeitigen schulischen Sonderförderung, immer sinnvoll ist (Warnke, 1987). Pathogenetisch werden hier nämlich schon seit einiger Zeit, neben möglichen genetischen Belastungen, insbesondere prä-, peri- und postnatale Einflüsse im Sinne minimaler zerebraler Dysfunktionen sowie nicht zuletzt auch psychosoziale Faktoren diskutiert (Klicpera, 1984). Neuere neuropsychologische Erklärungsansätze gehen auch zunehmend von einer eingrenzbaren zentralnervösen Dysfunktion aus, allerdings ohne konkret nachweisbares strukturelles Korrelat, und definieren die "umschriebene Rechtschreibschwäche" längst wieder als "klinisches" Syndrom (Warnke, 1991; vgl. Warnke, 1990 und 1994). In diesem Sinne ließe sich sogar weiterhin "der klassische, organbezogene Krankheitsbegriff der Medizin auf die Legasthenie anwenden" (Martinius, 1989, zit. nach Warnke, 1991), obwohl diese Störung als "bloße" (ausschließliche) Legasthenie weiterhin, auch bei stärkster Ausprägung, keine Krankheit im Sinne der gesetzlichen Krankenversicherungen sein darf.

Erst wenn der ursprünglich "gesunde" Legastheniker auch "krank" wird, indem zusätzlich z.B. eine schwerwiegende neurotische Fehlentwicklung entsteht, oder wenn legasthenische Erscheinungen im Einzelfall einmal nachweisbare Folge eines bereits vorher sozialrechtlich anerkannten (aber nicht zwingend organischen) Krankheitsbildes sind, beginnt der Leistungsbereich unserer Krankenkassen (Trenk-Hinterberger und

Schulte, 1983; Warnke, 1991). Diese prinzipielle Regelung gilt heute selbst noch in Anbetracht der Tatsache weiter, daß das entsprechende Syndrom längst als international anerkannter, umschriebener Entwicklungsrückstand auf der zweiten Achse des multiaxialen Diagnoseschemas für psychische Störungen des Kindes- und Jugendalters (Remschmidt und Schmidt, 1994) sowie als entwicklungsbezogene Lese-/Rechtschreibstörung in den aktuellen Klassifikations- und Diagnosesystemen psychischer Störungen der Weltgesundheitsorganisation (WHO) bzw. der Amerikanischen Psychiatrischen Vereinigung (APA), also in der ICD-10 (F 81.0) und im DSM-IV (Achse II), klassifiziert und verschlüsselt werden kann (APA, 1994; WHO, 1991).

Von Interesse in diesem Kontext dürfte schließlich sein, daß mit der in den 70er Jahren in vielen deutschen Grundschulen neu eingeführten "Ganzheitsmethode" zum Erlernen des Lesens und Schreibens viele leichtere Formen von "Legasthenie" unerwartet offenkundig wurden (Häfner, 1985; Lempp, 1993). Gerade die Auswirkung einer neuartigen Lernmethode mit der vermehrten Vermittlung jeweils ganzer Wörter, welche nun in spezifischer (zusammenhängender) Weise analytische wie synthetische Verarbeitungskapazitäten beanspruchte, sollte den letzten Skeptiker vermuten lassen, daß relativ allgemeine Beeinträchtigungen oder Belastungen im schulischen oder familiären Umfeld ätiologisch eher sekundär sein dürften.

2.2.2 "Homosexualität" als (überholter) Krankheitsbegriff

Ein anderer Begriff, dessen medizinischer Stellenwert sich im Laufe der letzten 25 Jahre sehr verändert hat, ist die "Homosexualität". Dennoch stoßen wir hier heute nicht nur gelegentlich weiter auf die Gefahr der pauschalen Pathologisierung einer damit gemeinten zwischenmenschlichen Orientierung mit spezifischen, schon immer lebhaft diskutierten Erlebens- und Verhaltensweisen, sondern es bleiben auch noch vielfältige außermedizinische Fehleinschätzungen. Nicht zuletzt ließe sich an diesem Begriffsbeispiel recht gut der enorme Einfluß des Strafrechts auf die Praxis der Sexualwissenschaften zeigen. So gingen vor den ersten beiden liberalisierenden Reformen des § 175 StGB (in den Jahren 1969 und 1973) bei uns sehr viele homosexuelle Männer nur deshalb zu Ärzten, damit diese ihre strafrechtlich gefährliche sexuelle Präferenz zum Verschwinden bringen sollten. Wegen sonstiger, sekundärer psychosozialer Schwierigkeiten wurden damals erheblich weniger Therapeuten konsultiert. Danach kehrte sich das Bild plötzlich deutlich um und es kamen vermehrt Homosexuelle gerade wegen anderweitiger Probleme, d.h. kaum noch, um wegen ihrer vermeintlich psychopathologischen Sexualwünsche therapiert zu werden (Dannecker und Schorsch, 1987). Entsprechend stand die homosexuelle Liebe im Laufe ihrer langen Geschichte immer in sehr wechselvollem moralischen Licht. Während sie im alten Griechenland zum alltäglichen Leben gehörte, wurden Homosexuelle im Mittelalter nach den Gesetzen der Kirche verbrannt. In psychiatrischen Lehrbüchern wird Homosexualität als umschriebene Störung der Geschlechtsrolle dagegen heute kaum noch ausführlicher behandelt, da "Neigungshomosexualität" (genuine Homosexualität) als eigenständige Form sexueller Selbstverwirklichung oder Partnerschaft allenfalls noch über ihre nachteiligen Auswirkungen als Störung im psychiatrischen Sinne gilt.

Wie auch sonst bei Fragen nach einem möglichen pathologischen Kern menschlicher Eigenheiten, gab und gibt es zahlreiche Meinungen zur Entstehung homosexueller Verhaltensweisen. Für die traditionelle klinische Psychiatrie stellte Homosexualität sowohl eine unreife Persönlichkeitsentwicklung als auch eine Störung auf der Basis einer körperlichen Veranlagung dar, also letztlich eine Krankheit mit einer konstitutionellen Disposition. Dabei wurde hier zeitweise gerade das Postulat der genetischen Anlage dazu benutzt, gegen eine gesetzliche Bestrafung dieser schicksalshaft "angeborenen Störung" zu argumentieren (Hirschfeld, 1920). In jüngerer Zeit gibt es zudem sogar wieder Berichte, daß sich ungewöhnlich viele homosexuelle Onkel und Neffen in der mütterlichen Linie untersuchter Probanden befinden würden, nicht jedoch in der väterlichen Linie. Bei geschlechtsgebundener Vererbung müßte damit (im Sinne eines biologischen Markers) ein möglicherweise entscheidendes Gen auf dem relativ großen X-Chromosom gesucht werden (Hamer et al., 1993).

Nach Bancroff (1985) kann sich das Geschlecht aber auf mindestens acht verschiedene Ebenen manifestieren: 1. in den Chromosomen, 2. den Keimdrüsen, 3. dem Endokrinsystem, 4. den inneren Geschlechtsorganen, 5. den äußeren Geschlechtsorganen und sekundären Geschlechtsmerkmalen, 6. in der geschlechtstypischen Differenzierung des Gehirns, 7. dem Zuweisungsgeschlecht bei der Geburt ("Es ist ein Junge") und 8. der Geschlechtsidentität ("Ich bin ein Mädchen"). Die biomedizinischen Forschungsansätze zur Entstehung von Homosexualität, die auch nicht selten sexuelles Verhalten mit Fortpflanzungstätigkeit vorschnell gleichsetzen, haben hier jedenfalls bis heute kein überzeugendes biologisches Korrelat erbracht. Auch die häufig diskutierten neuroendokrinologischen Hypothesen, wie z.B. die eines weiblichen, positiven Östrogenfeedbacks bei männlichen Homosexuellen (als hier geschlechtsuntypische Reaktion des luteinisierenden Hormons auf eine gezielte Östrogenstimulation) entziehen sich letztlich eines objektivierbaren Zusammenhangs zum Verhalten Homosexueller (vgl. Gooren, 1988; Dannecker et al., 1981).

Psychoanalytische Grundannahmen zum Verständnis von "Homosexualität" beruhen u.a. auf dem dynamischen Konstrukt der "Heterophobie", also einer entwicklungsbedingten Angst vor dem sexuellen Kontakt mit dem anderen Geschlecht (Bieber et al., 1962). Freud selbst war bzgl. des "Krankheitswerts" der Homosexualität allerdings eher ambivalent. Während er zum einen meinte, daß dies keine Krankheit sei, ging er an anderer Stelle eher von einem psychosexuellen Entwicklungsstillstand aus (vgl. Friedman, 1993). Der amerikanische Psychoanalytiker C.W. Socarides, der "obligatorische Homosexualität" als unbewußt verwurzelte und reparativ notwendige sexuelle Betätigung zwischen Personen desselben Geschlechts definiert und damit von anderen (situativen) Formen homosexueller Betätigung abtrennt, sieht schließlich nur in der erstgenannten Form ein Beispiel für (echte) psychische Krankheit. Ihre beiden Hauptkriterien seien "Funktionsversagen" (fehlende Fortpflanzung, soziales Nichtfunktionieren etc.) und/oder "Leiden" (Schuldgefühle, Ängste etc.). Wesentliche Ursachen seien in der Regel gestörte Familienkonstellationen in der Kindheit, u.a. mit gehemmter psychosozialer Reifung (Socarides, 1982). Sozialkritische Vorstellungen gehen dagegen davon aus, daß gerade unter einem restriktiven bzw. antiliberalen gesellschaftlichen Klima viele an sich bisexuell orientierte Personen erst zu einer unfreiwilligen Entscheidung in "nur" eine Richtung gezwungen würden. Homosexualität könne im weiteren Sinne deshalb auch als eine besondere Form von "Homophobie" verstanden werden (Weinberg, 1972; Churchill, 1967).

Der Biologe A.C. Kinsey, der mit seinen Mitarbeitern in den USA in den 40er und 50er Jahren die ersten größeren Untersuchungen zu sexuellen Praktiken und zur Homosexualität machte, kam im übrigen auch nur zu dem Ergebnis einer sehr allgemeinen Konstitutionshypothese sexuellen Verhaltens. In den allermeisten Bereichen fand er nämlich typischerweise nur graduelle Unterschiede (Kinsey et al., 1948; Kinsey et al., 1953). Der Sexualwissenschaftler H. Giese ging entsprechend von einem unscharfen "Vorfeld des homosexuellen Syndroms" aus, in dem Symptome eines Gestimmtseins durch das eigene Geschlecht nur sehr verdünnt, noch eher vage in Erscheinung treten würden (Giese, 1962b). In diesem Zusammenhang wurde dann Gieses Krankheitskonzept von der süchtigen Perversion relevant. Auf der Basis des gegenüber einer medizinisch-biologischen Sicht inhaltlich erheblich weiter gefaßten Suchtbegriffs der anthropologischen Psychiatrie waren es entsprechend die progredienten Verlaufsformen der sexuellen "Süchtigkeit", die nach ihm als "pervers" und damit auch als "krankhaft" zu bezeichnen waren (Giese, 1962b, vgl. Schorsch, 1993).

Im Grunde gilt heute aber "Homosexualität" als psychiatrische Diagnose in jeder Hinsicht als überholt. Allerdings entwickelte sich diese

Sichtweise dann wieder sehr uneinheitlich. In den USA war hier ein wesentlicher Schritt die Eliminierung dieser bisherigen Diagnosemöglichkeit bei einer Textänderung der 2. Auflage des "Diagnostic and Statistical Manuals of Mental Disorders (DSM-II)" der APA. Natürlich gab es in psychiatrischen Fachkreisen schon seit vielen Jahren heftige Diskussionen darüber, ob Homosexualität als psychische Störung überhaupt klassifiziert werden sollte, aber erst am 15. Dezember 1973 wurde in der amerikanischen Berufsorganisation mehrheitlich dafür gestimmt, "homosexuality" als medizinische Diagnose zu streichen (Stoller et al.,1973). Hierbei waren nicht zuletzt auch Definitionsprobleme ausschlaggebend, d.h. diverse Schwierigkeiten bei der Auswahl kulturübergreifender Kriterien von Homosexualität als "psychischer Störung" (Spitzer und Endicott, 1978).

Zunächst gab es dann als diagnostisches Auffangbecken in den restlichen Ausgaben des DSM-II noch die Kategorie einer sexuellen Orientierungsstörung ("sexuell orientation disturbance") für diejenigen Homosexuellen, die den Wunsch hatten, sich zu ändern. Sie wurde schließlich in der 1980 erstmals erschienenen, völlig veränderten 3. Auflage dieses diagnostischen und klassifikatorischen Standardwerkes (DSM-III) zu einer speziellen Kategorie für unerwünschte "ich-dystone" Erregbarkeit modifiziert ("ego-dystonic homosexuality"), dabei jedoch nicht als Störung in Form einer echten sexuellen Abweichung interpretiert (APA, 1980). Schließlich tauchten in der Revision dieses Manuals 1987 (DSM-III-R) Störungen dieser Art als eigene Kategorie überhaupt nicht mehr auf (APA, 1987).

Auch die WHO gibt etwa alle 10 Jahre eine aktualisierte Fassung ihres Diagnoseschlüssels "International Classification of Diseases (ICD)" heraus. Wie bereits erwähnt, sind Erweiterungen und Veränderungen hier jeweils das Arbeitsergebnis zahlreicher international besetzter Expertentreffen auf dem Hintergrund neuerer epidemiologischer Untersuchungen zu einzelnen psychiatrischen Erkrankungen. Noch in der 9. Revision dieser ICD (WHO, 1978), deren Einführung in Deutschland zum 1. Januar 1981 empfohlen und durchgeführt wurde, konnte "Homosexualität" als "ausschließliche oder vorwiegend sexuelle Anziehung zwischen Personen des gleichen Geschlechts mit oder ohne körperliche Beziehung" diagnostiziert werden (Degkwitz et al., 1980). Ob es sich dabei per se um eine psychische Störung handeln würde, war allerdings auch innerhalb der WHO seinerzeit schon längst umstritten. Nicht zuletzt liefen inzwischen die zahlreichen Vereinigungen Betroffener international Sturm gegen jede weitere, als Stigma empfundene Psychopathologisierung ihrer sexuellen Orientierung (Junge, 1989; Dannecker, 1986; Dannecker und Reiche, 1974; Schorsch, 1993). In der 10. Revision der ICD (WHO, 1991), die im Grunde eine vollständig neue Klassifikation psychischer Störungen mit der Zielsetzung eines möglichst "atheoretischen" diagnostischen Ansatzes darstellt, gibt es "Homosexualität" als Krankheitsdiagnose bzw. als nosologische Entität nicht mehr. Lediglich für problematische Phasen der sexuellen Entwicklung kann bedarfsweise noch deskriptiv die jeweilige sexuelle Orientierung gekennzeichnet werden (Dilling et al., 1991).

Bekanntlich vollzogen ist im Deutschen Strafrecht inzwischen auch die Streichung des historisch belasteten § 175, der "homosexuellen Handlungen" unter bestimmten Bedingungen, insbesondere bei einem unter 18 Jahre alten Beteiligten, unter Strafe stellte (Schroeder, 1980). Schorsch meinte allerdings noch 1986, daß die Strafrechtsreform in diesem Punkt leider auf halbem Wege stehengeblieben sei, da sie weiterhin auf sachlich falschen Voraussetzungen aufbaue. Die immer noch zu Grunde liegende "Verführungshypothese", also die Vorstellung, daß ein junger Mensch durch ein homosexuelles Erlebnis erst zum Homosexuellen gemacht werde und deshalb per Gesetz davor geschützt werden müsse, sei wissenschaftlich nämlich nie erhärtet worden. Ein neues Jugendschutzgesetz für Jungen und Mädchen unter 16 Jahren, das hetero- und homosexuelle Handlungen endlich prinzipiell gleichstellt, soll jetzt jedenfalls nicht nur helfen, Homosexualität weiter zu enttabuieren, sondern insbesondere auch dauerhaft gewährleisten, daß die Verlagerung der Frage nach der vollen Verantwortlichkeit für homosexueller Handlungen nicht zwangsläufig aus Gerichtsverhandlungen in psychiatrische Praxen bzw. zu psychiatrischen Gutachtern erfolgt (Giese, 1982a; Sigusch, 1989).

2.2.3 Weitere Gesichtspunkte anhand von Beispielen (z.B. "multiple Persönlichkeit", "Münchhausen-Syndrom", "Simulation")

Gelegentlich wird bei psychischen Zustandsbildern darüber diskutiert, ob diese nicht eigenständiger definiert werden könnten, um dadurch vielleicht einen separaten Platz in den aktuellen Diagnosesystemen zu bekommen. Als typisches Beispiel sei hier die Diagnose "multiple Persönlichkeit" genannt, der in der letzten Zeit besonders im angloamerikanischen Raum zunehmende Beachtung geschenkt wurde (Braun, 1984; Nemiah, 1988). Nach Ansicht der APA handelt es sich hierbei um eine besondere Form einer dissoziativen Persönlichkeitsstörung (APA, 1980). Deren jetzige "Entdeckung" könnte allerdings auch gut in der Nachfolge traditioneller Hypnose- und Hysterielehren gesehen werden (Erkwoh und Saß, 1993; Kluft, 1984). Bereits S. Freud berichtete 1923 in seiner Arbeit "Das Ich und das Es" aus analytischer Sicht über entsprechende Phänomene:

"Es kann zu einer Aufsplitterung des Ichs kommen, indem sich die einzelnen Identifizierungen durch Widerstände gegeneinander abschließen, und vielleicht ist es das Geheimnis der Fälle von sogenannter multipler Persönlichkeit, daß die einzelnen Identifizierungen alternierend das Bewußtsein an sich reißen." (Freud 1923/1964)

Als charakteristisches Merkmal dieser Störung gilt entsprechend die (zeitlich auseinanderliegende) Existenz von mindestens zwei eigenständigen "Persönlichkeiten" (im Sinne von unabhängigen Persönlichkeitszuständen bzw. Identitäten) bei ein und derselben Person, die jeweils relativ überdauernd die volle Kontrolle über das Verhalten dieses Menschen übernehmen können. Schon in der Expertenkommission der WHO zur Vorbereitung der ICD-10 wurde diese Störung allerdings als insgesamt sehr selten angesehen und bezüglich ihres Vorkommens in der Dritten Welt eher als besondere Kulturspezifität und nicht so sehr als krankhafter Zustand interpretiert. Selbst das möglicherweise relativ häufige und deshalb eher fraglich charakteristische Vorkommen schwerer kindlicher Traumata bei diesen Personen ist wegen der Problematik einer nachträglichen Operationalisierbarkeit in den Diagnosesystemen mit Vorsicht zu betrachten. Die Ungenauigkeit vieler weiterer Kriterien schließt hier dann endgültige Schlußfolgerungen weitgehend aus (Nemiah, 1988; Putnam et al., 1986).

Wie Fahy (1988) in einer kritischen Literaturübersicht zeigen konnte, sind entsprechend auch die Angaben über die Prävalenz dieser Störung sehr unsicher. Nachdem z.B. 1957 in den USA das Buch "The Three Faces of Eve" von Thigpen und Cleckley erschienen war, in dem ein eindrucksvoller Einzelfall beschrieben wurde, hätten sich solche "Persönlichkeiten" plötzlich zu Tausenden selbst gemeldet. Allenfalls in einem Fall habe es sich bei Nachuntersuchungen um eine "echte" Symptomatik im Sinne der erwarteten multiplen Persönlichkeit gehandelt. Insgesamt würde weiterhin nichts Charakteristisches dafür sprechen, in der "multiplen Persönlichkeit" eine neue psychiatrische Diagnose oder gar eine nosologische Einheit zu sehen. In ähnlicher Weise argumentiert auch Nemiah (1988), der diese seiner Meinung nach seltene Ausprägung einer Persönlichkeitsstörung weiterhin zur Gruppe der dissoziativen Störungen zählt und damit unverändert einer viel größeren Störungskategorie zuordnet, in der z.B. die psychogene Amnesie ein klinisch viel häufigeres Erscheinungsbild darstellt. In der neuen DSM-IV-Klassifikation (1994) ist entsprechend die "multiple personality disorder" auch wieder in die "dissociative identity disorder" (Kategorie 300.14) umbenannt. Dell (1988) und Merskey (1992) halten dann nicht zuletzt sogar eine iatrogene Entstehung für diskutabel.

Neben eventuellen Neuentdeckungen innerhalb bekannter Formenkreise erscheinen für die psychiatrische Diagnostik offenbar auch vorgetäuschte bzw. von den "Patienten" frei erfundene Beschwerdebilder problematisch. Während es bei der multiplen Persönlichkeit noch um die angemessensten Grenzen innerhalb bekannter psychischer Störungsformen ging, geht es nun um die Frage des Unterschiedes zwischen einem psychiatrischem "Fall" und einem "Nicht-Fall". Simulationen in der Organmedizin, z.B. zur Erlangung persönlicher Vorteile oder zur Vermeidung bestimmter Nachteile, sind immerhin schon seit dem Altertum bekannt. Aber erst 1951 beschrieb der Londoner Arzt R. Asher eine eigenständige Variante als "Munchausen's syndrome", welche seither die differentialdiagnostische Diskussion vorgetäuschter Krankheiten in besonderer Weise bestimmt und inzwischen zahlreiche Kasuistiken hervorgebracht hat (Bock und Overkamp, 1986; Nadelson, 1979; Paar, 1987; Scharfetter, 1984). Dieses "Münchhausen-Syndrom" repräsentiert offensichtlich eine Form selbstmanipulierter Krankheiten (factitious diseases) mit hoher Dunkelziffer, so daß Angaben über die Epidemiologie weiter sehr unsicher sind (Plassmann, 1994). Nach Eckhardt (1989) setzen diese Menschen gewissermaßen ein kontrolliertes Verhalten ein, um letztlich bestimmte Fernziele zu verfolgen, denen sie wiederum eher "unfreiwillig" unterworfen sind oder denen sie möglicherweise in zwanghafter Art und Weise unterliegen. Hierbei werden dann Krankheitssymptome wie von selbst erzeugt, um zunächst einmal ein bestimmtes Nahziel, nämlich das Einnehmen der Patientenrolle, zu erreichen. Diese beinhaltet bekanntlich zahlreiche rollenspezifische Merkmale, auf die aus soziokultureller Sicht insbesondere Parsons (1967) (am Beispiel der amerikanischen Gesellschaft) ausführlicher hingewiesen hat. Neben sozialen Privilegien und vermehrter Zuwendung wäre hier vorrangig eine Enthebung aus eigener Verantwortung bzw. persönlicher Schuld zu nennen.

Auf dem Hintergrund der Tatsache, daß Personen mit einer selbsterzeugten Symptomatik in allen medizinischen Bereichen vorkommen, ist es umso verständlicher, daß es inzwischen sehr vielfältige Bezeichnungen für diese Störungform gibt. So soll ein zwanghaftes Operationsverlangen solcher Patienten gelegentlich in eine "iatrogene Selbstverstümmelung" übergehen, häufiges Krankenhauswandern wird als "Hospitalsucht" (hospital-hopper-syndrome) beschrieben etc. Dabei könnten sogar akutere von chronischeren Verläufen getrennt werden (vgl. Eckhardt, 1989; Mayr, 1937). Eine Differenzierung dieser Patienten nach idealtypischen Gesichtspunkten wurde insbesondere von psychoanalytischen Autoren versucht (Freyberger et al., 1993). In diesem Zusammenhang wurde eine sozial desintegrierte Gruppe mit Krankenhauswandern und Pseudologia phantastica (Münchhausen-Syndrom im engeren Sinne) von Patienten mit ausgesprochen invasiven Selbstschädigungen (artifiziellen Störungen) und solchen mit "stellvertretender" Schädigung des Körpers eines Kindes (sog. Münchhausen-by-proxy-Syndrom) unterschieden (Krupinski et al., 1995).

Wenn allerdings unter "Simulation" jeweils nur das "absichtliche Erzeugen" falscher oder stark übertriebener physischer oder psychischer Symptome aufgrund gleichzeitig erkennbarer externer Anreize, also objektiver Vergünstigungen, verstanden werden soll (DSM-III-R-Kriterien, 1989b), dann sind Patienten mit einem "Münchhausen-Syndrom" unklarer Motivation keine echten Simulanten mehr. Vielen dieser Patienten fehlt nämlich tatsächlich die bewußte Kontrolle der Symptomatik, so daß hier zusätzlich auf intrapsychische Bedürfnisse bzw. unbewußte Motive zu achten wäre (Cremona-Barbaro, 1987; Plassmann, 1986; Freyberger et al. 1990). Die dann nicht mehr willkürliche "Vortäuschung" spezieller Krankheitssymptome wäre aber nur die eine Seite eines sehr komplexen Störungsmusters. Auf der anderen Seite ist eventuell eine psychopathologisch relevante Motivationslage vorhanden, die als eigentliche Krankheitsursache gesehen werden könnte. Der inhaltliche Schwerpunkt entsprechender Definitionskriterien läge dann allerdings wiederum auf innerseelischen, motivationalen Gründen, die "atheoretisch" leider nicht gut vorstellbar sind. "Innerseelische" Regulationsmechanismen sind deshalb in einem möglichst theoriefrei zu haltenden Störungsbegriff auch nicht sinnvoll. Letztlich ausschlaggebend für eine psychische Verursachung der Störung könnte dann (nach dem immer zu fordernden Ausschluß körperlicher Ursachen) im Prinzip nur noch der enge zeitliche Zusammenhang zwischen klinischen Auffälligkeiten und sonstigen Problemen oder Belastungen sein (vgl. APA, 1987; WHO, 1991).

Auf diesem schwierigen begrifflichen Hintergrund versuchen sowohl DSM-III-R als auch ICD-10 absichtliche Vortäuschungen im Falle echter "Simulation" (z.B. zur Vermeidung von Strafverfolgung oder Militärdienst) von intensional hervorgerufenen körperlichen und/oder psychischen Symptomen als echter "Störung", d.h. ohne äußeren Anreiz oder ökonomischen Nutzen, zu differenzieren. Ein "Münchhausen-Syndrom" darf dabei als Beispiel für eine echte Störung (und damit als spezifische psychiatrische Diagnose) aber auch nur angenommen werden, wenn zeitgleich, im Sinne eines unabdingbaren diagnostischen Kriteriums, sonstige, in jedem Falle aber "richtige" Krankheiten oder Behinderungen fehlen (Dilling et al. 1991). Das Ausschlußkriterium einer (anderen) körperlichen oder psychischen Störung bzw. Ursache ist in diesem Zusammenhang jedoch höchst problematisch. Zum einen kann heute weder von einer in dieser Form kriteriologisch sicher abgrenzbaren Gruppe von "tatsächlichen" Simulanten (mit bewußtem Vortäuschen) noch von einer psychopathologisch relativ homogenen Patientengruppe mit krankhafter (sicher unkontrollierter) Selbstmanipulation ausgegangen werden. Zum anderen sind die jeweils offenkundig zu vermeidenden Nachteile oder augenscheinlich real angestrebten Vorteile bei echten Simulanten natürlich auch innerseelisch von Bedeutung und damit ggf. unbewußt wirksam. Symptommanipulation könnte dadurch quasi immer als echte Störung im Umgang mit der Krankheit bzw. der Krankenrolle und damit letztlich als psychopathologisches Phänomen verstanden werden.

Die Thematik "selbstverschuldeter" Krankheiten berührt auch zahlreiche medizinrechtliche Fragen, insbesondere im Zusammenhang mit einem "sozialversicherungsrechtlichen Krankheitsbegriff" (Rieger, 1975; Grosspietzsch et al., 1985). Nach geltendem Recht sind in der Bundesrepublik Deutschland Krankenversicherte nämlich grundsätzlich verpflichtet, an allen Maßnahmen aktiv mitzuwirken, die ihrer Gesundheit dienen. Dies hatte schon oft Bedeutung im Zusammenhang mit gesundheitspolitischen Forderungen, bei bestimmten, von den Betroffenen bewußt einkalkulierten Gesundheitsrisiken, z.B. bei chronischem Nikotin- oder Alkoholmißbrauch sowie Risikosportlern, Leistungen aus der Sozialversicherung individuell zu schmälern (Sachweh, 1995). So wichtig die zahlreichen Entstehungsbedingungen von Krankheit in anderen Zusammenhängen auch sein mögen, im Krankenversicherungsrecht der BRD spielen ursächliche Zusammenhänge für den tatsächlichen Leistungsanspruch des Kranken allgemein noch keine entscheidende Rolle, es sei denn im Krankengeldbereich bei einem schuldhaft herbeigeführten "Unfallereignis" (Hennies, 1983). Mehr Selbstverantwortung in der Solidargemeinschaft der Versicherten könnte sinnvollerweise bei psychisch Kranken aber auch nur dann Berücksichtigung finden, wenn gleichzeitig Klarheit über das Maß der jeweiligen "zumutbaren Willensanspannung" zur Überwindung eines psychischen Leidens zu gewinnen wäre. Ob dies überhaupt eine ärztlicherseits zu beantwortende Frage sein kann, muß aber zumindest bezweifelt werden (vgl. Aschoff, 1991). In diesem Zusammenhang erscheint auch eine Bewertung des Sozialgerichts Frankfurt vom 14.06.1988 (Az.: S 20 J 2055/86) interessant, die davon ausging, daß beim tatsächlichen Vorliegen einer seelischen Störung gleichzeitig immer deren "Krankheitswert" anzunehmen sei, es sei denn, es handele sich nachweislich um eine vorgetäuschte Störung im Sinne von Simulation oder Aggravation, die dann ja "aus eigener Kraft überwunden" werden könne. Insbesondere in der gesetzlichen Rentenversicherung geht es allerdings voll zu Lasten des Antragsstellers, wenn bei ihm trotz sorgfältigster Ermittlungen und Würdigung aller relevanten Sachverhalte Vortäuschung, Überwindbarkeit oder Unerheblichkeit einer psychischen Störung letztlich nicht auch sicher (das Gericht überzeugend) ausgeschlossen werden können (Foerster, 1992).

Daß der "Krankheitsbegriff der Psychiatrie" (Jaspers, 1973) bzw. die allgemeine Konzeptualisierung psychischer Störungen eine lange Vorgeschichte hat und immer problematisch war, soll auch ein Überblick über einige wichtige Stationen unterstreichen. Mehrfach haben sich dabei die zentralen Begriffsinhalte gewandelt, ohne daß jemals von einem Ende dieser Entwicklung hätte gesprochen werden können. Der Krankheitsbegriff ist damit nicht zuletzt ein medizinhistorisches Phänomen, das vielleicht gerade durch seine jeweiligen Anpassungsleistungen an die gesellschaftlichen und soziokulturellen Entwicklungen gekennzeichnet sein könnte (Overbeck, 1984). Als gedankliche Konstrukte unterlagen psychische Krankheiten in ihren unterschiedlichen Konzeptionen und Definitionen schließlich auch der Anstrengung jeder wissenschaftlichen Begriffsbildung, so daß es sinnvoll erscheint, vorab einige hier relevant erscheinende Aspekte näher zu betrachten. Es ist bekannt und Ausgangspunkt dieser Arbeit, daß die psychiatrische Fachsprache längst nicht den begrifflichen Standard anderer Wissenschaftssprachen, insbesondere der naturwissenschaftlichen, erreichen konnte und letztlich deshalb wohl auch weiterhin mit Unzulänglichkeiten wird leben müssen, wie sie ähnlich noch am ehesten in den Geistes- und Sozialwissenschaften vorliegen.

3. Grundlagen der Begriffsbildung

3.1 Begriffe und Gegenstände

Der Mensch denkt in Begriffen. Das Bilden von Urteilen oder das Ziehen von Schlüssen setzt Begriffe bereits voraus. Insofern ist das Entstehen eines Begriffs im Grunde der einfachste Denkakt (Schmidt, 1974). In der Alltagspraxis dienen Begriffe der Stabilität der Kommunikation. Voraussetzung ist zunächst, daß die Objekte dieser Kommunikation intraindividuell so gespeichert sind, daß gleiche oder ähnliche Objekte einander zugeordnet werden können. Diese kognitive Leistung jedes einzelnen läuft in der Regel über einen Prozeß der Komplexreduktion und ist eine wesentliche Voraussetzung zur Orientierung in der Welt. Eine stabile interindividuelle Kommunikation ist aber nur möglich, wenn diese kognitiven Ordnungsprozesse bei verschiedenen Individuen gleich oder zumindest sehr ähnlich verlaufen (Eckes, 1991).

Im medizinischen Denken gibt es wohl keinen wichtigeren Begriff als den der Krankheit. In zahlreichen Diskussionen über den bestmöglichsten Krankheitsbegriff wird dennoch ein Aspekt gelegentlich übersehen. Alle Krankheiten sind für Menschen zunächst nur erdachte Gebilde. Ob und wie sie wirklich in einer bestimmten Art und Weise existieren, bleibt zunächst völlig unbeantwortet. Nicht ohne Grund wurde deshalb von vielen Seiten immer wieder eine Frage gestellt: Gibt es überhaupt psychische Krankheit? (vgl. Häfner, 1991; von Zerssen, 1976). Daran angeschlossen hat sich nicht selten die Frage nach einer zweckmäßigen Definition, ohne daß sich dabei die Tatsache einer gedanklichen Konstruktion im Prinzip geändert hätte. Auch einzelne Klärungsversuche machen die Komplexität der Fragestellung deutlich:

"Zur Beantwortung der Frage, ob es psychische Krankheit überhaupt gibt, sind zwei Dinge zu unterscheiden: einmal die Frage nach der Unterscheidung zwischen gesund und krank auf der psychischen Ebene, zum anderen die Frage nach der Zuordnung der Ätiologie einer psychischen Krankheit zu körperlichen oder psychischen Ursachen. Die Frage auf solche Weise stellen, nimmt eine Antwort vorweg: Vom Nachweis einer körperlichen Verursachung können wir die Definition psychischer Krankheiten nicht generell abhängig machen, denn es gibt nicht nur viele eindeutig psychische Erkrankungen ohne hinreichend geklärte Ätiologie, etwa die Schizophrenie, sondern auch zahlreiche psychische und körperliche Erkrankungen, an deren Ätiologie psychische Faktoren überwiegend beteiligt sind, etwa traumatische Angstzustände und Anorexia nervosa." (Häfner, 1987)

Die Problematik des Krankheitsbegriffs in der Psychiatrie ist dementsprechend auch kein einfaches Zuordnungsproblem. Es gilt nicht zuletzt sowohl feststehende psychopathologische Sachverhalte unter der ständigen Wandlung ihrer begrifflichen Fassung als auch relativ dauerhafte Fachtermini unter der Veränderung des ursprünglich bezeichneten Merkmalbestandes zu beachten. Beide Aspekte sind wichtig und fließen in der Regel ineinander. Wir treffen in der medizinischen Begriffsbildung nicht zuletzt sehr früh auf komplexere erkenntnistheoretische Grundprobleme, die philosophiegeschichtlich in zahlreichen "Begriffslehren" (Aristoteles, Scholastik, Renaissance, Rationalismus etc.) stark wechselnde Ansichten und Gewichtungen hervorgebracht haben (Rehmke und Schneider, 1965; Schwartz, 1983). So hat z.B. I. Kant mit seiner These "Gedanken ohne Inhalte sind leer, Anschauungen ohne Begriffe sind blind" (Kant, 1781/ 1956) aus der Sicht seiner transzendentalen Erkenntnistheorie auf die elementare Ordnungsfunktion der Begriffsbildung hingewiesen und in diesem Zusammenhang die unabdingbare Korrespondenz zwischen den beiden menschlichen Vermögen der Sinnlichkeit und des Denkens betont. Er tat dies u.a. in der Überzeugung, daß es "Objektives" niemals unabhängig von den vorgegebenen Strukturen unseres Erkenntnisvermögens geben könne. Entsprechend ließe sich postulieren, daß es beim Registrieren psychopathologischer Auffälligkeiten keine tatsächliche Unabhängigkeit von wissenschaftstheoretischen Implikationen geben kann (Hoff, 1989).

Solche wissenschaftstheoretischen Grundlagen können in diesem Kontext allerdings nur gestreift werden, zumal es auch "die" wissenschaftstheoretische Grundposition für die Psychiatrie nicht gibt. Statt eines einheitlichen Kanons von theoretischen Aussagen und praktischen Forschungsanweisungen finden wir selbst für die Zielvorstellung einer ausschließlich empirisch orientierten Realwissenschaft immer mehrere Grundorientierungen (Schneewind, 1977; Hempel, 1974; Groeben und Westmeyer, 1975; Möller, 1976). In allen Konzeptionen spielen aber Unschärfe und Mehrdeutigkeit von Zeichen und Bezeichnungen eine zentrale Rolle. Einer Überwindung umgangs- oder alltagssprachlicher Schwächen in der Wissenschaftssprache dienen deshalb insbesondere begrifflicher Klärungen.

Für die Psychiatrie in ihrer offensichtlichen Zwitterstellung als geistes- und naturwissenschaftliches Fach, deren eigentümlicher Schwebezustand schon 1803 von dem Hallenser Medizinprofessor J.Ch. Reil (1759-1813) beschrieben wurde, gilt dies in um so höherem Maße, als gerade hier sprachliche Traditionen und vielfältige Schulmeinungen bis in die heutige Zeit hinein begriffsprägend waren und sind. Die daraus entstandenen Bedeutungsspielräume zeigen sich am deutlichsten beim psychiatrischen Krankheitsbegriff selbst. Diesen genauer zu untersuchen, mag in Anbetracht der offenkundigen Konsistenzprobleme vielleicht aussichtslos erscheinen. Die vielfältige, kaum noch zu überschauende Literatur zu dieser grundsätzlichen Thematik sowie die ständige Weiterentwicklung der internationalen Begrifflichkeiten signalisieren hier allerdings einen offenkundigen Bedarf. Dabei sollten sinnvollerweise reine Umdefinierungen oder Neologismen im Hintergrund der Erörterung zu bleiben. Kendell (1978) problematisiert solche Zielvorstellung mit folgenden Worten:

"Wenn man einen Zustand mit einem Namen versieht, kann man fälschlicherweise den Eindruck gewinnen, etwas verstanden zu haben, so daß man dann aufhört, nachzudenken und Fragen zu stellen."

Payk und Langenbach (1986) sprechen in ihren kritischen Anmerkungen zur Psychopatholinguistik von einer grundsätzlichen Notwendigkeit des Psychiaters, sowohl "empirisch" wie auch "historisch" Konstrukte an den Gegenstand psychologisch-psychiatrischer Bemühungen herantragen zu müssen.

"'Psychisches' kann nicht zum Gegenstand werden wie beispielsweise ein Gelenk, sondern muß vielmehr vom Untersuchenden rekonstruiert werden aus den Beobachtungen, die ihm zugänglich sind und die er als Ausdruck seelischen Befindens erfaßt, ordnet und interpretiert. Dieses (Re-)Konstruieren des psychischen Gegenstandes ist bereits auf der alltäglichen, vorwissenschaftlichen Ebene erforderlich, um gewisse Erscheinungen erklären zu können wie beispielsweise das Weinen, das als Zeichen von Trauer oder Verletzlichkeit, aber auch als Ausdruck von Freude gedeutet werden kann." (1986)

Ein Dilemma der psychiatrischen Praxis ist es allerdings, daß während der alltäglichen Verständigung über die einzelnen "Begriffe" deren angezielte Inhalte nicht jeweils mitgeliefert werden können. Dies gilt sowohl für vorwiegend quantitativ bestimmte, eher positivistische Ansätze als auch für überwiegend qualitativ orientierte, auf Ganzheiten und Sinnzusammenhänge abzielende Denkrichtungen. So sieht Degkwitz (1988) schon im einfachen Wechsel der Aussageform "ich bin krank" zu "ich habe eine Krankheit", also im Übergang von der adjektivistischen zur substantivistischen Rede, einen entscheidenden begriffstheoretischen Schritt innerhalb des medizinischen Denkens. Der Begriff "Krankheit" stelle nämlich bereits einen entscheidenden Abstraktionsvorgang gegenüber der Eigenschaft "krank" dar, da er nun plötzlich etwas vom Menschen Unabhängiges repräsentiere. Nach Baumann (1986a) finden sich selbst zwischen einzelnen Wortklassen der Grammatik und dem Abstraktionsgrad einer Beschreibung des Erlebens oder Verhaltens derartige Zusammenhänge, daß schon mit der Zuschreibung eines bestimmten Attributs (z.B. einer Persönlichkeitseigenschaft) die Ebene des konkreten Verhaltens verlassen erscheint. Damit ist aber auch gleichzeitig der Übergang von einem Begriff der Beobachtungssprache zu einem sog. Dispositionsbegriff vollzogen. Andererseits läßt ein substantivistischer Modus ("Störung") völlig offen, ob damit letztlich die Ebene der Symptome, der Syndrome oder vielleicht sogar der nosologischen Entitäten gemeint ist. Deshalb ist es wichtig, jeweils darüber Klarheit zu besitzen, welche Begriffsbildung überhaupt stattgefunden hat.

3.2 Begriffsbildung und Definition

Ein "Begriff" ist im allgemeinen Sprachgebrauch eine Vorstellung von etwas, z.B. von bestimmten Sachverhalten, Gegenständen oder Eigenschaften. Sie wird durch einen psychischen Abstraktionsvorgang gewonnen und mit einem Wort verbunden. Das Wort selbst, wissenschaftssprachlich Term (oder Terminus) genannt, ist deshalb noch ein Gebilde im sprachlichen Vorfeld eines Begriffs. So steht z.B. das Wort "Masse" als verbaler Ausdruck für den Begriff der Masse, wobei ein Wort dadurch als Name oder Bezeichnung (Wortmarke) gekennzeichnet werden kann, daß es in Einklang mit einer Standardkonvention der Logik und analytischen Philosophie in Anführungszeichen gesetzt wird (Brockhaus, 1987; Hempel, 1974). Nach Kamlah und Lorenzen (1973) ist schließlich "Begriff" als Wortart ein sog. Abstraktor, der anzeigt, daß ein ganz bestimmter Aspekt einer Sprache herausgehoben werden soll. So meint der "Begriff" Krankheit z.B. nicht die Buchstabenfolge K-r-a-n-k-h-e-i-t, sondern er abstrahiert die Bedeutung dieses Wortes, also die mehr oder weniger präzisen Vereinbarungen eines alltagssprachlichen Gebrauchs oder einer besonderen Definition.

Eine bestimmte Gegebenheit, z.B. daß ein Mensch psychisch krank ist, kann praktisch nie in der Gesamtfülle aller theoretisch möglichen Aspekte dargestellt ("gemeint") werden, sondern nur mittels einer bestimmten Anzahl jeweils interessanter Merkmale (Attribute). Alle (auch evtl. nur latent mitgedachten) sinnfüllenden Merkmale machen aber zusammen erst den vollen Begriffsinhalt aus, die sog. Intension einer Bezeichnung. Der Inhalt ist damit identisch mit der Menge aller Attribute, die jedes unter diesen Begriff fallende Objekt letztlich haben könnte. Man kann sprachlich unter der Intension auch den Sinn eines verbalen Ausdrucks oder die Gesamtheit der Eigenschaften verstehen, die dieser seinen Designaten zuschreibt, und durch die diese Designate von anderen abgehoben werden (Pawlowski, 1980). Dagegen heißt die Gesamtheit aller Objekte, die von einem bestimmten Begriff definitiv umfaßt wird, per Konvention Umfang oder Extension. Es ist die Menge aller seiner Designate. Der Umfang entspricht damit dem eigentlichen Anwendungsbereich. Inhalt und Umfang stehen schließlich immer in einem reziproken Verhältnis zueinander (sog. Satz der Reziprozität): Je größer durch Verallgemeinerung der Verwendungsumfang wird (z.B. durch das Weglassen theoretischer Annahmen), umso kleiner wird die tatsächliche Fülle eines Begriffs; je reichhaltiger dagegen der Inhalt gewählt wird (z.B. durch Konkretisierung einzelner Merkmale), umso geringer wird der reale Umfang bezeichenbaren Sachverhalte oder Gegenstände. Dies gilt natürlich auch für jeden Krankheits- oder Störungsbegriff und erklärt rein begriffstheoretisch schon die enorme Vermehrung psychiatrischer Diagnosen. Die Bedeutungs- oder Intensionalfunktion ist dabei allerdings stärker zu bewerten als die Bezeichnungs- oder Extensionalfunktion. Aus der Bedeutung (den Einzelheiten) könnte man nämlich in der Praxis eher den Begriffsumfang herleiten als aus diesem einen im einzelnen jeweils ausreichenden Merkmalsbestand. Eine Vielzahl kranker Menschen vermittelt noch längst nicht, was eigentlich mit "krank" gemeint sein könnte, um welche Inhalte es dabei geht. Das gleiche gilt natürlich für "gestört".

Diese begriffstheoretische Situation läßt Aussagen der Form "Es gibt keine Krankheit, sondern nur Kranke", wie sie im Altertum die Schule der Hippokratiker pflegte, sprachlich eher mangelhaft erscheinen. Dahinter stand seinerzeit jedoch die Idee, daß jedes Krankheitsereignis für sich immer völlig einmalig sei und der Versuch einer Abgrenzung bestimmter Krankheitsformen zu keinem sinnvollen Ergebnis führe. Die hippokratische Sichtweise produzierte seinerzeit also so etwas wie eine bewegliche Diagnose, die sich letztlich immer im Fluß befand. Hierbei wurde für "krank" also ausschließlich die Möglichkeit einer extensionalen Definitionsmöglichkeit eingeräumt, und damit quasi gleichzeitig jeglicher charakteristische Begriffsinhalt ausgeschlossen (vgl. Sadegh-Zadeh, 1977). Allerdings taucht diese Begriffsvorstellung in der Medizin auch später noch auf, nicht zuletzt in Form besonders "individueller" Diagnosen (Curtius, 1959).

Von streng logischen Begriffsbildungen der sog. nomologischen Wissenschaften weichen die unseres alltäglichen Sprachgebrauchs u.a. dadurch ab, daß hier viele Dinge nicht starr nach ihren objektiven Merkmalsgesamtheiten, sondern eher elastisch geordnet werden. Dadurch wird z.B. eine rechtwinkelige Figur mit den Seitenlängen 0,5 cm und 500 cm allgemein nicht als geometrisches "Rechteck" begriffen, sondern vielmehr nur augenscheinlich als "Band". Wahrscheinlich werden gerade in dieser vereinfachten Form, jeweils aber mit unterschiedlicher Prägnanz, diejenigen Eigenschaften an Dingen wahrgenommen, die für uns dann allgemein als deren "Wesenseigenschaften" gelten (Schmidt, 1974). Hier ergeben sich zudem auffällige Parallelen zu den Phänomen im Erkennen typischer Muster (pattern recognition), wo es letztlich darum geht, einen bestimmten

Gegenstand als Beispiel für eine Kategorie ähnlicher Objekte zu erkennen. Bei dieser Art des Feststellens einer Ähnlichkeitsbeziehung folgt in der Regel auf einen ersten Schritt der Identifikation dann in einem weiteren kognitiven Schritt die Zuordnung zu einer als "wesentlich", d.h. als nicht beliebig, sondern als weiterführend erachteten Kategorie von Begriffen.

Der komplexe Prozeß einer Begriffsbildung, mit dem ein bestimmter, z.B. krankhafter Sachverhalt letztlich subjektiv "erfaßt" wird und schließlich eine bleibende innere Repräsentation darstellt, ist zudem immer abhängig von zahlreichen individuellen und kulturellen Einflüssen, z.B. vom Intellekt des betroffenen Menschen oder seiner Erziehung. Insofern ist die Begriffsbildung mit Recht auch ein inzwischen fest etablierter Forschungsgegenstand der Entwicklungs- und Sozialpsychologie (Eckes, 1991). So beginnen Kinder nach Piagets Theorie zur intellektuellen Entwicklung etwa ab dem 18. Lebensmonat auf einer neuen Begriffsebene zu denken, da nun erstmals innere Repräsentationen in Form von bedeutungsgleichen Vorstellungsbildern realer Objekte entstehen können. Erst jetzt fängt das Kind damit an, sich gelegentlich auch mit nicht unmittelbar vorhandenen Objekten zu befassen und sich über das Vorstellungsbild eines bestimmten Wortes an vergangene Objekte zu erinnern (Ginsburg, 1994).

Bei wissenschaftlichen Begriffen geschieht die Begriffsbildung in der Regel aber über eine möglichst korrekte "Definition", manchmal auch durch die zusätzliche Festlegung eines bestimmten Geltungsbereichs. In dieser Form könnten in einer einzelnen Fachdisziplin alltagssprachlich verwandte Begriffe, wie z.B. Devianz, Abnormität und Krankheit, schärfer gegeneinander abgegrenzt werden. Unter einer "Definition" (von lat. definire: abgrenzen, bestimmen) versteht man dabei im weiteren Sinne alles, was die Bedeutung eines Wortes (oder Zeichens) erläutert und dadurch ein- oder abgrenzt (Brockhaus, 1988). Sog. komparative Begriffe (Relationsbegriffe), wie z.B. "ängstlicher als", beziehen sich dagegen jeweils auf die Zusammenhänge zwischen bestimmten Gegebenheiten. Nicht zuletzt werden sog. Grundbegriffe zur Definition weiterer Begriffe benutzt, d.h. sie selbst bleiben in der Regel undefiniert. In den Grundsatzwissenschaften, z.B. in der Geometrie, würden ihnen axiomatische Behauptungen entsprechen, aus denen sich wieder andere Behauptungen streng logisch arbeiten lassen.

Gerade in der Psychiatrie ist auch ständig von solchen Grundbegriffen die Rede. Bei näherer Analyse stellt sich allerdings nicht selten heraus, daß diese höchst komplex konstituiert sind und wegen ihrer Vagheit zum größten Teil erst selbst definiert werden müßten (Häfner, 1963; Glatzel, 1972). Deshalb bezeichnen einige Autoren solche grundlegenden Termini von vornherein als "übergeordnet". Beispielsweise werden von Degkwitz et al. (1982) die Krankheitsbezeichnungen "Psychose", "Neurose" und "Borderline-Syndrom" entsprechend diskutiert (vgl. Hoffmann und Hochapfel, 1991; Mechler, 1965). In ihrer übergeordneten Stellung können solche Begriffe dann allerdings wieder sehr unterschiedliche Erscheinungsformen zusammenfassen, wie dies z.B. auch durch die Zusatzbezeichnungen "exogen", "endogen" oder "psychogen" versucht wurde (vgl. von Ditfurth, 1953; Hildebrandt, 1920; Mechler, 1963; Janzarik, 1969). Weitere Beispiele für solche komplexeren "Grundbegriffe" in der Psychiatrie wären "Entwicklung", "Prozeß" oder "Residuum", über die jeweils eigene Abhandlungen geschrieben werden könnten (vgl. Ciompi, 1980; Häfner, 1963; Huber, 1989).

Die Einengung der Bedeutung eines speziellen Begriffs über eine möglichst exakte Definition kann jedoch auch schnell problematisch werden, wenn sich nicht alle angenommenen Begriffsinhalte konkret bestimmen und differenzieren lassen, wenn es sich insbesondere um graduelle Eigenschaften handelt oder wenn es sich von vorn herein um einen Begriff ohne feste Grenzen mit zusammengesetzten Inhalten, eine sog. Bedeutungsfamilie, handelt (vgl. Pawlowski, 1980). Das erste wäre z.B. schon der Fall, wenn das paranoid-halluzinatorisches Syndrom definiert werden müßte, ohne daß inhaltliche Klarheit darüber besteht, wie dabei ggf. vorkommende taktile (haptische) Halluzinationen im einzelnen bestimmt werden sollen. Objektiv messen lassen sie sich jedenfalls nicht. Entsprechend ist es oft nicht möglich, alle psychologischen Sachverhalte, die naturgemäß unter einen bestimmten psychiatrischen Begriff fallen, konkreter zu bezeichnen. Das Ergebnis eines Definitionsversuchs könnte dann nur ein möglichst ausgewogener Kompromiß zwischen einem schon immer vorhandenen mehrdeutigen Ausdruck und seiner absolut präzisen Festlegung sein.

Von einer exakten wissenschaftlichen Definition ist allerdings zu fordern, daß der zu definierende Ausdruck, das Definiendum, in allen seinen Zusammenhängen durch das Definierende, das Definiens, welches als Kombination von Bekanntem bereits eine bestimmte Bedeutung hat, ersetzbar wird. Unter das Definiens dürfen bei einer "adäquaten Definition" auch nicht mehr oder weniger Merkmale fallen als unter das Definiendum selbst. Dies wird nicht zuletzt für sog. festsetzende Definitionen von bisher noch unbekannten Zeichen oder Worten gefordert. Hier werden, um die jeweilige Fachsprache bedarfsweise um neue Begriffe zu bereichern, in einem mehr oder weniger schöpferischen Akt bestimmte formale oder inhaltliche Zuordnungen ganz neu festgelegt (synthetisiert). Nach Feer (1987) entstehen völlig neutrale Neogolismen in der Psychiatrie aber auf diese Weise eher selten. Viel häufiger entwickelte sich die psychiatrische Fachsprache metaphorisch weiter, indem Vergleiche zwischen Sachverhalten aus sehr unterschiedlichen und damit leider unvergleichbaren Feststellungsbereichen herangezogen wurden.

Beide Modi einer Begriffsbestimmung, sowohl die kriteriologischen Verschärfung aus einen vorgegebenen Sprachgebrauch heraus als auch die Festsetzung über eine ganz neue sprachliche Konvention, gehören zu sog. "Nominaldefinitionen", bei denen bestimmte Zeichen oder Worte letztlich immer durch andere (bereits bekannte) umschrieben werden. Die Realität des Phänomenbereichs bleibt dadurch im Kern völlig unberührt (Stichwort "nominalistische Psychiatrie"). Festsetzende Definitionen psychischer Krankheiten können nach ihren Inhalten deshalb auch nie "wahr" oder "falsch" sein. Allerdings können sie sich in der praktischen Anwendung, z.B. in ihrer klinischen Relevanz oder in der Forschung, aus verschiedensten Gründen als ungünstig erweisen, so daß sie ggf. erneut festgesetzt werden müssen. Der Grad dieser Brauchbarkeit, die dann aber selbst erst definiert werden müßte, bestimmt damit letztlich den "Wert" des Begriffs (vgl. Hayes et al., 1987).

Allerdings muß bei entsprechender Verbindlichkeit eines psychiatrischen Begriffs ggf. nachgeprüft werden können, ob seine aktuelle Verwendung (tatsächlicher fachlicher Gebrauch) auch angemessen erfolgt ist. Dies ist insbesondere dann notwendig, wenn eine länger etablierte Bedeutung nun nicht weiter berücksichtigt werden soll. So hat z.B. die WHO in ihrer 10. Revision der ICD den Begriff "psychogen" nicht mehr streng ätiologisch definiert, sondern nur noch über "offensichtliche" Lebensereignisse oder Schwierigkeiten, die (insbesondere durch zeitliche Korrelation) "eine Rolle" bei der Entstehung einer Störung spielen (Dilling et al., 1991). Begriffliche Unschärfen, wie sie in dieser Definition des Phänomens seelischer Bedingtheit erkennbar sind, lassen eine exakte Überprüfung der regelrechten Verwendung vieler psychiatrischer Termini allerdings selten zu.

Im Gegensatz zu diesen festsetzenden Definitionen, die darauf aufbauen, was ein Begriff sinnvollerweise bedeuten sollte, werden in sog. feststellenden Definitionen die tatsächlichen, insbesondere lexikalischen Gebräuche eines Begriffs analysiert und festgehalten. Diese lexikalischen oder analytischen Definitionsformen setzen also bereits eine in einer bestimmten Gruppe von Personen als Konvention bestehende Bedeutung voraus. Wort- oder begriffsgeschichtliche Arbeiten fragen in der Regel insbesondere danach, wobei es längst nicht immer möglich ist, solche feststellenden Definitionen problemlos durchzuführen:

"Es gelingt nicht immer, eine feststellende Definition zu konstruieren. In einigen Fällen sogar ist diese Aufgabe nicht zu bewältigen. Grund der Schwierigkeiten sind die Vagheit der Extensionen und die Unbestimmtheiten sowie Schwankungen im Sinn vieler Ausdrücke, vor allem derjenigen, die in weniger exakten Kontexten auftreten ..." (Pawlowski, 1980)

Die auf das tatsächliche "Wesen" von Sachverhalten oder Gegebenheiten, z.B. "das Wesen der Geistesstörungen" (vgl. Kraepelin, 1903), abzielenden Definitionen sind sog. Realdefinitionen. In jeder Einteilung der Definitionsarten (vgl. Abb. 1) werden entspechend "reale" von "nominalen" unterschieden (Bochenski, 1965; Menne, 1973). Hinter einer Hervorhebung der wissenschaftlichen Notwendigkeit solcher Realdefinitionen steht in der Regel die Überzeugung, daß Nominaldefinitionen als "Worterklärungen" nicht viel mehr als sprachliche Benennungen (terminologische Festsetzungen) seien, während Realdefinitionen immer echte Sachaussagen beinhalten würden, die aufgrund gegebener Erfahrungen (empirischer Feststellung) eine eindeutigere Charakteristik dieses Begriffes darstellen könnten (Apel und Ludz, 1976).

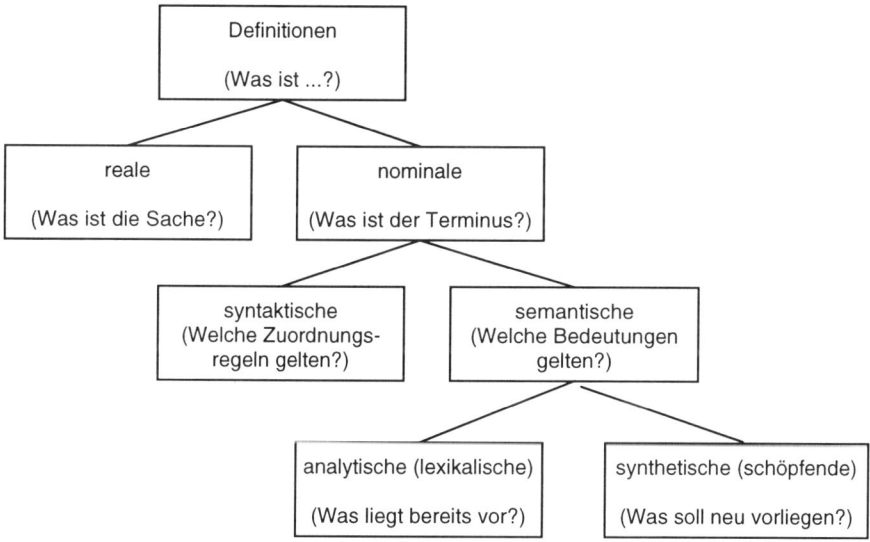

Abb. 1: Grundlegende Definitionsarten; in Klammern diejenigen Fragen, auf die dabei jeweils Antwort zu geben ist (modifiziert nach Bochenski, 1965)

Die meisten Psychiater sind sich allerdings heute darin einig, daß es bei Krankheiten nicht primär darum gehen kann, eine ontologische Aussage über "wesentliche" Eigenschaften eines Phänomen- oder Objektbereichs zu machen, sondern zunächst immer darum, über eine präzise Nominalde-

47

finition eine sprachliche Einigung im internationalen Wissenschaftsbetrieb zu finden. Dennoch zielt realwissenschaftliche Forschung in der Psychiatrie letztlich auch auf ein besseres Verständnis der realen Gegebenheiten bzw. der Verhältnisse in der Wirklichkeit ab. Schließlich entsteht in jeder psychiatrischen Schulrichtung irgendwann der Wunsch, von "oberflächlichen" Einzelaussagen zu "fundamentaleren" Grundaussagen über Psychisches oder zu allgemeingültigen Standards der psychiatrischen Datensammlung zu kommen. Diese würden dann als empirische Verallgemeinerungen ggf. den Charakter "realer" Definitionen annehmen können, sofern sie auch tatsächlich zutreffend wären. Während Nominaldefinitionen aber schon akzeptiert werden, weil sie anerkannte terminologische Vereinbarungen darstellen, können Realdefinitionen letztlich nur aufgrund empirischer Untersuchungen angenommen werden. Realwissenschaftliche Theorien beinhalten aber nicht zuletzt auch immer Ausdrücke, die in der Erfahrung (z.B. in einzelnen Protokollaussagen) überhaupt nicht vorkommen können (vgl. Bochenski, 1954; Groeben und Westmeyer, 1975). Nach den Grundsätzen der allgemeinen Wissenschaftstheorie sollte es sich hierbei allerdings nur um theoretische Aussagen handeln, die einer Prüfung an der Erfahrung zumindest bisher immer ausreichend standhalten konnten (von Kutschera, 1972; Stegmüller, 1976). Das dabei zu Tage tretende erkenntnistheoretische Dilemma der Entscheidung zwischen den Extrempositionen des sprachlichen Realismus, nach dem Sprache die eigentliche Struktur der Wirklichkeit auch abzubilden vermag, und des sprachlichen Nominalismus, nach dem vielmehr die Wirklichkeit ganz von der Sprache geprägt erscheint, versucht schließlich der pragmatische Realismus anwendungsbezogen zu überwinden. Hier stellen wissenschaftliche Begriffe zunächst zwar auch nur historisch entstandene, rein sprachliche Gegebenheiten dar, die in einem neuen Kontext jederzeit verändert werden dürfen; das jeweils von ihnen Bezeichnete (z.B. ein ätiopathogenetischer Zusammenhang) gilt aber als reale Gegebenheit, selbst wenn dessen charakteristische Merkmale bisher noch nicht ausreichend bekannt, inhaltlich evtl. unzureichend erfaßt oder weiterhin nur ungenau beobachtbar sein sollten (Kripke, 1972). Etwas Entsprechendes könnten in der Psychiatrie vielleicht die "Kernsyndrome" endogener Psychosen darstellen. Während es an ihrer realen Existenz eher wenig Zweifel gibt, bleiben sie weiterhin ein definitorisches Problem.

Ob und wie die Inhalte psychiatrischer Begriffe im Gegebenen selbst real sein könnten, sollte letztlich aber kein medizinisches Problem darstellen. Auch ein radikaler Begriffsrealismus (als hier extremster Wirklichkeitsstandpunkt) ist eher ein philosophisches Thema. In den heutigen Wissenschaften erfolgt die Auseinandersetzung mit dem "eigentlich Substantiellen", sofern überhaupt angestrebt, auch nicht mehr über eine ontologische Wesensschau, sondern, wie bereits erwähnt, über empirische Allgemeinbegriffe, die letztlich nur aus der Abstraktion von Einzelerfahrungen entstehen können (de Vries, 1967a und 1967b; Lotz, 1967). Jaspers hat zeitlebens davor gewarnt, psychopathologische Erkenntnis über ontologische Existenzerhellungen gewinnen zu wollen. Dabei hat ihn allerdings weniger gestört, daß durch existenzphilosophische Gedanken Seelisches zu einem tatsächlich vorhandenen Gegenstand gemacht wurde, sondern vielmehr, daß Ungegenständlichkeit hier oft zum leitenden Prinzip erklärt wurde (Jaspers, 1973).

Im zeitgenössischen Operationalismus, der konzeptionell auf den Traditionen des Empirismus und Pragmatismus aufbaut, ist die inhaltliche Beziehung der Fachbegriffe zu externen Größen allerdings von besonderer Charakteristik (Fiegl, 1945). "Operationale" Definitionen sind nach der grundsätzlichen Intention von Bridgman (1927) gerade dadurch gekennzeichnet, daß das Definiens den Begriff in Form einer bestimmten Menge durchzuführender Operationen definiert. Sie bestimmen damit zwar, was rein operational unter den so definierten Begriff fällt, nicht jedoch seinen möglichen Sinn und Zweck bzw. seinen weiterführende Stellenwert für die Wissenschaft. Dies herausstellend zitiert Pawlowski (1970) ein typisches Schlagwort des Neopositivismus: "Der Sinn eines Satzes ist die Methode seiner Verifikation". Bekannt ist uns das Beispiel des Begriffs "Legasthenie", der als Definiendum im Prinzip durch konkrete Testbedingungen und/oder charakteristische Testergebnisse ersetzt werden könnte. Wie erwähnt, sind aber viele Begriffe in der Psychiatrie so komplex, daß eine einfache operationale Definition gar nicht möglich erscheint. Es handelt sich dann wieder um "theoretische" Begriffe mit nur unvollständiger empirischer Zuordnungsmöglichkeit, über deren inhaltliche Bedeutung man sich nur noch im Rahmen einer gemeinsamen übergeordneten Theorie verständigen kann (vgl. Carnap, 1956; Hempel, 1951 und 1970; Möller, 1976; Reiter, 1978).

3.3 Klassen- und Typenbegriffe

Der Krankheitsbegriff in der Medizin ist nicht gut vorstellbar ohne grundlegende kategoriale Ansprüche. Sie sind letztlich die Voraussetzung für weitergehende Diagnose- und Klassifikationsmöglichkeiten. Psychische Störungen stellen unter dieser Zielsetzung besonders komplexe Erscheinungsbilder dar, die schon auf der Ebene von Symptomen, nicht zuletzt aber unter dem Gesichtspunkt syndromaler Störungsformen spezielle Abgrenzungsprobleme bereiten (vgl. Schulte und Wittchen, 1988; Strömgren, 1989; Williams and Tarnopolsky, 1980). Diese betreffen vorrangig die vorhandenen Konzeptualisierungsmöglichkeiten nach kategorialen und/oder dimensionalen Gesichtspunkten. Es erscheint deshalb sinnvoll, hierzu einige prinzipielle Anmerkungen zu machen, zumal die strengen Regeln der traditionellen Logik hinsichtlich der beim psychiatrischen Krankheitsbegriff zugrunde liegenden klassifikatorischen Annahmen offensichtlich weitgehend versagen.

Nach Sadegh-Zadeh (1977) könnte schon bei der noch relativ undifferenzierten Frage "Was ist Krankheit?" mindestens zwischen der bereits angesprochenen Frage nach einer inhaltlichen Definition und der nach einer speziellen Klassenzugehörigkeit des Begriffs "Krankheit" unterschieden werden. Werden aber nur noch Zugehörigkeitsaussagen gemacht, dürfen diese nicht mit den Definitionen einer medizinischen Wissenschaftssprache verwechselt werden. In einer "Klasse" (von lat. classis: Abteilung) sind dann immer mehrere Elemente anhand gemeinsamer Merkmale zu einem Ganzen zusammengefaßt. Unter "Klassifikation" wird dagegen schon zweierlei verstanden: zum einen ein nach Klassen gegliedertes System, das eine grundsätzliche Systematik repräsentiert, zum anderen jede weitere Zuordnung einzelner Merkmale oder neuer Fälle (vgl. Möller, 1990).

Als eine der bekanntesten alten Klassifikationen sei hier zunächst die noch weitgehend intuitiv entwickelte Systematik des Pflanzenreiches von C. von Linné (1707-1778) erwähnt. Linné war anfangs als Arzt tätig und später Biologieprofessor in Uppsala. Seine klassifikatorischen Entscheidungen beruhten seinerzeit auf sehr wenigen und äußerlich immer gut erkennbaren pflanzlicher Merkmalen (Linné, 1763). Im weiteren Verlauf biologischer Klassifikationsversuche wurde dann versucht, die zahlreichen Tier- und Pflanzenarten nach immer komplexeren Kriterien, u.a. aufgrund ihrer tatsächlichen morphologischen Übereinstimmung, in die dann zunehmend weniger künstlich erscheinenden Systeme untereinander abgestufter Verwandtschaftsgrade einzuordnen. Hierbei wurden schließlich mit wachsendem Umfang aller insgesamt einzubeziehenden Merkmalsformen (entsprechend mit jeweils abnehmender Ähnlichkeit untereinander) die eigenständigen Klassifikationsbegriffe Art (species), Gattung (genus), Familie (familia), Ordnung (ordo), Klasse (classis), Stamm (phylum) und Reich (regnum) entwickelt (Rensch und Dücker, 1965). Jede Klassifikation von Pflanzen, Tieren oder Krankheiten stellt zunächst aber auch immer eine Einteilung von Begriffen dar. Dies sind in der Psychiatrie primär die Begriffe eines nosologischen Systems. Klassifikatorische Zuordnungen im Sinne der Diagnostik sind hier dann jeweils die Zuordnungen eines gegebenen Begriffs zu dem nach bestimmten (oft uneinheitlichen) Vorgaben geordneten System von Begriffen. Dagegen ist z.B. eine psychiatrische Nomenklatur als ausschließliche Übersicht von Fachbezeichnungen ein unsystematisches Gebilde, da hier formale Beziehungen untereinander in der Regel fehlen.

Die enge Verbindung zwischen Definitionsfragen und Klassifikationsproblemen in der Medizin ergibt sich insbesondere daraus, daß die interessierenden pathologischen Erscheinungen zunächst zweckmäßig definiert sein müssen, um später eine systematische Vergleichbarkeit bedingen zu können (von Zerssen et al., 1988).

Dies gilt umso mehr für psychiatrische Klassifikationen, da hier häufig keine quantitativen Meßergebnisse zugrunde liegen, sondern gerade Entscheidungen qualitativer Art erforderlich sind. Letztlich ermöglicht wird eine Berücksichtigung solcher Merkmale dann überhaupt nur durch die Tatsache, daß menschliches Erleben und Verhalten von Natur aus einerseits intraindividuell (innerhalb gewisser Grenzen) relativ konstant bleibt, andererseits aber interindividuell tatsächlich auch benennbare Unterschiede vorhanden sind. Eine Klassifikation psychopathologischer Phänomene mit späterer Zuordnungsmöglichkeit neuer Fälle wäre nämlich nicht sinnvoll, wenn nicht auch tatsächlich Differenzen vorhanden und faßbar wären (Janke, 1971). Auf der anderen Seite werden Klassifikationsprobleme dadurch aufgeworfen, daß für störende Erlebens- und Verhaltensweisen eher von einem Kontinuum zwischen Anpassung und Fehlanpassung auszugehen ist, und nicht primär von diskreten Werten. Per Definition können allerdings die auf kontinuierlicher Verteilung aufgebauten Systeme wieder schnell in kategorale übergehen, wenn dabei durch festlegende Vereinbarung Kennwerte ("Cut off"-Werte) als limitierende Ausprägungsgrade der Variablen bestimmt werden. Diese Problematik hat in der Psychiatrie z.B. in der Diskussion um die Kontinuitätshypothese der Depression eine große Rolle gespielt (vgl. Eysenck, 1970a und 1970b; Lewinsohn et al., 1977; Lewis, 1934; Parker et al., 1991). Andererseits könnten durch Klassifikationsvorgaben echte Merkmalsunterschiede zwischen den einzelnen Elementen einer Klasse aber auch völlig übergangen sein. Durch jede "künstliche" Klassifikation kann also im Prinzip sowohl der Fehleindruck überwiegend diskreter Phänomene entstehen als auch ein Informationsverlust bzgl. real vorhandener Mannigfaltigkeiten innerhalb der bereits entstandenen Klasse (Davison und Neale, 1978). Besonders charakteristische, möglichst gut faßbare Merkmale sollten ihrerseits aber gerade eine Klasse definieren und nicht umgekehrt, wobei alle hier notwendigen Größen bedarfsweise auch durch die Konjunktion "und" bzw. durch die Disjunktion "oder" zu sinnvollen und praktikablen diagnostischen Algorithmen kombiniert werden können.

Es ist errechnet worden, daß es auf dieser diagnostischen Basis in der DSM-III für alle evtl. in Frage kommenden Einzelmerkmale der Störung "manische Episode" schon etwa 400 und für die umfassendere Kategorie der "bipolaren Störung" sogar ca. 10.000 kombinatorische Möglichkeiten gab (Koehler, 1987). In der nachfolgenden DSM-III-R ließen sich dann bereits 250 psychiatrische Störungsformen als kategorale "Einheiten" voneinander abtrennen bzw. differentialdiagnostisch nebeneinander stellen (Saß, 1990). Nicht zuletzt enthält auch die ICD-10 heute über alle Bereiche hinweg schon ca. 750 diagnostische Einzelkriterien, darunter allein 380 mit speziell psychopathologischem Inhalt (Dittmann et al., 1990). Parallel mit dieser ständigen Erweiterung der Klassifikationsmerkmale seelischer Störungen und der damit von einigen Seiten befürchteten "Psychiatrisierung des Alltags" (Blau, 1989) reduzierte sich die Zahl der noch im regelmäßigen klinischen Gebrauch befindlichen Diagnosesysteme von nahezu 40 im Jahre 1950 (Hoff, 1992) auf im Grunde nur noch zwei, eben auf die ICD-10 und das DSM-III-R bzw. neuerdings das DSM-IV.

Je konsequenter ein bestimmter Einteilungsgrund in einer Klassifikation durchgehalten werden kann, umso mehr nähert sich diese auch einem logischen System. Die meisten psychiatrischen Klassifikationssysteme entwickelten sich aber sehr elastisch, d.h. klinisch-intuitiv über nosographisch herausgearbeitete, übergeordnete Einteilungsgesichtspunkte, ohne daß aufgrund von Komplexität und Vielfalt der Einzelphänomene jemals eine logisch exakte Klassifikation entstanden wäre. Auch heute liegen jeweils unterschiedliche Einteilungsgesichtspunkte vor, um überhaupt eine gewisse Ordnung zu schaffen. Alle hier je in Betracht kommenden Eigenschaften von Menschen, den Merkmalsträgern, hätten sich im Prinzip aber auch nur unter drei sehr grundsätzlichen Fragestellungen klassifizieren lassen. Treffen sie evtl. auf die gesamte Menschheit zu, finden sie sich wirklich nur bei einer bestimmten Anzahl von Personen, oder lassen sie sich vielleicht sogar nur einem einzelnen Menschen zuordnen? Der bekannte Diagnosekritiker Menninger meinte beispielsweise, daß für psychische Störungen das mittlere Kriterium, ein ansonsten allgemein anerkanntes (formales) Krankheitskriterium, eher zu vernachlässigen sei (Menninger, 1963).

Da alle "Klassenbegriffe" vorhandene Mengen immer relativ starr unterteilen, werden in der psychiatrischen Begriffsbildung am häufigsten "Typenbegriffe" benutzt. Ein bestimmter "Typ" (von griech. typos: Schlag, Gepräge, Form) ist im Vergleich zu einer kriteriologisch relativ eindeutig definierten "Klasse" schon umgangsprachlich etwas anderes, nämlich ein mehr oder weniger hervorstechendes bzw. prägendes Muster oder ein Urbild von etwas. Dieses repräsentiert dann jeweils kennzeichnende und bleibende Merkmale von diesem, sozusagen dessen Grundstruktur oder charakteristische Gestalt (Brockhaus, 1993b). Das typologische Denken geht philosophiegeschichtlich mindestens bis auf Plato zurück, der in seinen "Ideen" Typen oder Musterbilder der Dinge sah, die

52

ihm für die Erkenntnis erheblich maßgeblicher waren als alle über die Sinne wahrgenommenen Einzelheiten. Später war M. Weber (1922) einer der bekanntesten Theoretiker der Typenbegriffe, wobei er dabei immer auch für deren Anwendung in den Wissenschaften plädiert hat. Typisierende Begriffsbildung versucht entsprechend seit jeher Anschaulichkeit mit Allgemeingültigkeit zu verbinden. Dabei soll das Typische so rein (prägnant) zum Ausdruck gebracht werden, wie es überhaupt möglich ist. In Typenbegriffen sind deshalb theoretisch immer alle konstituierenden Merkmale berücksichtigungsfähig, die Ähnlichkeiten oder Zusammengehörigkeiten, nicht zuletzt auch durch graduierbare Eigenschaften, bedingen könnten, selbst wenn die tatsächlichen Objekte oder Personen bzw. die zu untersuchenden Fälle in ihrer aktuellen Merkmalskonfiguration diesem umfassenden Anspruch nicht genügen. Typenbegriffe zeichnen sich somit konzeptionell durch einen relativ hohen Grad an Merkmalsreichtum aus, ohne daß es jemals in der Praxis völlig reine Typen, sog. Idealtypen, geben muß. Dabei sind die kriteriologischen Eigenschaften (Definitionskriterien) für die Intension (den Inhalt) eines solchen Begriffs um so "typischer", je mehr sich jeweils deren Änderung auch auf die zusätzlichen Eigenschaften dieses Typus oder ihren Intensitätsgrad auswirken bzw. diese von den erstgenannten abhängen (vgl. Pawlowski, 1980).

Dementsprechend muß bei einer "Typendiagnose" (gelegentlich auch "Typognose" genannt) ein psychiatrischer Patient auch nicht tatsächlich alle in Frage kommenden Krankheits- bzw. Diagnosemerkmale aufweisen. Vielmehr kann hier eine inkomplette Auswahl einiger Merkmale völlig ausreichen, um bereits eine typenbegrifflich strukturierte Diagnose zu stellen. Diese gäbe sich nämlich bereits aus der größtmöglichen Ähnlichkeit mit einem bereits als typisch erkannten oder entsprechend definierten syndromatologischen oder nosologischen Merkmalsmuster. Auf diesem diagnostischen Grundprinzip maximaler Ähnlichkeit, in der Psychiatrie gelegentlich als "standardisierte Diagnostik" einer streng operationalisierten, algorithmisierten oder computerisierten Diagnostik gegenübergestellt, bauten insbesondere die früher entwickelten Diagnoseschlüssel der DSM- und ICD-Klassifikationen in wesentlichen Teilen auf (bis incl. DSM-II von 1968 sowie ICD-9 von 1978) (Emrich und Hippius, 1984; von Zerssen, 1986d). Da die zunächst nur unscharf klassifizierbaren Fälle psychischer Krankheit über eine Typendiagnose mit zunehmender Prägnanz ihrer Merkmalsstruktur einem vorgegebenen Krankheitsbild immer ähnlicher werden können, entspricht ein Typus auch einer "unexakten Ähnlichkeitsklasse" (Körner, 1970). Nach Pawlowski (1980) besteht jeder Typenbegriff als begriffliche Einheit entsprechend aus zwei konstitutiven Bestandteilen, aus einem klassifikatorischen und einem komparativen. Dabei müssen aber nicht alle Personen mit dieser Diagnose alle interessierenden

Merkmale gleichzeitig aufweisen. Vielmehr ähneln alle Mitglieder mit fließenden Übergängen mehr oder weniger einem Idealtyp. Aufgrund typologischer Klassifikation bleiben natürlich auch die Abgrenzungsmöglichkeiten von Krankheitsbegriffen untereinander unscharf. Dies schließt ähnliche Merkmalsgruppierungen, wie z.B. charakterische Verlaufstypen oder verschiedene Typen der Ansprechbarkeit auf einzelne Behandlungsformen, sinngemäß mit ein, zumal die gleiche Typendiagnose nie die völlige Gleichheit in allen anderen Merkmale fordert.

Jaspers (1973) hielt Typologie im Prinzip überall dort für möglich, wo Ganzheiten gesucht werden. Ihm erschien es zudem besonders sinnvoll, den selben Einzelfall immer an möglichst vielen Typen zu messen, um ihn über seine mehr oder weniger vorliegenden Entsprechungen diagnostisch zu umkreisen und auszuschöpfen. Das fiktive Gebilde eines "Idealtypus" hielt er dabei (jeweils auf der Basis der eigenen Erfahrung) sogar aufgrund nur weniger Fällen für konstruierbar. Dagegen konnten für ihn die hiervon zu unterscheidenden "Durchschnittstypen" immer nur auf der Grundlage einer großen Anzahl von Einzelfällen entstehen. Sie repräsentierten damit auch jeweils alle durchschnittliche Eigenschaften in einer bestimmten Grundgesamtheit. In wissenschaftlichen "Typenanalysen" zur möglichst effizienten Einteilung klinischer Mannigfaltigkeiten werden heute dagegen zahlreiche taxometrische Verfahren angewandt (Baumann, 1971; Blashfield, 1984). Im Unterschied zur klinischen Beobachtung mit anschließender gedanklicher Abstraktion, dem herkömmlichen klinisch-intuitiven Weg, versuchen diese Techniken, auf mathematisch-statistischem Weg entweder eine Gruppierung von Patienten in sog. Personencluster oder, was häufiger angestrebt wird, eine Gruppierung von Störungsmerkmalen nach vorgegebenen Ordnungsgesichtspunkten vorzunehmen. Dabei wird "Ähnlichkeit" meist als Oberbegriff sowohl für Korrelations- und Distanzmaße als auch für die Bestimmung multipler Kovarianzen verstanden. Der Typenbegriff als theoretischer Einteilungsgesichtspunkt hat in der Psychiatrie nicht nur früher eine große Rolle gespielt, sondern er ist wegen der weiterhin fehlenden Spezifität seelischer Krankheiten auch heute noch sehr aktuell. Während die Konstitutionstypologien in der älteren Psychiatrie jedoch noch aus allgemeineren körperbaulichen oder charakterlichen Analysen heraus konzipiert wurden (Jürgens und Vogel, 1965; Kretschmer, 1925 und 1951; Sheldon und Stevens, 1942; von Zerssen, 1986b), resultieren die aktuellen Syndromatologien überwiegend aus typologischen Analysen unterschiedlich gut operationalisierbarer Einzelmerkmale (vgl. Huber, 1990). Demgemäß sind zwar die entsprechenden Klassifikationen, z.B. DSM-IV oder ICD-10, inzwischen weitgehend standardisiert, ursprünglich entstanden sind sie aber, um hierzu von Zerssen et al. (1988) zu zitieren, "durch eine Art Kodifizierung und erst nachträgliche Operationalisierung der klinisch tradierten Klassifikationen psychischer Störungen, wobei neuere Forschungsergebnisse besonders berücksichtigt und empirisch unzureichend belegte ätiopathogenetische Klassifikationsansätze weitgehend ignoriert wurden."

Das typologische Ordnen klinischer Symptome "nur" zu Syndromen erspart heute schließlich gegenüber den darüber hinausgehenden psychiatrischen Nosologien die problematische Berücksichtigung vieler noch spekulativer Phänomene. Nicht ohne Grund nannte insofern Janzarik (1989) die wünschenswerte Komplettierung der mit psychopathologischen Mitteln gewonnenen Typen zu Krankheitseinheiten einen "psychiatrischen Sisyphus-Mythos", bei dem ein dauerhaftes Streben nach nosologischen Entitäten mit der Aussichtslosigkeit des Erfolgs noch immer schicksalhaft verbunden erscheint (vgl. Conrad, 1957; Schwartz und Wiggins, 1987; Weber und Scharfetter, 1984; von Zerssen, 1986c).

3.4   Kategorien und Dimensionen

Gemeinsam ist den beschriebenen Typen und Klassen, daß sie "kategoriale" Konstrukte und damit umgangssprachlich mit Begriffen wie Sorte, Art, Rang vergleichbar sind. Geschichtlich hatte der Begriff "Kategorie" (von griech. kategoria: Grundaussage) angefangen von Aristoteles, dem Begründer der klassischen Kategorienlehre, über die Stoiker, Descartes, Kant u.a. bis ins 19. Jahrhundert sehr unterschiedliche Bedeutungen. Im Kern waren Kategorien aber immer allgemeinste Wirklichkeits-, Aussage- und Begriffsformen (im Sinne von Kants "Stammbegriffen"), von denen andere Begriffe wieder abgeleitet wurden (Brockhaus, 1990; Schmidt, 1974). In der Psychiatrie begegnen wir dem Kategorienbegriff dagegen heute insbesondere in Form der übergeordneten "kategorialen" Diagnosegruppen, wie z.B. bei den "schizoaffektiven Störungen", den "phobischen Störungen" oder den "Eßstörungen". So enthielt z.B. die ICD-9 (WHO, 1978) 30 dreistellige "Hauptkategorien" (ICD-Nr. 290-319), während das alphanumerische Kodierungsschema der ICD-10 (WHO, 1991) auf der Ebene der dreistelligen Kategorien (F 00-F 99) bereits dreimal umfangreicher ist. Speziellere diagnostische Kriterien definieren dann jeweils genauer klinische Syndrome, spezifische Entwicklungen und/oder Zustände, die keiner psychischen Störung zugeordnet werden können, aber dennoch Anlaß zur Beobachtung oder Behandlung sein sollten (vgl. APA, 1987; WHO, 1991). Sofern die in den diagnostischen Leitlinien beschriebenen Kriterien vollständig erfüllt sind, sollte dann eine Diagnose auch als sicher betrachtet werden können.

Eine Besonderheit jedes kategorialen Denkens ist dessen Tendenz, Unterscheidungsmöglichkeiten eher zu vergrößern und formale Aspekte zusätzlich überzubewerten. Weiterhin besteht gerade in der Psychiatrie oft das Problem, daß kategoriale Differenzierungen von im Grunde dimensionalen Merkmalen durchgeführt werden müssen.

Die verschiedenen Formen intellektueller Minderbegabung als Unterschiede quantitativer Art sind hierfür ein klassisches Beispiel. Auch die Problematik der Schweregradeinteilung depressiver Syndrome gehört hierher. Während nämlich in der klinisch-wissenschaftlichen Psychiatrie früher überwiegend von einer Diskontinuität zwischen verschiedenen depressiven Störungen ausgegangen wurde, orientieren sich die aktuellen Klassifikationssysteme inzwischen vorrangig an einen Schweregradkontinuum. Eine Unterscheidung zwischen leichten, mittelschweren und schweren depressiven Episoden (z.B. im ICD-10) dient dann im Prinzip nur noch der weiteren klinischen Nützlichkeit. Nicht selten taucht der Begriff "Kategorie" in der psychiatrischen Nosologie aber auch synonym zum Begriff "Krankheitseinheit" auf, wobei dann theoretisch sowohl "Klassen" als auch "Typen" gemeint sein können (vgl. Brauchli, 1981). Die inhaltliche Gemeinsamkeit dieser Begriffe liegt hier insbesondere darin begründet, daß sie alle auf die Erfaßbarkeit von Diskontinuitäten zwischen "diagnostischen Einheiten" abzielen.

Eine "Dimension" (von lat. dimetiri, dimensum: nach allen Seiten hin abmessen) repräsentiert demgegenüber bereits in unserer Umgangssprache einen kontinuierlichen (räumlichen, zeitlichen bzw. mathematischen) Sachverhalt. Am bekanntesten sind die Dimensionen Länge, Breite und Höhe als Eigenschaften geometrischer Gebilde. In der Physik ist die "Dimension" der einer Zahlengröße zugeordneter Begriff, der nur ihre besondere Eigenschaften, z.B. für Geschwindigkeit "km/Std.", nicht aber ihren konkreten Zahlenwert selbst repräsentiert (Brockhaus, 1988). Der Dimensionsbegriff erscheint vielleicht damit zur Beschreibung und Systematisierung kontinuierlicher psychologischer Eigenschaften in besonderer Weise geeignet, im einfachsten Fall natürlich auf der Basis eines eindimensionalen Kontinuums, bei dem eine bestimmte Merkmalsvariable beliebig unterteilte Werte annehmen kann (sog. Unimodalität). In dieser Weise von einem tatsächlichen "Kontinuum" des menschlichen Erlebens und Verhaltens auszugehen, machte hier aber nur Sinn, wenn es bedarfsweise auch beliebig fein abgestuft werden könnte. Jede Diagnostik müßte dann sinngemäß immer auch den genauen Ausprägungsgrad eines Merkmals beinhalten. Jeder Fall wäre entsprechend durch seine Position innerhalb einer oder mehrerer solcher Variationsreihen nachprüfbar bestimmt. Im Gegensatz zu kategorialen Klassifikationen psychopathologischer Phänomene würden dimensionale die unterschiedlichsten Kombinationen von

Eigenschaften bzw. Merkmalen erlauben, wobei ein Patient im einfachsten Fall diagnostiziert wäre, wenn er bezüglich seiner Beschwerden in einem gedachten Merkmalsraum durch eine gleichzeitige Projektion auf alle in Frage kommenden Dimensionen ausreichend lokalisiert werden könnte.

Ein derartiges Vorgehen war in der traditionellen Psychiatrie aber eher ungebräuchlich, so daß es nicht sehr verwundert, wenn mit H. Eysenck gerade ein methodenversierter klinischer Psychologe die erste vollständige "psychiatrische" Klassifikation auf dimensionaler Basis vorlegte. Er definierte dabei insgesamt drei orthogonale, d.h. statistisch als unkorreliert anzusehene Dimensionen, inhaltlich als "Introversion/Extraversion", "Neurotizismus" und "Psychotizismus" (Eysenck, 1960b und 1970a). Als besonderer Vorteil dieser dimensionalen Klassifikation gegenüber kategoralen bzw. Typologien erschien seinerzeit auch, daß sich dabei jeweils der Zwischenbereich sog. Übergangsformen oder "Mischtypen" ausreichend überschaubar darstellte (Baumann, 1987). Nicht zuletzt glaubte Eysenck (1970a) aufgrund von Faktorenanalysen zusätzlich, daß sich damit endlich die "nosologische Frage" bei depressiven Krankheiten beantwortet habe, indem die klassische Annahme von verschieden depressiven "Kategorien" zugunsten von zwei orthogonalen "Dimensionen" zurückgewiesen wird. Auf ihnen könne jeder depressive Patient relativ unabhängig voneinander bestimmte "Faktorenwerte" (factor scores) erreichen (vgl. Eysenck, 1970b; Lewinsohn et al., 1977; Parker et al., 1991). Inhaltlich seien dann immer gleichzeitig, jeweils aber mit kontinuierlicher Verteilung, die Spezifika "endogener" und "reaktiver" Depressionen repräsentiert. Allerdings hätte hier schon mathematisch-statistisch angezweifelt werden müssen, daß über die Verteilung solcher Faktorenwerte überhaupt zwischen Krankheitskategorien und -kontinuen sinnvoll unterschieden werden kann, zumal dabei rein methodentheoretisch auch keine exakte Aussage über die Irrtumswahrscheinlichkeit der Ergebnisse gemacht werden konnte (Brauchli, 1981).

Der Begriff "mehrdimensionale Diagnostik" geht in der Psychiatrie allerdings auf E. Kretschmer (1888-1964) zurück. Er beinhaltete seinerzeit die gleichzeitige Berücksichtigung unterschiedlichster ätiologischer und pathogenetischer Gesichtspunkte eines Krankheitsbildes. Kretschmers entsprechend gestellte Diagnosen, wie z.B. "psychogene Wahnbildung bei traumatischer Hirnschwäche" (Kretschmer, 1919b) in Form aufeinander bezogener Mehrfachdiagnosen, machten hier aber aus der Not des Diagnostikers im Grunde nur eine Tugend (von Zerssen, 1986a). Auch viel ältere Klassifikationen in der Psychiatrie, z.B. zu den Schweregraden im Konzept der "Degeneration", waren im Prinzip schon an dimensionalen Modellen orientiert, so daß man sie, da sie bereits einen gewissen wissenschaftlichen Anspruch hatten, vielleicht als "pseudo-kategoriell" bezeichnen könnte (Pichot, 1987). In ähnlicher Weise, wenn auch mit viel größerer Anwendungsübereinstimmung, werden heute schließlich in den "multiaxialen" Diagnoseschemata verschiedene Informationsbereiche getrennt voneinander erfaßt (APA 1989a; APA 1994; Mombour, 1993).

Insgesamt haben dimensionale Betrachtungen in der Psychiatrie bisher aber nie den Stellenwert erreichen können wie kategoriale, obwohl gerade sie schon rein methodisch helfen könnten, das Augenmerk in vorhandenen Verteilungen eher auf bestimmte Seltenheitspunkte, besonders atypische Fälle oder jeweils sehr eng benachbarte Subpopulationen zu richten. Eysencks Idee, auf diesem Weg sogar einen neuen Krankheitsbegriff in der klinischen Psychiatrie etablieren zu können, erlangte schließlich nur bei der Erstellung statistischer Normen eine gewisse praktische Bedeutung (Eysenck, 1970a; Wittenborn et al., 1953). In diesem Sinne definierte er aber immerhin einen speziellen "dimensionalen Krankheitsbegriff" als metrisches, quantifizierbares Konstrukt, wobei hier, im Sinne des statistischen Normbegriffs, jeweils immer Mittelwert und Standardabweichung als charakteristische "Krankheits"-Parameter angegeben werden sollen. Er grenzte ihn damit von jedem "kategorialen Krankheitsbegriff", der im Prinzip nur auf einer reinen Ja-Nein-Alternative aufbaue, ausdrücklich ab. Verfechter einer primär kategorialen Ordnung gehen jedoch inzwischen längst davon aus, daß hier jede Dimension, für sich allein gesehen, eigentlich auch eine eigenständige Kategorie darstellen könnte, und sich insofern jedes dimensionale System letztlich auch als kategoriale Einteilung aufbauen ließe (vgl. Roth und Barnes, 1981). Diesem Kategorienbegriff würden dann allerdings nicht psychiatrische Krankheiten in Form von "Krankheitseinheiten" entsprechen können, sondern immer nur einzelne psychopathologische Symptome.

Die Gründe für die dauerhafte Vorrangstellung primär kategorial aufgebauter Systeme psychischer Störungen sind sicher sehr vielfältig. Zuweisungen zahlreicher Merkmale zu bestimmten Skalenpositionen sind z.B. in der psychiatrischen Routine wenig handlich. Hinzu kommt wieder die Tatsache, daß sich viele psychopathologische Einzelerscheinungen nicht sinnvoll "messen" lassen, da sie entweder jeweils nur vorhanden sind oder offensichtlich völlig fehlen, wie z.B. einzelne Wahnideen oder Halluzinationen. Schließlich sind psychopathologische Einzelerscheinungen für sich allein genommen auch nicht zwangsläufig abnorm oder krankhaft, da sie unter besonderen Umständen, wie z.B. Ermüdung, Medikamenteneinfluß oder emotionaler Belastung, auch bei völlig Gesunden vorkommen können (Scharfetter, 1991). Oft ist es schließlich gerade die besondere Kombination an sich "normaler" Merkmale, die eine psychische Störung begründet erscheinen läßt, d.h. erst dadurch, daß sie in Dauer, Verlauf oder Ausprägungsgrad einer festgelegten Zusammenstellung entsprechen, werden sie zu praktisch nützlichen Kriterien. Obwohl unter "diagnostischen" Einheiten nicht notwendigerweise "nosologische" zu verstehen sind, dürfte nicht zuletzt auch die für das psychiatrische Krankheitsverständnis lange Zeit geltende Leitidee separater Krankheiten (analog zur Körpermedizin) eine Suche nach Diskontinuitäten und damit das kategoriale Denken gefördert haben (Engle und Davis, 1963; Kendell, 1978). Die enorme Vielfalt der dabei zwischenzeitlich entstandenen Diagnosemöglichkeiten (auf der Basis sehr unterschiedlich gewichteter Klassifikationen oder Typologien) hat allerdings zu neuen Fragen hinsichtlich der jeweils richtigen Vorgehensweise in der Praxis geführt. Entsprechende Auswirkungen hat Saß (1987) einmal in pointierender Weise als "polydiagnostisches Dilemma" der Psychiatrie beschrieben.

4. Begriffsgeschichtliche Bezüge

4.1 Psychiatriegeschichtliche Vorbemerkungen

Die verschiedenen Konzeptionen psychischer Krankheit im Wandel der Zeitgeschichte wurden bislang mehrfach erörtert. Dabei wurden die zeitgenössischen "Menschenbilder" immer als besonders relevant herausgestellt (Alexander und Selesnick, 1966; Birnbaum, 1928; Friedreich, 1830; Leibbrand und Wettley, 1961; Pauleickhoff, 1983; Trenckmann, 1988; Vliegen, 1987; Vliegen et al., 1975). Mit unterschiedlichen Menschenbildern waren aber seit jeher auch differierende "Weltbilder" verknüpft. Weit verbreitet ist z.B. inzwischen das naturwissenschaftliche Weltbild, das sich an realwissenschaftlichen Konzepten und damit u.a. am Messen und Zählen orientiert. Unausgesprochen sind damit auch immer Wertvorstellungen verbunden. "Braucht die Psychiatrie Werte?" hat insofern Speidel (1993) eher rhetorisch gefragt. Jeder Arzt braucht sie, um sich nicht nur in seinem beruflichen Stand und seiner ärztlichen Funktion, sondern überhaupt in einem persönlichen Wertesystem halten zu können, insbesondere dann, wenn diese Werte durch Teile der Gesellschaft evtl. in Frage gestellt werden.

Daneben beinhaltet jede Gesellschaft aber auch Möglichkeiten der Anpassung ihrer Werte an veränderte Lebensbedingungen oder technischen Fortschritt. Insofern könnte unter "Kultur" vielleicht sogar die gesellschaftliche Organisation völlig heterogener Tendenzen und Erscheinungen verstanden werden (Favazza, 1994). Die unterschiedliche Einbettung seelischer Phänomene in Kulturen, d.h. letztlich die Tatsache des kulturellen Relativismus von Krankheitszeichen, hat entsprechend Ackerknecht (1942) veranlaßt, die Erlebens- und Verhaltensweisen innerhalb des eigenen Kulturkreises sehr pointiert als "autonormal" bzw. "autopathologisch" zu bezeichnen. Analog erschienen ihm dann zur Differenzierung evtl. Auffälligkeiten in einer für den Betroffenen fremden Gesellschaft die adjektivischen Begriffe "heteronormal" bzw. "heteropathologisch" besonders angemessen. Hinsichtlich einer besonderen Beziehung zwischen Psychiatrie und Kulturgeschichte hatte nicht zuletzt schon Kirchhoff 1912 im Handbuch der Psychiatrie bemerkt:

"Die außerordentliche Wichtigkeit der Verbindung zwischen allgemeiner Kulturgeschichte und Geschichte der Psychiatrie ist in der Sonderstellung der Psychiatrie auf der Grenze von Körper und Geist begründet. Die Psychiatrie macht dabei aber nicht nur unmittelbar alle die Kämpfe mit, welche auf diesem Grenzgebiet der verschiedensten Wissenschaften und Kulturgegensätze stattfinden, sie hat außer-

60

dem auch die Aufgabe, nach beiden Seiten zu sehen und zu untersuchen sowie die Gegensätze auszugleichen."

Bezüglich der spezifischen soziokulturellen Einflüsse auf psychische Krankheitsbilder spricht Pfeiffer (1991) auch von "kulturgebundenen Syndromen", für deren Erfaßbarkeit er eine besondere Unterscheidung von jeweils kulturspezifischen Belastungszonen, Verhaltensformungen, Interpretationen und Interventionen vorschlägt (vgl. Pfeiffer und Schoene, 1980). Ein kultureller bzw. zeitgeschichtlicher Gestaltwandel bestimmter psychischer Ausdrucksformen muß allerdings nicht bedeuten, daß die evtl. zugrunde liegenden psychische Störungen tatsächlich häufiger oder seltener geworden sind. Ein nicht unwesentlicher Teil phänomenologischer Veränderungen erklärt sich oft nämlich bereits aus neuen Problem- oder Krankheitsdefinitionen (Glatzel, 1973). Zudem gibt es zahlreiche weitere Einflüsse. Die wichtigsten Größen, die beispielsweise bei uns in den letzten Jahren zu einer wirklichen Zunahme psychischer Erkrankungen in der Bevölkerung geführt haben, waren die höhere Lebenserwartung und, damit verbunden, der wachsende Anteil älterer Patienten. Nicht zuletzt stieg dadurch auch der Anteil chronisch psychisch Kranker. Dagegen gibt es weiterhin bei einer der häufigsten psychiatrischen Erkrankungen, nämlich der schizophrenen Psychose, keinerlei überzeugende Beweise einer alltagsunabhängigen und ggf. dann vielleicht soziokulturell bedingten Veränderung des Erkrankungsrisikos (Häfner, 1985).

Bekanntlich hat sich die Psychiatrie als eigenständige medizinische Fachrichtung erst seit der Wende vom 18. zum 19. Jahrhundert entwickelt. Zu dieser Zeit gab es aber immer noch keinen selbständigen psychiatrischen Wissenschaftsbetrieb an den Universitäten. Vielmehr wurde erstmals 1811 J.C.A. Heinroth (1773-1843), damaliger Hauptvertreter der sog. romantischen Psychiatrie, Inhaber einer an der Universität Leipzig neu gegründeten psychiatrischen Professur. Noch lange waren die Nervenkrankheiten aber akademische Teildisziplin der Inneren Medizin (Burghardt, 1985). Das Wort "Psychiatrie" tauchte im deutschen Sprachgebiet vermutlich erstmals 1808 in den Schriften von J.C. Reil (1759-1813) auf. Dieser, selbst Professor für Medizin in Halle, trat demgemäß seinerzeit mit großem Engagement für eine selbständige Disziplin "Psychiatrie" ein, die er zunächst allerdings eher im Sinne unserer heutigen Vorstellung von Psychotherapie begriff, nämlich insbesondere als die regelhafte Anwendung bestimmter psychischer, nicht körperlicher Mittel (Mechler, 1963).

Im Jahre 1846 wurde dann erstmals innerhalb der Gesellschaft Deutscher Naturforscher und Ärzte eine eigene Sektion für Psychiatrie gebildet. Zwei Jahre zuvor war bereits die "Allgemeine Zeitschrift für Psychiatrie und gerichtliche Medizin", die der Medizinprofessor H.P.A. Damerow (1798-1866) begründet hatte, erschienen. Mitbegründer waren hier K.F.

Flemming (1799-1880), später langjähriger Präsident des deutschen Vereins der Irrenärzte, und F. Roller (1802-1872), einer der bekanntesten Reformatoren des damaligen deutschen Irrenwesens. Bis 1826 hatte es allerdings schon vorübergehend acht Jahrgänge der Vierteljahresschrift "Zeitschrift für psychische Ärzte" gegeben, die u.a. von C.F. Nasse (1778-1851), Verfasser zahlreicher Arbeiten zur allgemeinen und inneren Medizin, initiiert worden war (Keil, 1985).

Bereits im Jahre 1843 war in Frankreich die erste psychiatrische Fachzeitschrift, die "Annales médico-psychologiques", als Organ der französischen Fachgesellschaft erschienen. Herausgeber war hier u.a. J. Baillarger (1809-1890), der damals als Repräsentant einer einflußreichen französischen Psychiatrieschule auch erstmals die Pupillenveränderungen bei der progressiven Paralyse beschrieb. Wenn man Witter (1961) folgt, erhielt allerdings die französische Psychiatrie bereits 1801 ihre besondere Prägung, als Pinels Arbeit "Traité médicophilosophique sur l'aliénation mental" erschien, in der er von allgemeinen Krankheitshypothesen endgültig Abstand nahm und nur noch empirische Tatsachen beobachten wollte.

Im angloamerikanischen Raum gab es entsprechend das von F. Winslow in England seit 1848 herausgegebene "Journal of Psychological Medicine and Mental Pathology" sowie seit 1844 in den USA das von A. Brigham begründete "American Journal of Insanity". Das Jahr 1844 hatte für die USA insofern überhaupt einen besonderen psychiatriegeschichtlichen Stellenwert, als damals deren älteste medizinische Vereinigung gegründet wurde. Es war die "Association of Medical Superintendents of American Institutions for the Insane", aus der nicht zuletzt die heutige, seit 1921 entsprechend umbenannte "American Psychiatric Association" erwuchs (Mora, 1990; Sabshin, 1990).

Im Verlauf des 19. Jahrhunderts gewann das Fach Psychiatrie dann international zwar immer mehr Kontur, es blieben jedoch noch lange Abgrenzungsprobleme zu den medizinischen Nachbardisziplinen, insbesondere zur Inneren Medizin und zur Neurologie, die nicht zuletzt auch häufig idiologische Auseinandersetzungen in Fragen der Krankheitslehre beinhalteten (vgl. Angst, 1975; Herold, 1972; Pantel, 1993). Die grundlegenden begrifflichen Probleme der Psychofächer und ihres Krankheitsverständisses lassen sich jedoch bis in die Antike zurückverfolgen. Deshalb beginnt der folgende Rückblick über wichtige Begriffsvorstellungen bereits mit den platonischen und hippokratischen Vorgaben. Es gibt berechtigte Annahmen, daß die prinzipiellen Gegensätze dieser Zeit in aktualisierter Form bis heute andauern.

4.2 Grundkonzepte der Antike

Als Ansatzmöglichkeit für die Ideengeschichte eines psychiatrischen Krankheitsbegriffs könnte zunächst die griechisch-römische Tradition gesehen werden, für Krankheiten weitgehend natürliche Erklärungen zu suchen. Der klassische Krankheitsbegriff der Antike baute demgemäß insbesondere auf der Idee auf, daß allen Krankheitsformen Störungen eines wechselseitigen Gleichgewichts von vier spezifischen Körpersäften zugrunde liegen würden. Solche Säftemischungen aus Blut, Schleim sowie schwarzer und gelber Galle würden zudem durch ihre qualitativen Eigenschaften warm, feucht, kalt und trocken bereits das individuelle Temperament jedes einzelnen bestimmen. Krankheit verkörpere darüber hinaus dann jeweils ein deutliches, gesundheitlich ungünstiges Überwiegen einzelner Mischungsanteile innerhalb des normalerweise mehr oder weniger ausgewogenen Gemisches. So sollte z.B. ein Überwiegen der schwarzen Galle melancholische Zustände (Schwarzgalligkeit) bedingen. Diese sog. Humoraltheorie oder Viersäftelehre fand schließlich insbesondere durch den Römer Galen (129-199) in Europa weiteste Verbreitung. Galen war griechischer Abstammung und wurde später u.a. Leibarzt des Kaisers Mark Aurel und durch seinen umfassenden medizinischen Ansatz schließlich auch Vorbild für die europäischen Ärzte vieler folgender Jahrhunderte. Mit ihm, der selbst die Medizin eher als Lehre von der Gesundheit auffaßte, wurde entsprechend jede Krankheitsvorstellung eng mit dem Begriff "Gesundheit" verknüpft, der letztlich durch das ausgewogene Mischungsverhältnis der vier genannten Körpersäfte und damit noch im Sinne eines einfachen Homöostasemodells (als Gleichgewichtszustand) charakterisiert erschien. "Gesundheit als Homöostase" gehört insofern zu den klassischen Gesundheitsdefinitionen. Neben der einfachen Vorstellung, daß "gesund ist, wer nicht krank ist", verkörpert sie bis heute eines der gängigsten Begriffskonzepte in diesem Bereich (Gochman, 1988; Schorr, 1995; Ridder, 1985).

Das medizinische Denken der Antike war nicht zuletzt, aber entscheidend von den Anschauungen des Griechen Hippokrates (460-377 v.Chr.) geprägt, der heute als eigentlicher Begründer der ärztlichen Heilkunde gilt. In seiner verantwortungsbewußten Haltung, niemals zum Nachteil eines Kranken zu handeln, war für ihn auch schon das klinische Erscheinungsbild entscheidender Ausgangspunkt jeder weiteren Diagnostik. Zudem vertrat er die Auffassung, daß seelische Krankheit primär somatisch zu erklären sei. Im Rahmen dieser "naturwissenschaftlichen" Grundeinstellung sah er z.B. in der Epilepsie keine "heilige Krankheit" mehr, sondern im Prinzip eine krankhafte Körperstörung wie jede andere auch. In den medizinischen Schriften des "Corpus hippocraticum", einer unter dem

Namen von Hippokrates überlieferten Sammlung zahlreicher Einzelwerke dieser Zeit, kommt dementsprechend den Göttern keine ätiologische Bedeutung mehr zu (Ackerknecht, 1967; Wittern, 1933). Im Rahmen seiner Zielsetzung, jeweils eine dem wissenschaftlichen Erkenntnisstand angemessene, ursächliche Erklärung zu finden, setzte Hippokrates erheblich mehr auf den heuristischen Wert sinnlich wahrnehmbarer Erfahrungen. Auf dieser hippokratischen Grundkonzeption baute dann schließlich eine einflußreiche zeitgenössische Denkrichtung auf, die in der von Hippokrates gegründeten Ärzteschule von Kos und im sog. koischen Teil des "Corpus" auch ihren institutionellen bzw. literarischen Niederschlag fand:

"Für alles, was geschieht, findet man (eine Ursache), weshalb es geschieht, bei dem Vorhandensein einer Ursache aber hat der Zufall offenbar keinen Bestand, sondern höchstens einen Namen. Die ärztliche Kunst hat aber offenbar in (der Frage nach) den Ursachen und in den Vorausbestimmungen ihren Bestand und wird ihn immer haben." (Corpus hippocraticum, zit. nach Pauleickhoff, 1983)

Während sich die Hippokratiker in der gezielten Differentialtherapie noch zurückhielten und hier insgesamt eher auf einen natürlichen Heilungsprozeß hofften, spielten bei ihnen gesunde Lebensweise und günstige Umweltbedingungen sowie angemessene Ernährung eine große prophylaktische und prognostische Rolle. Auf dem Hintergrund ihrer ärztlichen Grundüberzeugung von der großen Eigenverantwortung jedes einzelnen erhielt letztlich die Erhaltung der Gesundheit (im Sinne einer permanenten Pflege der guten Säftemischung) sogar größeren medizinischen Stellenwert als die gezielte Heilung einzelner Störungen. Dies stand in logischem Zusammenhang mit der Situation, daß es bei Hippokrates überhaupt noch keine Systematik eigenständiger körperlicher oder psychischer Krankheitsformen gab, sondern vielmehr nur "eine" Krankheit als im Grunde unnatürlichen Zustand mit seinen unterschiedlichsten Erscheinungsbildern. Nicht die Unterordnung eines Kranken unter einen bestimmten Krankheitstypus war deshalb hier das diagnostische Ideal, sondern die Erkenntnis des Einzelfalles als eine von unendlich vielen Formen möglichen Kranksein. Damit war nicht nur jeder Erkrankungsfall für sich völlig verschieden, sondern auch jedes einzelne Symptom, das überhaupt erfaßbar erschien, gleich wichtig für die zeitgenössische Diagnose der "Erkrankung des Individuums" (Temkin, 1928). Obwohl Krankheiten insofern seinerzeit nicht spezifisch definiert waren, tauchte immerhin schon im Buch "Über die heilige Krankheit", wahrscheinlich sogar erstmals in der Geschichte der Medizin, das Gehirn als krankheitsrelevantes Organ auf:

"Denn mittels des Gehirns denken wir, verstehen wir, sehen wir und hören wir und erkennen wir das Gute wie das Schlechte, und mit ihm rasen wir und denken wir wie irre." (Corpus hippocraticum, zit. nach Wyrsch, 1957)

64

Die wissenschaftstheoretische Grundorientierung der Schule von Kos war zudem ausgesprochen aristotelisch, d.h. entscheidend geprägt von epistemologischen Leitlinien des griechischen Philosophen Aristoteles (384-322 v.Chr.). Dieser hatte im Gegensatz zu seinem großen Lehrer Plato (427-347 v.Chr.) immer eine stark empirisch orientierte Philosophie vertreten. Als Begründer der ethischen Disziplin der Philosophie hatte Aristoteles zudem auch schon sehr früh wichtige individuelle Sollwerte wie Lebenstüchtigkeit, Glückseligkeit oder seelische Reife reflektiert. Damit hatte er sich bereits als Philosoph mit möglichen Merkmalen zur Definitionen seelischer Gesundheit beschäftigt (vgl. Becker, 1982). Seine Wirkung bis in die entsprechenden Grundsatzdiskussionen der Gegenwart hinein läßt sich aber vermutlich am ehesten durch die zahlreichen erkenntnistheoretischen Vorgaben des sog. Aristotelismus erklären. Dabei handelt es sich um eine typische Art des wissenschaftlichen Denkens und Herangehens an Probleme, die u.a. auf logischen Grundsätzen und empirischer, jeweils Beweise fordernder Strenge aufbaut. Ausgangspunkt aller Erkenntnis ist dabei immer das tatsächlich Gegebene in seiner augenscheinlich kategorialen Vielfalt. Im Gegensatz zu den universellen Vorstellungen Platos gewinnen im Aristotelismus dadurch insbesondere singuläre Aussagen sehr große Bedeutung für jede weitere Hypothesenbildung, also Aspekte die im heutigen Wissenschaftsbetrieb in Form von Basissätzen oder Protokollaussagen wieder einen hohen methodischen Stellenwert besitzen (vgl. Möller, 1976).

Die weitere Bedeutung von Aristoteles für die späteren Konzepte und Begrifflichkeiten in der Psychiatrie, insbesondere für das offensichtlich unerschöpfliche Leib-Seele-Problem, war bereits dadurch vorgegeben, daß in seiner Naturphilosophie ein besonders abstrakter Begriff von Seele als "erste Entelechie des organischen lebendigen Körpers", d.h. als Begriff von etwas, das sein Ziel in sich selbst hat, sehr verschiedene Interpretationsmöglichkeiten enthielt. Im Kern ging es dabei immer um die zentrale erkenntnistheoretische Frage, ob diese "Seele", d.h. hier entsprechend die Form (morphe, forma), als die wesentlichere Substanz bzw. als das letztlich Bedingende erst dem "Leib", dem Stoff (hyle, materia), als zunächst nur daseiende Möglichkeit eine echte Daseinsform im Sinne des tatsächlichen Wirkens bzw. Wirken-Könnens erlaubt. Damit wäre nämlich die Seele das gestaltende Prinzip des Leibes und nicht umgekehrt.

Rehmke und Schneider (1965) sehen bei Aristoteles in dieser zunächst offenen Gegenüberstellung eine metaphysische Parallele zu den sich möglicherweise ähnlich bedingenden theoretischen Bestimmungsstücken Wahrnehmung und Begriff. Auch "Wahrnehmung" (Stoff) komme erst durch den "Begriff" (Form) zur Erkenntnis und umgekehrt. Gerade die hier skizzierte Grundidee einer prinzipiell in jedem Organismus liegenden

Kraft, welche dessen "formale" und "stoffliche" Entwicklung und Vollendung letztlich zusammenhängend bewirken könne, erschien dann später in gegensätzlichen psychiatrischen Arbeitsrichtungen fast gleichermaßen gut verwertbar. Zum einen konnten damit, aristotelisch untermauert, psychische Erkrankungen als Disharmonie organisch gar nicht faßbarer Kräfte interpretiert werden, wie dies u.a. bei den sog. Psychikern oder in verschiedenen psychotherapeutischen Schulen versucht wurde. Andererseits eröffnete dieser Seelenbegriff auch die Möglichkeit, hier nur an "seelische" Krankheiten bei einer wirklichen stofflichen Grundlage zu denken, wie dies später viele Empiristen taten. Der philosophische Gedanke einer sich selbst tragenden Seele wurde dann nicht zuletzt in der mittelalterlichen Philosophie bei Thomas von Aquin wieder aufgegriffen und weiterentwickelt. Dadurch ergeben sich auch hier begriffstheoretische Bezugsmöglichkeiten.

Die auf der Ideenlehre Platos aufbauende zweite große antike Denkrichtung, die Schule von Knidos, ging dagegen davon aus, daß über Wahrnehmungen nichts Dauerhaftes erkannt und somit keine Gewißheit hergestellt werden könne. Materie für sich allein existiere auch nicht. Sinnliche Objekte sind dementsprechend im sog. Platonismus nur veränderliche Bezugspunkte eigentlich umwandelbarer übersinnlicher Objekte, nämlich der "Ideen". Entsprechend gehörte in den bekannten Dialogen Platos dann auch die "Psyche" immer der Welt der Ideen an. Das wahrhaft Seiende wurde dabei jeweils, im Gegensatz zum (empirisch faßbaren) Einzelnen, im Allgemeinen erfaßt. Nur die Begriffe, die von diesen Ideen gebildet werden können und damit jeweils deren Abbild darstellen, würden uns wirkliches Wissen vermitteln. Da bei Plato die Allgemeinbegriffe und die davon abgeleiteten Denkinhalte letztlich das einzig Reale waren, und sie bei ihm (im Gegensatz zu einer gemäßigten platonischen Sicht) zudem noch einen quasi dinglichen Charakter zugesprochen bekamen, wurde er selbst letztlich zum klassischen Vertreter eines extremen Realismus (Schmidt, 1974). Entsprechend diesem "Begriffsrealismus" sollte bei Plato auch jedes irrationale Verhalten von Menschen möglichst wieder schnell der rationalen Kontrolle des Verstandes unterstellt werden.

Wie auch andernorts herausgehoben wird (Engle und Davis, 1963; Kendell, 1978), haben die zwei hier skizzierten großen gegensätzlichen Denkrichtungen in der weiteren Medizingeschichte erheblichen Einfluß auf das Verstehen und Erklären der menschlichen Natur sowie nicht zuletzt auch der krankhaften seelischen Vorgänge gehabt. Die hippokratisch-aristotelische Denktradition förderte seither eher einen empirisch-nominalistischen Standpunkt, während die platonische Sicht der Welt im Prinzip das weitere ontologisch-realistische Denken bedingte. Auf eine kurze Formel gebracht repräsentiert der Aristotelismus damit die philosophischen Wurzeln einer vorwiegend synthetisch orientierten Medizin, während der Platonismus die eines primär analytischen Vorgehens darstellt und damit auch speziell für die Sinnhaftigkeit nosologischer Vorannahmen hilfreich erscheint. Entsprechend kontroverse Auseinandersetzungen wurden im Prinzip dann in allen späteren Epochen geführt, wobei gerade durch spätmittelalterliche Einflüsse der Aristotelismus das abendländische Denken erneut stärker beherrschte. Platos Lehre erlangte dagegen erst in der Neuzeit durch verschiedene Formen des Neuplatonismus wieder einige wissenschaftstheoretische Bedeutung.

Die aus heutiger Sicht interessanten krankheitstheoretischen Vorstellungen in der Antike dürfen aber nicht darüber hinwegtäuschen, daß es bei den Ärzten der Antike trotz guter klinischer Beobachtung und zahlreicher Bezeichnungen noch keine systematisch definierten Begriffe für psychische Störungen gab. Selbst erste somatische Erklärungsansätze hatten seinerzeit nicht dazu geführt, daß jemals ein Krankheitsbegriff entstanden wäre, der vielleicht eine eigenständige Gruppe seelischer Erkrankungen spezifisch hätte herausheben können. Die beiden bedeutendsten Ärzte dieser Zeit, Hippokrates und Galen, hinterließen letztlich auch relativ wenig kriteriologische Bemerkungen zum Begriff der psychischen Krankheiten und bauten diese zudem jeweils weitgehend in allgemeinmedizinische Betrachtungen ein. Wie bereits erwähnt, kannte z.B. Hippokrates nur einzelne kranke Individuen im Rahmen eines prinzipiellen, von der Gesundheit abweichenden Zustandes. Diese Konzeption der besonderen Vielgestalt einer letztlich nur einzigen Krankheitsform taucht dann immerhin später, allerdings in modifizierter Form, in der Psychiatrie wieder auf. Sie findet sich nämlich im Kern in der Idee von der Einheitspsychose wieder (vgl. Mundt und Saß, 1992; Wittern, 1987).

4.3 Aspekte spätmittelalterlichen Denkens

Im Mittelalter gab es neben den Mystikern als philosophische Hauptströmung insbesondere die Scholastik, in der die wissenschafts- und erkenntnistheoretischen Auseinandersetzungen zwischen Platonismus und Aristotelismus mit wechselndem Schwerpunkt und unterschiedlicher Dogmatik weitergeführt wurden. Der eigentliche Vater der Scholastik, Anselm von Canterbury (1033-1109) lehrte im übrigen nicht nur in diesem Zusammenhang, daß alle Erkenntnis immer am Glauben wachsen müsse. Bezugspunkt für ihn war hier die orthodox-dogmatische Tradition der katholischen Theologie. Einer der Hauptvertreter der Hochscholastik, Thomas von Aquin (1225-1274), hat in diesem Kontext insofern eine besondere Bedeutung, weil er als Kirchenlehrer die Philosophie des Aristoteles wieder in spezieller Weise für die Konzeption der Wissenschaften berücksichtigt hat.

Der Dominikaner Thomas von Aquin war zunächst der bekannteste Schüler von Albertus Magnus (1206-1280), welcher für die akademischen Lehrprinzipien bereits eine philosophisch-theologische Synthese auf der Basis aristotelischer Schriften begründet und damit das thomistische Denken in gewisser Weise vorbereitet hatte. Gerade dieser Thomismus versuchte in einer Phase des zeitgeschichtlichen Umschwungs von einem Konvolut überkommender Weltanschauungen hin zur Renaissance nun zwischen Glauben und Wissen eine eindeutigere und schärfere Grenze zu ziehen. Unter anderem vertrat diese Schule im sog. Universalienstreit des Mittelalters, in dem es im wesentlichen um die Frage der Daseinsweise von Allgemeinbegriffen (Universalien) ging, den vermittelnden Standpunkt eines gemäßigten Realismus. Diese gemilderte Form des Realismus griff dabei den aristotelischen Standpunkt "universalia in rebus" auf und lehrte, daß Allgemeinbegriffe wie "Gattung" oder "Art", die seinerzeit auch zunehmend in naturwissenschaftlichem bzw. medizinischem Kontexten auftauchten, nicht Denkgebilde außerhalb bestimmter substantieller Einzeldinge sein könnten (Rehmke und Schneider, 1965; Schmidt, 1974). So wurde bereits ein zeitgemäßer Kompromiß zwischen dem radikalen Begriffsrealismus im Sinne Platos und einem radikalen Nominalismus, der in Begriffen nur Worte ohne wirkliche Entsprechungen ("flatus vocis") sah, konzipiert.

Auch in der Beurteilung des wiederholt thematisierten Leib-Seele-Problems orientierte sich Thomas von Aquin am aristotelischen Denken, speziell an der Idee des Hylemorphismus. Damit stand er erneut in Diskrepanz zur dualistischen Sicht Platos, der in Leib und Seele zwei völlig verschiedene Entitäten gesehen hatte. In Orientierung an den alten aristotelischen Seinsprinzipien Materie bzw. Stoff (hyle) und Seele bzw. Form (morphe) verband Thomas von Aquin in seinen Anschauungen wieder etwas für sich jeweils Unvollständiges, nämlich Bestimmtheit und Potenz von Körper und Seele, in einer sich substantiell ergänzenden Weise miteinander. Im Gegensatz zu Aristoteles gab es im Thomismus dabei aber keine Trennung mehr zwischen der dann formgebundenen Vitalseele und einem völlig ungebundenem Geist (reiner Form). Vielmehr war jetzt die menschliche "Seele", nun als "forma corporis" aufgefaßt, eine viel umfassendere Einheit. Sie wurde insofern nun auch völlig im Einklang mit dem thomistischen Grundkonzept einer einheitlichen menschlichen Natur begriffen. Vielleicht entgegen allem äußeren Konservativismus herrschte damit im Spätmittelalter im Prinzip bereits die Lehre einer besonderen, eigenständigen Leib-Seele-Einheit (Köhler, 1984; Seifert, 1979; Wyrsch, 1957).

Hinsichtlich der alltäglichen Praxis der gesamten mittelalterlichen Psychiatrie ist allerdings die Auffassung Ackerknechts (1967) zu teilen, daß es nicht viel Bleibendes zu berichten gibt. Es dominierten in der Bevölkerung weiterhin mystische Vorstellungen zur Besessenheit durch Geister sowie die daraus hervorgehenden Hexenverbrennungen und Teufelsaustreibungen. Birnbaum (1928) nannte die allgemeinen psychiatrischen Grundanschauungen dieser Zeit einmal "religiös gefärbt dämonologisch". Nicht zuletzt war die scholastische Medizin noch völlig in einem umfassenden Studium generale integriert und dort relativ pauschal in Theorie und Praxis untergliedert. "Melancholie" als Bezeichnung für noch höchst unterschiedliche psychische Störungen war der im Mittelalter am häufigsten auftauchende psychiatrische Krankheitsbegriff (Schipperges, 1967). Erst in der nachmittelalterlichen Zeit entstanden durch den herumwandernden Arzt Paracelsus (1491-1541) und den Baseler Stadtarzt Felix Plater (1536-1614) frühe Ansätze zu einem System der Geisteskrankheiten (Ackerknecht, 1967; Mora, 1990).

Interessanterweise stoßen wir sehr viel später, nämlich in der am 22. Nov. 1951 in Heidelberg gehaltenen Rektoratsrede von K. Schneider (1952) auf Passagen, in denen sich dieser, einer der prominentesten Vertreter des sog. Somatosepostulats der Psychosen, offensichtlich sogar selbst einmal auf eine "aristotelisch-thomistische Auffassung" zum weiterhin ungelösten Leib-Seele-Problem einläßt. Unter direktem Bezug auf die skizzierten scholastischen Grundauffassungen spekuliert K. Schneider hier nämlich darüber, daß es neben einem "sekundären Irresein" infolge einer materiellen Störung (z.B. bei organischen Psychosen) wohl auch ein ausschließlich "primäres Irresein" geben müsse, welches dann im Sinne des Hylemorphismus überhaupt keine spezielle materielle Ursache mehr hätte:

"Andererseits kann aber auch die Seele, die Form, aus sich heraus ver 'irr' en, ohne daß dies durch eine Erkrankung der Materie bewirkt wäre. Das wäre das primäre Irresein oder die endogene Psychose." (1952)

Nach den theoretischen Ausführungen von Kopp (1935) wäre Thomas von Aquin hier vermutlich noch konsequenter gewesen. Im strengen Thomismus waren Erkrankungen der menschlichen Seele nämlich nur im Zusammenhang mit einem materiellen Korrelat endgültig vorstellbar. Da jedoch die Seele, für sich ganz allein gesehen, nicht erkranken konnte, war dies im Grunde dann über den Körper, als dessen zweckmäßig wirkende Kraft ("forma") sie hier ja galt, zu konstruieren. Entsprechend erscheinen diese Vorgaben eines Thomas von Aquin nicht nur für mögliche Denkansätze späterer Psychosomatiker interessant, sondern er könnte vielleicht sogar als der philosophische Wegbereiter einer somatisch orientierten Psychiatrie Berücksichtigung finden (Pauleikhoff, 1983a; Wyrsch, 1957). Allerdings sieht Häfner (1981) im Krankheitsbegriff von K. Schneider, also im Konstrukt der Beschränkung des Begriffs "Krankheit" auf den Geltungsbereich ausschließlich körperlicher Vorgänge, eine erkenntnistheoretische Position, die sich ebenso leicht auch auf mißverständliche Art an die thomistisch-aristotelische Anthropologie anknüpfen ließe. In angemessenerer Form dürfte K. Schneiders reduktionistische Position dann vielleicht doch in seiner denkwürdigen Formulierung ausgedrückt sein, es sei "ein Skandal in der Psychiatrie, daß für die Schizophrenie noch keine organische Ursache gefunden" werden konnte (Bach und Heine, 1981).

4.4   Leitideen im 17. und 18. Jahrhundert

Zu Beginn des 17. Jahrhunderts waren insbesondere die philosphischen Einflüsse von R. Descartes (1596-1650) wegweisend für die allgemeine Entwicklung der Wissenschaften. Mit seiner strikten Unterscheidung zwischen einer immateriellen Seele und einem mechanistischen Körper, deren Nahtstelle er in der Zirbeldrüse des Gehirns vermutete, setzte er sich konzeptionell deutlich von den Verschmelzungstendenzen der mittelalterlichen Schulphilosophie ab. Sein scharfer Dualismus von "res cogitans" (Geist) und "res extensa" (Materie) stand dabei besonders im Gegensatz zum pantheistischen Einheitsprinzip von B. Spinoza (1632-1677), nach dem die ganze Welt von einer göttlichen Urkraft durchwaltet erschien. Beide Philosophen schrieben auch größere Abhandlungen über die menschlichen Leidenschaften, wobei Descartes ausdrücklich hervorhob, daß diese als spezifische Gemütsbewegungen ihre Ursache immer im Körperlichen hätten.

Auf die Weiterentwicklung des medizinischen Krankheitsbegriffs hat in diesem Zeitraum insbesondere der englische Arzt T. Sydenham (1624-1689) sehr großen Einfluß. Sein klinisches Hauptinteresse galt damals einerseits dem Krankheitsbild der Hysterie, dessen zeitgenössische Ätiologie als besondere Erkrankung der Gebärmutter er erstmals in Frage stellte (Ackerknecht, 1967). Andererseits erwarb er sich große Anerkennungen in der Postulierung grundsätzlicher diagnostischer Positionen. So konzipierte er erstmals für die Medizin die Idee gleichförmiger und konsistenter Krankheitseinheiten und entwarf damit die Grundlage zum späteren Syndrom-Modell. Aus einem einfachen Analogieschluß zur realen Existenz verschiedenster Pflanzenarten begründete er zudem einen festen Glauben an die Realität einzelner Erkrankungsformen. Nach Sydenham (1676/1983) definierte ein "Krankheitssyndrom" allein schon dadurch eine eigene diagnostische Kategorie, daß es eine interkorrelierte Anzahl von

Einzelsymptomen enthielt und zudem durch die Stabilität einer anhaltend charakteristischen Struktur jederzeit von anderen, auch ähnlichen Syndromen abtrennbar erschien. Damit war es ihm möglich, entsprechende "Krankheiten" auch in ein System von "species" zu ordnen, wobei er seine Systematisierung aufgrund syndromaler Konstanz durchaus mit denen zeitgenössischer Naturforscher verglich (Temkin, 1965). Im Gegensatz zu Hippokrates, der im Prinzip nur die unendliche Formenvielfalt herausstellen wollte, war hier nun jeder Kranke ein spezieller Fall des direkten Auftretens einer ganz bestimmten, eigenständigen Krankheit. Krankheiten konnten dabei diagnostiziert, d.h. auf eine "species morborum" zurückgeführt werden, indem man immer genau diejenigen Symptome fand, die diese species auch tatsächlich definierten. Obwohl bei Sydenham Krankheiten noch nicht speziell organbezogen gesehen wurden, sondern der Mensch dann jeweils insgesamt erkrankte, erfolgte im Sinne des nosologischen Grundprinzips aber bereits eine klare kategoriale Trennung. Jede klassifizierbare Krankheit stand dabei immer ganz allein für sich. Als prinzipieller Erneuerer der medizinischen Systematik, der ansonsten aber noch auf dem Boden der bereits schon Jahrhunderte vorherrschenden Humoralpathologie stand, wurde Sydenham schließlich sogar "der englische Hippokrates" genannt (Brockhaus, 1993). Diese Bezeichnung wurde ihm aber offenkundig nur teilweise gerecht. So befand sich Sydenham zwar einerseits als strenger Beobachter möglichst aller klinischen Merkmale, z.B. bei der zeitgenössischen Form der Hysterie, voll in hippokratischer Tradition. Andererseits war er, der den individuellen Erkrankungsfall von der eigentlichen Krankheit streng trennte, durch deren strikte Ontologisierung auch ein typischer Platoniker. Damit stand bereits an der Wiege zu einer moderneren Systematisierung eine wissenschaftstheoretische Zweigleisigkeit.

Auch im 18. Jahrhundert dominierten in psychiatrischen Erörterungen noch überwiegend spekulativ-philosophische Anschauungen, die zum Ende dieses Jahrhunderts schließlich Grundlage für viele Überzeugungen der sog. Psychiker wurden. Hier könnte exemplarisch das vitalistische Prinzip von G.E. Stahl (1660-1734) genannt werden. Als Chemiker und Kliniker sah dieser auf dem Hintergrund seiner Leitvorstellungen von einer animalistischen Ökonomie in der "anima sensitiva" die entscheidende Größe für alle Reaktionen des menschlichen Körpers. Die Seele wurde damit zu einer jedem lebenden Organismus innewohnenden Kraft. In besonderer Weise hat auch seine prinzipielle Unterscheidung von organisch bedingten Geisteskrankheiten, die er "sympathische" nannte, und rein funktionell bedingten, die er "pathetische" hieß, die weitere Entwicklung einzelner Begriffsvorstellungen in der Psychiatrie beeinflußt. Von nun an war nämlich der alte noch weitgehend auf humoralpathologischen

Vorstellungen der Antike aufbauende, letztlich also somatische Krankheitsbegriff völlig in Frage gestellt und endgültig der Weg frei für weitere Theorien zur psychogenen Verursachung. Gleichzeitig wurde der humoralistische Standpunkt aber auch durch ein zunehmend anatomisch-lokalistisches Denken verdrängt. Diese organmedizinische Schwerpunktverlagerung zugunsten eines Solidismus und Lokalismus wurde wesentlich durch Arbeiten des italienischen Pathologen G.B. Morgagni (1682-1771) gefördert, der seinerzeit auch bereits zahlreiche psychisch Kranke seziert hatte und oft als eigentlicher Begründer der pathologischen Anatomie genannt wird.

Nicht zuletzt I. Kant (1724-1804) hatte in dieser Zeit durch einige Schriften, insbesondere seine "Anthropologie in pragmatischer Hinsicht" aus dem Jahr 1798, eine nicht geringe Bedeutung für allgemeinpsychiatrische Theorienbildungen, obwohl er selbst wohl kaum über eingehendere klinische Erfahrungen verfügt haben dürfte. Seither viel zitiert ist zudem seine darin enthaltene These, daß die Lehre von den Seelenstörungen primär Sache der Philosophen sei (Kant, 1798/1980). Nach Dörner (1969), der im übrigen Gesundheit und Krankheit selbst als mögliche Formen von "Vernunft" und "Unvernunft" diskutiert, wirkte Kants betont vermögenspsychologische Ansatz sogar bis in unser Jahrhundert hinein. Kant leitete entsprechend so gut wie alle seelischen Abnormitäten vom menschlichen Erkennungsvermögen ab. Seine Vorstellung, daß psychische Schwächen und Störungen damit letztlich naturgegebene Unvermögen (u.a. "angeerbte Gemüthsstörungen") seien, die sich schließlich als abnorme Zustände in verschiedenen, von der Vernunft abweichenden Reaktionen äußern würden und daher wohl kaum durch die Gesellschaft bestimmt sein könnten, findet sich im Grund auch im späteren Konzept der psychiatrischen Krankheitseinheit wieder.

Das besondere Interesse, das der Königsberger Philosoph gerade an psychopathologischen Phänomenen hatte, war nach von Baeyer-Katte (1966) vermutlich sogar ein doppeltes. Zum einen interessierte er sich offensichtlich stark für alle Vorgänge der öffentlichen Meinungsbildung und stieß dabei sicher auf zahlreiche, begrifflich unklare Ausdrücke zur Ab- und Ausgrenzung von auffälligen Verhaltensweisen gegenüber dem gesellschaftlichen Normverhalten. Zum anderen beschäftigte er sich bekanntlich im kritischen Philosophieren ganz prinzipiell mit besonderen Beeinträchtigungen der menschlichen Vernunft und Urteilskraft. Kant verfolgte zumindest in seinen philosophisch-psychiatrischen Überlegungen eine psychopathologisch-somatopathologische Zweispurigkeit. Innerhalb des zunächst leitenden Gedankens, daß die Anthropologie als "Seelen-Krankheitslehre" immer auf den Menschen als Gesamtperson zu schauen habe, orientierte er sich dann z.B. in seinen konkreten Ausführungen zu den "Abschweifungen über die Grenzlinie des gesundes Verstandes" (Kant 1798/1980) am empirischen Dualismus mit einem ausgesprochen materialen Krankheitsbegriff. Insofern sah er seelisch Abnormes immer als direkte Krankheitsfolge, so daß wir hier, wie auch Kisker (1957) unterstreicht, bereits eine ähnliche Krankheitskonzeption findet wie sehr viel später in der psychiatrischen Systematik von K. Schneider (1976). Für die Gruppe der "Verrückungen", insbesondere für die speziellen Wahnerkrankungen, betonte zudem bereits Kant die Unterscheidung thematischer und formaler Zusammenhänge. Nicht zuletzt ein späteres Hauptkriterium wahnhafter Psychosen, der Abbruch einer bestehenden Sinngesetzlichkeit, wird von Kant bereits klar thematisiert:

"Das einzige allgemeine Merkmal der Verrücktheit ist der Verlust des Gemeinsinnes (sensus communis) und der dagegen eintretende logische Eigensinn (sensus privatus), z.B. ein Mensch sieht am hellen Tag auf seinem Tisch ein brennendes Licht, was doch ein anderer Dabeistehender nicht sieht, oder hört eine Stimme, die kein anderer hört. Denn es ist ein subjektiv notwendiger Probierstein der Richtigkeit unserer Urteile überhaupt und also auch der Gesundheit unseres Verstandes: daß wir diesen auch an den Verstand anderer halten, nicht aber uns mit dem unserigen isolieren und mit unserer Privatvorstellung doch gleichsam öffentlich urteilen." (Kant, 1789/1980)

Diese Idee zu einer Psychopathologie des "common sense", mit "gesunder Menschenverstand" leider nicht ganz zulänglich übersetzbar, wurde in jüngerer Zeit insbesondere von Blankenburg (1969) aufgegriffen, der darin eine besondere Nutzungsmöglichkeit für die Diagnose beginnender Schizophrenien sah. Eine spezielle Common-sense-Philosophie, in der die Wirklichkeit in einer sehr pragmatischen Weise immer so genommen wurde, wie man sie zu sehen glaubte, bestimmte zu Lebzeiten Kants allerdings nur das Denken in England. Nach D. Hume (1711-1776), dem in diesem Zusammenhang vorrangig zu nennenden Denker der englischen Philosophic, gab cs allcrdings keine von der Erfahrung unabhängige, rein verstandesmäßige Erkenntnis. In ähnlicher Weise existierten seinerzeit auch noch keine größeren angloamerikanischen Bestrebungen, psychiatrische Krankheitsbilder zu schaffen oder zu systematisieren. Vielmehr stand hier die humanistische Praxis immer ganz im Vordergrund medizinischer Bemühungen (vgl. Peters, 1994).

Das 18. Jahrhundert brachte als Zeitalter der Aufklärung mit dem Vertrauen auf die Macht der Vernunft und der Idee gegenseitiger Toleranz überhaupt viele praktische Verbesserungen für die psychisch Kranken. Hier wären insbesondere menschenfreundlichere Behandlungsmethoden (moral-treatment-Bewegung etc.) und die Gründung zahlreicher neuer Anstalten zu nennen (Becker, 1982; Mora, 1975). Zum Geist dieser Zeit gehörten auch die revolutionären Thesen des französischen Kulturphilosophen J.J. Rousseau (1712-1778), der alles Übel dieser Welt als Folge der Zivilisation zu erkennen glaubte und, fast im Sinne späterer Antipsychiatrie, "Krankheit" nicht als eine Störung im Körper, sondern als Störung eines sozialen Gleichgewichts verstand (Dörner, 1969; Schorr, 1995).

In Europa kam zum Ende dieses Jahrhunderts der Psychiatrie Frankreichs mit Ph. Pinel (1745-1826) und seinem bekanntesten Schüler J. Esquirol (1772-1840) allerdings eine Vorreiterposition zu. Hierzu gehörte nicht nur Pinels viel zitierte Befreiung der psychisch Kranken von ihren Ketten. Esquirol gründete z.B. in Paris die erste psychiatrische Institution, die ausschließlich einer moralischen, nur auf einer positiven seelischen Beeinflussung aufbauenden Therapie psychisch Kranker gewidmet war. Klinisch baute diese Schule nicht zuletzt sehr stark auf der empirischen Beobachtung differenzierbarer Einzelphänomene und einer sich anschließenden diskriptiven Statistik auf, während sie sich bezüglich allgemeinerer Theorien und endgültiger Klassifikationen noch weitgehend indifferent verhielt. Der Reformer Pinel wird gerade wegen dieser Schwerpunktbildung als eigentlicher Begründer der klinischen Psychiatrie genannt. Dabei wird er u.a. als ein Mann beschrieben, der seine Gedanken niemals ohne konkrete Beispiele geäußert habe, um seine Ansichten so praktischer und verständlicher zu machen (de Saussure, 1970). Esquirol skizzierte in seinen Beschreibungen zudem für das weitere Krankheitsverständnis in der Psychiatrie wichtige Erscheinungsformen, so daß diese schließlich im 19. Jahrhundert erstmals als eigenständige Krankheiten beschrieben werden konnten (vgl. Wissfeld, 1957). Ein besonderer Verdienst gebührt in diesem Zusammenhang gerade A.L. Bayle (1799-1858), der schon 1822 in seiner Doktorarbeit die progressive Paralyse als damals verbreitetste Geisteskrankheit in ihren klinischen und anatomischen Stadien darzustellen vermochte. Mit der erstmaligen Postulierung ihrer somatischen Grundlage wurde Bayle sogar zu einem besonderen Verfechter eines streng somatischen Krankheitsbegriffs (Bayle, 1822). Zu den damals diskutierten Entstehungsbedingungen psychischer Krankheiten erscheint aber auch wieder das folgende Zitat von Equirol charakteristisch:

"Die Ursachen der Geisteskrankheit sind ebenso zahlreich als verschieden. Sie sind allgemein oder individuell, physisch oder psychisch, primitiv oder sekundär, prädisponierend oder erregend. Das Klima, die Jahreszeiten, das Alter, das Geschlecht, das Temperament, das Geschäft, die Lebensart haben einen Einfluß auf die Häufigkeit, den Charakter, die Dauer, Krise und Behandlung der Geisteskrankheiten. Auch wird die Krankheit noch durch Gesetze, Civilisation, Sitten, politische Lage der Völker verändert, ebenso durch nähere Ursachen, die von unmittelbarem und leichter zu schätzendem Einfluß sind." (Esquirol, 1838)

Der Edinburgher Medizinprofessor W. Cullen (1710-1790) erwähnte Ende des 18. Jahrhunderts schließlich erstmals den Begriff "Neurose", der bei ihm gegenüber späteren Definitionen allerdings noch eine sehr viel umfassendere Bedeutung hatte und nicht nur psychische Störungen, sondern fast alle Erkrankungen des Nervensystems mit einschloß. Cullen war zudem in besonderer Weise davon überzeugt, daß zur Darstellung neuer medizinischer Sachverhalte jeweils immer ganz neue, völlig unverbrauchte Namen gehören müßten. Aus linguistischer Sicht könnte Cullen deshalb vielleicht als Vorreiter eines "neutralen Neologismus" psychiatrischer Wissenschaftssprache angesehen werden. Systematisch ausgeschlossen waren in seiner ersten Neurosedefinition dann nur die "Classen" der entzündlich-fiebrigen sowie aller topisch klar zuordenbaren Krankheitsformen. Die eigentliche Klasse der "Nevroses" enthielt, selbst unterteilt in vier spezielle "Ordnungen" bzw. "Unterabtheilungen", die schlafsüchtigen Krankheiten (Comata), die Entkräftigungen (Adynamiae), die krampfartige Krankheiten (Spasmi) und die Gemütskrankheiten (Vesaniae), welche ihrerseits auch wieder in verschiedene "Gattungen" unterteilt waren (Cullen, 1784). Die weitere Entwicklung des Neurosebegriffs wurde im übrigen mehrfach beschrieben (vgl. Schottländer, 1950; Speer, 1949). In ihr vollzog sich schließlich der Übergang von einer somatischen Grundauffassung zu einer rein psychodynamischen Krankheitskonzeption, welche unter dem Einfluß der Psychoanalyse zwar zunächst zunehmende klinische Relevanz erlangte, letztlich aber unter dem Druck einer neophänomenologisch bestimmten Wissenschaftsmeinung wieder an Bedeutung verloren hat (Hoffmann, 1994).

4.5 Schwerpunkte im 19. Jahrhundert

Zu Beginn des 19. Jahrhunderts entstand im Verständnis psychiatrischer Erkrankungen eine ausgesprochene Polarisierung, insbesondere in der deutschsprachigen Psychiatrie, die als theoretische und methodische Auseinandersetzung zwischen den Denkrichtungen des "Psychismus" und des "Somatismus" mehrfach beschrieben wurde (Pauleikhoff, 1983b; Schipperges, 1975; Vliegen, 1987). Birnbaum (1928a) sprach rückblickend hier sogar vom "Kampf der Somatiker und Psychiker" und nannte diesen pointierend "den Entscheidungskampf in der Psychiatriegeschichte". Dabei seien die besseren Waffen von vornherein allerdings auf Seiten der Somatiker gewesen. Nicht selten taucht heutzutage in der Gegenüberstellung geisteswissenschaftlicher und naturwissenschaftlicher Aspekte der Psychiatrie der Gedanke auf, daß dieser Entscheidungskampf, wenn auch terminologisch verhüllt, irgendwie immer noch andauere.

Letztendlich geht es hier immer um die Grundfrage nach einer prinzipiellen Autonomie seelisch-geistiger Phänomene gegenüber einer evtl.
körperlichen Ursache. Die psychistische Auffassung des 19. Jahrhunderts
kann dabei rückblickend als eine moraltheologisch intendierte Richtung
der im wesentlichen auf die idealistische Philosophie zurückgehenden
romantischen Schule verstanden werden. Prägend war hauptsächlich die
spekulative Naturphilosophie F.W.J. Schellings (1775-1854), in der sich
die Gegensätze von Subjekt und Objekt, von Realem und Idealem sowie
von Natur und Geist letztlich aufzulösen schienen (Wissfeld, 1957). Der
bedeutenste Vertreter der romantischen Psychiatrie war sicher der bereits
erwähnte Heinroth, der das Wesen der psychischen Krankheit primär in
einer Form menschlicher Unfreiheit sah. Diese wiederum entstehe durch
religiös-ethische Mängel in Form von Lastern und Leidenschaften. Seelenstörungen waren bei Heinroth nicht zuletzt auch immer Erkrankungen
der Person als Ganzes. Diese prinzipiell anthropologische Perspektive,
welche eine organische Ursache von Geisteskranken, als eigentlicher
"Seelenkrankheiten", ablehnte, wurde häufiger beschrieben (vgl. Baer,
1987; Schipperges, 1975). Dabei ließ sich immer klar erkennen, daß das
Körperliche hier nicht grundsätzlich aus der Betrachtung ausgeschlossen
war. Beispielsweise wären sämtliche den heutigen hirnorganischen Psychosen vergleichbaren Störungen (Verletzungen etc.) niemals solche
"Krankheiten der Seele" gewesen, nicht auf das "Innerliche unseres Wesens, unser Selbst als Inneres" (Heinroth, 1818, Bd. 1) zu beziehen:

"Zweytens ist nicht jede Seelenstörung Seelenkrankheit. Der Prozeß der Seelen-
thätigkeit bedarf des leiblichen Organismus und namentlich und zunächst der Inte-
grität des Hirn- und Nervensystems. Sind diese Organe verletzt, z.B. das Hirn
durch einen Schädelbruch, so ist das Seelenleben ebensogut gestört, als wenn ein
Schreck oder eine heftige Leidenschaft dasselbe aus den Angeln heben".

Etwas skurril mutet bei Heinroths eigener Systematik dann allerdings die
streng schematische Klassifizierung unterschiedlichster Störungsarten
anhand äußerer Merkmale von "Unfreyheit" an (vgl. Tab. 1). Hier erscheint er doch noch stark von C. von Linnés Klassifikation beeinflußt
(Heinroth, 1818, Bd. 1 u. 2). Wie auch an anderer Stelle betont wurde (u.a.
Schomerus, 1964), hatte dagegen gerade der Personenbegriff Heinroths,
der die konzeptionelle Einheit von Leib und Seele wieder unabdingbar
voraussetzte, eine Schlüsselfunktion für das Konzept der gesamten medizinischen Anthropologie dieser Zeit. Nicht zuletzt bot gerade die seinerzeitige Anschauung von der "Person" als einer jeweils nicht weiter aufzu-
lösenden, ggf. kranken leib-seelischen Ganzheit später sowohl theoretische Ansatzpunkte für verschiedene Konzepte der allgemeinen Psychosomatik (vgl. Weiner, 1986) als auch eine theoretische Grundlage für die

Hypothese der sog. idiopathischen (von sich aus entstandenen) Geistesstörungen.

Tab. 1: Heinroths Systematik der Seelenstörungen (1818, Bd. 1)

Erste Ordnung, erste Gattung.
1. Wahnsinn. Charakter: Unfreyheit des Gemüths mit Exaltation der Empfindungen und der Phantasie; ein Außersichseyn, ein Träumen im wachen Zustand (Traum = Wachen).

Erste Ordnung, zweyte Gattung.
2. Verrücktheit. Charakter: Unfreyheit des Geistes mit Exaltation des Denkvermögens, Verkehrtheit der Begriffe bei ungestörter Sinnenempfindung.

Erste Ordnung, dritte Gattung.
3. Tollheit. Charakter: Unfreyheit des Willens mit Exaltation desselben; reiner Zerstörungstrieb.

Zweyte Ordnung, erste Gattung.
4. Melancholie. Charakter: Unfreyheit des Gemüths mit Depression der Empfindungen und der Phantasie; schwermüthige Insichselbstversunkenheit.

Zweyte Ordnung, zweyte Gattung.
5. Blödsinn. Charakter: Unfreyheit des Geistes mit Depression des Denkvermögens; Begrifflosigkeit.

Zweyte Ordnung, dritte Gattung.
6. Willenlosigkeit. Charakter: Unfreyheit des Willens mit Depression desselben; Unfähigkeit Entschlüsse zu fassen.

Dritte Ordnung, erste Gattung.
7. Wahnsinnige Melancholie. Charakter: Unfreyheit des Gemüths mit abwechselnden Zufällen des Wahnsinns und der Melancholie.

Dritte Ordnung, zweyte Gattung.
8. Verwirrtheit. Charakter: Unfreyheit des Geistes mit Verworrenheit der Begriffe und Unfähigkeit sie festzuhalten, bei zugleich geschwächtem Auffassungsvermögen der Außenwelt.

Dritte Ordnung, dritte Gattung.
9. Scheue. Charakter: Unfreyheit des Willens mit wilder Flucht vor allem Schreckbaren.

Die damaligen Somatiker, ähnlich plakativ auch gelegentlich Physiker oder Organiker genannt, waren dagegen konsequent anatomisch-pathologisch eingestellt und hielten es für völlig unangemessen, psychische Störungen ohne tatsächliches oder zumindest hypothetisches körperliches Korrelat überhaupt zu diskutieren. Ihrer Grundüberzeugung nach bestand demgemäß das Wesen der Geisteskrankheiten in empirisch festzustellenden Gehirnprozessen. Als wichtige Vertreter dieser Schule sollen hier insbesondere M. Jacobi (1775-1858) und J.B. Friedreich (1796-1862) herausgehoben werden. Obwohl beide dogmatische Vertreter derselben psychiatrischen Grundkonzeption waren, hatten sie dennoch einen etwas unterschiedlichen medizingeschichtlichen Hintergrund. So machte Jacobi sich auch als Verbesserer des deutschen Anstaltswesens unter Verzicht auf physikalische Zwangsmittel einen bleibenden Namen. Er wurde deshalb später gelegentliche als "deutscher Esquirol" bezeichnet (Peters, 1984). Jacobi und seine Anhänger waren zudem eher rationalistisch eingestellt und auf den zeitgenössischen Philosophen J.F. Fries (1773-1843), d.h. letztlich wieder auf dessen Lehrer Kant, bezogen. Entsprechend sahen sie in den Gehirnprozessen auch nicht etwas der Seele völlig Identisches; vielmehr repräsentierte ihrer Vorstellung nach die organische Grundlage jeweils nur deren sinnliche Erscheinungsform (Jacobi, 1844). Friedreich war dagegen wesentlich materialistischer eingestellt, indem es für ihn nur noch das Gehirn als Organ mit seinen unterschiedlichen cerebralen Funktionen gab (Friedreich, 1836).

Wie bei Bodamer (1948) zu lesen ist, gab es innerhalb der Schule der Somatiker neben Jacobi einige weitere idealistische Einflüsse, die in einem tatsächlichen "Entscheidungskampf" noch vielfältige Ansätze zu Vermittlungsversuchen ermöglicht hätten. Zu diesen Vermittlern könnte z.B. E. von Feuchtersleben (1806-1849) gerechnet werden, der damals zum ersten Mal den Begriff der "Psychose" prägte. Von ihm noch extrem weit gefaßt, umschloß dieser Begriff inhaltlich zunächst sogar noch das seinerzeitige Krankheitsbild der "Neurose" (Feuchtersleben, 1845; Mechler, 1965; Kindt, 1974). Im Vergleich zu späteren Krankheitskonzepten blieben beide psychiatrische Lager dann letztlich aber weitgehend spekulativ. Aus einem Zitat des Somatikers Nasse lassen sich die damit zusammenhängenden begrifflichen Probleme vielleicht besonders herauslesen:

"Als Gattungsnamen der psychischen Krankheiten finden wir in den Schriften deutscher Aerzte und Psychologen die Ausdrücke: Seelenkrankheit, Seelenverwirrung, Seelenstörung, Geisteskrankheit, Geistesverwirrung, Geisteszerrüttung, Geistesverirrung, Gemüthskrankheit, Gemüthsverwirrung, Gemüthsstörung, psychische Krankheit, psychische Reflexe, Verfinsterung der Psyche, Verrückung, Verrücktheit, Unsinnigkeit, Verkehrtheit; auch Wahnsinn und Narrheit kommen hier und da als solche Gattungsnamen vor, und mancher seltnere, zu gleicher Bezeichnung gebrauchter Ausdruck mag hier noch unangeführt geblieben seyn!" (Nasse, 1818)

Im weiteren Verlauf des 19. Jahrhunderts gab es aber auch richtungsweisendere Entwicklungen in der Konzeptualisierung psychischer Erkrankungen. Diese führten allerdings zunächst nur zu unterschiedlichen Gewichtungen eines zunehmend organmedizinischer geprägten Krankheitsbegriffs in der Psychiatrie. Eine solche Weichenstellung für ein vorrangig materialistisches Krankheitsverständnis findet insbesondere durch W. Griesinger (1817-1868) statt, der u.a. die neue Idee der Einheitspsychose von seinem Lehrer A. Zeller (1804-1877) übernommen und schließlich noch weiter ausgebaut hatte. Er selbst war, im Trend dieser Zeit, an verschiedenen Universitäten Professor für innere Medizin gewesen und erst danach in Berlin Psychiatrieordinarius geworden. Mit dem prägenden Einfluß Griesingers, der nur 51 Jahre alt wurde, bekam Deutschland gegenüber Frankreich schließlich so etwas wie die "geistige Führung" in der europäischen Psychiatrie (Pichot, 1983). Griesinger wird zudem als einer der Gründungsväter der Kinder- und Jugendpsychiatrie angesehen, da er erstmals die kindheitsspezifische Färbung vieler psychiatrischer Störungsformen genauer erkannte. Esquirol war in Frankreich z.B. noch von einer allgemeinen Schutzfunktion der Kindheit für alle bekannten Geisteskrankheiten ausgegangen war (Nissen, 1994). Die erste kinderpsychiatrische Abteilung an einer deutschen Universitätsklinik entstand allerdings erst sehr viele Jahre später, nämlich 1921 in der Tübinger Klinik unter Gaupp (Tölle, 1994). Das prinzipielle Krankheitsverständnis Griesingers wird jedenfalls an folgendem Zitat besonders deutlich:

"Das Irresein selbst, ein anomales Verhalten des Verstehens und Wollens, ist ein Symptom; die Aufstellung der ganzen Gruppe der psychischen Krankheiten ist aus einer symptomatologischen Betrachtungsweise hervorgegangen und ihr Bestehen ist nur von einer solchen aus zu rechtfertigen. Der erste Schritt zum Verständnis der Symptome ist die Localisation. Welchem Organ gehört das Phänomen des Irreseins an? – Welches Organ muss also überall und immer nothwendig erkrankt sein, wo Irresein vorhanden ist? – Die Antwort auf diese Frage ist die erste Voraussetzung der ganzen Psychiatrie.

Zeigen uns physiologische und pathologische Thatsachen, dass dieses Organ nur das Gehirn sein kann, so haben wir vor Allem in den psychischen Krankheiten jedesmal Erkrankungen des Gehirns zu erkennen." (Griesinger, 1867)

Mit Recht weist Janzarik (1974) darauf hin, daß der Grundgedanke des bekannten Griesingerschen Postulats "Geisteskrankheiten sind Gehirnkrankheiten" einerseits bis in die Antike zurückverfolgt werden könnte, andererseits scheint sich damit aber auch eine alte ideengeschichtliche Verbindung eher aufzulösen. Mit Griesingers weitreichendem Einfluß verschwand nämlich offenbar jeder Seelenbegriff endgültig aus dem allgemeinen psychiatrischen Sprachschatz, da gerade dieser von ihm für absolut entbehrlich gehalten wurde (Vliegen, 1987). Dagegen wurde nun das eigentliche "Irresein" als Symptomenkomplex verschiedener Zustände des Gehirns verstanden, wobei man das pathologische Erleben und Verhalten der Kranken zunächst auf der Basis sensomotorischer Reflexaktionen analog dem zeitgenössischen physiologischen Reflexschema sah.

Bodamer (1948) hatte diese, mit der Dominanz des hirnpsychiatrischen Reflexbogen-Modells einhergehende Phase einmal den "Prozeß der Entseelung" in der Psychiatrie genannt, an deren Ende dann auch eine eigenständige physiologische Psychologie als neue Forschungsdisziplin stand. Sie erfaßte schließlich alles Seelische nur noch nervenphysiologisch. Griesinger selbst ließ allerdings immer gelten, daß äußere Ereignisse bei der Entstehung aller psychiatrischen Krankheiten auch eine gewisse, jeweils aber sehr unterschiedliche Rolle spielen könnten, so daß ihm letztlich keine völlige Dichotomisierung unterstellt werden darf.

Das damalige, erst retrospektiv so genannte "Konzept der Einheitspsychose" mit seinem reduktionistischen Krankheitsbegriff ging schließlich von insgesamt nur einer einzigen psychotischen Grundstörung aus, die als fortschreitender Prozeß des Nervensystems relativ regelhaft in verschiedenen Zustandsbildern nach außen trete. Zeller hatte entsprechend die inzwischen weitgehend anerkannten vier klinischen Grundformen Schwermut (Melancholie), Tollheit (Manie), Verrücktheit und Blödsinn als einzelne Stadien einer nosologisch zusammenhängenden psychotischen "Einheitskrankheit" aufgefaßt. Als erster renomierter Vertreter dieser Krankheitsidee kehrte er selbst aber später teilweise wieder zu romantischem Denken zurück, so daß letztlich der Breslauer Universitätsprofessor H. Neumann (1814-1884) bekanntester Repräsentant der sehr weitgehenden Vereinheitlichungskonzeption wurde. Von ihm stammt auch der vom einheitspsychotischen Dogma geprägte Satz: "Besser gar keine Klassifikation als eine falsche" (Neumann, 1859). Die zunehmende klinische Erkenntnis, daß die hier als "sekundär" angesehene Störung der "Verrücktheit" nicht nur im psychotischen Verlauf (als ein relativ spätes Stadium), sondern darüber hinaus auch als eigenständige Krankheit "primär" entstehen kann (Snell, 1865), hatte aber bereits zu Zeiten Griesingers dieses nosologisches Grundkonzept stark ins Wanken gebracht. Statt dessen entwickelte sich nun folgerichtig die Vorstellung von der "Dementia praecox" als einer eigenen psychiatrischen Krankheit, d.h. einer nosologisch einheitlichen "primären Verrücktheit".

Die Idee der Einheitspsychose als einer alle Psychoseformen umfassenden Krankheit hat dennoch gerade in den heutigen Diskussionen um die bestmögliche Klassifikation idiopathischer Psychosyndrome eine gewisse Aktualität behalten. Neben viel Skepsis blieben nämlich auch weiterhin einige Anhaltspunkte für eine Plausibilität dieser Konzeption (vgl. Conrad, 1959; Mundt und Saß, 1992; Llopis, 1960; Rennert, 1965). In allen weiteren Überlegungen zu Begriff und Idee einer solchen Einheitspsychose wäre aber immer zu unterscheiden zwischen dem Konstrukt einer pathogenetischen Einheit auf der Basis einer allen "Psychosen" gemeinsamen psychischen und/oder somatischen Ursache und der Vorstellung einer besonderen phänomenalen Einheit mit der regelmäßigen (gleichen) Abfolge bestimmter Prädilektionstypen im Sinne der Stadienlehre Zellers. Viele neue Konzeptionen von der Syndromgenese psychotischer Erkrankungen gehen dann allerdings nicht mehr davon aus, daß eine bestimmte organische Ursache jeweils uniforme klinische Reaktionsmuster bedingen würde. Wie Schmidt-Degenhard (1992) aufzeigt, ist der Begriff der "Einheitspsychose" im Kern deshalb am ehesten als metatheoretischer Begriff nicht uniformer theoretischer Erwägungen anzusehen, der seinerzeit mit einem monistischen bzw. unizistischen Interpretationsbedürfnis an die enorme Vielfalt psychopathologischer Syndrome herangetragen wurde.

Der eigentliche Schwerpunkt des Griesingerischen Forschungskonzepts, nämlich das Ziel der endgültigen zerebralen Fundierung psychotischer Störungen, wurde auf der Basis vergleichender Gehirnpathologie dann insbesondere von Th. Meynert (1833-1892), bereits erwähnter Ordinarius in Wien, weitergeführt. In der Annahme regional jeweils verschieden starker Blutfüllungen in den Gehirngefäßen entwickelte er schließlich eine spezielle vasomotorische Theorie der Psychosen (Meynert, 1890). Mit unterschiedlicher Durchblutung von Hirnrinde und subkortikalen Bezirken wurden in diesem Zusammenhang auch unterschiedliche Verwirrtheits- und Erregungszustände erklärt. Der von Meynert selbst entwickelte Begriff der "Amentia", in der Antike bereits als allgemeinere Bezeichnung für psychische Störungen gebräuchlich, wird dabei als ein besonderer Verwirrtheitszustand definiert, der aufgrund einer hirnphysiologisch bedingten Assoziationsschwäche entstehe.

In der weiteren neurobiologischen Grundlegung der Psychiatrie schließen sich an solche pathophysiologischen Vorstellungen schließlich in herausragender Weise Überlegungen von C. Wernicke (1848-1905) an, der als Entdecker der sensorischen Aphasie, publiziert erstmals 1874, in Sprachstörungen dieser Art ein prinzipielles Analogon zu den psychotischen Störungen sah. In Verallgemeinerung seines Aphasieschemas entwickelte er demgemäß eine schablonenhaft aufgebaute Lokalisationstheorie der Psychosen (Wernicke, 1906). Er definierte dabei alle psychotischen Störungen im Sinne eines umfassenden lokalistischen Krankheitsprinzips als gesetzmäßige Störungen der transkortikalen Assoziationsbahnen und begründete damit in besonderer Weise den Grundgedanken einer Ätiologieunspezifität psychischer Krankheitsbilder. Er ging zwar zunächst auch davon aus, daß Sinneseindrücke am Ende eines Projektionssystems ihr lokalisatorisches Zentrum fänden und herdförmige Erkrankungen von Projektionsfeldern ebenso bestehen könnten wie Projektionsunterbrechungen oder allgemeine Erkrankungen des gesamten Assoziationsorgans. Im Gegensatz zu Kraepelin aber, als dessen größter zeitgenössischer Antipode er gelegentlich genannt wird, verband er dabei ätiologische Gesichtspunkte nicht schon mit einer speziellen Krankheitsklassifikation (vgl. Neumärker, 1994). Wernicke gilt damit in der Psychiatriegeschichte als einer der entscheidensten Vertreter eines symptomatischen Krankheitsbegriffs. Durch seine relativ einfachen Analogieschlüssel zur direkten Identität psychopathologischer Phänomene mit neurofunktionalen Störungen wurde durch ihn aber auch gleichzeitig einer der elementarsten Trugschlüsse des materialistischen Denkens psychiatrisch tradiert. Wegen dieser und anderer, noch aufzuzeigender Krankheitskonzeptionen befand sich die Psychiatrie dieser Zeit weiterhin in einer schwierigen begrifflichen Situation. Hierzu meint Janzarik (1974):

"Durch die Beschreibung neuer Syndrome, die als gesonderte Krankheiten verstanden werden und die nicht mehr in das herkömmliche Schema passen, wird die Psychiatrie im letzten Drittel des Jahrhunderts zunächst mehr beunruhigt als bereichert. In den vertrakten Klassifikationen der Lehrbuchautoren dieser Zeit erscheinen im Rahmen von Psychoneurosen, Neuropsychosen, Cerebropsychosen und anderen obsolet gewordenen Gruppierungen und in unterschiedlichen Verkleidungen Grundbegriffe aus zwei Jahrhunderten wie idiopathisch und symptomatisch, primär und sekundär, angelegt und erworben neben den gewohnten Krankheitseinheiten. Des weiteren finden wissenschaftliche Leitgedanken der Epoche wie Entwicklung und Degeneration, die psychopathologisch-anatomischen Entdeckungen und aktuelle Krankheitsbegriffe wie Neurasthenie und Paranoia ihren klassifikatorischen Ausdruck."

Zur Vielfalt der Krankheitsbegriffe nach Griesingers frühem Tod hat nicht zuletzt die damalige, noch im strengen Darwinismus verhaftete Degenerationslehre, d.h. die psychiatrische Lehre von der sog. Entartung, beigetragen. Sie ging einerseits davon aus, daß der Vererbung eine herausragende Bedeutung in der Entstehung psychischer Störungen zukomme, und nahm andererseits an, daß durch Verdoppelung und Progressivität körperlicher, geistiger und moralischer Schwächen über die Nachkommen hinweg zunehmend schwerere Störungen und Abnormitäten auftreten würden. Mit der Idee einer zunehmenden, über Generationen hinweggehenden, krankhaften Entwicklung bis hin zum angeborenen Schwachsinn sowie zu Mißbildungen und anderen Entwicklungshemmungen entstand schließlich das zeitgenössische Stigma der "Degeneration" (Hermle, 1986). Nicht zuletzt besaß diese Krankheitskonzeption in der Psychiatrie aber auch eine inhaltliche, entwicklungstheoretische Verbindung zur Idee der Einheitspsychose, da beide immer von einer unausweichlichen Existenz bestimmter krankhafter Endzustände ausgegangen sind (vgl. Neumann, 1859).

Als eigentlicher Begründer dieser Degenerationslehre gilt der Franzose B.A. Morel (1809-1873), welcher damit gleichzeitig eine weitgehend neuartige, d.h. insbesondere kausalgenetische Betrachtungsweise in die

Psychiatrie dieses Jahrhunderts einführte. In vielfältig veränderten Formen, z.B. im Konzept der "psychopathischen Minderwertigkeiten" (Panse, 1939), der "Degenerationspsychosen" (Bonhoeffer, 1907; Schröder, 1926) oder der "Konstitutionstypen" (Kretschmer, 1925) wurde diese konstitutionelle Grundvorstellung schließlich weiter am Leben erhalten. Sie hat für viele psychische Krankheiten im Prinzip bis heute, z.B. in empirisch belegten Vorstellungen einer erblicher Disposition, kriteriologische Bedeutung behalten (Propping, 1993). Während die strenge Generationstheorie mit ihren unbewiesenen Vorgaben zunächst sogar noch davon profitieren konnte, daß die Hirnpsychiatrie insgesamt kein geschlossenes pathologisches Erklärungsprinzip gefunden hatte, scheiterte sie dann letztendlich an ihrem eigenen Entartungsbegriff. Ihm hätte nämlich ebenso die Vererbbarkeit neu erworbenen Eigenschaften entsprechen müssen. Diese genetische Bedingung stand aber nicht nur völlig im Widerspruch zu den gerade wiederentdeckten Mendelschen Gesetzen, sondern sie konnte klinisch auch nie plausibel gemacht werden. Damit fehlte für viele der zunächst noch herausgestellten "Stigmata" psychotisch Kranker am Ende jeglicher pathogenetischer Erklärungszusammenhang.

Von dieser Entwicklung noch unberührt hatte der Leipziger Nervenarzt P.J. Möbius (1853-1907), als er im Jahre 1892 zum ersten Mal zwischen endogenen und exogenen Psychosen unterschied, mit "endogen" jedenfalls ausschließlich "degenerative Reaktionsanomalien" im Auge (Moebius, 1892). Moebius verknüpfte dabei jedoch Vererbung, Entartung und Krankheitsanlage zu einem Ursachenkomplex und differenzierte entsprechend:

"Lässt sich eine Hauptbedingung nachweisen oder vermuthen, die von aussen in das Individuum hineinkommen muss, damit die Krankheit entstehe, so haben wir eine exogene Krankheit vor uns. Existiren nur qualitative Bedingungen, bald diese, bald jene, so muss die Hauptbedingung im Individuum liegen, in einer mitgebrachten Anlage bestehen und dann sprechen wir von einer endogenen Krankheit." (Moebius, 1893)

Hier wurde dem viel diskutierten Begriff "endogen" also zunächst eine nosologische Bedeutung zugewiesen, die zwischen den Reaktionen auf ungünstige Umweltbedingungen oder entsprechenden Belastungen und den direkten Folgen körperlicher Erkrankung lag (Mechler, 1963b). Im Laufe einer relativ kurzen, aber wechselvollen Begriffsgeschichte in der ersten Hälfte des 20. Jahrhunderts verschoben sich schließlich die Begriffsinhalte von einem "erbkonstitutionellen" Schwerpunkt zunehmend in Richtung eines Begriffs mit einem Verzicht auf jegliche ätiologische Zuordnung (Vliegen, 1986).

4.6 "Krankheitseinheiten" und medizinischer Krankheitsbegriff

Die wissenschaftliche Neuorientierung des Faches Psychiatrie zu Beginn dieses Jahrhunderts gilt allgemein als die "Epoche Kraepelins" (Janzarik, 1974; Schneider, 1956). Ein besonderer Verdienst E. Kraepelins (1856-1926) war es, daß es ihm nachhaltig gelang, aus einer seinerzeit relativ großen Zahl schwerer psychischer Störungen zwei besondere Gruppen als selbständige nosologische "Einheiten" herauszuarbeiten. Nach der erstmaligen Publikation einer neueren klinischen Betrachtungsweise des Irreseins im Jahre 1896, in der 5. Auflage seines berühmten Lehrbuchs, folgte 1899 in dessen 6. Auflage dann die endgültige Ausformulierung dieses speziellen Krankheitskonzepts der Psychosen. Die nichtpsychotischen Störungen finden sich in dieser Auflage (vgl. Tab. 2) im übrigen weiterhin in den drei relativ unscharf definierten Gruppen der allgemeinen Neurosen (u.a. Hysterie), der psychopathischen Zustände (u.a. Homosexualität) und der Entwicklungshemmungen (u.a. Idiotie) (Kraepelin, 1896 und 1899).

Kraepelin war seinerzeit Psychiatrieordinarius in Heidelberg und hatte dort bereits im September 1898 auf der 29. Versammlung der Südwestdeutschen Irrenärzte seine neue Abgrenzung der Psychosen zur Diskussion gestellt. Danach sei eine auf einen geistigen Defektzustand hinauslaufende Art der später endogen genannten Psychosen von einer anderen, die phasisch ohne Residuum verlaufe, schon ganz prinzipiell zu trennen, wobei der vorhandene, klassifikatorisch bereits eingeführte Krankheitsbegriff "Dementia praecox" nun als Oberbegriff für eine neue, jetzt umfassender definierte, nosologisch aber einheitliche psychotische Krankheit stand. Bis dahin war dieser Krankheitsbegriff auch von Kraepelin selbst noch weitgehend gleichbedeutend mit dem einer hebephrenen Form benutzt worden (Hoff, 1994; Janzarik, 1978 und 1986). Nach der bisher bestehenden Diagnosenvielfalt konvergierten nun im Kraepelinschen Konzept erstmals zwei Formenkreise der Psychosen nach Ätiologie, Anatomie, Symptomatologie und Verlauf auf jeweils nosologisch getrennt zu sehende und deshalb vom Anspruch her letztlich eindeutig zu diagnostizierende Krankheitseinheiten hin, d.h. hier also auf die ungünstig verlaufende "Dementia praecox" mit hebephrenen, katatonen und paranoiden klinischen Formen sowie das prognostisch günstige "manisch-depressive Irresein". Nachdem Kraepelin 1887 in der 2. Lehrbuchauflage schon klar den symptomatischen Wechsel zwischen Manie und Depression beschrieben hatte, erwähnte er 1896 dann auch diesen zweiten Begriff. In der Nachfolge entwickelten sich jeweils daraus die allgemein bekannteren, insbesondere aber prognostisch sehr viel neutraler gehaltenen Krankheitsbegriffe der

"Gruppe der Schizophrenien" (Bleuler, 1908 und 1911) und der "Zyklothymie" (Schneider, 1976).

Tab. 2: Kraepelins allgemeine Systematik 1899 (nach der 6., vollst. umgearbeiteten Aufl. seines Lehrbuchs)

I.	Infektiöses Irresein
II.	Erschöpfungsirresein
III.	Vergiftungen
IV.	Thyreogenes Irresein
V.	Dementia praecox
VI.	Dementia paralytica
VII.	Irresein bei Hirnerkrankungen
VIII.	Irresein des Rückbildungsalters
IX.	Manisch-depressives Irresein
X.	Verrücktheit (Paranoia)
XI.	Allgemeine Neurosen
XII.	Psychopathische Zustände (Entartungsirresein)
XIII.	Psychische Entwicklungshemmungen

Nach Peters (1984) kann die 6. Auflage des Kraepelinschen Lehrbuchs als der eigentliche Beginn der "klassischen Psychiatrie" angesehen werden, die in erster Linie mit dessen sowie den Namen K. Jaspers und K. Schneider verbunden wird und ca. ein halbes Jahrhundert andauerte. Ihre grundsätzlichen Feststellungen zur Systematik psychischer Krankheiten und zur psychiatrischen Phänomenologie fanden nicht nur international höchste Anerkennung, sondern sie blieben bis heute letztlich der wichtigste Orientierungsrahmen für alle bekannteren nosologischen Weiterentwicklungen. Grundlegend für das klinische Gesamtkonzept Kraepelins waren allerdings schon die systematischen Vorarbeiten von K. Kahlbaum (1828-1899) sowie dessen Mitarbeiter E. Hecker (1843-1909) gewesen. Bereits im Jahre 1863 war Kahlbaums Buch "Die Gruppirung der psychischen Krankheiten und die Eintheilung der Seelenstörung" erschienen. Im Untertitel spezifizierte der Autor weiter: "Entwurf einer historisch-kritischen Darstellung der bisherigen Eintheilungen und Versuch zur Anbahnung einer empirisch-wissenschaftlichen Grundlage der Psychiatrie als klinische Disciplin". In einer kritischen Auseinandersetzung mit der gesamten bisherigen psychiatrischen Krankheitslehre forderte Kahlbaum nun erstmals konsequent die "allseitige" empirische Berücksichtigung des vollständigen Krankheitsverlaufs. Im Gegensatz zu vielen zeitgenössischen Psychiatern versteifte sich Kahlbaum dabei aber keinesfalls auf einen vorgegebenen *regelmäßigen* Ablauf im Sinne der Einheitspsychose. Gestützt auf klinische Erfahrungen zielte sein Bestreben vielmehr auf die schärfere Abgrenzung eigenständiger psychiatrischer Syndrom-Verlaufseinheiten anhand ihrer typischen Veränderungscharakteristik ab.

Mit der Beschreibung des Krankheitsbildes der Katatonie in seiner berühmten Monographie aus dem Jahre 1874 erschien ihm dieses Ziel, gestützt auf den Vergleich mit der progressiven Paralyse, dann im Prinzip sogar erreicht:

"Die Katatonie ist eine Gehirnkrankheit mit cyclisch wechselndem Verlauf, bei der die psychischen Symptome der Reihe nach das Bild der Melancholie, der Manie, der Stupescenz, der Verwirrtheit und schließlich des Blödsinns darbieten, von welchen psychischen Gesamtbildern aber eins, oder mehrere fehlen können, und bei der neben den psychischen Symptomen Vorgänge in dem motorischen Nervensystem mit dem allgemeinen Charakter des Krampfes als wesentliche Symptome erscheinen."

Kahlbaum verstand seinerzeit unter "Ätiologie" allerdings noch ein ganzes Ursachenbündel unterschiedlichster prädisponierender Faktoren, wobei nach seinen Fallschilderungen die jüngeren Altersgruppen offenbar bevorzugt betroffen waren und die Heredität eher gering erschien.

Aufbauend auf den klassichen Beschreibungen der "Démence précoce" des Franzosen Morel, der diesen Begriff 1860 erstmals bildete, und in Ausarbeitung des von Kahlbaum stammenden Begriffs des "pubischen Irreseins" hatte im Jahre 1871 auch Hecker mit der "Hebephrenie" eine derartige, selbständige Krankheitseinheit vorgestellt (Hecker, 1871). Dabei war er wie Kahlbaum davon ausgegangen, daß das weitere Fehlen eines pathologisch-anatomischen Befundes nicht grundsätzlich daran hindern dürfe, in einem Krankheitsbild mit einem zeitlich typischen Ausbruch im Anschluß an die Pubertät, suggestiven oder wechselnden Zustandsformen von Melancholie, Manie und Verwirrtheit sowie schnellem Ausgang in einen psychischen Schwächezustand letztlich eine feste "klinische Einheit" zu sehen. Vielmehr wurde von ihm eine krankheitsspezifische Ursache gleichermaßen bereits aus den jeweiligen Symptomkomplexen und einem offensichtlich voraussagbaren Verlauf hypothetisch erschlossen. Nach einem ersten methodischen Schritt zur Syndrom-Verlaufseinheit war demgemäß immer ein zweiter zur Erhellung der Ätiologie anzuschließen.

Wie Kraepelin auf der Basis solcher, seinerzeit bereits bekannter klinischer Formen letztlich den Weg zum Begriff seiner (neuen) "Krankheitseinheit" mit dem (alten) Namen "Dementia praecox" fand, läßt sich in etwa aus seinem Münchener Vortrag von 1905 über "Fragestellungen der klinischen Psychiatrie" herauslesen (Kraepelin, 1905):

"Die Lehre von der Dementia praecox lehnt sich an Kahlbaum-Heckers Forschung über die Katatonie und Hebephrenie an. Als ich zu der wohl von vielen Beobachtern heute geteilten Ueberzeugung kam, daß es unter den uns zurzeit zugänglichen klinischen Gesichtspunkten nicht möglich ist, beide Formen scharf voneinander zu trennen, sondern dass uns katatonische und hebephrenische Zustandsbilder ganz gewöhlich bei einem und demselben Kranken begegnen, war es notwendig, eine Bezeichnung zu finden, die beide klinische Formen umfassen konnte. Eine lediglich zur vorläufigen Verständigung vorgenommene Umgrenzung schien mir nicht der richtige Anlass, einen ganz neuen Namen zu prägen. Daher entschloss ich mich, die schon von französischen Forschern eingeführte Bezeichnung der Dementia praecox zu benutzen, in der Hoffnung, dass die weitere Erforschung des Gebietes uns zu einer besseren Gruppierung der Formen und damit zu einer endgültigen, zweckmässigeren Benennung der verschiedenen Krankheitsbilder führen werde, die sich nach meiner Ueberlegung in dem neuen grossen Topfe befanden. Die Bezeichnung Dementia praecox wählte ich deswegen, weil sie nichts weiter enthielt als die üble Prognose und die Entwicklung des Leidens in jugendlichem Alter, zwei Kennzeichen, die mir damals für die neu umschriebene Krankheitsgruppe zuzutreffen schienen."

In ähnlicher Weise umriß Kraepelin seinerzeit das Konzept des manisch-depressiven Irreseins als "eine einheitlichen Erkrankung von allerdings sehr verschiedenartigem Verlaufe" (1905). Kraepelin stand dabei konzeptionell insbesondere in der Nachfolge der Beschreibung bipolarer affektiver Psychosen, 1851 als "folie circulaire" durch J.P. Falret (1824-1904) und 1854 als "folie à double forme" durch J.C. Baillarger (1809-1890). Wie Kolle (1955) belegt, änderte Kraepelin dann jedoch mehrfach seine klinische Gesamtsystematik. Nach einem ursprünglich rein symptomatischen Ansatz wird z.B. die zwischenzeitliche Annahme, daß die Dementia praecox eine erworbene Stoffwechselerkrankung sein könne, wieder verlassen zu Gunsten eines schließlich in der 8. Auflage des inzwischen vierbändigen Lehrbuchs aufgegriffenen Endogenitätsbegriffs. So spricht er in dieser Auflage im Zusammenhang mit der Dementia praecox erstmals von "endogener" Verblödung (Kraepelin, 1913).

Aus wissenschaftsgeschichtlicher Sicht sieht de Boor (1954) die wesentliche schöpferische Leistung Kraepelins in der Schaffung einer eigenen, völlig neuen "Kategorie", die nun etwas aufnehmen konnte, was mit den Mitteln bisheriger Krankheitsbegriffe nicht zu bewältigen war. Damit meint er speziell die endogenen Formenkreise der Psychosen in ihrer besonderen Eigenart als "Seinsform". Bereits Birnbaum (1928) hatte keinerlei Zweifel daran, daß sich hier eine "existentielle" Sicht von Krankheitseinheiten verfestigt hatte. In diesem Sinne stand Kraepelin, ähnlich wie vor ihm Sydenham oder Kahlbaum, selbst als erfahrener Kliniker erkenntnistheoretisch also immer noch in bester platonischer Tradition. Nicht zuletzt befand er sich damit aber auch um die Jahrhundertwende im Gegensatz zu seinem großen Widersacher Wernicke, der, gleichfalls klinisch-empirisch eingestellt, bei seinen vielfältigen psychiatrischen Einzelbe-schreibungen nie überzeugende Hinweise für nosologisch eigenständige Krankheitseinheiten zu erkennen vermochte. Vielmehr konnte bei ihm das gleiche klinische Bild sowohl völlig ausheilen als auch zu einem dauer-haften Residuum führen (Wernicke, 1906).

Auch Kendell (1978) weist darauf hin, daß es im Grunde die Idee der psychiatrischen Krankheitseinheiten ist, die die Psychiatrie, zumindest im Bereich der Psychosen, noch bis in die heutige Zeit hinein in zwei ge-trennte Lager spalten dürfte. Die einen betrachten psychotische Störungen zwar als faktisch nachzuweisende, wissenschaftlich aber noch nicht aus-reichend erforschte und dadurch weiterhin nur uneindeutig identifizierte Größen, während die anderen mit ihrer mehr in hippokratischer Tradition stehenden Überzeugung solche substantiellen Überlegungen eher kritisch und entsprechende ätiopathogenetische Hypothesen als letztlich uneinlös-bare Konstrukte sehen. Der zuletzt genannte Standpunkt erschien aller-dings im Verlauf der weiteren medizinischen Entwicklung mit der Ent-deckung vieler im Kern dann doch nachweisbarer, d.h. ausschlaggebender Krankheitsursachen, z.B. mit der Entschlüsselung der Kausalgenese zahl-reicher Infektionskrankheiten, erst einmal wenig überzeugend. Unter ande-rem deshalb hatten seinerzeit Kraepelin und viele seiner Zeitgenossen gerade eine klare, deterministische Vorstellung vom Begriff der Krank-heitseinheit. Kriterien waren dabei einerseits die Vorstellung einer auf-zeigbaren und abgrenzbaren Ursache, welche jeweils entscheidend zu der speziellen Krankheit führe, sowie andererseits, daraus resultierend, das spezielle klinische Bild, der jeweilige Krankheitsverlauf sowie bestimmte neuropathologische Veränderungen als anatomisches Äquivalent.

Die große Schwierigkeit solcher Vorstellungen lag jedoch von Anfang an nicht nur in dem damals noch zugrundeliegenden Kausalitätsdenken, das komplexere Vernetzungen von Ursache und Wirkung letztlich weitge-hend außer Acht ließ, sondern insbesondere in der vereinfachten Übertra-gung hypothetischer Verhältnisse aus der Organmedizin auf das Fach Psychiatrie. Selbst das um die Jahrhundertwende (im Sinne dieses neuen Krankheitsmodells) viel zitierte nosologische Pendant der progressiven Paralyse, damals bereits im wesentlichen durch ätiologische und histologi-sche Kriterien klar bestimmt, hatte ja auch die gleichbleibende Syndrom-Verlaufseinheit immer völlig vermissen lassen. Entsprechend wurden sol-che wahren, "natürlichen" Krankheitseinheiten unter der Idee eines über-einstimmenden Gesamtbildes im weiteren Verlauf der psychiatrischen Forschung eigentlich nie gefunden. Vielmehr wurde, ganz im Gegensatz dazu, gerade in der somatischen Medizin bei zunächst klar abgegrenzt erscheinenden Organkrankheiten deren Betrachtung als abgeschlossene

"Einheit" oft wieder völlig in Frage gestellt. Beispielhaft sei hier nur an die Grundsatzdiskussionen zur eigentlichen Natur des essentiellen Hochdrucks erinnert (vgl. Dworkin, 1991; Oldham et al., 1960; Rau et al., 1993; Zepf, 1986).

Kraepelins methodischer Ansatz einer distanzierten Betrachtung von Symptomatik und Verlauf der psychotischen Krankheitserscheinungen blieb aber bis in die heutige Zeit ein wesentliches Fundament psychiatrischen Denkens und Handelns. Für ihn besaß nämlich insbesondere, im Sinne von Pinel, die Gruppierung eines vorhandenen "Erfahrungsrohstoffes" umso bleibenderen Wert, je weniger sie durch schon vorgefaßte Meinungen in ihrer nüchternen Verarbeitung beeinflußt erschien. Kraepelins Idee einer abgeschlossenen nosologischen Einheit im Bereich der genannten Psychoseformen blieb aber auch, im Sinne von Jaspers, für viele Nachfolger ein entscheidender Orientierungspunkt weiterer empirischer Forschungsarbeit. Aus begriffsgeschichtlicher Sicht war es insbesondere Kraepelin, der als Kliniker einem biologisch konzipierten Krankheitsbegriff in der Psychiatrie zur breiten Anerkennung verholfen hat und damit das sog. Morbuskonzept, d.h. das klassische "medizinische Modell" mit seinem "organmedizinischen Krankheitsbegriff" etablierte. Hierbei repräsentierten die "Krankheitseinheiten" im konsequentesten Sinne die Vorstellung von psychischen Krankheiten als etwas, das eben nicht nur vom Untersucher definiert, konstruiert oder erfunden werden muß, sondern das es primär durch wissenschaftliche Forschung auch tatsächlich zu entdecken gilt (Hoff, 1985 und 1994a).

Kraepelin war dennoch kein dogmatischer Nosologe, der die Dichotomie der endogenen Psychosen für alle Zeit festschreiben wollte. Dies zeigte sich insbesondere in seiner oft zitierten Arbeit von 1920 über die "Erscheinungsformen des Irreseins", in der er seine "natürliche" Abgrenzung wieder erheblich relativierte. Unverändert geblieben ist bei ihm dagegen die wissenschaftstheoretische Grundposition eines gesetzmäßigen Parallelismus von Soma und Psyche. Von dessen Existenz ging er auch ohne Postulierung von "wahren", ursächlichen Zusammenhängen zeitlebens aus. Psychisches wurde von ihm insofern nie vorschnell nur auf körperliche Substrate zurückgeführt, sondern entgegen dem Standpunkt eines naiven Materialismus gerade als eigenes, psychologisches Aufgabengebiet anerkannt (vgl. Hoff, 1988). Sogar eine scharfe Grenze zwischen Krankheit und Gesundheit im allgemeinen hat Kraepelin dabei nie gezogen. Vielmehr meinte er hierzu unmißverständlich:

"Überall, wo wir den Versuch wagen, Lebensvorgänge ohne Rest und ohne Zwischenstufen in ein Schema einzuordnen, machen wir die Erfahrung, dass sich die anfangs scharf erscheinenden Grenzen bei genauerer Erkenntnis des Gegenstandes mehr und mehr verwischen, dass von jedem Beobachtungstypus zahllose, unmerklich abweichende Glieder zu den benachbarten Formen hinüberführen. Der Unmöglichkeit einer grundsätzlichen Scheidung zwischen gesunden und krankhaften Zuständen haben wir schon früh gedacht." (Kraepelin, 1904)

Schon zu Lebzeiten Kraepelins wurden seine wesentlichen Vorstellungen zum Begriff einer Krankheitseinheit dennoch erheblich in Frage gestellt. Zum einen forderte der Psychiater und Neurologe A. Hoche (1865-1943), der seinerzeit auch als Kritiker der Psychoanalyse einen Namen hatte, in der Psychiatrie bei "Krankheiten" nicht spekulativ von echten Krankheitsentitäten auszugehen, sondern nur von "Einheiten zweiter Ordnung". Zwischen den Kraepelinschen Krankheitsformen und den psychopathologischen Elementarsymptomen müsse gerade nach typischen, ätiologisch zunächst noch völlig ungeordneten Symptomenkomplexen gesucht werden. Gleichzeitig müsse aber auch von der These ausgegangen werden, daß das Psychische seinerseits eine "vollkommen neue Kategorie" darstellt, die "in sich geschlossen ist, ihren eigenen Gesetzen gehorcht, den materiellen Vorgängen gegenüber aber inkommensurabel ist" (Hoche, 1912). Dementsprechend sei das organmedizinische Krankheitsmodell der progressiven Paralyse als Leitidee jeder psychiatrischen Nosologie zu verwerfen. Statt dessen legte Hoche den Grundstein für eine von jedem Somatosepostulat losgelöste typologische Nosographie. Auf dem Hintergrund der klaren Überzeugung von zwei zu trennenden kategorialen Bereichen Psyche und Soma wurden von Hoche dann allerdings gesunde und krankhafte Dispositions- und Reaktionsformen nicht mehr grundsätzlich differenziert:

"Es liegt in dem Vorkommen dieser besonderen, dauernden und großenteils mitgebrachten Reaktionsformen, von denen sich jede einzelne für sich wieder aus Vereinigung elementarer Dispositionen auf motorischem, sensorischem Gebiete usw. zusammensetzt, der dringende Hinweis, daß in der normalen Psyche ebenso wie in der degenerativ veranlagten bestimmte Symptomverkupplungen präformiert liegen, die teils das ausmachen, was wir den Charakter eines Menschen bezeichnen, teils im Fall besonderer krankmachender Einflüsse bestimmen, wie die krankhaft abweichende Reaktionsform der Persönlichkeit ausfällt. Ganz das gleiche müssen wir bei den ausgesprochenen Geistesstörungen annehmen. Über das, was wir in adjektivistischer Form melancholisch, manisch, delirant, paranoisch nennen, ist unter kompetenten Beurteilern kein Zweifel.

Und daß die Psychosen aller Orten und zu allen Zeiten in gewissen Grundzügen übereinstimmen, liegt eben in dem Besitz derartiger immer wiederkehrender Symptomverkupplungen, aus denen ja auch für das praktische Handeln die aus dem Zustandsbilde abzuleitenden Indikationen hervorgehen." (Hoche, 1912)

Entsprechend blieb Hoche auch bei der bereits in seiner Freiburger Antrittsvorlesung vertretenen Meinung, daß für eine strenge Definition des Begriffs der geistigen Krankheit niemals das Merkmal einer einzelnen

Abweichung genügen könne, sondern die notwendige Analyse der ganzen geistigen Persönlichkeit zu durchaus unterschiedlichen Kombinationen führe (Hoche, 1903).

Eine nicht weniger deutliche Gegenbewegung zur Idee psychiatrischer Krankheitseinheiten ging Anfang diesen Jahrhunderts von dem in Berlin tätigen Psychiater K. Bonhoeffer (1868-1948) aus, der in seinen klinischen Studien klar nachweisen konnte, daß die psychopathologischen Syndrome letztlich keine überzeugende ätiologische Spezifität besitzen. Selbst die exakteste Beschreibung "exogener psychischer Reaktionstypen" lasse keine weiterführenden ätiologischen Schlüsse zu. Jede Eigenart einer psychiatrischen Krankheitsursache entspreche insofern keiner analogen Eigenart der durch sie ggf. erzeugten Krankheitsform (Bonhoeffer, 1908 und 1910). Sichtweise und Einteilungsprinzip psychiatrischer Krankheiten waren bei Bonhoeffer somit rein symptomatologisch. Sie stellen dadurch ein typisches Beispiel für eine psychopathologische Syndromlehre dar (Neumärker, 1989). Bezüglich des jeweiligen Krankheitskonzepts kann gegenüber Hoche allerdings eine Schwerpunktverlagerung auf den zunehmend wichtiger werdenden Begriff der pathologischen "Reaktion" festgestellt werden (Cooper, 1980). Bonhoeffers Idee organischer Reaktionstypen, nach der nur das Gehirn allein und nicht etwa eine "Person" insgesamt auf spezifische Traumata, Infektionen oder Intoxikationen (mit einem Delir, einem Dämmerzustand, einem parnoid-halluzinatorischen Syndrom etc.) reagiert, gründete sich dabei auf die Hypothese intermediärer Stoffwechselprodukte im Sinne "ätiologischer Zwischenglieder" (Bonhoeffer, 1910).

In dieser Epoche hat insbesondere noch der 1933 in die USA emigrierte K. Birnbaum (1878-1950) versucht, mit weiteren begrifflichen Differenzierungen eine Art Brücke zwischen den Krankheitskonzepten von Kraepelin, Hoche und Bonhoeffer zu schlagen (Birnbaum, 1923). Insbesondere an Kraepelin anknüpfend schlug er auf seiner Suche nach einem "geläuterten und richtig verstandenen Krankheitsbegriff" der Psychiatrie vor, jeweils "pathoplastische Krankheitsbestandteile" als unspezifische, d.h. nicht unmittelbar von einem Krankheitsprozeß ableitbare und somit sekundäre Phänomene, von "pathogenetischen", d.h. spezifischen, unmittelbaren bzw. primären Elementen, zu trennen. Das Spezifische psychiatrischer Krankheitseinheiten verstand er dann wie folgt:

"Vielfach sind – eine Erscheinung, die übrigens mutatis mutandis auch für die körperlichen Krankheiten gilt – nicht sowohl die Einzelsymptome als solche als das eigentlich Spezifische anzusprechen, als vielmehr das "Symptomenensemble", also die Art der Zusammenordnung, das Neben- und Nacheinander dieser Einzelsymptome im Krankheitsrahmen: klinische Komplexe, die eben auf innere gesetzmäßige Zusammenhänge im Krankheitsgefüge zurückgehen und demgemäß besonders charakteristisch für den jeweilign Krankheitstypus sind. Es läßt sich nicht verkennen, daß gelegentlich solche umfassenden Symptomenensemble, die zugleich Bild und Verlauf in ihrer Gesamtheit zu einer Einheit zusammenfassen, als solche noch da eine spezifische nosologische Bedeutung aufweisen können, wo ihre Teilelemente selbst sich an sich als durchaus unspezifisch erweisen." (Birnbaum, 1928a)

Birnbaum bemüht sich hier gewissermaßen, den Begriff der Krankheitseinheit über einen besonderen Typenbegriff zu retten, eine wissenschaftliche Intension, die auch heute noch größte Attraktivität besitzt. Der Typenbegriff Birnbaums ist nämlich insofern durchaus mit den heutigen differentialtypologischen Erwägungen in der Psychiatrie in Einklang zu bringen, als er weder auf festen, kriteriologisch vorgegebenen Merkmalsklassen aufbaut noch "klinische Ideale" fordert, sondern sich vielmehr auf Krankheitstypen gründet, die "durchaus nicht immer jene Einheitlichkeit ihrer Zusammensetzung, jene Homogenität ihrer Bestandteile aufweisen" (Birnbaum, 1928a). Nach Birnbaum spricht die Heterogenie der Krankheitsmerkmale allerdings auch nicht prinzipiell gegen das "Wesen der Krankheitseinheit". So meint er vielmehr in der "scheinbaren Unspezifität des bestimmenden Hauptelements jedes Krankheitstypes" eine einheitliche Ursachengruppe zu erkennen und somit auch in Bonhoeffers exogenen Störungen einen systematisch gefestigten "einheitlichen Krankheitsformenkreis von klarer und bestimmter Kennzeichnung" (Birnbaum, 1929a), eben den Typ der exogenen Störungen, bei dem ein pathogenetischer Komplex ("Ursachenbündel") von heterogener Zusammensetzung direkt und spezifisch wirksam erscheint. Entsprechend unterstrich Birnbaum zum "Aufbau der Psychose", daß dort eine bestimmte Ordnung im Nebeneinander der klinischen Elemente bestehe, in der Teile und Ganzes die komplexe Psychosestruktur entstehen lassen (Birnbaum, 1919). Birnbaums psychiatrischer Krankheitsbegriff und damit letztlich auch sein pathogenetisch verwurzelter Typenbegriff, der im Grunde von Wesensübereinstimmungen in großen klinischen Formenkreisen ausgeht, bleiben dennoch biologisch orientiert. Es ist und bleibt auch hier "der" Krankheitsbegriff, wie ihn die Medizin jener Zeit überwiegend anerkannt hat (Mayer-Groß, 1929).

Dies bedeutete aber keinesfalls, daß seinerzeit bei der Schaffung neuer psychiatrischer Krankheitskategorien ein fester Glaube an wirkliche Zwischengrenzen oder eindeutige Einzelkriterien für eine Trennung von Krankheit und Gesundheit bestanden hätte. Diese Annahme fehlte nicht nur schon bei Kraepelin, sondern insbesondere bei dem langjährigen Züricher Psychiatrieprofessor E. Bleuler (1857-1939). Dieser verstand die Dementia praecox Kraepelins nämlich nie als echte "Einheit", sondern immer als relativ heterogene Krankheitsgruppe. Im Sinne der internationalen Nomenklaturregeln könnte diese nosologische Schwerpunktverlagerung sogar als eine Rückkehr von einem engeren Artbegriff (species) zu einem weiteren Gattungsbegriff (genus) interpretiert werden, der nun für diese besondere Krankheitsgruppe stand (Bleuler, 1911).

Während die einzelnen Symptomaufzählungen für die neue "Gruppe der Schizophrenien" bei Bleuler durchaus ähnlich waren denen bei Kraepelins Dementia praecox, und eine physische Verursachung letztlich auch von Bleuler vermutet wurde, definierte er aber jetzt im Sinne einer hierarchischen Aufteilung einzelne, für die Diagnose prinzipiell entscheidende, jedem schizophrenen Krankheitsprozeß eigene Grundsymptome. Unabhängig von der sonstigen klinischen Erscheinungsform galten ihm als diese die Störung des formalen Denkens, die Ambivalenz, die Störung der Affektivität sowie der schizophrene Autismus mit seiner charakteristischen Dominanz eines von der Wirklichkeit losgelösten Binnenlebens. Während dann alle anderen Symptome wie Wahn, Halluzinationen oder katatone Bilder in der diagnostischen Bewertung als akzessorisch, d.h. nicht notwendig erschienen, bestimmten gerade die genannten Grundsymptome die für dieses Krankheitsbild typischen inneren Gegensätzlichkeiten sowie nicht zuletzt das Zerreißen integrierter psychischer Funktionen. Insbesondere die Spaltung assoziativer Vorstellungsverbindungen rechtfertigte auch die Bezeichnung "Schizophrenie" (Spaltungsirresein) (vgl. Scharfetter, 1987). Der um diese Spaltung zentrierte Schizophreniebegriff umfaßte nun aber gleichzeitig einige zusätzliche Krankheitsbilder. Wie Janzarik (1974) darstellt, wurde dieser, hier in seinem weitesten Gebrauch nicht nur alle Formen der seit Diem (1903) beschriebenen "Schizophrenia simplex", sondern auch der "latenten Schizophrenie" beinhaltende Begriff in Deutschland im folgenden insbesondere von der Heidelberger Psychiatrieschule übernommen. In der Problematisierung von Krankheit oder Nichtkrankheit solcher Geisteszuständen sah dagegen Bleuler eine völlig falsch gestellte Frage. Er resümierte vielmehr im Sinne wesentlicher Bezugssysteme:

"Daß man dem Psychiater immer wieder die Beantwortung solcher widersinniger Fragen zumutet, das liegt in den Konsequenzen. Man will eigentlich gar nicht wissen, ob jemand gesund oder krank sei, sondern man will wissen, ob man ihn ernstnehmen soll, ob man ihn in die Irrenanstalt einsperren müsse, ob er zurechnungs- und handlungsfähig sei und dergleichen, und das will man aus der Feststellung "krank oder nicht krank?" schließen." (Bleuler, 1916)

Kraepelins epochemachende Absicht, aus vielfältigen klinischen Befunden und unterschiedlichen psychotischen Verläufen eigenständige nosologische Krankheitsbilder zu diagnostizieren, fand offensichtlich aber in seiner alltäglichen klinischen Praxis keine übermäßig stringente Umsetzung.

Vielmehr dürften die kategorialen Konstrukte der Dementia praecox und des manisch-depressiven Irreseins sogar von ihm selbst eher unscharf benutzt worden sein. Wie Kick (1981) bei einer entsprechenden Auswertung von 153 Krankenakten einer im Jahre 1900 unter Kraepelins Leitung in der Heidelberger Universitätsklinik diagnostizierten Patientengruppe nachweisen konnte, war die Gebrauchsweite dieser Begriffe hier immer relativ groß. Dies kann aus heutiger Sicht insbesondere als methodische Folge der zwar gewünschten aber keinesfalls erreichten inneren Trennschärfe des gesamten kategorialen Grundschemas Kraepelins gesehen werden.

Nicht zuletzt an dieser prinzipiellen Schwierigkeit setzte im angloamerikanischen Raum in den 60er und 70er Jahren die "neokraepelinianische" Forschungsbewegung mit einer stärkeren kriteriologischen Spezifierung nosologischer Ein- und Ausschlußverfahren sowie der Präzisierungen möglicher Prädiktoren ein (Koehler, 1975 und 1979). Dabei wurde insbesondere von amerikanischen Psychiatern bis in die jüngste Zeit hinein, im Sinne Kraepelins, gerade wieder die diagnostische und nosologische Bedeutung prognostischer Faktoren unterstrichen. Dies geschah teilweise sogar unter der alten Idee, auf diesem Weg vielleicht doch noch einheitlichere, ätiologisch abgrenzbare psychiatrische Krankheitsbilder zu finden (vgl. Robins und Guze, 1970; Vaillant, 1964). Diese "Kraepelin-Renaissance" (Hoff, 1994b) kam zudem weit mehr als zufällig. Vielmehr baute sie auf ähnlichen Themen auf, wie sie schon in Kraepelins früher Auseinandersetzung mit den spekulativen Ansätzen des 19. Jahrhunderts eine nicht unbedeutende Rolle gespielt hatten. Hierzu gehörte nicht zuletzt eine strengere Orientierung am Vorbild der Naturwissenschaften mit der Zielvorstellung möglichst sicherer, objektiver Befunde sowie entsprechender Korrelationen mit biologischen Sachverhalten (Blashfield, 1984).

Die systematische Weiterentwicklung einer operationalen Diagnostik gelang aber wesentlich erst im amerikanischen St. Louis durch eine Forschungsgruppe um E. Robins. Sie zeigte dann einen ersten Höhepunkt in den ursprünglich nur zu Forschungszwecken entwickelten "St.-Louis-Kriterien" (Feighner et al., 1972). Über die Research Diagnostic Criteria (RDC) von Spitzer et al. (1978) entstand schließlich 1980 das in seiner dritten Ausgabe entsprechend einer operationalen Konzeption geänderte "Diagnostic and Statistical Manual of Mental Disorders" (DSM-III) (vgl. Millon und Klerman, 1986). Zu den entscheidenden Merkmalen solcher operationalen Diagnosesysteme rechnen inzwischen neben den durch Zuordnungsalgorithmen vorgegebenen logischen Entscheidungsverfahren insbesondere das sog. Komorbiditätsprinzip sowie die mehrachsige ("multiaxiale") Diagnostik. Während es zuvor jedem Diagnostiker überlassen war, im Prinzip so viele Symptome wie möglich zu berücksichtigen, sind diese nun jeweils spezifischer vorgegeben und dabei zum Teil auch gewichtet (vgl. Mombour, 1993). Das Komorbiditätsprinzip mit seiner Intension, gleichzeitig mehrere und sogar völlig gleichrangige psychiatrische Diagnosen stellen zu können, wendet sich zudem gegen jede frühere, noch auf Schichtenregeln aufbauende hierarchische Nosologie (vgl. Garcia, 1987).

Etwa zeitgleich mit der "Epoche Kraepelins" und auch noch Jahre danach dominierte in den USA aber zunächst eine von A. Meyer (1866-1950) und vielen seiner Schüler ausgehende, psychodynamisch orientierte (dennoch von ihm mißverständlich "psychobiologisch" genannte) Strömung, die unter Vernachlässigung des Begriffs der Krankheitseinheit erneut die individuelle Einmaligkeit jedes Patienten, d.h. die "Person des Kranken", betonte und sich zumindest in diesem Punkt wieder in alte hippokratische Traditionen begab (Meyer, 1907). Meyer, der als gebürtiger Schweizer in Zürich ausgebildet worden war und sich in den USA 1892 endgültig niedergelassen hatte, teilte die psychischen Störungen vorrangig nach ihrer Intensität, d.h. dem Grad ihrer jeweiligen Auswirkung auf die individuelle Persönlichkeit der Kranken ein. Unter dieser allgemeinen Krankheitskonzeption wurden alle ansonsten eher neurotischen oder psychotischen Störungen als im Prinzip gleichgeartete Anpassungsreaktionen eines psychobiologischen Gesamtorganismus dargestellt und unterschieden, eine Vorstellung, die den inhaltlichen Bezug zur Psychoanalyse wiederspiegelt (Meyer, 1926). Bei Myerson (1936) wurden später dann sogar die sog. "neuropsychoses" unter Verzicht auf jede kategoriale Sonderbehandlung psychotischer Reaktionsweisen im Kern nur zu Neurosen mit psychotischer Zusatzsymptomatik.

Im Sinne von Meyer wäre es natürlich auch völlig verkehrt gewesen, von "der" Schizophrenie als nosologischer Einheit zu sprechen. Ebenso wie er schon unter seinen Reaktionsmustern (mental reaction-types) nicht "Einheiten" verstand, sondern nur "psychiatrische Reaktionstypen", war im Konzept seiner psychodynamischen Psychiatrie auch bei jeder Schizophrenie die schizophrene "Reaktion" das entscheidende Krankheitsmerkmal (Meyer, 1908). Nach Peters (1990) führte Meyers Haltung in der amerikanischen Psychiatrie seinerzeit überhaupt zu einer Geringschätzung jeder psychiatrischen Nosologie. Es kam eigentlich nur noch darauf an, welche Reaktionsmöglichkeiten der Patient zur Verfügung hatte, um mit den vorgegebenen Lebensbedingungen letztlich zurecht zu kommen.

Sabshin (1990) unterteilt entsprechend die amerikanische Psychiatrie unseres Jahrhunderts in zwei zeitlich getrennte, jeweils für sich sehr charakteristische Hauptströmungen, in die heutige "operationale" und eine der ersten Jahrhunderthälfte, für die dann A. Meyer als Repräsentant stehen könnte. Nicht zuletzt wurde durch ihn in den USA ja auch die frühe Ausbreitung der Psychoanalyse sehr unterstützt. Einen kritischen Höhepunkt und damit quasi ihr beginnendes Ende erreichte diese psychologische Grundkonzeption dann nach dem 2. Weltkrieg durch die radikale Distanzierung vieler Psychoanalytiker und Sozialpsychiater von jedem medizinischen Krankheitsmodell. Sie gipfelte seinerzeit sogar teilweise in der Forderung nach einer völligen "Demedikalisierung" der klinischen Psychiatrie. Aber gerade die erfolgreiche Erprobung des Chlorpromazins, des weltweit ersten Neuroleptikums, das im Jahre 1953 als Megaphen auch in Deutschland eingeführt wurde (Deniker, 1988; Rempen, 1988), hatte zwischenzeitlich das stete Voranschreiten der zweiten Hauptströmungen bewirkt, einer an Empirie und Neurowissenschaften orientierten naturwissenschaftlichen Psychiatrie. Dementsprechend hatten auch nur noch das DSM I (von 1952) sowie das DSM II (von 1968), die nie ins Deutsche übersetzt wurden, in der psychiatrischen Tradition Meyers gestanden, während alle nachfolgenden, nun ebenso bei uns verbreiteten Ausgaben der neokraepelinischen Bewegung zugerechnet werden dürfen (vgl. Saß, 1990).

Über die kraepelinsche Psychiatrie hinaus verfestigten sich nach dem 1. Weltkrieg in Deutschland dann verschiedene, relativ eigenständige psychiatrische Schulrichtungen, so insbesondere die Tübinger Psychiatrie-Schule um R. Gaupp und E. Kretschmer (Häfner, 1989a; Tölle, 1994) sowie die phänomenologische Schule in Heidelberg, die in beschreibend-zergliedernder Weise am klinischen "Phänomen", d.h. der kleinsten psychologisch bzw. psychopathologisch faßbaren Erscheinung, ansetzte und damit eine neue empirische "Einheit" definierte. Als Höhepunkt dieser Schulrichtung gilt allgemein der Schizophrenie-Band von Wilmans (1932), in dem diese nosologisch noch immer wegweisende Erkrankung am detailiertesten beschrieben wurde (Peters, 1994). Nicht zuletzt durch die im Jahre 1913 in Heidelberg erschienene erste Auflage der "Allgemeinen Psychopathologie" von Jaspers, der dort erst seit 1909 als wissenschaftlicher Mitarbeiter wirkte, erhielt die Heidelberger Psychiatrie einen besonderen, bis heute weitgehend beibehaltenen psychopathologischen Schwerpunkt (Janzarik, 1979).

Einen gewissen Abschluß in der Etablierung eines als traditionell zu verstehenden psychiatrischen Krankheitsbegriffs finden wir schließlich bei K. Schneider (1887-1967), der als vielleicht letzter "klassischer" Repräsentant deutscher Schulpsychiatrie (Janzarik, 1984; von Zerssen, 1986c) von 1946 bis 1955 psychiatrischer Fachvertreter an der Universität Heidelberg war und dort nicht nur den phänomenologischen Forschungsschwerpunkt konsequent ausbaute, sondern dabei auch einen besonders weiten Schizophreniebegriff innerhalb der endogenen Psychosen vertrat:

"Von den Psychosen, deren körperliches Wesen man nicht kennt, zieht man die einigermaßen typisch zyklothymen ab – den bleibenden Rest heißt man Schizophrenie." (Schneider, 1976)

Diese die "Schizophrenie" als Konstrukt ausweitende, primär am jeweiligen Zustandsbild orientierte nosologische Konzeption war bei Schneider eng verbunden mit der Übertragung des "medizinischen Krankheitsbegriffs" auf die gesamte Psychiatrie. Sowohl dessen postulierte Einengung auf körperlich verursachte Störungen als auch seine besondere Zentrierung auf die aktuelle Befindlichkeit des Kranken standen nun offensichtlich voll im Einklang mit allgemeinen Grundsätzen der etablierten medizinischen Diagnostik. Schneider unterteilte dementsprechend in seiner weltweit bekannt gewordenen "Klinischen Psychopathologie", nach fragmentarischen Anfängen 1946 in vielfacher Neuauflage sogar zeitweise als das "Neue Testament der Psychiatrie" zitiert, alle seelischen Abnormitäten anhand vorhandener oder vermuteter Kriterien in die "nicht krankhaften" abnormen Spielarten seelischen Wesens einerseits und die Folgen von "Krankheiten" oder körperlichen Mißbildungen andererseits (Schneider, 1976). Schneiders System psychiatrischer Krankheiten enthielt hier im Sinne eines empirischen Dualismus sowohl körperliche als auch psychopathologische Kriterien, wobei die Psychosen als ätiologisch noch unbekannte Organkrankheiten hypothetisiert wurden. Nicht zuletzt nannte er seinen organmedizinischen Krankheitsbegriff dann "streng medizinisch". Erstaunlicherweise unterstellte er dabei den etablierten organmedizinischen Fächern, daß gerade deren Krankheitsbegriff viel eher ein "medizinischer Wertbegriff" sei. Dies erschien ihm schon völlig evident aus der Tatsache, daß dort vielfach (neben den bekannten Organveränderungen) auch noch besondere Kriterien wie "mangelndes Wohlbefinden" oder "Lebensbedrohung" berücksichtigt würden. Mit Hinweis auf den (seiner Meinung nach) oft fehlenden Leidensdruck oder die meist nicht vorhandene vitale Bedrohung vieler psychiatrischer Patienten proklamierte Schneider für psychiatrische Krankheiten schließlich sogar einen reinen, sog. wertfreien "Seinsbegriff". Dieser könne auf der Leitidee aufbauen, daß der "Krankheitsbegriff in der Psychiatrie ausschließlich auf krankhaften Veränderungen des Leibes", möglichst unter Verzicht auf "Hinzunahme der medizinischen Wertung", beruhe (Schneider, 1929, 1946 und 1976).

Zum hier angesprochenen traditionellen Krankheitsbegriff in der Körpermedizin, dem allgemeinen "medizinischen Krankheitsbegriff", gibt es zahlreiche eigene Darstellungen (vgl. Gross, 1975; Schadewaldt, 1977; Schaefer, 1976). Pophal (1925) sah hier allerdings schon zu Zeiten Kraepelins die drei grundsätzlichen Möglichkeiten der phänomenologischen bzw. symptomatologischen, der morphologischen bzw. pathologisch-anatomischen und der ätiologischen bzw. kausalen Betrachtungsweise. Er betonte entsprechend zunächst einen Krankheitsbegriff, dessen "Wesen" in den Krankheitszeichen liege und sich in Funktionsstörungen ausdrücke (u.a. bei Hippokrates, Herxheimer und Aschoff). Weiterhin könne Krankheit körpermedizinisch als gestaltliche Veränderung eines anatomischen Substrats begriffen werden (u.a. bei Virchow und Ribbert). Schließlich könne das wesentliche Merkmal einer Krankheit auch in der eigentlichen Ursache gesehen werden (u.a. bei Pasteur und Koch). Sämtliche Begriffsinhalte finden sich im übrigen später auch in Diskussionen zu den somatischen Definitionsmöglichkeiten psychiatrischer Krankheiten wieder (z.B. Kräupl-Taylor, 1976; Scadding, 1967). Gerade der hierbei favorisierte ätiologische Sichtweise der Körpermedizin blieb aber schon allein deshalb für die Psychiatrie problematisch, weil es in dieser Fachrichtung eigentlich niemals einen allseits verbindlichen Kausalbegriff als dessen Grundvoraussetzung gab. Vielmehr wurde hier schon immer in sehr unterschiedlicher Weise mit der eigentlichen ("wahren") Ursache, dem aktuellen Anlaß und den jeweiligen Rahmenbedingungen argumentiert (vgl. Brown et al., 1980; Katschnig, 1980b).

Unter Bezug auf Susser (1973) sollte bei der Kategorisierung evtl. spezifischer Krankheitseinheiten aber möglichst jeweils differenziert werden, ob die "Ursachen" für die Entstehung der Krankheit zwingend notwendig oder ob sie vielleicht nur hinreichend sind. So erschienen z.B. für die "akuten exogenen Reaktionstypen" Bonhoeffers (1910) viele Ursachen wie Intoxikationen, Infektionen oder Durchblutungsstörungen zwar ursächlich hinreichend, aber keinesfalls jemals notwendig. Auch für Jaspers verbanden sich im kausalen Denken immer mindestens zwei entscheidende Elemente, von welchen er eines als Ursache und das andere als Wirkung ansah. Darüber hinaus stellte er in einer für die zeitgenössische Psychiatrie höchst aktuellen Weise fest: "Je mehr Ursachen behauptet werden, desto geringer ist unsere kausale Erkenntnis" (Jaspers, 1973).

Sowohl nach Jaspers als auch nach K. Schneider ist jeder Krankheitsbegriff der Körpermedizin nicht zuletzt schon deshalb ein Wertbegriff, weil er bzgl. seiner Merkmale immer mindestens ein allgemeines biologisches Werturteil, nämlich die negative ärztliche Bewertung des somatischen Befundes, enthält. K. Schneiders Begriffsvorstellungen dürften dagegen aber noch zwei kategoriale Varianten enthalten. So war sein "allgemeiner Krankheitsbegriff" offensichtlich streng klassifikatorisch konzipiert und baute "differentialdiagnostisch" primär darauf auf, daß es zwischen psychischer "Krankheit" einerseits und abnormen sowie nicht-abnormen Spielarten seelischen Wesens andererseits eindeutige kriteriologische Grenzen gäbe. Dagegen trennte er innerhalb psychotischer Krankheitsformen jeweils "Schizophrenie" und "Zyklothymie" sowie atypische

"Zwischen-Fälle" rein "differentialtypologisch", indem er hier kriteriologisch nach Ausschluß anderer Ursachen zwar von psychopathologisch hinreichenden (typischen) aber nicht von zwingend notwendigen Merkmalen ausging:

"Wir glauben also, daß es zwischen abnormen Persönlichkeiten und Erlebnisreaktionen einerseits und den schizophrenen und zyklothymen Psychosen andererseits eine schroffe Differentialdiagnostik gibt. Dagegen gibt es lediglich eine Differentialtypologie zwischen Schizophrenien und Zyklotyhmien." (Schneider, 1976)

Der Typenbegriff wird von Schneider hier allerdings relativ vielseitig gebraucht. Während seine "Differentialtypologie" bereits bei den großen psychotischen Formenkreisen ansetzt, versteht er unter "Typen" im engeren Sinne dann nur deren charakteristische Unterformen, wie z.B. den leiblichen Typ der zyklothymen Depression oder den katatonen Typ der Schizophrenie. Entsprechend bleibt Schneider auch in seiner Typenlehre der psychopathischen Persönlichkeiten (Schneider, 1923) terminologisch eher unscharf, indem diese Lehre nicht nur zahlreiche Kombinationen von Typen ermöglicht, sondern zudem alle Verdünnungen bis hin zu bloßen "Zügen" der Persönlichkeit enthält. Konsequenterweise stellen seine Psychopathietypen, was gelegentlich übersehen wurde, dann auch keine echten "medizinischen" Diagnosen dar.

K. Schneider selbst war sich aber immer der Situation bewußt, daß eine nur psychopathologisch fundierte Diagnostik der Psychosen nie zu Erkenntnissen im organmedizinischen Sinne führen könne. Gerade weil die tatsächlichen körperlichen Ursachen der "endogenen" Erkrankungen aber weiterhin unbekannt blieben, erschien es ihm als Psychiater immer besonders wichtig, neben der (somatischen) Frage "Was ist richtig?" auch die (psychologische) Frage "Wie sollen wir es nennen?" zu stellen. In diesem Sinne implizierten für ihn auch seine Symptome ersten Ranges zur klinischen "Diagnose" einer Schizophrenie, die zwischenzeitlich Generationen von Psychiatern in eingängiger Weise mit einem nicht unerheblichen klinischen Erfolg benutzt haben, noch keine speziellen Annahmen zur Theorie dieser Erkrankung, obwohl er sie beim eindeutigen Nachweis derartiger psychopathologischer Erlebnisweisen dann schon "in aller Bescheidenheit" annahm (Schneider, 1976).

Mit dem Somatosepostulat von K. Schneider eng verbunden war die nach von Baeyer (1979) als "Jaspers-Theorem" in die Literatur eingegangen Ansicht, daß es bei bestimmten subjektiven Gegebenheiten natürliche Grenzen des Hineinversetzens von außen, des sog. genetischen Verstehens, gebe (Jaspers, 1973). Deshalb sei es z.B. völlig unmöglich, einen echten Wahn in seiner Genese zu verstehen, da es sich hierbei nicht um eine quantitativ abnorme Reaktion handele, sondern um die unmittelbare

Symptomatik eines Krankheitsprozesses, dessen Verlauf "gänzlich und allein abhängig von den Hirnvorgängen" sei (1973). Nicht zuletzt K. Schneider hatte aber längst erkannt, daß die Kraepelinsche Idee der Krankheitseinheiten im psychiatrischen Bereich nur ungenügend zu verwirklichen war. Er selbst versuchte deshalb in der klinischen Praxis, statt von "großen" sinnvollerweise von "kleinen" Krankheitseinheiten auszugehen. Anstelle von gleicher Ätiologie, gleicher Symptomatik, gleichem Verlauf und gleichem Organbefund einer dann vielleicht eigenständigen Krankheit erschien ihm dabei bis auf weiteres die Gleichheit von Symptomatik und Verlauf der "diagnostischen Einheit" ausreichend (Schneider, 1924 und 1932).

In der jüngeren deutschsprachigen Psychiatrie taucht die Leitidee separater Krankheitseinheiten schließlich wieder bei K. Leonhard (1904-1988) auf. Leonhard, der bis zu seiner Emeritierung 1970 die Nervenklinik der Charité in Berlin leitete, kam bei seiner langjährigen Präzisierung und Trennung der endogenen Psychoseformen schließlich zu einer sehr differenzierten klassifikatorischen Einteilung, in der z.B. die Spezifizierung sog. zykloider Psychosen, die eigenständige Beschreibung schizophrener Defektzustände (systematischer Schizophrenien) und die Trennung der bipolaren von den monopolaren affektiven Psychosen große Beachtung fanden (Leonhard, 1972 und 1986). In der Nachfolge einer ebenso differenzierenden Forschungsrichtung von C. Wernicke und K. Kleist (1879-1961), die biographisch zwar weitgehend auseinander lagen, aber hinsichtlich ihrer speziellen Störungslehre umso verbundener als "markante Vertreter einer nach lokalisatorischen Gesichtspunkten, funktionell ausgerichteten neuropsychiatrischen Denkrichtungen" (Neumärker, 1994) anzusehen sind, entwickelte Leonhard im Grunde die bis heute weitestgehende Aufteilung der endogen genannten Psychosen. Er könnte damit psychiatriegeschichtlich auch in diametralen Gegensatz zur Idee der Einheitspsychose gestellt werden. Mittels einer verfeinerten Phänomenologie bzgl. klinischem Quer- und Längsschnitt, unter besonderer Berücksichtigung der Affektivität als Kernstück seiner psychiatrischen Nosologie und durch genaueste Beobachtung der genetischen Verhältnisse definierte Leonhard jeweils sogar homogene psychotische Subgruppen im Sinne nosologischer Entitäten. Entsprechend Kraepelins Grundgedanke repräsentierte zudem bei Leonhard, auch ohne die weiterhin überfällige, eindeutige Ätiologie, jede solche Diagnose gleichzeitig immer eine spezielle prognostische Aussage. Zur prinzipiellen Möglichkeit, schon nach Symptombild und Verlauf zu einer "echten" psychiatrischen Nosologie kommen zu können, meinte er in der Tat:

"Ich darf zum Abschluß das Wichtigste von dem, was ich sagen wollte, in einem einzigen Satz zusammenfassen: Im Bereich der Psychiatrie kann man zu einer echten Nosologie kommen, wenn man den Verlauf beachtet und im klinischen Bild nicht von den groben Erscheinungen ausgeht, sondern bei jedem Symptom zu ermitteln sucht, welche genauere Gestalt es hat, in welchem Zusammenhang es steht und auf welchem Boden es wächst." (Leonhard, 1973)

Vorher hatte bereits Kleist, der von 1936 bis 1955 an der Universitäts-Nervenklinik Frankfurt a.M. Leonhards Lehrer war, in einer differenzierten, eigenen psychiatrischen Systematik versucht, den nosologischen Dualismus Kraepelins zu überwinden. Dabei hatte er, besonders stark geprägt von Wernicke, vermutet, daß alle psychischen Erscheinungen auf materiell lokalisierbare Gehirnprozesse zurückzuführen seien (Kleist, 1947). Diesem hier etablierten Kausalbedürfnis der Organmedizin konnte jedoch insofern in der Psychiatrie nie wirklich entsprochen werden, als selbst nachgewiesene neurophysiologische oder neuropathologische Veränderungen im Gehirn offensichtlich keine ausreichende Begründung der wirklichen Zusammenhänge zwischen psychopathologischen Symptomen und seiner materieller Grundlage werden konnten. K. Conrad (1959) äußerte nicht zuletzt deshalb in einer kritischen Rückschau auf das gesamte Problem der nosologischen Einheit in der Psychiatrie, daß jeder der nachfolgenden Psychiater den seinerzeit von Kraepelin eher intuitiv "geschauten" Entitäten lediglich eine jeweils passend erscheinende Bestimmung gegeben habe. Nach strengeren definitorischen Maßstäben könnte dann jede "Krankheitseinheit" in ähnlicher Weise auch nur eine in bezug auf einen bereits vereinbarten und damit geltenden Krankheitsbegriff festgelegte, klare Kennzeichnung von bestimmten Krankheitserscheinungen sein.

Auch die klassischen Psychosekriterien "Organprozeß" und "fehlende Sinngesetzlichkeit" wurden in der Auseinandersetzung mit Jaspers und K. Schneider entsprechend mehrfach kritisiert (Kisker, 1955). Dazu trugen nicht zuletzt gewisse Widersprüche innerer Logik bei. Wurde im paradigmatischen Bereich der Psychosen z.B. die Organogenese mangels fehlender ätiologischer Nachweise immer noch weitgehend aus psycho(patho)logischen Kriterien erschlossen, so kam ansonsten jeder Argumentationsstruktur eines inneren Erlebniszusammenhangs, also der zusätzlichen Berücksichtigung psychologischer Faktoren, offensichtlich keine größere Bedeutung zu. Bei aller Kritik am somatisch definierten Krankheitsbegriff sollte andererseits aber auch nie übersehen werden, daß er sich als außerordentlich fruchtbar für die volle Integration und Anerkennung der Psychiatrie innerhalb des gesamten medizinischen Wissenschaftsbetriebs erwiesen hat. Die dadurch bedingte, weit gefächerte psychiatrische Ursachenforschung hat nicht zuletzt im Laufe der Jahre viele segensreiche Ergebnisse für die psychisch Kranken erbracht. Hierzu gehört nicht nur die ständig verbesserte Psychopharmakotherapie.

Der Sozialpsychologe Keupp (1972) und andere kritisierten dennoch sogar die prinzipielle Vorstellung psychischer Störungen als Krankheiten, d.h. hier dann das "Krankheitsmodell" sui generis. Eine entsprechend kritische Haltung sei nach ihrer Überzeugung allein schon deshalb nötig, weil Psychiater psychische Störungen schlechthin immer als "medizinische" Probleme behandeln würden. Dabei wird von dieser Seite offensichtlich unterstellt, daß diejenigen seelischen Störungen, die ihrer Natur nach überwiegend oder nur auf psychosoziale Probleme zurückgeführt werden können, in einem funktionierenden Gesundheitssystem prinzipiell kein sinnvolles Modell für "Krankheiten" abgeben könnten. Nicht zuletzt viele Ergebnisse der Streß- sowie der Life-event-Forschung (vgl. Blankenburg, 1988; Katschnig, 1980a; Siegrist, 1980) lassen solche vereinfachten Überlegungen aber schon lange als unangemessen erscheinen. Im übrigen haben bisher weder psychologische noch biologische Theorien bzgl. der Ursache psychischer Krankheiten zum tatsächlichen Nachweis einer spezifischen "Eins-zu-Eins-Beziehung" geführt (vgl. Susser, 1973).

So ist z.B. das Ersterkrankungsrisiko für Schizophrene (vgl. Tab. 3), selbst übrigens statistisch völlig unabhängig vom weiteren Krankheitsverlauf, eindeutig vom Grad der Verwandtschaft zu bereits Erkrankten bestimmt (vgl. Bondy, 1993; Propping, 1989). Obwohl es zudem aller Wahrscheinlichkeit nach ein relativ zu definierendes, an die Symptome ersten Ranges von K. Schneider erinnerndes schizophrenes Kernsyndrom geben dürfte (z.B. im PSE-System die sog. Categoklasse S+), das dann sogar kulturunspezifisch wäre (Sartorius et al., 1986; Wing et al., 1982), läßt sich ein "Ein-Gen-ein-Ferment-Störungsmuster" hier offensichtlich keinesfalls erwarten (Häfner, 1987 und 1989b). Vielmehr dürfte bei weiterhin unbewiesener Ätiologie eine nicht zuletzt vererbte, multifaktoriell bedingte "Vulnerabilität" als graduelle Disposition zur psychotischen "Verletzbarkeit" und damit zum Krankwerden ganz besonders entscheidend sein (Zubin und Spring, 1977; Nuechterlein, 1987). Diese ist inzwischen nicht nur zentraler Bestandteil integrativer Konzepte des schizophrenen Phänotyps, sondern sie hat in jüngerer Zeit als Erklärungsmodell auch viele Überlegungen gefördert, die die generelle Disposition zu psychischen Krankheiten zum Gegenstand haben (Hambrecht, 1994; Ciompi, 1984; Huber und Gross, 1995; Mundt, 1988). Analog dem Modell der zerebralen Anfallsbereitschaft erscheint dann sogar die psychotische Episode wieder im weitesten Sinne als Reaktion, ausgelöst jedoch durch jeweils sehr unterschiedliche zusätzliche "Bedingungskomplexe" (Klosterkötter, 1992).

102

Tab. 3: Lebenszeit-Erkrankungsrisiko für Schizophrenie aus gepoolten
Daten westeuropäischer Untersuchungen von 1920 bis 1987
(nach Bondy, 1993)

Verwandtschaftsgrad	Morbiditätsrisiko in Prozent
Gesamtpopulation	1
Verwandte 2. Grades:	
Onkel/Tante; Neffen/Nichten	2
Enkel	5
Halbgeschwister	6
Verwandte 1. Grades:	
Kinder	13
Geschwister	9
Geschwister (wenn 1 Elternteil krank)	17
Eltern	6
Dizygote Zwillinge	17
Monozygote Zwillinge	48
Nachkommen von 2 kranken Eltern	48

Psychische Krankheit überhaupt als komplexe "Reaktion" zu begreifen,
eine begriffsgeschichtlich immer wieder aufgetauchende Vorstellung,
würde jedoch eine kritische Auseinandersetzung mit dem jeweils zugrunde
liegenden Reaktionsbegriff erfordern (vgl. Cooper, 1980; Starobinski,
1977). "Reaktion" bietet dabei grundsätzlich immer zwei Bezugsmöglichkeiten, Krankheit als Reaktion und Reaktion auf Krankheit. Zum ersten
Themenkomplex würde das weite Feld der psychogenen Reaktionen, der
organischen Reaktionstypen sowie der unterschiedlichen psychobiologischen Konzepte zum Zusammenspiel beider Ursachenkomplexe gehören.
Wie Lewis (1972) aufzeigt, wurde entsprechend bereits 1894, also zu
Zeiten Kraepelins, von dem Würzburger Privatdozenten R. Sommer der
Begriff "psychogen" in die Psychiatrie eingeführt. Zu den vielfältig disku-
tierten Reaktionen auf Krankheit würden dagegen insbesondere die ver-
schiedenen Coping-Strategien gehören (Moos, 1988; Rüger et al., 1990).
Kaum möglich erscheint die Verständigung über einen psychiatrischen
Krankheitsbegriff allerdings dann, wenn die angenommene "psychische

Krankheit" von vornherein als "gesunde Reaktion" betrachtet werden soll, wie dies insbesondere innerhalb der antipsychiatrischen Bewegung häufig gefordert wurde. Hier setzte man sich schlichtweg darüber hinweg, daß individuelle Reaktionsformen im Prinzip immer sowohl aus physiologischen als auch aus pathologischen Persönlichkeitsanteilen eines Betroffenen kommen können.

5. Der Abnormitätsbegriff

Unter Bezug auf eine häufig benutzte Charakterisierung der Psychiatrie als Lehre von den "seelischen Krankheiten und Abnormitäten" (vgl. Huber, 1981; Schulte und Tölle, 1971) erscheint es in diesem Zusammenhang sinnvoll, auch die wichtigsten Normbegriffe zu erörtern. Seelische Krankheit stellt schließlich immer eine bestimmte Abweichung innerhalb eines in der Regel umfassenderen Gesundheitsbereiches als einer ihr übergeordneten "Normregion" dar (Häfner, 1987).

"Norm" (von lat. norma: Winkelmaß, Richtschnur, Regel) bedeutet im allgemeinen Sprachgebrauch zunächst einmal eine Vorschrift oder ein Maßstab für eine wertende Beurteilung. Was einer bestimmten Norm entspricht, heißt "normal", was ihr widerspricht "abnorm", "anomal" oder "anormal". Was die Funktion von Normen ausübt, kann "normativ" genannt werden (Brockhaus, 1991). Heute werden viele Normen im medizinisch-technischen Bereich, ebenso wie in anderen Bereichen des täglichen Lebens, nach praktischen und sachlichen Gesichtspunkten durch Normenausschüsse des Deutschen Instituts für Normierung e.V. (DIN) geregelt. Auf europäischer bzw. internationaler Ebene werden entsprechende, vorwiegend naturwissenschaftliche Normungen medizinischer Größen durch zusätzliche Einrichtungen (CEN, ISO etc.) gesteuert (Orth, 1981).

Die traditionelle psychiatrische Denkweise in der Beurteilung psychopathologischer Phänomene geht davon aus, daß in diesem Feld zwei grundsätzlich verschiedene Kategorien psychischer Abnormität zu beobachten seien, die dann (gemäß dem sog. Unverständlichkeitstheorem von Jaspers) nach dem diagnostischen Vermögen eines sachkundigen Untersuchers auch entsprechend sinnvoll voneinander getrennt werden könnten. Bestimmte psychopathologische Tatbestände, die im Erleben und Verhalten des Betroffenen in keiner Weise eingefühlt oder nachvollzogen werden können, bekommen dabei schließlich als "qualitative" Abnormitäten einen eigenständigen Charakter zugeschrieben. Sie verweisen damit klassischerweise schon aus sich heraus stets auf einen organpathologischen Prozeß, selbst wenn dieser bisher noch nicht oder vielleicht nur bruchstückhaft bekannt sein sollte. "Quantitativ" abnormes Erleben und Verhalten kann dagegen sowohl bei nachweisbaren organischen Prozessen als auch völlig ohne diese entstehen, nicht zuletzt als "Variation seelischen Wesens" ohne zugrunde liegendes körperliches Substrat. Entsprechend dieser psychiatrischen Grundannahmen gewichtete K. Schneider (1976) und mit ihm viele weitere Vertreter seiner Auffassung auch nur "qualitative Abnormitäten", wie z.B. Gedankenlautwerden, Beeinflussungserlebnisse, Wahnwahrnehmungen, für die Diagnose einer Schizophrenie als

"Symptome ersten Ranges", während alle "quantitativen" Abnormitäten – wenn überhaupt – höchstens das Gewicht von Symptomen zweiten Ranges mit erheblich geringerem diagnostischem Aussagewert erhielten. Schon gar nicht sollten sie (für sich allein genommen) eine Krankheitsdiagnose begründen können. Im Grunde finden wir hier eine Extremposition in der Betrachtung psychopathologischer Tatbestände als gerade derjeniger Eigenschaften, die ein bestimmtes Individuum, ohne besondere Reflexion der Situation des Beobachters, entweder hat oder nicht hat. Dahinter steht die alte Grundidee, psychisch Abnormes könne als "wirklicher" psycho-pathologischer Tatbestand eine unmittelbar vorfindbare Qualität im Sinne einer physikalischen Eigenschaft besitzen. Hierzu nochmals Jaspers (1973):

"Der Gegenstand der Psychopathologie ist das wirkliche bewußte psychische Geschehen. Wir wollen wissen, was und wie Menschen erleben, wir wollen die Spannweite der seelischen Wirklichkeit kennenlernen."

Ein extremer Gegensatz hierzu wäre die Begründung psychischer Abnormität ausschließlich aus dem psychosozialen Kontext heraus, wie sie z.B. innerhalb des sog. Labeling-Konzepts (Scheff, 1974) verankert erscheint. In seinem Entwurf einer "interaktionalen Psychopathologie" geht Glatzel (1977 und 1981) in einer anderen Weise davon aus, daß sich gerade in der Einmaligkeit jeder Beziehungssituation, nicht zuletzt im Rahmen einer psychiatrischen Untersuchung, psychische Abnormität entscheidend als intersubjektive Erfahrung manifestiert, der dann Deskription und Klassifikation der Einzelphänomene später allenfalls noch folgen könnten. Psychologische Ansätze zur Analyse abnormen Erlebens und Verhaltens gingen schließlich schon früh davon aus, daß es nicht auf die Diagnose eines bestimmten "qualitativen Sprungs" ankommen könne, sondern jeweils auf die genaue Untersuchung eines natürlichen Kontinuums zwischen normalen und abnormen psychischen Phänomenen (Kontinuitätsannahme). Münsterberg schlug im deutschen Sprachraum z.B. schon 1912 die Bezeichnung "Pathopsychologie" für eine entsprechende, ausschließlich nach psychologischen Ursachen suchende Forschungsrichtung vor.

Üblicherweise begegnet man in der psychiatrischen Literatur zur Frage, was unter psychischer "Abnormität" zu verstehen sei, vier hauptsächlichen Normbegriffen, die Berner (1982) übersichtlich in zwei "objektive" und zwei "subjektive" unterteilt. "Objektiv" erscheint dabei zunächst jede "statistische Norm" mit ihrer Gleichsetzung von Normalität und statistischer, insbesondere durchschnittlicher Häufigkeit. Müller-Suur (1950) nannte solche Normen auch Realnormen, da sie von tatsächlichen Feststellungen ausgehen. Gemäß der Gaußschen Glockenkurve gibt es hier dann Abweichungsmöglichkeiten in Richtung steigender oder fallender Häufigkeit.

Scharfetter (1991) definiert entsprechend die "Durchschnittsnorm", den in der wissenschaftlichen Psychiatrie am häufigsten benutzten Normenbegriff, unter Bezug auf Devereux (1974) wie folgt:

"Normal im Sinne der Durchschnittsnorm ist global das Verhalten, das der Mehrzahl der Menschen eines bestimmten Geschlechts und bestimmter Altergruppen innerhalb eines bestimmten soziokulturellen Bereiches in bestimmten Situationen eignet. Normal ist speziell, was sie hinsichtlich eines bestimmten Verhaltensaspektes gemeinsam haben. Damit ist die Sozial- und Kulturelativität des Normbegriffs unterstrichen. Durchschnittsnorm meint innerhalb einer Kultur in Anbetracht einer definierten Situation akzeptierte Muß-, Soll-, Kann-, Darfverhalten. Sitte und Brauch enthalten Verhaltensnormen als Vorschriften für das Wann (als Reaktion worauf) und Wie von Verhalten. Solches Verhalten ist innerhalb einer Kultur hinsichtlich der gängigen Auslöser und daraufhin in Gang kommender Verhaltensmuster anerkannt, ja vorgeschrieben, damit legitimiert und unter Umständen auch institutionalisiert." (1991)

K. Schneider (1976) sah gerade in der statistischen Durchschnittsnorm eine gute Möglichkeit, die verschiedenen psychopathischen Persönlichkeiten, die bei ihm im Begriff der "abnormen Persönlichkeit" enthalten waren, nicht nur wertfrei zu erfassen, sondern auch wertungsfrei zu halten, ohne dabei gleichzeitig den grenzenlosen Übergang zur Normalität aus dem Auge zu verlieren. Allerdings war K. Schneiders Durchschnittsnormbegriff kein tatsächlich "objektiver", da er nicht metrisch zu gewinnen war, sondern allein durch die Vorstellung, wie der Durchschnittsmensch sei (nicht dagegen, wie er sein sollte).

Die Idee einer solchen Durchschnittsnorm wurde wegen ihres fraglichen Anspruchs auf Wertfreiheit allerdings auch heftig kritisiert. So gipfelte die Kritik von Müller-Suur (1950) darin, daß er hier eine verkürzte Übertragung eines kollektiven Normbegriffs auf individuelle Werdensnormen sah. Müller-Suur ging in einem anthropologischen Ansatz zur Entfaltung eines angemessenen psychischen Normbegriffs zunächst selbst von den vier wesentlichen Grundbegriffen "Individuum" und "Kollektivum" sowie "Sein" und "Werden" aus und definierte dann entsprechend eigenständige ("eigentliche") individuelle sowie kollektive Seins- und Werdensnormen (vgl. Tab. 4). Indem jede individuelle Werdensnorm als echte Utopie immer durch eine konkret zu verstehende kollekttive Werdensnorm begrenzt sei, könne sie erst über einen permanenten Prozeß des Sich-zu-eigen-Machens zur "eigentlichen" Individualnorm des Einzelnen werden. Die statistisch zu ermittelnde kollektive Seinsnorm, als Realisation vieler individueller Seinsnormen, entspreche dagegen der "eigentlichen" Kollektivnorm. Sie enthalte auch immer die "durch das Mitsein mit anderen bestimmte individuelle Mindestnormforderung" (Müller-Suur, 1950). Ähnlich kritisiert auch Tellenbach (1983), daß bei K. Schneider:

"... der Bedeutungsgehalt von Norm und Normalität im Begriff der 'neutralen Durchschnittsnorm...' auf den Tiefstand ihrer möglichen Sinnfülle angelangt war". Vielmehr sei der Begriff der "Durchschnittsnorm" in der Sphäre der psychischen Normalität bzw. Abnormalität obsolet geworden, da er nicht zuletzt die Einebnung aller Seinsmöglichkeiten intendiere.

Tab. 4: Differenzierung spezieller psychischer Normbegriffe nach
Müller-Suur (1950)

Individuelle Werdensnorm:
Abstraktion des für das Individuum ohne Hinblick auf die anderen Individuen, mit denen es lebt, überhaupt Möglichen (die meisten Möglichkeiten enthaltend).

Kollektive Werdensnorm:
Das für das Individuum im Hinblick auf die anderen Individuen, mit denen es lebt, Mögliche (wenige Möglichkeiten enthaltend).

Eigentliche Individualnorm:
Die durch die kollektive Werdensnorm begrenzte individuelle Werdensnorm, welche Wahrscheinlichkeitswert für das Individuum hat. Die Richtschnur für richtiges individuelles Werden.

Eigentliche Kollektivnorm:
Durch das Mitsein mit anderen bestimmte individuelle Mindestnormforderung.

Individuelle Seinsnorm:
Inbegriff des wirklichen augenblicklichen und gewesenen Seins des Individuums als solchem, also alles bis "jetzt" vom Individuum Gegebenen.

Kollektive Seinsnorm:
Inbegriff des wirklichen augenblicklichen und gewesenen Seins des Individuums in bezug auf das Kollektiv, dem es angehört (zu unterscheiden von der Durchschnittsnorm des Kollektivs selbst).

Da viele psychiatrische Typologien, wie z.B. die der Persönlichkeits- und Verhaltensstörungen, gerade auf sehr komplexen qualitativen Unterschieden sowie schließlich deren relativen Häufigkeiten aufbauen, so z.B. auf den jeweils hervorstechendsten bzw. beherrschendsten Eigenschaften eines Menschen, und deshalb niemals nur durch eindimensionale oder rein quantitative Messungen bestimmt sein können, hilft der Begriff der statistischen Durchschnittsnorm, wie er in den Naturwissenschaften üblich ist, in der Psychiatrie tatsächlich oft nur sehr bedingt weiter. In einer typologischen Diagnostik zeigen noch eher die relativen Häufigkeiten an, was häufig bzw. üblich ist und insofern statistisch "normal" erscheinen könnte (Kubinger, 1990). Zum prinzipiellen Stellenwert des Durchschnitts im Normproblem meinte hingegen Jaspers (1973):

"Was Durchschnitt ist, weiß man fast nie. Beleuchtet man dieses und besinnt sich darauf, was denn beim medizinischen Denken im Kopf vorgeht, so kann man nicht umhin, anzuerkennen: Wenn der wissenschaftlich denkende Mediziner von 'Abweichungen' spricht, so meint er faktisch fast nie den Durchschnitt, sondern einen Idealbegriff. Er hat nicht etwa einen vorausgesetzten definierten Normbegriff der Gesundheit, aber eine Normidee leitet ihn."

Glatzel (1979) sieht im Rahmen der interaktionalen Psychopathologie im statistischen Normbegriff aufgrund seiner gleichfalls unausweichlichen Bindung an einen immer vorgegebenen situationalen und kulturellen Kontext "eine im Grunde verkappte Wertnorm". Aus der Tatsache, daß psychische Abnormität einmal, wie z.B. beim angeborenen Schwachsinn, dadurch gekennzeichnet sei, daß der Betreffende aufgrund seines Andersseins hinter den Erwartungen zurückbleibe, und das andere Mal, wie z.B. beim Wahn, dadurch daß eine unterschiedliche Situationsdefinition bestehe, unterscheidet er selbst zwei Arten von Abnormität. Zum einen sei dies eine psychische Abnormität vom Typ I. Sie sei im Prinzip geprägt von dem Konsens zwischen Individuum und anderen, so daß sich beide in einem subjektiv gleichen, konsensuellen Verstehenszusammenhang befänden. Charakteristisch für die psychische Abnormität von Typ II sei dagegen eine dissensuelle Situationsdefinition, d.h. ein Herausfallen des psychisch abnormen Individuums aus dem üblichen sozialen Konsens von Handeln und Sprechen. Entscheidender Bezugspunkt für die Situationsbeurteilung sowie die Beurteilung des Einzelnen als Interaktionspunkt bliebe dabei seine jeweilige Referenzsozietät.

"Objektiv" werden mit Berner (1982) zweitens diejenigen Idealnormen bezeichnet, die zumindest dadurch qualitativ validiert sein dürften, daß es innerhalb einer Gemeinschaft bereits allgemein wünschenswerte Normwerte als Bezugsgröße gibt. Da "Normalität" dann durch die Annäherung an diese kollektive Wertnorm repräsentiert erscheint, können diese Normen auch direkt als Kollektivnormen bezeichnet werden. Durch den Aufforderungscharakter solcher objektivierten Wertnormen bzw. den sozialen Druck zu einem entsprechend normgerechten Verhalten in der Bevölkerung, z.B. in Alkoholabstinenzkulturen, kann sich das gewohnte Bild der Normalverteilung einer bestimmten Verhaltensvariablen, also in der Regel eine Gaußsche Glockenkurve, im Sinne einer Allportschen J-Kurve verändern. Sie stellt dann ein einfaches statistisches Modell zur allgemeinen Beschreibung konformen Verhaltens in institutionalisierten Situationen dar (vgl. Brandt und Köhler, 1972; Hofstätter, 1957).

Nicht selten wird in der psychiatrischen Diagnostik aber auch eine allgemein verbindliche Idealnorm stillschweigend vorausgesetzt. So erfordert z.B. die multiaxiale Diagnostik nach dem DSM-III-R auf der Achse IV zur Beurteilung des "Schweregrades psychosozialer Belastungsfaktoren" als Bezugsgröße nicht etwa eine individuelle Gewichtung unter Berücksichtigung der jeweiligen Vulnerabilität, sondern vielmehr eine ganz generelle Einschätzung jedes einzelnen Belastungsfaktors:

"Die Schweregradbeurteilung sollte sich nach einer klinischen Einschätzung richten, die darauf Bezug nimmt, welches Ausmaß von Belastung eine 'Normalperson' unter vergleichbaren Umständen und ähnlichen soziokulturellen Bedingungen durch diesen Belastungsfaktor erfahren würde." (DSM-III-R-Kriterien, 1989)

Beispiele solcher Belastungen, die in diesem Fall dann nach 6 Schweregraden eingeschätzt werden sollen, könnten u.a. eine Schwangerschaft, Probleme mit Geschäftspartnern oder die Pensionierung sein.

Zu den beiden "subjektiven" Normen kann man schließlich nach Berner (1982) zum einen die subjektive Betrachternorm sowie zum anderen die subjektive Idealnorm zählen. Als Individualnormen reflektieren beide die individuelle Situation, jedoch aus sehr unterschiedlichen Perspektiven. Die subjektive Betrachternorm orientiert sich zwar im Sinne einer individuellen Spezifizierung noch an allgemein verbindlichen Normvorgaben, also insbesondere an kollektiven Idealnormen oder ggf. auch statistischen Häufigkeiten, berücksichtigt jedoch im Begriff der Normalität zudem jeweils subjektiv tolerable Abweichungen. Dadurch bleiben mehr oder weniger kleine Differenzen im Erleben und Verhalten noch völlig "normal". Diese individuelle Relativierung der statistischen Norm bietet jedenfalls die Möglichkeit, eventuelle Unterbrechungen in der Sinnkontinuität eines einzelnen Lebenslaufs angemessen zu berücksichtigen und hier z.B. auch der relativierenden Frage nach der sog. "prämorbiden Persönlichkeit" eines Patienten jeweils tatsächlich nachzugehen (vgl. Blankenburg, 1988). Dagegen definieren subjektive Idealnormen die Normalität im menschlichen Erleben und Verhalten nur noch "funktional" über die persönliche Zielsetzung und Selbstverwirklichung eines jeden Einzelnen, sofern dabei die entsprechende, möglichst volle Selbstentfaltung anderer Menschen nicht entscheidend eingeschränkt wird. Damit werden letztlich alle Zustände als normal angesehen, die dem Betroffenen z.B. hinsichtlich seiner persönlichen Interessen oder Leistungsmöglichkeiten gemäß erscheinen. Wie Scharfetter (1991) kritisch bemerkt, orientieren sich viele psychotherapeutische Schulen (z.B. die Gesprächspsychotherapie nach C.R. Rogers) gerade an diesem Normbegriff. Empirisch ist er jedoch kaum spezieller brauchbar, weil hier weder Grenzen adäquat erfaßt werden können, noch zentrale Begriffsinhalte, wie z.B. "Selbstverwirklichung", jemals ausreichend operationalisierbar erscheinen.

"Abnormes" Erleben oder Verhalten ist jedenfalls nie eo ipso gleich "krank" zu setzen, wie auch viele "Normabweichungen" in positiver Richtung, z.B. durch Steigerung eines bereits schon bestehenden Wohlbefindens, zeigen würden. Vielmehr sollte von "krank" oder "pathologisch" nur dort die Rede sein, wo auch bestimmten Kriterien eines wie immer definierten Krankheitsbegriffs entsprochen wird. Dabei könnte es sich prinzipiell um eng oder weit gefaßte, um allgemeine oder spezielle Krankheitsbegriffe handeln. Demgemäß könnte auch ein zunächst völlig wertfrei gehaltener Abnormitätsbegriff (der per Definition konstruierbar erscheint) den Gegenstandsbereich einer allgemeinen Psychopathologie in ihrer weitesten Fassung repräsentieren. Aus ihm wären dann erst bestimmte Wertmaßstäbe oder einzelne Krankheitsbegriffe herauszugreifen (Glatzel, 1977; Scharfetter, 1991). Nach einer umfangreichen begriffsgeschichtlichen Untersuchung zur Definition und Verwendung des Terminus "Norm" in der deutschen Psychiatrie kommt Huppmann (1975) entsprechend zu folgendem Ergebnis:

"Es zeigt sich ein Bestand äußerst unterschiedlicher, wenngleich klassifizierbarer Auffassungen, bei denen eine Tendenz zur rationaler, substanziierter Betrachtung deutlich wurde. Als Fazit ist zu sagen: Dem anthropologischen Aspekt der Subjektivität des Beurteilten und seiner Kommunikaton mit dem Beurteiler müßte mehr Beachtung geschenkt werden. Die sozialen Bedingungen ihres Verhaltens, Handelns und Erlebens sowie der Intersubjektivität des psychiatrisch-diagnostischen Prozesses (als deren Teil die Feststellung der "Normalität" gilt) sollte niemals außer Acht gelassen werden: Geht es doch um "Aushandeln von Normalität."

Die philosophische "Frage nach dem Wesen der Norm" (Kunz, 1954a und 1954b) bleibt dabei erwartungsgemäß unbeantwortet. Aber auch in der empirischen Forschung bleibt die Normalität primär unbestimmt. Psychiatrische Studien an sog. Normalpopulationen sind dennoch insbesondere seit dem 2. Weltkrieg vermehrt erfolgt. Offer und Sabshin (1974 und 1986) referieren insbesondere angloamerikanische Untersuchungen, wobei jedoch weder in Querschnittsuntersuchungen eine hinlänglich akzeptable (empirisch belegbare) Definition des "normalen Menschen" gegeben werden konnte, noch in Längsschnittuntersuchungen ein einigermaßen einheitlicher, "normaler" entwicklungspsychologischer Weg zum Erwachsenenalter erkennbar gewesen wäre.

Nicht zuletzt im deutschen Sprachraum gab es in den letzten Jahren eine Reihe von Untersuchungen an unbehandelten "Gesunden" bzw. entsprechend repräsentativen Bevölkerungsstichproben (Deneke et al., 1986; Dilling und Weyerer, 1984; Fichter, 1990; Hackstein, 1978; Hönmann et al., 1983; Zintl-Wiegand et al., 1980; Winter, 1959). Während herkömmliche Inanspruchnahmeklientele von Behandlungseinrichtungen hier allenfalls eine "administrative" Prävalenz ermöglichen, bieten repräsentative Bevölkerungsstichproben zumindest die Chance, an die "wahre" Prävalenz, d.h. die tatsächlich vorliegenden Verhältnisse, heranzukommen. Die jeweiligen Häufigkeiten der "Gesunden" sind dann natürlich abhängig vom Untersuchungszeitraum, von der Falldefinition und den Erhebungsinstrumenten, wobei hier inzwischen ein Prävalenzzeitraum von ca. einer Woche und eine Falldefinition auf mehreren Ebenen als besonders angemessen gelten. Zu dieser Falldefinition des "psychisch Kranken" gehörte dabei nicht selten mindestens eine DSM- oder ICD-Diagnose als überwiegend "qualitatives" Kriterium sowie ein strukturiertes Expertenrating und/oder ein ausführliches Interview, z.B. orientiert an Beeinträchtigungsscores (Schepank, 1974) oder am Goldberg-Cooper-Interview (Goldberg et al., 1970). So läßt sich immerhin ein definierter Mindestschweregrad als überwiegend "quantitatives" Kriterium bestimmen. Schepank et al. (1984) fanden z.B. auf entsprechender Untersuchungsbasis für den großen Formenkreis der sog. psychogenen Erkrankungen in der "gesunden" Stadtbevölkerung Mannheims unter 600 zufällig ausgelesenen Personen der Geburtsjahrgänge 1935, 1945 und 1955 genau 154 objektivierbare (positive) "Fälle", also eine Prävalenzrate von ca. 25 %. Damit war jeder vierte zufällig untersuchte Bürger "definitiv psychisch krank", wobei hier unter psychogenen Erkrankungen (noch nach ICD-9) die funktionellen psychosomatischen Erkrankungen, die Neurosen sowie die Persönlichkeitsstörungen, einschließlich Süchten und Sexualabweichungen, verstanden wurden. International schwanken die Ergebnisse allerdings allein schon innerhalb der Gruppe der psychogenen Störungen erheblich, so z.B. allein bei den Neurosen und den Persönlichkeitsstörungen jeweils zwischen Werten von unter 1 % und über 50 % anteiliger Vorkommenshäufigkeit (Neugebauer et al., 1980). Andererseits fanden z.B. Künsebeck et al. (1984) unter 322 nicht psychiatrisch kranken Klinikpatienten verschiedenster somatischer Disziplinen (unter Ausschluß von Schwerkranken und von Patienten über 65 Jahren) auf der Basis von Selbsteinschätzungsverfahren eine besondere Personengruppe von 42 %, die wegen bestimmter psychischer Beschwerden einer weiteren psychologischen Diagnostik bzw. dann ggf. auch einer Psychotherapie bedurfte. Die Vorkommenshäufigkeit psychischer Störungen bei stationär behandelten körperlich Kranken im Allgemeinkrankenhaus wird im übrigen auf 30 bis 50 Prozent geschätzt, wobei hier die häufigsten Krankheitsgruppen organische Psychosyndrome, depressive Störungen und Alkoholabhängigkeit sein dürften (Arolt et al., 1995). Bezüglich der wahren Morbidität in der Bevölkerung, also des wirklichen Verhältnisses zwischen jeweils Kranken und Gesunden ("Normalen"), sind allerdings epidemiologische Prävalenzraten (Krankheitsfälle zu einer vorgegebenen Zeit) nur bedingt aussagekräftig, da hier nicht nur die Inzidenzraten (Ersterkrankungshäufigkeiten) sondern insbesondere auch immer die vielfältigen Einflüssen ausgesetzte ("durchschnittliche") Krankheitsdauer mit eingeht (Häfner, 1985).

6. Krankheitskonzept und spezielle Krankheit

6.1 Allgemeine und spezielle Krankheitsbegriffe

Denkbemühungen, die praktische Erfahrungen im Umgang mit Kranken in einem Gebäude allgemeiner Grundsätze und daraus ableitbarer therapeutischer Konsequenzen einzubetten versuchen, nennt Rothschuh ganz allgemein "Konzepte der Medizin" (Rothschuh, 1977 und 1978). In ihnen könnten Ideen zusammengefaßt werden, die ausgehend von einer bestimmten Sichtweise des Menschen und unter dem Einfluß einer zeitgeschichtlichen Situation Axiome für eine allgemeine Krankheitslehre abgeben. Sie würden in Form sehr allgemeiner Grundsätze dann letztlich auch keines weiteren Beweises mehr bedürfen. Die hier tragenden Ideen waren in der Medizin oft Grundüberzeugungen philosophischer, politischer, religiöser oder sozialer Art. Nicht selten erlangten dabei auch die in der angloamerikanischen Literatur "visions of life" genannten spekulativen Lebens- und Weltkonzeptionen Bedeutung (Messer und Winokur, 1986; Murray, 1986). Von einem idealen medizinischen "Konzept" fordert Rothschuh (1978) jedoch insbesondere Brauchbarkeit hinsichtlich möglicher Erklärungen und Handlungsanweisungen, Richtigkeit im Sinne der Überprüfbarkeit und Bestätigung sowie möglichst weitgehende Vollständigkeit bzgl. der ins Auge gefaßten Verhältnisse.

Die Annäherung an diese Ideale kann durchaus über eine Weiterentwicklung vorhandener, bereits in der Praxis bewährter "Krankheits*konzepte*" stattfinden. Diese beinhalten gegenüber allgemeineren medizinischen Ideen in der Regel schon konkretere Hypothesen zu einzelnen Krankheitserscheinungen bzw. den ihnen zugrunde liegenden funktionalen oder ätiologischen Zusammenhängen. Neben ihrer Erklärungsfunktion bezwecken sie zudem immer auch eine sinnvolle Ordnung des Erfahrungsmaterials (Gliederung, Systematik etc.) sowie die Rechtfertigung des konkreten Handels (plausible Begründungen für ärztliche Eingriffe etc.). Rothschuh (1977) meint zudem, daß von allen denkbaren Konzeptträgern im medizinischen Denken die Handlungsbegründung immer am wichtigsten sei. "Krankheitskonzepte" sollten in diesem Sinne als allgemeine Theorien von Krankheit bzw. pathologischen Befunden verstanden werden, wobei rückblickend die am häufigsten beschriebenen metaphysisch-spekulativ (übernatürliche Einflüsse, animistische Prinzipien, Satanslehren etc.), naturalistisch (Säftelehre, Regulationspathologie, morphologische Schwächen etc.) oder anthropologisch (Weisen des Mensch-Seins, gestörte Selbstentfaltung, kindliche Fehlentwicklung etc.) geprägt waren (Rothschuh, 1975).

114

"Krankheits*begriffe*" enthalten gegenüber solchen theoretischen Überlegungen in der Regel bereits diejenigen Merkmale, die uns letztlich die Frage beantworten sollen: Wer ist überhaupt krank? Hierbei wären dann auch in der Psychiatrie so weit wie möglich folgende Hauptzielsetzungen zu berücksichtigen:

1. Eine angemessene Abgrenzung zur "Gesundheit": Nicht nur körperliche Aspekte sollten dabei unterschieden werden, sondern auch Krankheit im rein Psychischen. Gleichzeitig wären alle nicht krankhaft erscheinenden "Normabweichungen" menschlichen Erlebens und Verhaltens abzutrennen, wie z.B. ungewöhnliche Meinungen, extreme Lebensstile oder unmoralische Handlungen. Darüber hinaus ließen sich bei erheblicher Randunschärfe all dieser Begriffe ggf. noch seelische "Krisen" als akute Überforderungen ansonsten ausreichend vorhandener Bewältigungsstrategien differenzieren (vgl. Ciompi, 1993; Häfner und Helmchen, 1978).

Der Begriff "Gesundheit" erscheint hier im Vergleich zum Krankheitsbegriff allerdings noch schwieriger positiv definierbar, da er erheblich stärker einen grenzenlosen Gesamtzustand der Menschen zu betreffen scheint (Schorr, 1995). Scharfetter (1991) zählt z.B. ohne Anspruch einer konkreten Operationalisierungsmöglichkeit folgende Kriterien von "Gesundheit" als wichtig für die psychiatrische Praxis auf: Robustheit im Sich-behaupten, Standhalten, Fortbewegen, Entfalten, Anpassen an Situationen und Bewältigung sowie ein elastisch handhabbares Potential an Adaptions-, Coping- und Defensivstrategien (vgl. Knoll, 1983; Redlich, 1970). Jahoda hatte 1958 eine englischsprachige Übersicht über alle bis dahin vorliegenden Definitionen von "positive mental health" vorgelegt und dabei folgende inhaltlichen Schwerpunkte unterschieden: positive Einstellung zu sich selbst, Selbstverwirklichungstendenzen, Realitätsbewußtsein, Autonomie, soziale Integration und angemessener Umgang mit Anforderungen.

Ausgehend von einer außermedizinischen Entwicklung, die etwa Mitte der 70er Jahre in den USA begann, wird heute in einer neuen Fachrichtung "Gesundheitspsychologie" zudem ein "positiver" Gesundheitsbegriff vertreten. Dabei wird im Gegensatz zur bisherigen Sichtweise der klinischen Psychologie "Gesundheit" nicht mehr als bloße Abwesenheit von Krankheit (im überwiegend biomedizinischen Sinne) verstanden, sondern vielmehr als weiter gefaßter Sammelbegriff für jedes präventive menschliche Verhalten zur Verhütung gesundheitlicher Risiken sowie zur Förderung positiver Lebensweisen (Wahrnehmung von Bedrohung, Einstellung auf ein Krankheitsrisiko etc.). Erste systematische Einsichten in mögliche Aufgabenfelder und Fragestellungen dieses noch etwas unscharfen Bereichs einer neuen Gesundheitswissenschaft finden sich z.B. bei Schwarzer (1992) sowie Schwenkmezger und Schmidt (1994).

Becker (1982), der verschiedene psychologische Theorien zur seelischen Gesundheit inhaltlich miteinander verglichen hat, fand dabei drei relativ eigenständige konzeptuelle Schwerpunkte, die er dann theorieübergreifend als Regulationskompetenz, Selbstaktualisierung und Sinnfindung bezeichnete. Als bekanntestes Beispiel für die erstgenannte Gruppe der Theorien zur Regulation eines inneren und äußeren Gleichgewichts ("Regulationskompetenzkonzepte") gilt ihm Freuds Psychoanalyse. Als prominentester Vertreter der Gruppe der "Selbstaktualisierungskonzepte" wird C. R. Rogers genannt. Als Vertreter der "Sinnfindungskonzepte", die allerdings eine gewisse inhaltliche Verwandtschaft zu den Theorien der Selbstaktualisierung aufweisen, erscheint hier schließlich der 1905 in Wien geborene V.E. Frankl. Dieser entwickelte bekanntlich neben Freuds Psychoanalyse und Adlers Individualpsychologie in Form einer "dritten Wiener Psychotherapieschule" die sog. Logotherapie, welche seelische Störungen weitgehend auf ein grundlegendes Sinnlosigkeitsgefühl zurückführt, das aber therapeutisch zu überwinden sei (Frankl, 1973 und 1975).

Eines der in sich geschlossensten Gesundheitskonzepte, das unter dem Begriff "Salutogenese" (von lat. salus: Wohlsein, Heil, Unverletztheit) gerade auch in die heutige Psychosomatik Eingang gefunden hat (vgl. Lamprecht und Johnen,1994), stammt von dem Amerikaner Antonovsky (1979). Er baute seine Überlegungen insbesondere auf der Frage auf, warum einige Menschen den allergrößten Teil ihres Lebens weitgehend beschwerdefrei verbringen, sich ihre "Gesundheit" offensichtlich lange bewahren können. Die Antwort findet er u.a. in sog. generellen Widerstandsquellen ("generalized resistance resources"), zu denen er z.B. Wissen und Weitsicht, intakte Sozialstrukturen und materiellen Wohlstand rechnet, sowie eine besondere Fähigkeit zur Spannungsbewältigung ("sense of coherence"). Dabei greift er allerdings auch auf bereits bekannte Theorien zur Streßbewältigung und Selbststeuerung zurück (Lazarus, 1966; Selye, 1956).

2. Die genaue Charakterisierung einer "speziellen Krankheit": Vorauszusetzen wäre hier in der Regel ein ausreichend trennscharfes kategoriales System, in das Einzelfälle jeweils über definierte klinische Einheiten oder umschriebene Syndrome eingeordnet und dadurch im weiteren miteinander verglichen werden können. Diese strukturierte Zuordnung eines vorgegebenen krankhaften Zustandes anhand bestimmter Kriterien entspricht üblicherweise der "Diagnose" (von griech. diagnosis: unterscheidende Beurteilung, Erkenntnis). Ihre Leistung besteht insofern zunächst immer in einer sachgerechten und nachvollziehbaren begrifflichen Zuordnung:

"Jede Diagnose ist also ihrem logischen Status nach eine Aussage, und zwar eine Aussage von ganz bestimmter Art. Mittels ihrer wird einem bestimmten, individuellen Patienten zu einem bestimmten Zeitpunkt ein bestimmter Krankheitsbegriff zugeordnet." (Wieland, 1975)

Selbst die modernsten psychiatrischen Diagnosesysteme sind jedoch vielfach uneinheitlich in ihrer logischen Struktur sowie naturgemäß relativ ungenau in vielen Zuordnungskriterien. Ebenso wenig erreichen sie das Ziel möglichst einheitlicher Einteilungsgründe. Die verhältnismäßig große Zahl randunscharf definierter psychischer Syndrome sowie die zahlreichen Krankheitszustände unklarer Ätiologie erfordern aber um so mehr möglichst klar definierte Begrifflichkeiten in diesem Bereich (Möller, 1990; Mombour, 1993; Saß, 1990).

3. Die Berücksichtigung der "Beziehung" zur eigenen Krankheit: Hierzu gehört nicht nur das subjektive Erleben der Krankheit durch den Betroffenen, sondern auch die individuelle Präsentation der Beschwerden. Wie einleitend erörtert, können gerade psychische Störungen nicht nur bis zum Extremfall der Simulation übertrieben dargestellt werden, sondern natürlich auch untertrieben bis hin zur völligen Verleugnung eines objektiven Befundes (Dissimulation). Das subjektive Befinden des Kranken ist als "Kranksein", als "Sich-Krankfühlen" (aegritudo) seit der Antike neben dem klinischen Erscheinungsbild (nosos) und dem zugrunde liegenden Befund (pathos) ein wesentlicher Teilaspekt jeder eigenständigen Krankheit (morbus). Es wird schließlich sogar zum Hauptkriterium jedes personalistisch geprägten Krankheitsbegriffs, wobei dann ggf. auch subjektive Krankheitskonzepte mit einzuschließen wären (Bender, 1988; Blankenburg, 1982; Linden, 1985; Rothschuh, 1965; Stark und Stolle, 1994; Einstein, 1972). Über entsprechende Krankheitskonzepte bei Kindern haben kürzlich Schmidt und Lehmkuhl (1994) berichtet.

Im Prinzip geht es hier aber zunächst immer um die Frage, wie bzw. unter welchen Bedingungen einzelne Attribute oder Merkmalshäufungen eines Phänomenbereichs etwas darin Auffälliges gerade so zu kennzeichnen vermögen, daß es uns anschließend auch wiedererkennbar als "Störung", "Abnormität" oder "Krankheit" gelten kann. Welcher Minimalforderung müssen beispielsweise sehr unterschiedliche "psychische Störungen" entsprechen, damit sie alle (zusammen) in ein und derselben psychiatrischen Klassifikation überhaupt Berücksichtigung finden können? Unter Beachtung der formalen Grundsätze einer wissenschaftlichen Begriffsbildung wäre hier nämlich jeder "allgemeine Krankheitsbegriff", der in der Regel einen Unterschied zur Nicht-Krankheit zum Inhalt hat, nicht anders zu definieren als jeder "spezielle Krankheitsbegriff", der sinnvollerweise jeweils auf einer Differenz zwischen einzelnen Erkrankungsformen aufbaut. Ausgenommen wäre hier allerdings der Fall, daß die Krankheit über eine Realdefinition, d.h. ontologisch, bereits feststünde. Davon heute in der Psychiatrie oder Psychotherapie auszugehen, hieße jedoch, den Krankheitsbegriff gewaltsam zu verdinglichen. Alternativ sind dann aber ebenso unendlich viele mehr oder weniger "allgemeine" oder "spezielle" Krankheitsbegriffe konstruierbar, von denen jeder eine besondere klinische Relevanz bekommen könnte. Wäre allerdings die Defintion eines allgemeinsten Krankheitsbegriffs einmal verbindlich vorgegeben, d.h. wäre z.B. für die Psychiatrie einmal geklärt, welche Merkmale "allgemein psychisch krank" überhaupt definieren, und dadurch endlich die "normative Frage" nach einem allgemeinverbindlichen Schwellenkriterium gelöst, so ergäbe sich daraus die prinzipielle Krankhaftigkeit aller nachgeordneten psychischen "Einzelkrankheiten".

Zur prinzipiellen Problematik allgemeiner und spezieller Krankheitsbegriffe in der Psychiatrie haben sich im deutschen Sprachraum in den letzten Jahren insbesondere Häfner (1983, 1987 und 1992) und Blankenburg (1989) geäußert. Der letzte deutschsprachige Psychiatriekongreß, dessen Hauptthema die Problematik eines angemessenen Krankheitsbegriffs war, wurde von der Deutschen Gesellschaft für Psychiatrie und Nervenheilkunde 1978 in Konstanz abgehalten (Degkwitz und Siedow, 1981). Wenig später hat sich in Göttingen auch die Deutsche Gesellschaft für Psychotherapie, Psychosomatik und Tiefenpsychologie mit ähnlichen Fragen auseinander gesetzt (Bach, 1981). Auch einzelne Psychotherapieverbände haben sich seither dieser Thematik angenommen (vgl. z.B. Eckert et al., 1993). Englischsprachige Diskussionsbeiträge hierzu sind in jüngerer Zeit u.a. von Clare (1985), Miller Brown (1985) sowie Roth und Kroll (1986) erschienen, etwas länger zurückliegend auch von Offer und Sabshin (1974) sowie von Siegler und Osmond (1975).

Blankenburg (1989), der zunächst davon ausgeht, daß die Diskussion um den Krankheitsbegriff in der Psychiatrie gerade in den letzten Jahren wieder einen beträchtlichen Stellenwert bekommen habe, sieht eine zunehmende inhaltliche Verlagerung. Sie bewege sich weg von einer pauschalen Kritik am herkömmlichen medizinischen Krankheitsbegriff als brauchbarem Modell für die Psychiatrie und hin zu einer differenzierten Auseinandersetzung mit konkreten Alternativen und jeweiligen Geltungsbereichen. Hierzu gehöre nicht zuletzt auch die Auseinandersetzung mit der zunehmenden Veränderung des bisherigen Krankheitsbegriffs zugunsten eines vermeintlich neutraleren psychiatrischen Störungsbegriffs. Nach Häfner (1983) bleibt das, was mit psychischer Krankheit im Speziellen gemeint sein könne, aber immer nur im Zusammenhang damit bestimmbar, was "Krankheit überhaupt" bedeutet. Deshalb müsse zu allererst nach einer adäquaten Definition gerade dafür gesucht werden. Erst danach könne im Prinzip entschieden werden, wie ein bestimmter Typus oder

Grad psychischer Störung als einzelnes Krankheitskonstrukt zu definieren und damit zukünftig zu identifizieren sei.

In der Literatur gibt es zahlreiche solcher Definitionsversuche, ausgehend entweder von einer eher theoretischen oder mehr praktischen Zielsetzung des Autors. Eine vom Allgemeinen zum Speziellen kommende Konzeptualisierung von Krankheit muß sich dabei aber notwendigerweise zunächst über bestimmte Formen von Individualpathologie, wie sie auf ganz unterschiedlichem theoretischen Hintergrund z.B. von Menninger (1963), Curtius (1959) oder von Weizäcker (1956) vertreten wurde, hinwegsetzen. Schließlich wäre es hier auch unlogisch, in der sich erst langsam aufbauende Rollenübernahme des Kranken bzw. der Interaktion zwischen ihm und der medizinischen Institution einen krankmachenden Faktor zu sehen, wie dies z.B. in der Interaktions- und Etikettierungstheorie von Scheff (1973 und 1974) versucht wurde. Nachdem bereits Parsons (1964) und Merton (1957) darauf hingewiesen hatten, daß soziostrukturelle Einflüsse durchaus einen gewissen Druck hinsichtlich nonkonformer Verhaltensweisen und psychischer Auffälligkeiten erzeugen können, baute Scheff unter dem Begriff "labeling approach" diesen Denkansatz extrem weit aus. Danach komme schon mit einer medizinischen Etikettierung als "krank", d.h. mit einer sehr allgemeinen Diagnose in Form einer Globalkategorie, bei der betroffenen Person automatisch ein Anpassungsprozeß in Gang, in dem sie schließlich nach dem Prinzip einer "self-fulfilling prophecy" auch zunehmend den stereotypen gesellschaftlichen Verhaltenserwartungen an einen Kranken entsprechen würde. Letztlich wird hier also ein ungünstiger sozialer Druck in die Krankenrolle hinein schon allein durch eine aufoktroyierte, im Grunde aber völlig falsche Kategorisierung angenommen (vgl. Trojan, 1978).

Jegliche Diskussion um allgemeine oder spezielle Krankheitsbegriffe in der Psychiatrie scheint sich schließlich zu erübrigen, sofern psychische Krankheit per se als reiner Mythos "definiert" wird, wie dies in dogmatischer Weise in den 60er und 70er Jahren von namhaften, überwiegend in England beheimateten Vertretern der sog. Antipsychiatrie versucht wurde (vgl. Glatzel, 1975; Keupp, 1972). Als Schöpfer dieses schlagkräftigen Ausdrucks darf übrigens am ehesten D. Cooper (1967) gelten, der sich nicht zuletzt auch als einziger psychiatrischer Autor zu dieser medizinkritischen Bewegung tatsächlich selbst bekannt haben soll (Kisker, 1979). Von soziologischen Denkmodellen und verschiedenen Theorien abweichenden Verhaltens (u.a. Goffmann, 1971) ausgehend, betrachtete diese inzwischen wieder weitgehend verschwundene Strömung schließlich sogar jede psychiatrische Kategorisierung als Strategie der Persönlichkeitsknebelung. Für T.S. Szasz, den wohl bekanntesten Exponenten der Ansicht, daß es "so etwas wie seelische Krankheit" eigentlich gar nicht gebe, ist zudem jedes psychische Symptom immer völlig unauslöschbar mit demjenigen ethischen und sozialen Kontext verknüpft, in dem es ursprünglich einmal entstanden ist. Entsprechend diene der Begriff der seelischen Krankheit in der Gesellschaft hauptsächlich dazu, die Tatsache zu verschleiern, daß das tägliche Leben für die meisten Menschen letztlich ein ständiger Kampf um einen "Platz an der Sonne", um den "Seelenfrieden" oder um andere menschliche Werte sei. Schließlich erlaube jedes Festhalten am Mythos psychischer Krankheit den etablierten Psychiatern die permanente Fehleinschätzung, daß dann, sozusagen im Gegenschluß, seelische Gesundheit bei jedem automatisch zu sicheren, richtigen Entscheidungen führen müsse (Szasz, 1960).

In der medizinischen Literatur finden wir inzwischen insbesondere zwei sich ergänzende Mindestkriterien für einen auch in der Psychiatrie einigermaßen brauchbaren allgemeinen Krankheitsbegriff. Beide haben zwangsläufig normativen Charakter erhalten. Zum einen ist es das Kriterium der funktionellen Störung im psychischen und/oder physischen Bereich, also die "functio laesa". Sie würde ihrerseits dann relevante Leistungsbeeinträchtigungen bedingen, die auch durch mögliche Ausgleichsprozesse nicht mehr verhindert werden können (vgl. Bojanovsky, 1977; Glatzel, 1970; McHugh und Slavney, 1986; WHO, 1960). Zum anderen gehört inzwischen das Kriterium der Unabhängigkeit vom freien Willen des Betroffenen hierher, also die Unfähigkeit im Sinne eines "Nichtkönnens", die ganz im Gegensatz zu einem willkürlich bedingten Unvermögen beim "Nichtwollen" gesehen werden muß. Bezüglich dieses Kriteriums finden wir aber gerade in der Psychiatrie eine sehr komplexe Situation vor, die zudem wieder eine besondere Berücksichtigung von Krankheitseinsicht und Krankheitserleben des Patienten erfordert. Als Psychiater, der in seinen eigenen Definitionsvorschlägen diese beiden Hauptaspekte dann explizit berücksichtigt hat, soll nochmals Häfner (1983) zitiert werden:

"Krankheit im allgemeinen Sinne bezeichnet einen bestimmten Zustand unwillkürlich gestörter Lebensfunktionen eines Individuums, der eine Zeitdimension aufweist – Beginn und Verlauf – und in der Regel eine Beeinträchtigung der Leistungsfähigkeit (Fähigkeit zur Bewältigung konkreter Lebensaufgaben) zur Folge hat."

Häfner fügt hier zu einem Unwillkürlichkeitskriterium und einem Funktionskriterium insbesondere noch ein allgemeines Verlaufskriterium, über welches ggf. Dauerzustände als mögliche "Behinderung" definitiv abgetrennt werden könnten. Eine evtl. Chronizität von Folgeerscheinungen hatte ja in der Sozial- und Rehabilitationsmedizin schon immer eine eigene Relevanz (Jochheim und Matthesius, 1995; Krüger et al., 1994). In der medizinischen Literatur finden sich zum allgemeinen Krankheitsbegriff im übrigen noch folgende kriteriologische Möglichkeiten:

1. Charakteristika therapeutischer Sorge und ärztlicher Zuwendungsbereitschaft (z.B. Kräupl-Taylor, 1976 und 1978; von Weizsäcker, 1986),
2. Kennzeichnen biologischer Benachteiligung (z.B. Scadding, 1967; Kendell, 1975),
3. Aspekte veränderter sozialer Rollen (z.B. Parsons, 1967; Mechanic, 1972),
4. Merkmale statistischer Normabweichungen (z.B. Cohen, 1943) und
5. Kriterien besonderer Hilfsbedürftigkeit (z.B. Rotschuh, 1977).

Darüber hinaus haben sich in einzelnen Lebensbereichen weitere Bestimmungsmerkmale herausgebildet, um jeweils unterschiedlichen medizinischen Aufgaben und gesellschaftlichen Interessen gerecht werden zu können. Damit bekommt die Konstitution jedes einzelnen Krankheitsbegriffs innerhalb eines umschriebenen, in der Regel sozialen sowie normativen Bezugsrahmens eine bestimmte Funktion, von der psychisch Kranke ggf. in besonderer Weise betroffen sind.

Alternativ erwähnenswert erscheint noch in diesem Zusammenhang die handlungsbezogene Sichtweise von Lindner (1965), der unter einer ärztlichen Diagnose weder eine spezielle phänomenologische noch eine ätiologische oder prognostische Aussage versteht, sondern "ganz einfach eine indirekte ärztliche Verordnung".

"Krankheit" definiert sich bei ihm dann ohne feststehendes, ggf. überprüfbares Einzelkriterium lediglich durch das prinzipielle Vorhandensein der ärztlichen Betreuung bzw. das faktische Ingangkommen eines ärztlichen Behandlungsplans (wie auch immer). Eine pragmatische Definitionsweise unter Verzicht auf allgemeine Krankheitskriterien wird auch von Schulte (1990) vorgeschlagen, für den sich die Feststellung von "allgemein krank" dadurch zwangsläufig erübrigen könnte, daß jeweils immer eine "spezielle" Krankheit bzw. Störung diagnostiziert werden kann. Dies entspricht durchaus der Erfahrungstatsache, daß allgemein konstitutive Kriterien praktisch nie im luftleeren Raum hängen, sondern in der Regel anhand ganz spezieller Fakten zum Ausdruck kommen. Die logische Folgerung des Grundzustandes "Krankheit" aus einer sehr speziellen "Diagnose" wäre definitionstheoretisch allerdings nur korrekt, wenn beide Begriffe, jeweils jedoch mit unterschiedlichem Allgemeinheitsgrad, in derselben Fachsprache überhaupt vorhanden sind. Dies spräche wiederum für die Notwendigkeit eines allgemeinen Krankheitsbegriffs als eines anwendungsbezogen klaren Terminus. Andererseits ist in der klinischen Praxis, wie auch Blankenburg (1989) unterstreicht, das erstmalige Krankschreiben eines Patienten und das Diagnostizieren einer speziellen

Erkrankung meist zweierlei, da für den ersten Schritt in der Regel keine genaueren differentialdiagnostischen Überlegungen erforderlich sind. Auch beim Krankschreiben durch den Psychiater geht es zunächst eher um das Ausmaß einer allgemeinen Beeinträchtigung des psychisch Kranken als um eine bereits spezieller klassifizierbare Störung, d.h. im weitesten Sinne wieder um Unterschiede auf einem weitgehend undefinierten Schweregradkontinuum. Noch pragmatischer angelegt erscheint in diesem Zusammenhang schließlich die Idee von Panzetta (1974), den "Krankheitsbegriff in der Psychiatrie" relativ willkürlich zu definieren, sofern man sich dabei überhaupt nur Gedanken mache und sich ihrer auch in der Anwendung weiterer Maßnahmen immer bewußt sei.

Jaspers hatte entsprechend der Einteilung psychiatrischer Krankheiten in seiner "Allgemeinen Psychopathologie" (1973) immerhin noch drei allgemeinere Typen psychiatrischer Krankheitsbegriffe unterschieden. Es waren genau diejenigen, durch die psychische Krankheit bei ihm auch grundsätzlich bestimmbar erschienen und zwar

"1. als somatischer Prozeß,
2. als schweres, neu in ein bis dahin gesundes Leben einbrechendes, seelenveränderndes Geschehen, bei dem eine somatische Grundlage vermutet wird, aber nicht bekannt ist,
3. als Variation des Menschseins in weitem Abstand vom Durchschnitt, und zwar als irgendwie unerwünscht für den Betroffenen oder seine Umgebung, daher behandlungsbedürftig." (1973)

Die Tatsache, daß die Ursachen psychischer Krankheiten sowohl im psychischen als auch im körperlichen Bereich zu suchen sind, wird heute nicht mehr bezweifelt. Eine sinnvolle Gewichtung und angemessene Berücksichtigung der "psychischen Wirklichkeiten" für das Ordnen und Systematisieren der Befunde und das Definieren von Zuständen stellt aber offensichtlich weiterhin ein methodisches Grundproblem in den Psychowissenschaften dar.

6.2 Die Validierung von Krankheitskonstrukten

Nach Robins und Guze (1970) kann sich die "Richtigkeit" eines diagnostischen Begriffs, d.h. wissenschaftstheoretisch die Validität eines bestimmten Konstrukts, im Prinzip sowohl an "internen" als auch an "externen" Kriterien beweisen. Während zu den internen Diagnosekriterien in der Psychiatrie jeweils klar definierte Ein- und Ausschlußkriterien gerechnet werden, zählen zu den externen üblicherweise biologische und genetische Befunde sowie ggf. auch spezifische Verlaufsdaten. Wie Kendell (1975) in einer kritischen Auseinandersetzung mit der Problematik der diagnostischen Klassifizierung psychischer Erkrankungen betont, haben Diagnosen eher geringen Wert, wenn weder direkt brauchbare Erkenntnisse noch weiterführende Voraussagen darauf aufgebaut werden können. Er unterstreicht zudem die weitgehend unstrittige Meinung, daß unter allen Möglichkeiten einer inhaltlichen Genauigkeit von Diagnosen die Vorhersagevalidität (predictive validity) die bei weitem wichtigste sei. Geht es in der Medizin doch letztlich immer darum geht, in bevorstehende Entwicklungen auf der Basis ausreichender Vorhersagewahrscheinlichkeit (predictive power) rechtzeitig korrigierend eingreifen zu können. Insofern nimmt inzwischen die psychiatrische Verlaufsforschung auch mit Recht eine zentrale Stellung in der nosologischen Forschung ein (vgl. Helmchen, 1988 und 1991).

Unter den verschiedenen Arten der Treffsicherheit psychiatrischer Urteile lassen sich des weiteren "psychologisch" genannte, die sich inhaltlich primär an der allgemeinen Plausibilität orientieren, von "statistischen" unterscheiden. Letztere stellen sich testtheoretisch als "echte", d.h. kriteriumsbezogene Validität (criterion relatet validity) in der Regel in positiven Korrelationen dar, im Falle persönlichkeitsbezogener Betrachtungen "allerdings unter der Voraussetzung, daß das Validitätskriterium repräsentativ für das zu untersuchende Persönlichkeitsmerkmal ist" (Lienert, 1969). Hohe Inhaltsvalidität (content validity) würde zudem bedeuten, daß das gewählte Kriterium durch seine spezielle Beschaffenheit (z.B. als ätiologischer Faktor) eine bestimmte Merkmalskonfiguration (psychopathologisches Syndrom, psychische Störung, abnorme Verhaltensweise etc.) eigenständig repräsentieren und damit evtl. vollständig (monokausal) definieren kann. Sind die charakteristischen Phänomene dagegen nicht gut operationalisierbar, sondern, wie bei vielen komplexen psychischen Erscheinungen, nur sehr vage faßbar, so muß sich die diagnostische Valenz eher auf hinreichende Konstruktvalidität (construct validity) beschränken. In diesem Fall würde auf der Basis empirischer Beschreibung und sachlogischer Verknüpfung eine weitgehende Übereinstimmung mit dem Konstrukt, z.B. dem der "Krankheit", erwartet, wobei sich dann aber im allgemeinen keine feste Maßzahlen mehr angeben lassen. Bei den korrelativen Formen können dagegen auch Schlußbildungen über ein zeitlich koexistentes, z.B. phänomenologisches Kriterium (concurrent validity) von der bereits erwähnten Vorhersage über ein zukünftiges Kriterium unterschieden werden.

Die formale Genauigkeit (reliability) eines diagnostischen Schlusses, psychiatrischen Urteils oder einzelnen Meßvorgangs, die sich immer nur auf die Qualität des einmal gewählten Zugangsweges beziehen kann, ist zwar hierbei ein notwendiges methodisches Kriterium, Stabilität und Zuverlässigkeit der Urteilsbildung selbst sagen aber nie etwas Hinreichendes über die mögliche klinische Relevanz eines diagnostischen Verfahrens aus. So dürften beispielsweise die sog. Symptome ersten Ranges von K. Schneider bzgl. einer Schizophrenie-Diagnose sicher eine größere Reliabilität als die Grundsymptome von E. Bleuler besitzen, ihre Konstruktvalidität ist im Vergleich dazu aber sicher gering und prädiktiv sind sie wohl kaum überzeugend brauchbar (Pope und Lipinski, 1978). Analog der Prinzipien psychologischer Testtheorie läßt sich schließlich Validität auch in der psychiatrischen Diagnostik nicht an der standardisierten Merkmalserfassung selbst, sondern nur an inhaltlich sicheren Korrelaten überprüfen, wie z.B. am tatsächlichen Eintritt eines objektivierbaren Verlaufskriteriums oder an einer meßbaren biologischen Größe (Lienert, 1969; Michel, 1971). Die inhaltliche Genauigkeit, d.h. die objektive Gültigkeit einer psychiatrischen Diagnose, kann nach allgemeinen testtheoretischen Grundsätzen allerdings nie höher ausfallen als ihre formale Genauigkeit, d.h. als die Sicherheit, mit der das gewählte diagnostische Verfahren bei unterschiedlichen Beobachtern (Paralleltest-Methode) oder zu verschiedenen Zeitpunkten (Retest-Methode) auch tatsächlich zum selben Ergebnis führt.

Sind die inhaltlichen Ansprüche an ein Krankheitskonstrukt aber besonders hoch, weil z.B. schon die untersuchten Einzelerscheinungen in sich vielschichtig sind und die Zusammenhänge sehr komplex erscheinen, so können rein methodische Reliabilitätsverbesserungen auch einmal zu einem Verlust an Validität in der Diagnostik führen. Die oft einer besseren Reliabilität dienlichen formalen Vereinheitlichungen (z.B. über Entscheidungsbäume, Computerdiagnostik etc.) könnten nämlich aufgrund der partiellen Inkompatibilität von Reliabilität und Validität (Spitzer und Degkwitz, 1986) durchaus einen Angemessenheitsverlust des nun (bzgl. der notwendigen Vielfalt) zu sehr vereinfachten Instrumentariums bedingen. Insofern sollte eine Reliabilitätsverbesserung die vielleicht schon vorhandene Validität auch nicht übermäßig schmälern. Es dürfte deshalb nicht immer sinnvoll sein, ein bestimmtes Krankheitskonstrukt, das z.B. schon auf der Syndromebene angesiedelt ist, sofort wieder aufzugeben, nur weil es noch nicht übermäßig reliabel zu diagnostizieren ist oder alle Einzelsymptome nicht sicher meßbar erscheinen. Zu den statistischen Wechselbeziehungen zwischen den verschiedenen Gütekriterien gehört nicht zuletzt auch, daß die Feststellung einer hohen Validität, z.B. meßbar am Koeffizienten der Korrelation einer inhaltlichen Variablen mit einem als zulänglich anerkannten Außenkriterium, bereits weitgehend davon entbindet, die übrigen Gütekriterien überhaupt noch überprüfen zu müssen. Besäße nämlich die Feststellung einer bestimmten Krankheitserscheinung tatsächlich objektive Gültigkeit, so sollten an der Zuverlässigkeit des dabei gewählten Zugangsweges keine größeren Zweifel mehr bestehen (Lienert, 1969).

Einzelkriterien (Organdaten, Leitsymptome etc.) und darauf aufbauende Krankheitskonstrukte (Diagnosen) stehen zudem in einem besonderen Bewährungsverhältnis zueinander, welches sich anhand bestimmter Kenngrößen unterschiedlich genau bewerten läßt. Geht es z.B. um prospektive gesundheitliche Aufklärung oder prophylaktische Maßnahmen, so wird in der Medizin immer hohe "Sensitivität" (SEN) des benutzten (Auswahl-)Verfahrens erwartet. Hierdurch läßt sich genau derjenige Anteil der Symptomträger statistisch erfassen, für den die besondere Diagnose jeweils zutrifft. Sensitive Verfahren sollten entsprechend bereits alles erfassen, was einer Krankheit auch nur verdächtig ist, allerdings leider immer unter vermehrtem Einbezug sog. falsch positiver Fälle. Bei der Validierung von ermittelten Befunden an objektivierbaren Außenkriterien oder auch zu Forschungszwecken wird dagegen eher "Spezifität" (SPE) erwartet. Hier sollte dann die Wahrscheinlichkeit hoch sein, daß jemand, der eine spezielle Diagnose nicht bekommt, auch gleichzeitig das spezifische Auswahlkriterium (Testergebnis, Marker etc.) nicht erfüllt. Diese Kenngröße erfasst allerdings immer einige Fälle nicht, die sich durchaus schon im Vorstadium einer bestimmten Krankheit befinden, sie läßt also vermehrt sog. falsch negative Fälle zu. Zur einfachen Darstellung solcher Zusammenhänge lassen sich z.B. bei bivariablen Verteilungen mit jeweils zwei Merkmalsausprägungen Vierfeldertafeln benutzen, wobei die Zah-

		Krankheitskonstrukt (Diagnose)		
		liegt vor	liegt nicht vor	
	positiv	a	b	a = richtig positiv b = falsch positiv
Kriterum (Symptom)				
	negativ	c	d	c = falsch negativ d = richtig negativ

Abb. 2: Vierfeldertafel für bestimmte diagnostische Kenngrößen:
Sensitivität (SEN) = a / a + c, Spezifität (SPE) = d / d+b,
Treffsicherheit (PPP) = a / a + b,
diagnostische Effizienz (EFF) = SEN + SPE / 2

lenwerte hier zwischen null und eins variieren (vgl. Abb.2). Im Falle weiterer Ausprägungsgrade ließen sich entsprechende Kombinationen auch in Kontingenztabellen darstellen (Ramm und Hofmann, 1982).

Die Zuordnungsverfahren zwischen Krankheitskonstrukten und vorhandenen Daten sind natürlich auch in der Psychiatrie um so besser, je größer jeweils beide, hier entweder auf vorhandener oder fehlender Enddiagnose aufbauenden Kenngrößen sind. Die diagnostische "Effizienz" (EFF) eines Auswahlkriteriums im Sinne eines "gesamten prädiktiven Werts" läßt sich entsprechend aus den bedingten Wahrscheinlichkeiten ermitteln, die sich aufgrund des Vorhandenseins und Nichtvorhandenseins des Kriteriums (Symptoms) ergeben (vgl. Anmerkungen zu Abb. 2). Für den Kliniker ist allerdings meist eine besondere Kenngröße, die "Treffsicherheit" (positive predictive power, PPP), am interessantesten (vgl. Baldessarini et al., 1983). Sie bezeichnet die Wahrscheinlichkeit für alle "positiven" Symptomträger auch tatsächlich einer bestimmten, nämlich der erwarteten Diagnose zu entsprechen. Im Prinzip wird hier von kriteriologisch (symptomatisch) Betroffenen ausgegangen und prädiktiv mit einer bestimmten Wahrscheinlichkeit auf die Gültigkeit der Diagnose geschlossen, wie es in ähnlicher Weise seinerzeit K. Schneider (1976) mit seiner Positivsymptomatik ersten Ranges für das Konstrukt "Schizophrenie" versucht hatte (vgl. Klosterkötter et al., 1994). Während er dabei jedoch primär innerhalb einer klinisch gewonnenen diagnostischen Kategorie die besondere diagnostische Valenz bestimmter Einzelsymptome postuliert hatte, geht es bei der hier herausgestellten kriteriumbezogenen Validität im Endeffekt immer um die Bestätigung einer diagnostischen Konvention anhand davon unabhängiger (substantieller) Parameter.

Eine nicht geringe Anzahl von Diskussionen um die operationalisierte Diagnostik verbindet sich noch mit dem Problem der geeignetsten Auswahlkriterien für solche externen Größen, also den methodischen Voraussetzungen für einen auch real durchführbaren kriteriellen Ansatz in der Psychiatrie (vgl. Kraus, 1991). Klassischerweise beginnt die diagnostische Eingrenzung in der Psychiatrie auf der Ebene der deskriptiven Psychopathologie. In Umkehrung dieses konventionellen Ansatzes einer "Select-by-diagnosis"-Strategie könnte forschungsstrategisch aber auch eine "Select-by-marker"-Strategie angewandt werden, bei der homogenere Patientengruppen zunächst aufgrund bestimmter neurobiologischer Kriterien gebildet werden und erst dann die davon jeweils als abhängig definierten Variablen gängigen psychopathologischen Merkmalen entsprechen (Gaebel und Maier, 1993; Helmchen, 1988). Die Eingangskriterien zu einer vorläufigen psychiatrischen Syndromdiagnose dürfen in keinem Fall aber wieder als externe Validierungskriterien benutzt werden, da sie ja bereits in der erst noch zu validierenden "Arbeitsdiagnose" berücksichtigt wurden (Dittmann et al., 1990). Die Güte eines Validitätskriteriums ist insofern immer entscheidend von seiner Externalität bezüglich eines dadurch erst zu bestätigenden diagnostischen Konstrukts abhängig. Nur in diesem Falle könnte sich in Studien zur prognostischen Validität auch der weitere Verlauf eines Syndroms als dasjenige Kriterium herausstellen, welches, unabhängig von den einzelnen, begrifflich enger oder weiter definierten Diagnosekategorien des *Querschnitts*bildes, vielleicht "beweisend" sein könnte. Betrachtet man heute aber z.B. die zahlreichen Einzelergebnisse solcher verlaufsorientierten Validierungsstudien für schizophrene und affektive Erkrankungen, so lassen sich weder im Rahmen der herkömmlichen, die gesamte Krankheitsvorgeschichte berücksichtigenden "Lebenszeitdiagnosen" (wie sie bisher z.B. nach dem Diagnoseschlüssel der ICD-9 erhoben wurden) noch nach der operationalisierten "Episodendiagnostik" (wie sie inzwischen nach den Kriterien von DSM-III-R bzw. DSM-IV oder ICD-10 erfolgt) homogenere psychotische Zustands-Verlaufseinheiten mit größerer Sicherheit prognostizieren (vgl. Maier und Sandmann, 1993; Möller, 1991).

Vielmehr konnten einige Schizophreniestudien sogar zeigen, daß gerade der Ausgang dieser entsprechend kontrovers diskutierten Krankheit umso ungünstiger wird, je enger man jeweils "Schizophrenie" selbst definiert (Retterstoel, 1987; Stephens, 1978). So hat z.B. die Verwendung eines relativ engen Schizophreniebegriffs (gemäß DSM-III-R) in der Langzeitstudie von Marneros et al. (1991), d.h. unter gezieltem Ausschluß aller schizoaffektiven Psychosen, die relativ gute, häufig mit Vollremission verbundene Langzeitprognose begrifflich weit gefaßter Schizophrenien (Bleuler, 1972; Ciompi und Müller, 1976; Huber et al., 1979) nicht mehr bestätigen können. Hier fehlte nämlich in der Zusammenschau gerade der inzwischen mehrfach bestätigte Effekt des deutlich besseren Verlaufs schizoaffektiver Psychosen (vgl. Harrow und Grossmann, 1984; Möller et al., 1988). Zu entsprechenden Ergebnissen kommt auch eine von Hegarty et al. (1994) durchgeführte, breit angelegte Metaanalyse entsprechender wissenschaftlicher Veröffentlichungen aus den letzten hundert Jahren. Sie stellt u.a. fest, daß sich durch eine weltweit zunehmende kriteriologische Verengung des Schizophreniebegriffs in den letzten Jahren die Besserungsraten dieser Erkrankung deutlich verschlechtert haben. Allerdings gibt es in diesem Zusammenhang offensichtlich auch nicht "den" Ausgang einer Schizophrenie, sondern jeweils immer zahlreiche Einzelaspekte, die theoretisch als "Ausgang" definiert werden könnten. Damit bedingen jeweils unterschiedliche Definitionen zahlreiche weitere Probleme auf dem Weg zu einer prognostisch validen Diagnostik (Harrow und Grossmann, 1984; Rohde und Marneros, 1993).

Unterschiedlich eng oder weit gefaßte Krankheitsbegriffe lassen sich bzgl. ihrer evtl. Überschneidungszonen anschaulich in sog. Venn-Diagrammen darstellen, in denen unter mathematischem Blickwinkel Relationen von Mengen durch sich ggf. überschneidende Flächen repräsentiert werden (z.B. bei Berner, 1983). Voraussetzung ist aber immer eine Polydiagnostik mit möglichst computerisierten Algorithmen für alle diagnostischen Schritte. Entgegen dem eigentlichen Fernziel einer verfeinerten psychiatrischen Diagnostik wird bei Patientenselektionen für Forschungszwecke allerdings eher empfohlen, gerade mit *weiten* Krankheitsdefinitionen zu operieren, um zunächst immer von großen Fallzahlen ausgehen zu können (Philipp et al., 1985). Ein anderer Weg, innerhalb der Forschung zu eindeutigeren Spezifitäten zu kommen, ist dann das sog. "statistical modelling". Zu dieser statistischen Validierung fraglicher nosologischer Einheiten, d.h. zur rein mathematischen Eingrenzung regelhaft oder gesetzmäßig auftretender Symptomverbände, stehen inzwischen zahlreiche Verfahren der multivariaten Statistik zur Verfügung, insbesondere die unterschiedlichen Techniken der Clusteranalyse (vgl. Brauchli, 1981). Damit können größere Patientenpopulationen nach dem Ausmaß ihrer wechselseitigen Übereinstimmung in vielen Einzelmerkmalen bzw. Variablen in unterschiedlichem Weise statistisch voneinander getrennt und in eigenständig umschriebene "Cluster" (Häufungen, Gruppen) unterteilt werden. Neben anamnestischen oder somatologischen Daten könnten dabei von Anfang an auch bestimmte Therapieeffekte als (interne) Diagnosekriterien berücksichtigt werden, sofern diese nicht später noch zu einer externen Validierung der aufgefundenen Merkmalsmuster vorgesehen sind. Die Ergebnisse aller Verfahren multivariater Analyse hängen damit aber zwangsläufig immer auch von der Art der jeweils speziell zu berücksichtigenden Items ab.

Nach Bock (1974) dient die "automatische Klassifikation" in Cluster-Analysen letztlich dazu, durch optimale bzw. möglichst zweckmäßige Gruppierung homogenere Klassen zu entdecken. Entscheidend für die Ergebnisse dieser Verfahren sind jedoch nicht nur besondere Ähnlichkeiten in Merkmalskonfigurationen, sondern immer auch die methodisch jeweils vorzugebenden, mehr oder weniger differenzierten statistischen Ordnungsverfahren. Im günstigsten Fall können sich hier zwar einerseits (relativ voraussetzungslos) "diagnostische Einheiten" abzeichnen, auf die man möglicherweise selbst mit bestem klinischen Blick oder rein intuitiv niemals gekommen wäre; andererseits bleiben solche statistisch gefundenen Merkmalshäufungen als mathematische "Entitäten" immer theoretische Konstrukte, die nicht zuletzt auch wieder interpretiert werden müssen. Sollten sich auf diesem Weg aber bereits mit altbekannten klinischen Diagnosen übereinstimmende Gruppen finden, so könnte für diese in einem ersten Schritt eine kategoriale Eigenständigkeit zumindest vermutet werden. Mit einer Reihe anderer multivariater Verfahren, wie z.B. mit der Faktorenanalyse oder der Diskriminanzanalyse, haben Cluster-Analysen jedoch leider gemeinsam, daß ihre Ergebnisse zunächst immer nur für die jeweilige Stichprobe, also nur für das wirklich untersuchte Patientenkollektiv mit soundsoviel Personen, Geltung haben können. Diese Analysen sind nämlich jeweils verfahrenstechnisch nicht auf die statistische Zufälligkeit ihrer Repräsentation hin überprüft. Für eine generell gültige Aussage würde es insofern auch wieder einer externen Validierung bzw. einer Reproduktion in ganz anderen, davon unabhängigen Untersuchungsgängen bedürfen.

Daß sich allein auf statistischen Weg, d.h. über eine simultane und/oder integrale Verarbeitung möglichst vieler Variablen in der Psychiatrie tatsächlich nosologische Verhältnisse entdecken lassen könnten, ist dennoch durchaus immer wieder angenommen worden. Entsprechende Forschungsstrategien gingen dabei zunächst wieder "nur" von bestimmten Einzelbeobachtungen oder operationalisierten Merkmalskatalogen aus. Die grundsätzliche Chance einer vollautomatischen Gruppierungsmöglichkeit von Personen oder Variablen in den Verfahren der Cluster-Analyse bzw. die Möglichkeit der Reduktion einer Vielzahl einzelner Variablen auf wenige Faktoren in Varianten der Faktorenanalyse haben hier zeitweise sogar die Hoffnung geschürt, damit vielleicht auf der Spur "realer" Krankheitseinheiten bzw. "natürlicher" Typen zu sein. Diese bei Lorr (1970) und Everitt (1974) erwogenen oder seinerzeit auch noch von Mombour (1975) diskutierten Möglichkeiten mußten aber letztlich wieder an ihrer eigenen methodischen Grundlage scheitern. So sind diese Cluster als besondere Gruppierung von einzelnen Elementen, die sich in ihren Merkmalsausprägungen sehr ähnlich sind (während sie sich von clusterfremden Elementen einer vorgegebenen Objektmenge möglichst deutlich unterscheiden sollen), nämlich nicht mit letzter Gültigkeit, sondern gerade durch ihre jeweilige immer nur eine Wahrscheinlichkeit von Zusammenhängen feststellende Suchstrategie definiert. Wie Glatzel (1981) entsprechend heraushebt, haben solche auf rein mathematisch-statistischer Grundlage geordneten Merkmalskomplexe zudem nur noch wenig mit der alten Leitidee psychiatrischer Krankheitseinheiten gemeinsam, da die oft entscheidende Frage nach dem "Warum?" hier weitgehend suspendiert erscheint. Nicht zuletzt bedarf es bei der Weiterentwicklung einzelner Merkmalsaggregate zu einer dauerhaften "klinischen Einheit" immer auch einer besonderen Konstruktion zu deren inneren Verknüpfung (vgl. Karst, 1941).

Wie stellen sich uns inzwischen unter solchen Validierungsschwierigkeiten beispielsweise die alten "endogenen", d.h. die viel angemessener als "funktionell" zu bezeichnenden Psychosen nosologisch dar? Unter Beachtung aller zeitgemäßen Evoluationskriterien und unter Berücksichtigung zahlreicher Methoden klinischer Verlaufsforschung, der Ergebnisse von umfangreichen Zwillingsuntersuchungen sowie nicht zuletzt unter Einbezug der jeweils bestehenden psychosozialen Familienkonstellationen ließen sich bisher offensichtlich weder ausreichende empirische Belege finden, die im Sinne einer "Universalgenese" (vgl. Rennert, 1977 und 1982) für eine moderne Form der Einheitspsychose sprechen würden, noch berechtigen die vorliegenden Ergebnisse dazu, tatsächlich von sehr zahlreichen, letztlich sicher differenzierbaren psychotischen Unterformen (vgl. Leonhard, 1972 und 1978) auszugehen. Vielmehr kann bisher selbst auf der Basis verschiedenster Diagnosesysteme bestenfalls eine umschriebenere Kerngruppe schizophrener Erkrankungen ausreichend sicher von den affektiven Psychosen abgegrenzt werden (Angst und Scharfetter, 1979; Häfner, 1989; Sarorius et al., 1986; Tsuang und Dempsey, 1979; Zerbin-Rüdin, 1980). Auch wegen der Vielzahl neurobiologischer Determinantsmöglichkeiten enthalten die vorliegenden Konzepte dann ebenso zahlreiche ätiopathogenetische Erklärungen, von denen das "Vulnerabilitätsmodell" mit einer mehr oder weniger kontinuierlich abgestuften Disposition (Nuechterlein, 1987; Zubin und Spring, 1977), das "Heterogenitätsmodell" mit mehreren Subtypen derselben Krankheit (McGuffin et al., 1987), das "dichotome Schizophreniemodell" (Crow, 1985) und verschiedene "Kontinuitätsmodelle" (Levinson und Mowry, 1991; Claridge, 1987) sicher die am meisten diskutierten sind. Allerdings zeichnet sich inzwischen, analog der ursprünglichen Idee von Kasanin (1933), eine nosologische Eigenständigkeit der schizoaffektiver Psychosen als selbständige psychotische Erkrankungsform zwischen den schizophrenen und affektiven Psychosen ab (Angst et al., 1979; Marneros, 1989; Marneros et al., 1986). Vorrangig Besonderheiten des Verlaufs berechtigen hier wahrscheinlich, eine kategoriale Trennung zu vertreten, während das depressive Syndrom im reinen Querschnitt weiterhin keine sichere, kriteriologisch stützbare Unterscheidung erlaubt (Angst, 1987). Alternativ bleibt hier heute weiterhin nur der Versuch einer Schweregraddiagnostik. Innerhalb der Gruppe der affektiven Psychosen sind zudem nach Angst und Perris (1968) die monopolar-depressiven Erkrankungen noch relativ gut von bipolaren Formen zu trennen (im Sinne homogener Untergruppen). Allerdings sind auch hier, vielleicht mit Ausnahme der Genetik, in Frage kommende Validierungsparameter ätiopathogenetisch nicht ausreichend beweiskräftig. Die genetischen Befunde i. S. einer genetisch kontrollierten Variabilität sprechen noch am ehesten für eine polygene Erblichkeit mit einer Überlappung zu den anderen Psychosen hin (vgl. Sauer, 1990). Allerdings gibt es auch hier wieder zahlreiche Möglichkeiten für falsch positive oder falsch negative Ergebnisse, die insbesondere darauf beruhen, daß ein bestimmter depressiver Phänotyp nicht sicher abgegrenzt werden kann, weil dafür nicht zuletzt dann wieder korrespondierende biologische Validitätsmarker fehlen (Ackenheil, 1993; Strömgren, 1993). Auch die zusätzliche Unterscheidung von "Trait"-Markern und "State"-Markern in der biologischen Forschung (vgl. Tab. 5) hat letztlich keine ausreichende Klärung gebracht, da weder die zustandsunabhängigen, während des gesamten Lebens nachweisbaren Merkmale, wie z.b. die verminderte MAO-Aktivität der Thrombozyten bei der Schizophrenie (Wyatt et al., 1979), noch die auf ein akutes Syndrom beziehbaren Auffälligkeiten, wie z.B. der Dexamethason-Suppressions-Test bei endogenen Depressionen (Carrol et al., 1981), differentialdiagnostische Eindeutigkeit besitzen (Bondy et al., 1988; Fritze, 1989; Schneider, 1992).

Tab. 5: Beispiele biologischer Variablen als fragliche, nicht bestätigte Marker endogener Psychosen (nach Bondy et al., 1988)

A. Zustandsabhängige "State"-Marker	diskutierte Krankheitsbilder
erhöhe Wachstumshormonstimulation durch Apomorphin (Apomorphintest)	Schizophrenie
Funktionsschwäche des Hypophysen-Nebennierenrinden-Systems ("DST-Text")	endogene Depression
B. Zustandsunabhängige "Trait"-Marker	
Phänotypische Ebene: genetische Determination in der Peripherie	
verminderte Monoaminoxidaseaktivität an Thrombozyten	Schizophrenie
erhöhte Dopaminantagonistenbildung an Lymphozyten	Schizophrenie
gestörte langsame Augenfolgebewegung	Schizophrenie
verminderte Wachstumshormonstimulation durch Clonidin ("Clonidintest")	endogene Depression
verstärkte REM-Schlaf-Stimulation durch Cholinergika	endogene Depression
verminderte Imipraminbindung an Thrombozyten	bipolare Psychosen
Genotypische Ebene: DNS-Polymorphismen in den Chromosomen	
x-chromosonaler Erbgang	bipolare Psychosen

Ergänzend zu der hier skizzierten, inzwischen international weitgehend anerkannten grundsätzlichen Differenzierungsmöglichkeit funktioneller Psychosen gibt es einige weitere, z.T. auch widersprüchliche nosologische Differenzierungsvorschläge, welche im einzelnen auf sehr unterschiedlichen empirischen Auswertungsverfahren beruhen (vgl. Brauchli, 1981; von Zerssen et al., 1988; Mundt und Lang, 1987). Jedes neue nosologische System entsteht dabei zunächst entweder wieder auf synthetischem Weg, d.h. durch die Zusammenfassung einzelner klinischer Bilder zu umfassenderen Kategorien, oder analytisch, d.h. durch Aufgliederung relativ komplexer Störungsmuster in Unterformen. Dabei werden aber immer bereits (mehr oder weniger) definierte Krankheitsbegriffe auf reale Erscheinungsformen angewandt. Die Bestimmung spezieller Krankheitsbegriffe durch Definition erscheint dann im weiteren umso gelungener, je mehr sie jeweils tatsächlich vorhandene Grenzen trifft. Dementsprechend werden psychiatrische Krankheitskonstrukte als besonders sinnvoll angesehen, wenn sie nicht nur einer besseren Kommunikation der Fachleute untereinander dienen, sondern darüber hinaus aufgrund weitgehend homogener Patientengruppen auch zu valideren Ergebnissen führen.

Nach von Zerssen (1986a) bedeutet Diagnose in der Psychiatrie "das Ergebnis der Zuordnung von krankhaften Normabweichungen, die bei einem Individuum festgestellt wurden, zu Krankheitsbegriffen und damit ihre Einordnung als 'ein Fall von' in ein nosologisches System". Ein großer Wert psychiatrischen Diagnosen dürfte gerade darin liegen, daß sie tatsächlich etwas mehr darstellen als sich jeweils nur an einzelne Erscheinungen anschließende, reine Chiffrierungen. Dieses "Mehr" würde insbesondere darauf beruhen, daß nach einem vorgegebenen diagnostischen Prozeß zusätzlich immer auf bestimmte, bisher im konkreten Einzelfall noch nicht festgestellte oder feststellbare, also jeweils weitere Aspekte des Konstrukts "Krankheit" geschlossen sowie schließlich sogar danach gehandelt werden kann.

Gerade unter diesem Anspruch könnte sich ein einzelner Krankheitsbegriff als brauchbar oder nützlich und damit jeweils die gesamte "Testvariable Krankheit" als prognostisch valide erweisen. Die Inanspruchnahme von Therapieeffekten als Kriterium wäre hierbei besonders sinnvoll, zumal die spezifischen Reaktionen auf konkrete Behandlungsformen jeweils auch als "Prognose unter ganz speziellen Rahmenbedingungen" verstanden werden können. Vor allem Panzetta (1974) zielte mit seinen Leitvorstellungen einer auf Behandlungsergebnissen aufbauenden "interventional nosology" in diese Richtung. Auch der Begriff "treatment validity" von Nelson (1983) baute darauf auf, daß nosologische Diagnosen zu besseren Therapieergebnissen führen sollten. Behandlungsorientierte Leitideen wie "Brauchbarkeit" oder "Nützlichkeit", also Konzepte mit offensichtlich pragmatischer Relevanz, haben nicht zuletzt deshalb für nosologische Probleme in der Psychiatrie weiterhin größte Bedeutung, weil die "nosologische Frage" heute immer noch als unbeantwortet gelten kann. Die Reliabilität psychiatrischer Diagnosen sollte dabei kein Eigengewächs sein, sondern lediglich methodische Voraussetzung für Erkenntnisse und Entscheidungen, die auch immer Validität beanspruchen müsen. Mit Angst (1987) erscheint aber selbst eine heute im Sinne des Neokraepelinismus verfeinerte Diagnostik dadurch belastet, daß letzlich alle in der Psychiatrie in Frage kommenden Validierungsmöglichkeiten (Expertenurteil, biologische Marker, klinischer Verlauf, Therapieeffekte, Prognose etc.) für sich allein betrachtet sehr viel weniger differenzierungsfähig sind, als allgemein angenommen oder vielseitig erhofft wird. Damit lassen sich dann aber forschungsstrategisch gerade die vielen kleineren Unterschiede in der Güte operationaler Definitionen nicht tatsächlich klären.

7. Der anthropologisch erweiterte Krankheitsbegriff

In den Überschneidungsbereich der Fächer Psychiatrie und Anthropologie, die beide aus unterschiedlichem Blickwinkel als "Lehren vom Menschen" angesehen werden dürfen, gehören zahlreiche wissenschaftliche Felder, u.a. das Arbeitsgebiet der transkulturellen Psychiatrie. Diese untersucht als traditionelle Teildisziplin der Psychiatrie z.B. kulturbedingte Unterschiede in der Kategoriesierung psychiatrischer Krankheiten bzw. kulturspezifische Besonderheiten einzelner Syndrome (Pfeiffer und Schone, 1980; Sartorius, 1979). Transkulturell-vergleichende Forschungsansätze in der Psychiatrie erscheinen dabei gerade im angloamerikanischen Raum eingebettet in eine allgemeine, ethnologisch orientierte "Cultural Anthropology", die weniger bestimmte soziale Schichten oder gar humanbiologische Charakteristika als vielmehr ganze Gesellschaftsformen im Auge haben dürfte (Favazza, 1994). So planten amerikanische Anthropologen für das neue Diagnoseschema der DSM-IV-Klassifikation z.B. auch eine eigene diagnostische Achse, um dort ggf. die auf Patienten und ihre Familien zutreffenden kulturellen Konzepte ihrer Krankheitserklärung aufnehmen zu können (Konner, 1994). Kulturspezifische, d.h. kulturgebundene oder kulturreaktive Störungen passen im übrigen eher schlecht in die definierten Kategorien der internationalen psychiatrischen Klassifikationen hinein. Ihre allgemeine Akzeptanz ist deshalb entsprechend gering, vielfach werden in solchen "cultur-bound syndromes" nur kulturell gefärbte Schweregradunterschiede bereits bekannter oder schon klassifizierter psychiatrischer Störungen gesehen. Sehr vielgestaltig sind allerdings die kasuistischen Veröffentlichungen sowie nicht zuletzt die darin enthaltenen Krankheitsbegriffe. So stehen im Anhang zu den ICD-10-Forschungskriterien (WHO, 1994) zwölf noch nicht sicher eingeordnete psychische Störungsbilder aus unterschiedlichen Kulturen mit insgesamt über 50 vorhandenen Krankheitsbezeichnungen. Hier findet sich z.B. "Amok" für mörderische Episoden (Indonesien, Malaysia) ebenso wie "Windigo" für kannibalistische Zwangshandlungen (Ureinwohner in Nordostamerika) (vgl. auch APA, 1994).

Im Gegensatz zur naturwissenschaftlich-medizinischen Anthropologie, die nicht zuletzt die biologische Stellung des Menschen im Reich der Lebewesen untersucht, erforscht die philosophische Anthropologie den Menschen in seinem Sein und Wesen sowie in seiner spezifischen Abhebung von dem ihn umgebenden Seienden. Dabei hat sich in der jüngeren Geschichte besonders durch den Einfluß des Philosophen Max Scheler (1874-1928) die Vorstellung verbreitet, so gut wie alle philosophischen Fragen seien grundsätzlich um den Menschen zu zentrieren, darin bestehe, im Sinne eines universalen Anthropologismus, überhaupt das zentrale Anliegen jeder Philosophie (Brugger, 1967).

Auch unter einer "anthropologischen Orientierung" des Faches Psychiatrie ließen sich theoretisch sehr unterschiedliche Aspekte subsummieren. So könnte damit z.B. die Zielsetzung einer allgemeinen "Vermenschlichung" der Psychiatrie in Wissenschaft und Praxis gemeint sein, welche dann aber umgekehrt auch als pleonastische Perspektive angesehen werden könnte, da eine Psychiatrie ohne den Menschen im Grunde nicht denkbar ist. Wegweisend in eine subjektiv zentrierte Richtung sind sicher auch die Arbeiten des Psychotherapeuten M. Balint (1886-1970), durch deren Einfluß die Idee einer sog. "patientenzentrierten Medizin" sehr weite Verbreitung gefunden hat (Balint, 1969). Auch die "Einführung des Subjekts" in die Medizin durch V. von Weizsäcker (1886-1957) und andere entsprach dieser Zielsetzung, welche nicht zuletzt in einer entsprechenden Gewichtung des subjektiven "Krankseins" für den dann ins Auge gefaßten Krankheitsbegriff bestand:

"Das wirkliche Wesen des Krankseins ist eine Not und äußert sich als eine Bitte um Hilfe. Ich nenne den krank, der mich als Arzt anruft und in dem ich als Arzt die Not erkenne. Für die Urteilsaussage "Dieser ist krank" ist die bestimmende "Kategorie": der Arzt. Sind diese Thesen Pragmatismus? Dies wird davon abhängen, ob Not, Hilfe, Arzt, Kranker nur pragmatische Instanzen oder echte und ganze Wirklichkeiten sind. Denn unsere Thesen behaupten, das Urphänomen einer medizinischen Anthropologie und der Hauptgegenstand ihres Wissens sei dies: der kranke Mensch, der eine Not hat, der Hilfe bedarf und dafür den Arzt ruft." (von Weizsäcker, 1927/1975)

Weiterhin ließe sich unter einer anthropologischen Perspektive auch eine prinzipielle Erweiterung des Gesamthorizonts psychiatrischer Sichtweisen durch ein minuziöses Zusammentragen und Vergleichen verschiedenster Ergebnisse und Erkenntnisse aus anderen medizinischen Bereichen verstehen. In der Regel bliebe dabei der methodische Ansatz, ausgehend von empirischen Vergleichen, aber immer positivistisch-tatsachenwissenschaftlich (Blankenburg, 1980). Hauptsächlich wird unter "anthropologisch orientiert" in diesem Zusammenhang dagegen "eine das Wesen des Menschen stets mitthematisierende Forschungsrichtung, die notwendigerweise ein anderes methodologisches Gesicht, ein anderes Gepräge von Wissenschaftlichkeit aufweisen muß als die gängige empirische Forschung", verstanden (Blankenburg, 1980). Genau dies war auch das Grundanliegen der in der Psychiatrie unseres Jahrhunderts insbesondere durch E. Minkowski (1884-1972), V.E. von Gebsattel (1883-1976), E. Straus (1891-1975), A. Storch (1888-1962) sowie L. Binswanger (1881-1966), den Begründer der sog. Daseinsanalyse, näher thematisierten psychiatrischen Denk- und Arbeitsweise (Krienen, 1982). Diese Intention, bei von Gebsattel (1964) noch "konstruktiv-genetisch" genannt, wurde schließlich als "phänomenologisch-anthropologische" Richtung weltweit bekannt (vgl. Becker, 1962; von Gebsattel, 1964; Minkowski, 1936; Straus, 1956; Tellenbach, 1975; Zutt, 1963).

Allerdings haben sich in jüngster Zeit im Trend zunehmender Operationalisierungsbestrebungen damit nur noch sehr wenige Psychiater näher befaßt. Einer aus diesem Kreis ist sicher Blankenburg, der dann auch rückblickend von einem "bedeutsamen Kapitel der Psychiatriegeschichte unseres Jahrhunderts" spricht (Blankenburg, 1980), in dem "die Sache selbst und nicht ihre Objektiviertheit an erster Stelle" stand (Blankenburg, 1978). Bei Straus und Zutt (1963), zwei anderen namhaften Vertretern dieser Richtung lesen wir zudem folgendes:

"Versuchen wir in Kürze zu erklären, worin das Besondere der anthropologischen Denkrichtung in der Psychiatrie liegt: Das, was der Psychotische tut und worüber er berichtet, wird nicht nur als ein "Zeichen", als ein Symptom für eine bestimmte Art der psychischen Störung betrachtet, woraus sich dann eine sog. Diagnose mit der Möglichkeit einer Vorhersage ergibt, sondern als anthropologisches Phänomen." (1963)

Unter einem erweiterten Objektivitätsbegriff, der, über die Faktizität hinausgehend, auch "Wesenszusammenhänge" aufzubauen gedenkt, wird in entsprechenden psychopathologischen Betrachtungen dann primär von dem jeweils einem bestimmten Menschen Gemäße im Sinne einer anthropo"logischen" Bestimmung als Auslegungshorizont ausgegangen.

"... eine "anthropologische" Wissenschaft in dem hier gemeinten Sinne zielt nicht nur auf den Menschen als Gegenstand ihrer Forschung, sondern ebenso sehr auf eine diesem Gegenstand gemäße Methodologie. Anthropologie meint dementsprechend nicht nur "Wissenschaft vom Menschen", sondern auch eine "dem Menschen gemäße Wissenschaft." (Blankenburg, 1978)

Hier wird also in einer den medizinisch-empirischen Disziplinen ungewohnten Weise versucht, einem vorliegenden Untersuchungsgegenstand als einem zunächst immer Gegebenen jeweils die angemessene methodische Zugangsweise bzw. das erforderliche kategoriale Auslegungsprinzip selbst zu entnehmen, um das entsprechend anzielte Forschungsobjekt letztlich "seinem Wesen nach" verstehen zu können. Demgemäß geht die anthropologische Psychiatrie auf der Suche nach einem adäquaten "phänomenologisch-anthropologischen" Maßstab zur Beurteilung psychischer Auffälligkeiten von der Arbeitshypothese aus,

"... daß wir es auf dem Felde der Psychopathologie mit regelhaften Abwandlungen zu tun haben, die mehr oder minder aus dem Wesen des Menschen selbst heraus zu verstehen sind. Auf einer ersten Stufe werden allgemeine Strukturen von süchtigem, wahnhaftem, depressivem, phobischem, anankastischem usw. Selbst- und Weltverhältnis herausgearbeitet, auf Strukturen gesunden Inderweltseins bezogen und von diesen abgehoben. Einzelanalysen sind den Abwandlungen komplexer Phänomene wie Blick, Stimme, Haltung, Scham, Trauer, psychophysiologische Vorgänge (z.B. Seufzen, Lächeln) u.a. gewidmet, ... Es geht dabei nicht so sehr um die Bedingungen für das faktische Zustandekommen, Verschwinden oder Sosein bestimmter Abwandlungen, sondern um die Bedingungen ihrer Möglichkeit. Bevorzugt werden Phänomenkonstellationen, die einerseits die Unterschiede (wie auch partielle Ähnlichkeiten) zwischen Mensch und Tier beleuchten, andererseits ebenso tief im Leiblichen wie im Personalen verankert erscheinen. In einer ganzheitlichen Sicht sollen basale Strukturen herausgearbeitet werden, die sowohl für Gesundes als auch für Pathologisches Sich-Befinden, Erleben, Sich-Verhalten fundierend sind." (Blankenburg, 1980)

Eine dieser basalen Strukturen thematisiert z.B. der von Binswanger wiederbelebte Grundbegriff der "Proportion", bei dem es in erster Linie um die Proportioniertheit des menschlichen Daseins geht. Dies betrifft insbesondere das kategoriale Verhältnis der grundlegenden Strukturen "Höhe" und "Weite" im Sinne methaphorischer (räumlicher) Verdeutlichung eventueller anthropologischer Daseins-Entfaltungen (Binswanger, 1956 und 1964).

Blankenburg (1972), der nicht nur darauf hingewiesen hat, daß ein Denken in Proportionen konzeptionell bis in die Antike zurückreicht, sondern auch darauf, daß es in der Psychiatrie schon an aktuellerer Stelle eine nicht unbedeutende Rolle gespielt hat (z.B. bei Birnbaum, 1909, oder bei Kretschmer, 1925), sieht im Begriff einer gelungenen oder mißglückten "anthropologischen Proportion" aber letztlich eher ein Postulat als ein konkretes Forschungsergebnis. Dieses diene einer anthropologischen Psychiatrie insbesondere dazu, relativ wertungsfrei bestimmte Proportionen, die den individuellen Daseins-Stil oder Daseins-Raum eines Menschen markieren, herauszuarbeiten und kennzeichnen zu können. Erst in einem späteren Schritt sollten dann Unterschiede zwischen spezielleren Aspekten, wie Wohlproportioniertheit und Dysproportioniertheit, in der Sprache Binswangers zwischen "geglückten" und "mißglückten" Proportionen, eine Grundlage für psychopathologische Überlegungen sein. Psychische Abnormitäten wie psychische Krankheiten werden demgemäß in einem dann ausdrücklich so bezeichneten "anthropologisch erweiterten Krankheitsbegriff" (Wyss, 1973 und 1976) als Modifikation grundsätzlicher Strukturen menschlichen Daseins verstanden, zu denen nur über eine adäquate Beschreibung der Welt und Wirklichkeit der Betroffenen zu gelangen sei. Diese Darstellung, die immer ein "Hinüberwechseln auf den Standpunkt des Betroffenen" fordere (Glatzel, 1978), könne sich deshalb auch nicht darin erschöpfen, Erleben und Verhalten eines Kranken nur aus eigenem Verstehen oder im Sinne einer einzigen, bestimmten Norm, wie z.B. am objektiven Durchschnittlichen, zu bemessen.

Dieser prinzipielle Verzicht auf eine distanziert objektivierende Betrachtungsweise hat der anthropologischen Psychiatrie und ihren "gemäßen" Zugangsweisen zu den "Welten" des Kranken bzw. ganz bestimmten Abwandlungen anthropologischer Grundstrukturen neben einer gewissen medizinischen Anerkennung allerdings auch erhebliche Kritik eingebracht, insbesondere durch die deskriptiv-phänomenologische Richtung in der deutschen Psychiatrie. So schrieb z.B. K. Schneider im Jahre 1929:

"Niemand, der in die Arbeiten von Straus und von Gebsattel wirklich eingedrungen ist, wird sich der Einsicht verschließen, daß hier Neues in einer ungewöhnlich geistvollen Weise gesehen ist und gesagt wird. Dieser konstruktiv genetischen Betrachtung scheinen sich in der Tat Erklärungen aufzutun, die bisher verschlossen waren. Andererseits kann man die Gefahren dieser Methode nicht verkennen. Sie hat für den klinisch Erfahrenen doch nur ganz spärliche Stützen in dem Erleben der Kranken selbst und ist so kaum mehr eine psychologische Methode. Es handelt sich letzten Endes um eine philosophische Deutung, die zwar die psychoanalytische an Tiefe und Originalität übertrifft, deren Ergebnisse aber durch empirische Untersuchungen ebenso wenig beweisbar sind." (1929a)

Jaspers (1973), der diese betont philosophische Denkrichtung in der Psychiatrie gleichfalls kritisierte, da sie zwar neue deskriptive Leistungen erbracht habe, aber methodisch einem Irrtum verfallen sei, hat sich zu der dort auftauchenden Idee einer möglichen Weltverwandlung ganz prinzipiell gefragt, wann denn der Tatbestand einer "Welt" als eines sowohl subjektiven wie auch objektiven Phänomens überhaupt abnorm sein könne. Jegliche Ansprüche, immer gleich das Ganze und das Absolute erfahren zu wollen, ablehnend, konnte seiner Überzeugung nach immer nur ein Versuch zeigen, was für eine Welt "wir mit dem Kranken" wahrnehmen. Im Begriffsverständnis "Welt" sei aber immer "die geschichtliche Mannigfaltigkeit der Welten mit ihren Methamorphosen im geistesgeschichtlichen Prozeß" zu trennen von einer "ungeschichtlichen Vielfalt des psychopathologisch Möglichen". Eine "schizophrene Welt" oder die "Welt des Zwangskranken" könne deshalb vom Psychiater sinnvollerweise erst dann "abnorm" genannt werden, "wenn der Grund ihres Entstehens eine empirisch bekannte spezifische Geschehensweise (z.B. ein schizophrener Prozeß) ist".

Unter besonderem Bezug auf die frühen Arbeiten von Binswanger hatte u.a. bereits Scheid (1932) auf prinzipielle Schwierigkeiten hingewiesen, am psychisch kranken Menschen eine existentiale Anthropologie zu betreiben. Jeder ontologisch fundierten Fragestellung gehe es nämlich primär "um die Seinsweise des Gegenstandes, nicht um den Gegenstand selbst". Man könne also sagen, daß die ontologische Forschung in eigentümlicher

Weise "gegenstandslos" sei. Zudem sei es auch nicht möglich, psychopathologische Sachverhalte zum Ausgangspunkt einer ontologischen Bestimmung des "Daseins" abnormer Welten zu machen, also eine ontologische Interpretation psychologischen Erlebens zu versuchen, wenn gleichzeitig und weiterhin eine eigenständige ontologische Klärung der Psychopathologie als der hier in Frage kommender Wissenschaft anstehe:

"Der psychologische Sachverhalt des Erlebens kann ohne diese allgemeinere ontologische Bestimmung der Fundamente der Psychologie allein überhaupt nicht zum Ausgangspunkt einer ontologischen Untersuchung gemacht werden, ein solcher psychologischer Sachverhalt kann unmittelbar nicht anders als psychologisch 'gedeutet' werden." (1932)

Jüngst hat Heimann die Frage einer "psychiatrischen Anthropologie heute" nochmals eingehend thematisiert und dabei festgestellt, daß die Hauptschwierigkeiten dieses Ansatzes nicht nur schon immer in der (durch die zunehmende Spezialisierung unserer Methoden und Kenntnisse bedingten) Perspektivität zahlreicher psychiatrischer Sachverhalte lagen, sondern zukünftig wohl auch darin liegen bleiben werden (Heimann, 1994). Dies bedinge für eine Zusammenschau von Psychiatrie und Anthropologie in der Gegenwart nur relativ wenig konsensfähige Aspekte. Es bleibe deshalb für die Psychiatrie eigentlich nur noch eine "Anthropologie, nicht systematisch ausgeführt, sondern fragmentarisch durch die persönliche Haltung des Arztes am Krankenbett, also ausgedrückt in der ärztlichen Begegnung". Entsprechend schwierig erscheint auch heute jede Bestimmung eines umfassenderen, anthropologisch erweiterten Krankheitsbegriffs, dessen besondere Aufgabe es wäre, zusätzlich immer das Ausmaß der subjektiv erlebten Krankheit zu erfassen. Nach Wyss (1973) müßte es ein Krankheitsbegriff sein, "der subjektives Krankheitserleben und nachgewiesene Krankheit in ein adäquates Verhältnis zueinander zu setzen weiß". In einer darauf aufbauenden Krankheitsdefinition hätte dann gerade die "Befindlichkeit" des Betroffenen das "Zünglein an der Waage" darzustellen:

"Im Befund zeige ich mich der Welt als krank an, der ich im Befund für den anderen zu objektivierender, aber im leibhaften Austausch mit der Welt sich mißverhaltender (kompensierter Konflikt) Bestandteil derselben bin. In der gestörten Befindlichkeit zeige ich mich als in meinem Verhältnis zur Welt und zu mir selbst gestört an."

8. Krankheit in der Forensik

8.1 "Krankheit" als Rechtsbegriff

Forensische Psychiatrie, der das gerichtliche Forum betreffende psychiatrische Teilbereich, ist nach Mende und Schüler-Springorum (1989) im Kern immer zugleich Rechtsmedizin und Medizinrecht. Für psychiatrische Fälle beinhaltet nämlich jede Anwendung eines bestimmten Rechts fast regelhaft auch das Problem der angemessenen Zuordnung medizinischer Tatsachen zu vorgegebenen Normen. Presser (1983) meint, daß das klinische Spektrum des seelisch Abnormen gerade durch die Einbeziehung der Rechtsbrecher noch erheblich erweitert wurde, und nicht zuletzt deshalb das Aufgabengebiet der forensischen Psychiatrie sogar als die hohe Schule der Psychiatrie angesehen werden könne. Als geschichtlich wegweisend für deutsches Recht nennt er in diesem Zusammenhang insbesondere Arbeiten Gruhles (z.B. 1922 und 1956) und K. Schneiders (z.B. 1948 und 1976). Es gehört allerdings schon sehr lange zu den Aufgaben des Arztes, auch als medizinischer Sachverständiger tätig zu sein. Insbesondere im Zeitalter der Aufklärung entwickelte sich bereits eine breite gerichtliche Medizin (Ackerknecht, 1967). Die spezielle Tätigkeit des psychiatrischen Sachverständigen bezieht sich heute entsprechend auf alle großen Rechtsgebiete, insbesondere aber auf bestimmte Kapitel des Straf-, des Sozialsowie des Zivilrechts, ergänzt vorrangig durch wichtige Einzelgesetze über Hilfen und Schutzmaßnahmen für psychisch Kranke (vgl. Eberhard et al., 1988).

Der Begriff "Krankheit" hat in den jeweiligen juristischen Entscheidungsprozessen dann allerdings sehr unterschiedliche Bedeutung. Obwohl an verschiedenen Stellen des Strafgesetzbuches (StGB) oder des Bürgerlichen Gesetzbuches (BGB) auf den Sachverhalt von Krankheit inhaltlich ausdrücklich Bezug genommen wird, gibt es bis heute zudem keine allgemeine Legaldefinition durch eine entsprechende, im Gesetztext vorgegebene Begriffsbestimmung. Vielmehr ist "Krankheit" juristisch weiterhin ein unbestimmter, auslegungsbedürftiger Rechtsbegriff. Reblin (1969) erklärt hierzu:

"Ein unbestimmter Rechtsbegriff ist anzunehmen, wenn der Begriff nicht die Wahl mehrerer Entscheidungen offen läßt, sondern nur eine Entscheidung richtig sein kann, die auf der funktionsgerechten A u s l e g u n g des Begriffs in seinem jeweiligen gesetzlichen Rahmen beruht." (Sperrung d. Verf.)

Der Gesetzgeber hat von einer klaren Definition hier bisher offensichtlich nicht zuletzt deshalb abgesehen, weil eine gesetzliche Begriffsbestimmung sowohl eine stete Anpassung an die ständig fortschreitende medizinische Erkenntnis als auch an die zeitgeschichtlichen Wandlungen im juristischen Denken unnötig erschweren würde. Vielmehr hat er es den einzelnen Gebieten der Rechtssprechung selbst überlassen, ggf. unter spezieller Zuhilfenahme medizinischer Sachverständiger, jeweils eine eigene Begriffsauslegung vorzunehmen und in höchstrichterlichen Urteilen entsprechend zu etablieren. Deshalb ist jeder Krankheitsbegriff für die Gerichte zunächst immer nur ein möglichst handhabbares Konstrukt als Voraussetzung einzelner, in Gesetzen dann genauer definierter Rechtsfolgen. Dies kann im Sozialrecht ein sich aus einer Krankheit herleitender Leistungsanspruch sein, im Strafrecht vielleicht die verminderte Schuldfähigkeit. Dementsprechend kann "Krankheit" einmal nur eine besondere Anspruchsvoraussetzung, ein anderes Mal dagegen das Tatbestandsmerkmal selbst werden. Es ist insofern auch nicht zulässig, Krankheitsdefinitionen eines bestimmten Rechtsgebietes ungeprüft auf ein anderes zu übertragen, selbst wenn es jeweils einige gemeinsame, insbesondere allgemeinere Merkmale geben sollte.

Bei der psychiatrischen Begutachtung eines Straftäters stellt die klinische Diagnostik dann immer das erste wesentliche Geschehen dar. Ein weiterer, oft schon vorentscheidender Schritt ist anschließend die Zuordnung des psychopathologischen Befundes zu bereits vorliegenden juristischen Begriffen. Im Grunde handelt es sich dabei jeweils um eine kategoriale, d.h. entweder klassifizierende oder typisierende Mehrfachdiagnostik objektiv gleicher Tatbestände in mindestens zwei eigenständigen Begriffssystemen, nicht zuletzt auch mit unterschiedlichen Intensionen und Extensionen der jeweiligen Einzelbegriffe. Dabei wird es in der Praxis durchaus vorkommen können, daß verschiedenste diagnostische Begriffe allein durch die Schwere der entsprechenden Symptomatik, wie z.B. beim "Entzugssyndrom mit Delir", der "katatonen Schizophrenie" oder einer "schweren depressiven Episode", fast regelhaft auch ganz bestimmte sozialversicherungsrechtliche Merkmale, wie z.B. die "Arbeitsunfähigkeit", abdecken. Überwiegend besteht jedoch die Situation, daß bestimmte medizinische Diagnosen für sich allein noch keine abschließenden Kriterien zur Entscheidung einzelner juristischen Fragen bieten. Das inkompatible begriffliche Beziehungsfeld zwischen medizinisch und juristisch "krank" läßt sich u.a. an den Normen unseres Bundesseuchengesetzes (BSeuchG) skizzieren. Im Sinne dieses Einzelgesetzes ist "krank" ausschließlich derjenige, bei dem eine übertragbare Krankheit nicht nur klinisch sicher diagnostiziert, sondern immer auch labor- oder röntgendiagnostisch abgesichert ist. "Nicht krank" ist hier dagegen weiterhin jeder, der zwar längst an der klinischen Symptomatik einer Infektion leidet, bei dem sich eine übertragbare Krankheit im Sinne dieses Gesetzes aber noch nicht apparativ oder labortechnisch hat beweisen lassen (Schulte und Quillmann, 1988).

Wie Bochnik (1966) herauszustellen versucht, haben Juristen und Mediziner offensichtlich schon sehr unterschiedliche Grundeinstellungen zum Begriff "Krankheit". Diese könnten dann im Gerichtssaal leicht zu Mißverständnissen führen. So stünden z.B. bei Juristen übergeordnete begriffliche Normen (als Ergebnis einer fachspezifischen Dogmatik) im Mittelpunkt des Denkens. Während Mediziner dazu neigten, ihre Normbegriffe einem wechselnden Erkenntnisfortschritt möglichst anzupassen, seien es die Juristen zudem eher gewohnt, neue Aspekte einer vorzugebenden Norm unterzuordnen. In ähnlicher Weise argumentierten auch andere Autoren, die sich mit dieser schwierigen Thematik befaßt haben (Gottschick, 1963; Krasney, 1992; Reblin, 1969; Rose, 1986a). So müßten Juristen von ihrem Fach her vorwiegend deduktiv denken, d.h. bestrebt sein, letztlich aus einem abstrakten Rechtssatz ein konkretes Urteil für den Einzelfall zu bilden. Ärzte, nicht zuletzt Psychiater, gingen dagegen in der Regel zunächst induktiv vor, indem sie erst über eine Vielzahl von Einzelheiten zum endgültigen Befund bzw. zur abschließenden Diagnose gelangten.

8.2 Der strafrechtliche Bereich

Alle zeitgemäßen Rechtsordnungen orientieren sich an der natürlichen Schuldfähigkeit des reifen Menschen. Das Menschenbild, das dieser prinzipiellen Schuldfähigkeit zugrunde liegt, setzt nicht nur sittliche und geistige Reife, sondern, im Sinne des sog. Indeterminismus, gerade die Willensfreiheit des einzelnen voraus:

"Der innere Grund des Schuldvorwurfs liegt darin, daß der Mensch auf freie, verantwortliche, sittliche Selbstbestimmung angelegt und deshalb befähigt ist, sich f ü r das Recht und g e g e n das Unrecht zu entscheiden." (BGH St 11, 194) (Sperrung d. Verf.)

Zu definieren bliebe deshalb nur, unter welchen Umständen diese natürlichen Eigenschaften nicht mehr vorliegen (Bresser, 1992). Nach den grundlegenden Schuldfähigkeitsbestimmungen unseres geltenden Rechts, wie sie speziell im Strafgesetzbuch (§ 19 StGB) und im Jugendgerichtsgesetz (§ 1 JGG) vorgegeben sind, ist immer schuldunfähig und damit strafrechtlich nicht verantwortlich, wer zur Tatzeit noch nicht 14 Jahre alt war. Hierbei handelt es sich um ein gesetzliches Faktum in Form eines generellen Ausschlußgrundes. Darüber hinaus ist die Frage der Schuldunfähigkeit bzw. der verminderten Schuldfähigkeit immer im Hinblick auf die angeschuldigte Tat sowie die jeweilige Verfassung des Täters bei deren Begehung zu beurteilen.

In diesem Zusammenhang kann es allerdings als allgemeine Erfahrungstatsache gelten, daß strafbare Handlungen, insbesondere bei sog. Hangtätern, in hohem Maße von Personen ausgeführt werden, die in ihrem Verhalten auch sonst deutlich vom Durchschnitt der Bevölkerung abweichen, oft zahlreiche abnorme Charaktereigenschaften aufweisen, häufig soziale Anpassungsprobleme haben oder sich zur Tatzeit in einer ungewöhnlichen Lebenssituation befinden. Aber selbst wenn bei diesen Menschen gemäß der etablierten Diagnosesysteme der Psychiatrie z.B. eine "Persönlichkeitsstörung" festzustellen wäre, hätte dies mit einer "schuldfähigkeitsrelevanten Störung" noch nicht viel zu tun. Nicht zuletzt können auch Täter ohne kriteriologische Anhaltspunkte für eine klassifizierbare psychiatrische Diagnose strafrechtlich nicht verantwortlich sein, nämlich im Rahmen eines sog. Affektdelikts (vgl. Saß, 1983 und 1993). Während darunter im alltagssprachlichen Sinne praktisch schon jede Wirtshausschlägerei verstanden werden könnte, zählen zu diesen forensisch unter den speziellen Rechtsbegriff der "tiefgreifenden Bewußtseinsstörung" nach § 20 StGB fallenden Handlungen gerade nur "affektiv akzentuierte Straftaten" von psychisch nicht erheblich Kranken. Nach entsprechendem Begriffsverständnis begehen diese Personen das Delikt eben "nur" impulsiv, d.h. im Zustand ungewöhnlich hoher innerer Anspannung und nicht etwa aufgrund einer "krankhaften" seelischen Störung. Wann aber solche situative Akzentuierungen der Persönlichkeit oder sonstige individuelle Eigentümlichkeiten der menschlichen Psyche, wie z.B. Intelligenzminderungen oder sonstige "Abartigkeiten", als rechtsrelevante psychologische bzw. pathologische Zustände vor Gericht zu berücksichtigen sind, das ist genau eine Frage des "juristischen Krankheitsbegriffs".

Insbesondere nach dem 2. Weltkrieg hatte der psychopathologisch an Jaspers ausgerichtete K. Schneider die forensische Begriffsentwicklung durch zwei Grundüberzeugungen wesentlich beeinflußt (K. Schneider, 1948 und 1976). Erstens war dies, auf der Basis seines organmedizinischen Krankheitsbegriffs, die These fehlender kategorialer Übergänge zwischen verschiedenem seelisch Abnormen, d.h. zwischen einerseits dem nur als eine abnorme Spielart seelischen Wesens Verstandenem und andererseits dem als Folge von körperlicher Krankheit oder organischer Mißbildung. Dieser medizinischen Vorgabe weitgehend folgend, hat die zeitgenössische forensische Psychiatrie in der Bundesrepublik auch noch lange die Schwere einer seelischen Abnormität und damit die Möglichkeit einer vollen Exkulpierung nicht vorrangig von der psychopathologischen Symptomatik und deren jeweiligen Schweregraden, sondern nur von der verursachenden Grunderkrankung her beurteilt (Venzlaff, 1975). Erst ein langsamer Wandel in der juristischen Meinungsbildung sowie insbesondere die nach längerer Beratung am 1. Jan. 1975 in Kraft getretene zweite Strafrechtsreform (2. StrRG) führten schließlich zu einer inhaltlichen Erweiterung des juristischen Begriffes "krankhafte Störung der Geistestätigkeit", wie er noch im alten § 51 StGB vorgegeben war (Janzarik, 1974). Die vier neuen, veränderten Rechtsbegriffe in den jetzigen §§ 20, 21 StGB, die "krankhafte seelische Störungen", die "tiefgreifende Bewußtseinsstörung", der "Schwachsinn" sowie insbesondere die "schwere andere seelische Abartigkeit" (vgl. Schroeder, 1980), beinhalteten nun nicht mehr nur biologische Grundannahmen für eine Schuldfähigkeitsbeeinträchtigung, sondern, im Sinne prinzipieller forensischer Relevanz, nun auch Abnormitäten ohne nachgewiesenen oder postulierten organischen Prozeß. Auf diesem Hintergrund und gemäß zunehmender Rechtspraxis wurde schließlich auch vom Bundesgerichtshof die "tiefgreifende Bewußtseinsstörung" als begriffliche Kategorie für die Affektdelikte (die allerdings in den seltensten Fällen eine graduelle Herabsetzung der unmittelbaren Wachheit beinhalten) so weit ausgelegt, daß sie letztlich sogar in den normalpsychologischen Bereich hineinreichte (vgl. Saß, 1983).

Die Neufassung dieser sog. biologischen Formel im Strafrecht führte im Endeffekt zu vier rechtlich völlig gleichrangigen Fallgruppen einschließlich der (fortan am meisten benutzten) Kerngruppe der "krankhaften" Störungen des Seelenlebens (Rasch, 1983). Im Grunde stellte dabei der zusätzliche Begriff des "Krankhaften" einen sinnvollen Kompromiß dar zwischen dem grundsätzlichen Respektieren eines herkömmlichen organmedizinisch verstandenen Krankheitsbegriffs, als im Grunde nur mittels biologischer Kriterien zu definierender Größe, und einer weitgehend angemessenen Berücksichtigung des offensichtlichen Fehlens gerade dieses erwünschten "Krankheitskriteriums" bei vielen forensisch zu beurteilenden Krankheitserscheinungen (Krümpelmann, 1976). Allerdings wurde auch die Meinung vertreten, daß sich der Gesetzgeber im langjährigen Verlauf der Strafrechtsreform vom biologisch-medizinischen und damit auch von einem entsprechend eng definierten psychiatrischen Krankheitsbegriff (den es allerdings in Form eines consensus omnium niemals gegeben hatte) habe grundsätzlich unabhängig machen wollen (Lange, 1963).

Eine zweite Grundüberzeugung von K. Schneider machte ihn "zum Kronzeugen der sog. 'agnostischen' Richtungen in der forensischen Psychiatrie" (Baer, 1988). Demgemäß wurde von ihm zeitlebens der Standpunkt propagiert, daß sich ein psychiatrischer Sachverständiger hinsichtlich des inneren Freiheitsgrades psychisch kranker Rechtsbrecher vor Gericht niemals genauer festlegen könne. Die in foro nicht selten gestellte Frage, ob ein bestimmter Täter in einer konkreten Tatsituation auch vielleicht ganz anders hätte handeln können, sei über die medizinische Diagnose hinaus nämlich selbst mit allerbestem psychiatrischen Sachverstand weder zu beantworten noch näher einzugrenzen. Nach den Formulierungen der nun seit dem 1. Januar 1975 bei uns geltenden §§ 20, 21 StGB kann es allerdings forensisch gar nicht primär um dieses allgemeine Grundproblem gehen. Vielmehr stellt sich zunächst immer die Frage nach der individuellen Fähigkeit des Delinquenten, das Unrecht einer Tat überhaupt einzusehen sowie schließlich die Frage, inwiefern von ihm nach dieser Einsicht, wenn sie nun schon vorlag, auch situativ hätte gehandelt werden können. Vorrangig mit diesen Fragen muß der forensische Psychiater heute rechnen, zu ihnen sollte er Stellung nehmen können. Die Problembereiche einer Determiniertheit des menschlichen Handeln sowie die Abgrenzung eines unfreien von einem freien Willen sind dagegen alte philosophische Themen, zu denen es schon immer widersprüchliche Überzeugungen gab (Rehbinder, 1983). In der Psychiatrie wurde in ähnlicher Weise immer wieder diskutiert, ob allein schon die Tatsache, daß eine Suizidhandlung versucht oder begangen wird, d.h. im Prinzip ganz unabhängig von einer evtl. zugrundeliegenden Erkrankung bzw. einer noch zu stellenden psychiatrischen Diagnose, als Krankheitszeichen gesehen werden sollte. Andernfalls könnte dann nämlich auch eine physiologische "Selbsttötung von Geistesgesunden" (Pohlmeier, 1992) diskutiert werden, bei der unter einem sehr engen Krankheitsbegriff die menschliche Selbstbestimmung extensiv gefaßt würde und dadurch die Einordnung eines Suizids unter die Motivationslage oder den Merkmalsbestand einer seelischen Störung nicht mehr selbstverständlich erscheint.

Nach den Kommentaren zum StGB könnte die durch seelische Störungen im Sinne des § 20 StGB bedingte Unfähigkeit, das Unrecht einer Tat selbst ausreichend einzusehen, auch noch als Spezialfall des im § 17 StGB behandelten "Verbotsirrtums" angesehen werden (vgl. Janzarik, 1991). Danach handelt derjenige ohne Schuld, der einen auf fehlender Einsicht beruhenden Irrtum selbst nicht vermeiden konnte. Ob einsichtsrelevante Informationen überhaupt nicht zur Verfügung standen, also nicht genutzt werden konnten, und dadurch letztlich auch kein Unrechtsbewußtsein vorhanden sein konnte, erscheint heute vielen forensischen Psychiatern allerdings nicht mehr zwingend an bestimmte psychiatrische Diagnosen geknüpft, sondern eher an das besondere Delikt. Damit relativiert sich hier erneut die Bedeutung unserer psychiatrischen Diagnosesysteme:

"Unter forensischen Gesichtspunkten haben psychiatrische Diagnosen, bei denen es sich um wandelbare Konventionen mit Abweichungen von System zu System und von Auflage zu Auflage der diagnostischen Manuale handelt, wenig zu sagen. ... Mehr als eine Vorauswahl für die Zuordnung zu den in § 20 StGB angeführten vier Störungskategorien können die psychiatrischen Diagnosen im forensischen Gebrauch nicht leisten und brauchen sie nicht zu leisten." (Janzarik, 1993)

Rückblickend mutet es schließlich fast wie eine forensische Kuriosität an, daß es noch in den 60er Jahren Listen der "Agnostiker" und der "Gnostiker" unter den Psychiatern gab, an denen sich die Richter bei der Bestellung von Sachverständigen hätten orientieren können. So hatten z.B. de Boor (1966), Witter (1970) und Haddenbrock (1961), ausgehend von K. Schneiders "unpsychologischem" Krankheitsbegriff, immer einen agnostischen Standpunkt eingenommen, während z.B. von Baeyer (1967 und 1968), Ehrhardt (1964) und Rasch (1967) eine sich teilweise an der Willenspsychologie des Schweizer Philosophen Keller (1962) orientierende, gegenteilige psychologische Position favorisierten. Nach den Anstößen der zweiten Strafrechtsreform, die im übrigen das alte Schuldprinzip im Strafrecht nicht aufgegeben hat, setzte sich in den Gerichtssälen aber letztlich eine Einstellung durch, die eine großzügigere Handhabung von Exkulpierungsmöglichkeiten für psychisch auffällige Täter zuließ. Entsprechend werden heute unter einer dezidiert psychopathologischen Fragestellung Beeinträchtigungen von Einsichts- und Steuerungsfähigkeit nicht nur als rein seelisch bedingt akzeptiert, sondern auch deren sachverständige Beurteilbarkeit im Einzelfall, wenn auch nie mit letzter Sicherheit, für möglich gehalten. Zunächst war es allerdings nicht ganz klar, ob sich die Rechtsprechung endgültig gegen die "Somatiker" entschieden hatte. Der enge medizinische Krankheitsbegriff hatte immer einen eher starren (nämlich den älteren) "juristischen" Krankheitsbegriff gefördert, welcher im Prinzip nur Exkulpierungsmöglichkeiten für Psychosen, schweren Schwachsinn und Hirnerkrankungen geboten hatte. Der erweiterte (modernere) "juristische" Krankheitsbegriff, der nicht zuletzt auch konform mit einem allgemeinen Erkenntnisfortschritt in Psychiatrie und Psychotherapie ging, ließ nun statt dessen ebenso die Exkulpierung bei nichtpsychotischen und nichtorganischen Störungen zu.

Im Zuge der hier skizzierten Begriffsentwicklung hatte der Bundesgerichtshof immerhin schon 1959 eine erste richtungsweisende Entscheidung derart gefällt,

"... daß unter den Begriff der 'krankhaften Störung der Geistestätigkeit' nicht nur Geisteskranke i. S. der ärztlichen Wissenschaft fallen, sondern alle Arten von Störungen der Verstandestätigkeit sowie des Willens-, Gefühls- und Trieblebens, die die bei einem normalen und geistig reifen Menschen vorhandenen, zur Willensbildung befähigenden Vorstellungen und Gefühle beeinträchtigen ..." (BGHSt 14, 30 , 32)

Damit war im Grunde die Abkehr von einem rein organmedizinischen Krankheitsbegriff nicht mehr aufzuhalten. Im übrigen hat der Gesetzgeber aber auch im reformierten deutschen Strafrecht formal an der sog. zweistufigen (zweistöckigen) Methode der Schuldfähigkeitsbestimmung festgehalten. Im Sinne einer inhaltlich gemischten Vorgehensweise in der Urteilsbildung geht es somit weiterhin zunächst auf einer "psychischen" (nicht mehr rein "biologischen") Ebene um die psychopathologischen Grundlagen zur Erfüllung der hier überhaupt möglichen Rechtsbegriffe.

Nach Rasch (1983) sind dabei den o.g. vier "psychischen" Kategorien der §§ 20, 21 StGB, die selbst weder in eine psychologische noch in einer psychiatrische Nosologie passen würden, erfahrungswissenschaftlich begründete psychiatrisch-psychologische Diagnosen zuzuordnen (vgl. Tab. 6). Erst in einer zweiten "normativen" (nicht "psychischen") Stufe geht es dann um die Bewertung evtl. Auswirkungen auf die vorhandenen Fähigkeiten des Betroffenen. Da die "Agnostiker" davon ausgingen, daß sich gerade hier ausreichend begründete Aussagen nicht mehr machen ließen, sollte nach ihrer Meinung, um forensisch überhaupt zu einem überzeugenden Urteil zu kommen, die Frage der Schuldfähigkeit schon auf der ersten Stufe, nämlich über einen enggefaßten psychiatrisch-biologischen Krankheitsbegriff, sozusagen direkt, entschieden werden.

Der in diesem Kontext relevante, während der Beratungen zur 2. Strafrechtsreform sogar oft herangezogene, gesetzlich aber nirgends definierte Begriff "Krankheitswert" erhielt seine eigentliche Bedeutung schließlich insbesondere in der forensischen Praxis. Als Hilfsbegriff im Hinblick auf die Schuldfähigkeitsvoraussetzungen liegt sein rechtlicher Stellenwert seither in der graduellen Vergleichbarkeit von Störungen, die zwar "nicht krankhaft, aber einer krankhaften seelischen Störung hinsichtlich der Beeinträchtigung (Zerstörung oder Erschütterung) des Persönlichkeitsgefüges gleichstellbar" sind (Krümpelmann, 1976). Dies betrifft hier somit gerade die nicht bereits "krankhaft" genannten Fallgruppen der Schuldunfähigkeit, wobei die begriffsimmanenten Adjektive "tiefgreifend" (bei den "Bewußtseinsstörungen") und "schwer" (bei den "anderen seelischen Abartigkeiten") dann zwangsläufig das Kriterium der Maßstäblichkeit enthalten müssen. Obwohl dieses Kriterium nirgends genauer definiert ist, schon gar nicht als empirisch faßbare Größe, können dadurch nun auch die "nur" quantitativ abnormen Erlebens- und Verhaltensweisen von Straftätern, wie z.B. eine übertriebene Eifersuchts*reaktion*, forensisch berücksichtigt und folgerichtig dem qualitativ Abnormen, wie z.B. einem ausgeprägten Eifersuchts*wahn*, rechtlich gleichgestellt werden. Eine jüngere Entscheidung des Bundesgerichtshofs aus dem Jahre 1990 (Az.: 2 StR 595/89) unterstreicht jedoch gerade den besonderen "Kann"-Charakter. Eine "seelische Abartigkeit" darf nämlich auch für die Beurteilung der Verantwortlichkeit eines Täters Berücksichtigung finden, wenn ihr nicht zuvor ausdrücklich das Prädikat "Krankheitswert" zugemessen wurde. Die forensische Bedeutungszumessung eines entsprechenden Sachverhalts ist hier nämlich formal nicht zwingend daran gebunden, daß der "Krankheitswert" jemals definitiv festgestellt wurde oder werden kann (vgl. Saß, 1991).

Tab. 6: Zuordnung der psychiatrisch-psychologischen Diagnosen zu den juristischen Kategorien der §§ 20, 21 StGB (aus Rasch, 1983)

Juristisch	Psychiatrisch-psychologisch	

Krankhafte seelische Störungen	Exogene (organische, symptomatische) Psychosen oder Persönlichkeitsveränderungen bei:
	Hirnverletzungen
	Hirninfektionen
	Progressiver Paralyse
	Hormonellen Störungen
	Stoffwechselkrankheiten
	Allgemeininfektionen
	Vergiftungen
	Alkoholrausch
	Hirnschwund
	Tumoren
	Arteriosklerose u. anderen
	Durchblutungsstörungen
	Wochenbettpsychosen
	
	Alkoholismus
	  Delirium tremens
	  Alkohol. Korsakow-Syndrom
	  Alkoholhalluzinose
	Eifersuchtswahn
	Epilepsie
		Endogene Psychosen
		Schizophrenie
		Schizophrenia simplex
		Hebephrene Form
		Katatone Form
		Paranoide Form
		Defektzustände
		
		Paranoia
		
		Zyklothymie
		Affektive Psychosen
		Manisch-depressives Irresein
		  Endogene Depression
		  Melancholie
		  Involutionsdepression
		  Manie
		  Hypomanie
		
		Intellektuelle Minderbegabung bekannter Genese

Tiefgreifende Bewußtseinsstörung	Affekt Affektive Erregung Schreck Übermüdung Erschöpfung	
Schwachsinn	Intellektuelle Minderbegabung unbekannter Genese Schwachsinn Oligophrenie Debilität Imbezillität Idiotie	

Schwere andere seelische Abartigkeit	Persönlichkeitsstörungen
	Psychopathie, Charakteropathie
	Abnorme Persönlichkeit
	Charakterneurose, Kernneurose
	  Paranoide Persönlichkeit
	  Hysterische Persönlichkeit
	  Asthenische Persönlichkeit
	  Erregbare Persönlichkeit
	  Schizoide Persönlichkeit
	  Antisoziale Persönlichkeit
		Neurosen
		Konversionsneurose
		Phobien
		Zwangsneurose
		Reaktive Depression
		Depressive Neurose
		Neurotische Depression
		Hypochondrische Neurose
		
		Abnorme Erlebnisreaktion
		
		Abnorme/psychopathologische
		  Persönlichkeitsentwicklung
		Sexuelle Verhaltensabweichung
		Sexuelle Perversion
		Sexualpathol. Entwicklung
		Alkoholismus
		Medikamentenabhängigkeit
		Drogensucht

148

Schuldfähigkeit, eine Thematik, die im Laufe der Geschichte immer kontrovers diskutiert wurde (vgl. Baer, 1994; Brehm, 1941), hängt im übrigen untrennbar davon ab, was unter dem Begriff "Schuld" überhaupt verstanden wird. Die Rechtsprechung verwendet ihn bekanntlich vielfach, ohne ihn je positiv definiert zu haben (Schreiber, 1986). Auch der Versuch einer prinzipiellen Unterscheidung von genereller und spezieller Schuldunfähigkeit (Witter, 1983), der erstere Form nur den qualitativ abnormen Krankheitsvorgängen zusprechen möchte, kann fehlende Voraussetzungen für eine verantwortliche Selbstbestimmung des Menschen erfahrungswissenschaftlich nicht erklären.

8.3 Der sozialrechtliche Bereich

Eine Vielzahl von Einzelgesetzen versucht heute grundlegende Wertvorstellungen über die Würde des Menschen rechtlich umzusetzen. Unter "Sozialrecht" können dabei diejenigen Teilbereiche unserer Rechtsordnung verstanden werden,

"die dem Ausgleich bestehender und der Abwendung drohender Defizite an materieller Absicherung oder persönlicher und beruflicher Entfaltungsmöglichkeit zu dienen bestimmt sind." (Erlenkämper, 1981)

Hierbei sind die möglichen Kriterien von "Krankheit" als Grund sozialer Leistungen traditionell sehr eng mit der versicherungsmedizinischen Stellung des Kranken und den damit verbundenen Rollenerwartungen bzw. Rollenverpflichtungen innerhalb der Solidargemeinschaft aller gleichfalls Kranker verknüpft (vgl. Pflanz, 1969; Parsons, 1984). Gerade die Krankenrolle beinhaltet im Rahmen der Einschränkungen normalen Rollenverhaltens sowohl erhebliche Entlastungen als auch zahlreiche neue Pflichten und Verantwortlichkeiten, die im medizinischen Alltag nicht zuletzt durch den behandelnden Arzt bzw. den Medizinischen Dienst der Krankenkassen legitimiert und kontrolliert werden müssen. Insofern sollte jedes Konstrukt eines sozialrechtlichen Krankheitsbegriffs immer die Problematik des "Cut-off-points" zwischen den Interessen der Solidargemeinschaft aller Patienten und denen des einzelnen Kranken mitberücksichtigen.

Allgemeine Basis des heutigen Sozialrechts in der Bundesrepublik Deutschland ist die Reichsversicherungsordnung (RVO), in der am 19. Juli 1911 erstmals wichtige Sozialgesetze der damaligen Bismarckschen Sozialgesetzgebung zusammengefaßt wurden. Das älteste davon, das Gesetz über die Krankenversicherung der Arbeiter (KVG), welches auf dem seinerzeitigen gesellschaftlichen Hintergrund einer zunehmenden Industrialisierung entstand, wurde bereits am 1. Dezember 1884 in Kraft gesetzt. Im selben Jahr folgte ein Unfallversicherungsgesetz, während das Gesetz über die Invaliditäts- und Altersversicherung nach dem Konzept eines Generationenvertrags als letzter Grundpfeiler einer umfassenden Arbeiterversicherung aus dem Jahre 1889 stammt (Sticken, 1985).

Heute kennen wir neben der gesetzlichen Krankenversicherung (GKV), der Unfallversicherung (GUV) und Rentenversicherung (RV) sowie der neuen Pflegeversicherung (PflegeVG) insbesondere die im Gefolge des Bundesversorgungsgesetzes (BVG) entstandenen weiteren sozialen Entschädigungsrechte: Soldatenversorgungsgesetz (SVG), Zivildienstgesetz (ZDG), Bundesseuchengesetz (BSeuchG), Häftlingshilfegesetz (HHG) und Opferentschädigungsgesetz (OEG). Darüber hinaus bestehen ein Schwerbehindertengesetz (SchwbG) und verschiedene Sozialversicherungen aus dem Bereich der privaten Assekuranz (Foerster, 1992; Möllhoff, 1992). Alle Gesetze verbinden mit krankhaften Tatbeständen bestimmte rechtliche Folgen, in deren Mittelpunkt meist Versicherungsleistungen stehen und denen zum Teil unterschiedliche Definitionen des Begriffs "Krankheit" zugrunde liegen. Viele Aspekte dieser leistungsrechtlichen Problematik lassen sich bereits am Krankheitsbegriff der gesetzlichen Krankenversicherung erkennen (Eicher, 1987).

Für die Gesetzgebung des hier zugrunde liegenden Bismarckschen Gesetzes zur Krankenversicherung der Arbeiter (KVG) war seinerzeit noch die stillschweigende Übernahme des gängigen "medizinischen" Krankheitsbegriffs selbstverständlich, so daß zunächst die Notwendigkeit eines eigenständigen "versicherungsrechtlichen" Krankheitsbegriffs überhaupt nicht gesehen wurde. Man beschränkte sich vielmehr auf die allgemeine Feststellung, daß Krankheit "jede Alteration der Gesundheit" sei (Sticken, 1985). Obwohl in den folgenden Jahren in der Rechtsprechung zunehmend deutlicher wurde, daß "Krankheit" sozialrechtlich kein ausschließlich medizinisches Phänomen bleiben konnte, sondern daß vielmehr ein die Leistungsvoraussetzungen der Krankenversicherung näher definierender Begriff erforderlich war, blieb der Gesetzgeber nicht nur in der Zeit vor der endgültigen Etablierung der RVO, sondern auch noch danach sehr zurückhaltend. Er überließ die Begriffsdefinitionen letztlich bis heute der aktuellen Rechtsprechung. Die dadurch bedingte weitere Begriffsbestimmung in foro könnte insofern einerseits als Folge einer weiterhin fehlender Legaldefinition und andererseits als direktes Produkt des sog. Richterrechts verstanden werden. In solchen Prozessen der "Rechtschöpfung" lassen sich dann jeweils zusätzliche, im Gesetz noch gar nicht vorhandene rechtliche Merkmale einführen und damit Rechtsbegriffe jeweils enger oder weiter definieren (Sticken, 1985). Die hier zugrunde liegenden medizinischen Sachverhalte kann zwar in der Regel nur der Arzt feststellen, in der Rolle des Sachverständigen vor Gericht bleibt er aber, ebenso wie im

Straf- oder Zivilrecht, immer nur außenstehender Berater, durch den sich die Rechtsprechung selbst weitgehend sachkundig zu machen hat.

"Krankheit" als juristischer Tatbestand unseres heutigen Krankenversicherungsrechts ist in rechtlicher Auslegung dieses Begriffes aus dem § 182 RVO (Gewährung von Krankenhilfe) jeder "regelwidrige" Körper- oder Geisteszustand, der der "Heilbehandlung bedarf" oder zugleich, oder auch nur allein, "Arbeitsunfähigkeit" zur Folge hat (BSGE 35, 10, 12). Hierbei ist nach der weiteren Rechtsprechung ein bestimmter Körper- oder Geisteszustand immer dann als "regelwidrig" anzusehen, wenn er von der durch das Leitbild des gesunden Menschen geprägten Norm erkennbar abweicht (BSGE 26, 240, 242). Dieses noch eher medizinisch gehaltene Eingangskriterium ist wiederum, nicht nur bei körperlichen Krankheiten, durch die höchstrichterliche Urteilslage verknüpft mit einem oder zwei weiteren versicherungsrechtlichen Kriterien, die nicht zuletzt in psychopathologischen Grenzbereichen, z.B. in Fällen leichter Vergeßlichkeit oder gelegentlicher Erregungszustände, darüber entscheiden müßten, ob es sich hier um "Krankheit im Sinne der GKV" handelt oder nicht. Einerseits ist dies die "Behandlungsbedürftigkeit", die in diesem Zusammenhang anzunehmen ist, wenn der regelwidrige Zustand nach den Regeln der ärztlichen Kunst noch einer Behandlung mit dem Ziel der Heilung, Besserung, Verhütung der Verschlimmerung oder der prinzipiellen Linderung von Schmerzen zugänglich ist (BSGE 30, 151; BSGE 26, 240, 243), wobei hier inzwischen auch der regelwidrige Zustand "Leidensdruck" umfaßt wird (BSGE 62, 83). Andererseits ist die "Arbeitsunfähigkeit" immer dann gegeben, wenn der Versicherte nicht oder nur unter der Gefahr seinen Zustand zu verschlechtern, in der Lage ist, seiner bisher, d.h. zuletzt ausgeübten Erwerbstätigkeit nachzugehen (BSGE 19, 179; BSGE 26, 288). Die Gefahr einer "Verschlimmerung" ist dabei sogar anzunehmen, wenn die weitere Erwerbstätigkeit voraussichtlich erst innerhalb von Monaten zu einer Verschlechterung des Gesundheitszustandes führen würde (BSGE 30, 151). Insofern kann "Arbeitsunfähigkeit" im Sinne dieses Gesetzes selbst dann vorliegen, wenn der Versicherte im rein medizinischen Sinne überhaupt nicht mehr symptomatisch krank sein sollte, aber auf ausdrücklichen ärztlichen Rat, z.B. nach einer längeren Krankenhausbehandlung, noch der weiteren Schonung bedarf.

Eine geteilte, d.h. evtl. graduell geminderte oder nur noch teilweise erhaltene Arbeitsunfähigkeit kennt die gesetzliche Krankenversicherung dagegen weder für organische noch für psychische Erkrankungen. Vielmehr gibt es in der BRD den Rechtsbegriff der "Arbeitsunfähigkeit" nur als einen in sich abgeschlossenen, auf die bisherige Arbeit bezogenen Zustand ohne die Möglichkeit abgestufter inhaltlicher Auslegung (fehlende Kontinuitätsannahme). Deshalb ist hier auch jeder psychisch Kranke voll arbeitsunfähig, der aufgrund seiner Symptomatik vielleicht noch einen Teil seiner täglichen Arbeit verrichten könnte, es sei denn, er wäre auch schon *vor* seiner Erkrankung genau im selben Umfang teilzeitbeschäftigt gewesen (Erlenkämper, 1981). Auch zur "Behandlungsbedürftigkeit" seelischer Störungen ließen sich außerhalb dieses Bezugssystems sicher verschiedene Ansätze diskutieren, z.B. ein rein humaner, nach dem alle irgendwie problembeladenen oder leidenden Menschen behandelt werden sollten, oder ein streng ökonomischer, nach dem immer nur derjenige behandelt wird, bei dem auch eine wirksame Methode zu jeweils vertretbaren Kosten zur Verfügung steht (Rössler und Salize, 1995).

Wie bereits aus dem Vorliegenden zu schließen ist , ist eine bestimmte Krankheitsursache, wie sie z.B. für jeden biologisch definierten Krankheitsbegriff letztlich, zumindest vom Anspruch, ausschlaggebend erscheint, für den Anspruch auf Heilbehandlung nach der GKV eher unbedeutend. Selbst für eigenhändig herbeigeführte Gesundheitsschäden (z.B. bei Selbstverstümmelung) ist sie auch nur für eine mögliche Versagung des Krankengeldes von Relevanz (BSGE 18, 257). Insofern ist die (selbst ja unverschuldete) "Schicksalshaftigkeit" in diesem Kontext weder ein notwendiges noch ein hinreichendes Krankheitskriterium. Die Ursache erfährt jedoch dann sofort wieder kriteriologische Bedeutung, wenn z.B. auch Leistungen der gesetzlichen Unfallversicherung (GUV) in Frage kommen sollten. Andererseits verzichtet der in diesem Punkt, d.h. im Falle eines Unfalls, erheblich weiter gefaßte Krankheitsbegriff des Sozialrechts dann wieder völlig auf die Kriterien der "Behandlungsbedürftigkeit" und "Arbeitsfähigkeit" und definiert sich wesentlich durch direkte oder mittelbare Unfallfolgen (Gebrechen, Defektzustände etc.). In der gesetzlichen Rentenversicherung gilt dagegen nur derjenige Zustand als "Krankheit", der die Erwerbsfähigkeit des Betroffenen erheblich und dauerhaft mindert. In ähnlich eigenständiger Weise wurden schließlich Rechtsbegriffe wie "Berufskrankheit" nach der Reichsversicherungsordnung oder "Gesundheitsstörung" nach dem Bundesversorgungsgesetz inhaltlich näher bestimmt. Als "Krankheiten" im Sinne es Sozialrechtes gelten dabei inzwischen auch alle Störungen ohne organischen Kern, sofern sie sich nur als regelwidriger Sachverhalt in "klinischen faßbaren" und/oder "funktionell bedeutsamen" Veränderungen zeigen (Erlenkämper, 1981 und 1988).

So gehört z.B. zu den Krankheiten im Rechtssinne heute längst auch die "Trunksucht" als versicherungsrechtlicher Begriff des traditionellerweise "chronischer Alkoholismus" bzw. neuerdings (nach den klinisch-diagnostischen Leitlinien der ICD-10) "Abhängigkeitssyndrom durch Alkohol" genannten Krankheitsbildes. Wesentliches versicherungsrechtliches Kriterium ist hier gemäß einer Definition des Bundessozialgerichts der Verlust der Selbstkontrolle bzw. eine zwanghafte Abhängigkeit, die sich letztlich im "Nicht-mehr-aufhören-können" zeige (BSGE 28, 114). Zu dieser endgültigen Überzeugung gelangte die Rechtsprechung schließlich nach juristischer Abwägung aller hier ggf. noch in Frage kommenden medizinischen Belange. Weiterhin haben heute im Sozialrecht die bisher üblicherweise als "Neurosen" bezeichneten Krankheiten sowie weitere seelisch bedingte Störungen ihre Anerkennung gefunden, sofern sie jeweils auch das hier im Vordergrund stehende Kriterium erfüllen, d.h. als "Krankheit" nicht mehr durch einen zumutbaren Willensentschluß des Patienten allein überwunden werden können (BSGE 21, 189). In allen Fällen sind natürlich immer auch die weiteren Voraussetzungen des speziellen Rechtsgebiets zu gewährleisten, um dadurch einen allgemeinen "Zustand des Krankseins" (Erlenkämper, 1981) jeweils juristisch hinreichend zu ergänzen.

In diese grundsätzlichen Bestimmungsweisen von "Krankheit" paßt dann der Begriff der "Behinderung" als einer der Grundbegriffe unseres Rehabilitationswesens nicht mehr gut hinein. Geht es doch hier nach den entsprechenden Richtlinien von Gesetzgeber und Sozialverwaltung gerade nicht um jeweils unmittelbar wirksame Regelwidrigkeiten oder um ein Geschehen von aktuellem "Krankheitswert", sondern in der Regel "nur" um dessen hinterlassene Spuren bzw. andauernd störende Folgen, selbst wenn diese lebenslang bestehen bleiben (Bundesarbeitsgemeinschaft, 1984; Schulin, 1990). Krebs (1986) hat dennoch aus jugendpsychiatrischer Sicht einmal versucht, die drei zentralen Begriffe Krankheit, Gesundheit und Behinderung möglichst knapp und thesenartig miteinander ins Verhältnis zu setzen. Er erachtete dabei folgende Unterscheidung für sinnvoll: "Krankheit ist ein 'Ausnahmezustand' von Gesundheit; Behinderung ist eine besondere Situation ('Sonderfall') von Gesundheit."

Der Behinderungsbegriff ist nicht zuletzt heute bei uns im § 3 Abs. 1 des Schwerbehindertengesetzes (SchwbG) von 1986, das eine direkte Fortentwicklung des Schwerbeschädigtengesetzes aus dem Jahre 1953 darstellt, in folgender Weise hinreichend beschrieben:

"Behinderung im Sinne dieses Gesetzes ist die Auswirkung einer nicht nur vorübergehenden Funktionsbeeinträchtigung, die auf einen regelwidrigen körperlichen, geistigen oder seelischen Zustand beruht. Regelwidrig ist der Zustand, der von dem für das Lebensalter typischen abweicht. Als nicht nur vorübergehend gilt ein Zeitraum von mehr als 6 Monaten. Bei mehreren sich gegenseitig beeinflussenden Funktionsbeeinträchtigungen ist deren Gesamtauswirkung maßgeblich." (Leitfaden, 1989)

Erstmals tauchte der Behinderungsbegriff in der europäischen Rehabilitationsmedizin jedoch schon mit der Industrealisierung und der ihr langsam folgenden Sozialgesetzgebung auf. Seine internationale Verwendung blieb aber seither immer uneinheitlich (Schwarz und Michael, 1977). Besondere Schwierigkeiten bei der Entwicklung sinnvoller Kriterien für "psychische Behinderungen" machte dabei bis heute gerade die Operationalisierbarkeit "innerer" Faktoren im Kontext dauerhaften Beeinträchtigungen. Hinzu kamen Probleme der Abgrenzung zu rein umweltbedingten oder wieder eher krankheitsbedingten Phänomenen. Inzwischen wurden hier allerdings im Zusammenhang mit einigen WHO-Projekten, schwerpunktmäßig erprobt insbesondere an möglichen Behinderungen schizophrener Patienten, konsensfähigere Definitionsversuche und Unterteilungen vorgenommen. Diese mündeten dann letztlich darin, in einem allgemeinen, diagnoseübergreifenden Konzept der Krankheitsfolgen bzw. der sonstigen Schadensfolgen alle hier in Frage kommenen Phänomene möglichst auf drei unterschiedlichen Bestimmungsebenen zu erfassen. In der analog entwickelten "International Classification of Impairments, Disabilities and Handicaps (ICIDH)" der Weltgesundheitsorganisation sind dies entsprechend (WHO, 1980):

1. nachweisbare körperliche und psychische Schäden
   (impairments/déficiences),
2. hierdurch bedingte funktionelle Einschränkungen
   (disabilities/incapacités), und
3. nachfolgende Beeinträchtigungen im sozialen Bereich
   (handicaps/désavantages).

Eine sinnvolle Verbindung zwischen dieser ICIDH-Klassifikation und zusätzlich geplanten Assessment-Verfahren zur verbesserten Rehabilitation psychisch Behinderter könnten zudem international anerkannte Merkmalskataloge bilden (vgl. Dilling und Siebel, 1995; Schian, 1991).

8.4 Der zivilrechtliche Bereich

Das Zivilrecht regelt die privaten Rechtsinteressen und grenzt sie gegen die entsprechenden Interessen anderer Einzelpersonen oder der Allgemeinheit ab. Während nach § 1 des bei uns in diesem Zusammenhang maßgeblichen Bürgerlichen Gesetzbuches (BGB) die "Rechtsfähigkeit" des Menschen unabhängig vom seelisch-geistigen Zustands schon mit Vollendung der Geburt beginnt, kann die jedem Rechtsgeschäft zugrunde liegende Fähigkeit zur freien Willenserklärung aufgrund besonderer entwicklungsbedingter oder psychopathologischer Umstände individuell durchaus verschieden und damit ggf. Gegenstand forensischer Begutachtung sein. Jedenfalls ist die Willenserklärung eines "Geschäftsunfähigen" automatisch nichtig (§ 105 BGB). Gesetzlich werden die Möglichkeiten, rechtsverbindliche Willenserklärungen abzugeben, dann ab dem 7. Lebensjahr mit zunehmendem Alter stufenweise erweitert und mit Eintritt der Volljährigkeit schließlich völlig frei von Beschränkungen (Diederichsen, 1986). Wer danach, also nach Eintritt der vollen Geschäftsfähigkeit, immer noch unüberlegt, vorschnell oder kurzsichtig handelt, oder wer in seinen Entschlüssen weiterhin leicht beeinflußbar ist, muß rechtlich somit noch längst nicht in der "freien Willensbestimmung" (§ 104 BGB) beeinträchtigt sein. Vielmehr ist zunächst der gesunde Wille einen Menschen selbst dann zu respektieren, wenn er betroffenen oder außenstehenden Personen im höchsten Maße unvernünftig erscheinen sollte.

Für die Psychiatrie stellt im deutschen Zivilrecht die seit langem geforderte Reform des Rechts der Entmündigung, Vormundschaft und Pflegschaft mit dem seit dem 1. Januar 1992 in Kraft getretenen Betreuungsgesetz (BtG) die in letzter Zeit wichtigste Veränderung dar. Dieses sog. Artikelgesetz mit dem Ziel weiterer Flexibilisierung und Humanisierung erfaßt dementsprechend nicht nur Neuregelungen innerhalb des bürgerlichen Rechts, sondern auch Folgeänderungen in anderen Gesetzesbereichen. Obwohl die Frage der Geschäftsfähigkeit hier formal eigentlich ohne Bedeutung ist, stellt sie sich inhaltlich bei der Prüfung eines evtl. Einwilligungsvorbehalts dann doch schnell zusätzlich (von Oefele, 1993; Saß, 1994). Grundvoraussetzungen der Bestellung eines speziellen Betreuers nach der Neufassung des § 1896 Abs. 1 BGB ist jedenfalls das Vorliegen "einer psychischen Krankheit oder einer körperlichen, geistigen oder seelischen Behinderung" sowie zusätzlich die ursächliche Verknüpfung einer dieser jeweils nicht mehr ausweitbaren Voraussetzungen mit schweren sozialen Folgen für den Betroffenen bzw. seiner Unfähigkeit zur Besorgung privater Angelegenheiten (Jürgens et al., 1991). Ähnlich wie in anderen rechtlichen Bereichen stehen die juristischen Bezeichnungen, also die in Gesetzen und Rechtssprechungen gebrauchten Begriffe, nicht direkt für medizinische, psychologische oder psychotherapeutische Sachverhalte und damit auch nicht in einem eindeutigen Zuordnungsverhältnis zu nosologischen Gegebenheiten. Rose (1986b) sieht dennoch im Zivilrecht prinzipiell zwei (alternative) Ordnungsmöglichkeiten, um hier wenigstens die Grundzüge psychiatrischer Begutachtungspraxis darzustellen, nämlich eine vorläufige Gliederung nach den verschiedenen Rechtsvorschriften oder eine erste Orientierung an einer nosologischen Klassifikation. Rechtsbegriffe wie "freie Willensbestimmung" oder "Geisteskrankheit" könnten so zunehmend mit klinischem Material gefüllt werden, ohne daß psychiatrische Diagnose und juristische Kategorie einfach einander gleichgesetzt werden müßten.

In der Sache geht es in der zivilrechtlichen Praxis aber immer um die Beurteilung der Selbstbestimmung eines einzelnen Menschen, wobei mögliche Beeinträchtigungen durch Krankheit oder Behinderung (z.B. bei genetischer Veranlagung) diese sowohl insgesamt oder auch nur in wichtigen Teilbereichen, wie z.B. in der Prozeß- oder der Testierfähigkeit, betreffen können. Obwohl diese Spezialfälle der Geschäftsfähigkeit, die dann ja auch nur ein einzelnes Gebiet betreffen, jeweils an anderer Stelle in der Zivilprozeßordnung (ZPO) oder im BGB geregelt sind, sind sie untereinander in ihren inhaltlichen Kriterien weitgehend ähnlich. Die Grenzen in der Möglichkeit des Einzelnen, Beziehungen untereinander selbst zu regeln, in seiner sog. Privatautonomie, sind in jedem Fall aber immer relativ weit gezogen. So kann die Geschäftsfähigkeit nach Eintritt der Volljährigkeit nur dann durch eine psychische Erkrankung aufgehoben sein, wenn der Ausschluß der freien Willensbestimmung vor Gericht auch "tatsächlich" erbracht worden ist. Davon geht das Gericht weder in Zweifelsfällen aus noch bei einer vielleicht im Verfahren vorgebrachten rein graduellen Verminderung, schon gar nicht, wenn der angeschuldigte Zustand seiner Natur nach nur vorübergehend ist. Entsprechend gibt es aus forensischer Sicht auch keine "relative" Geschäftsunfähigkeit, während z.B. im Strafrecht schon begründete Zweifel an der Schuldfähigkeit eines Täters durchaus ausreichen können, um ggf. von "verminderter" Schuldfähigkeit nach § 21 StGB auszugehen.

Während strafrechtliche Schuld zudem an den Voraussetzungen einer speziellen Straftat zu messen wäre, geht es im Zivilrecht überwiegend um die sog. "Erfolgshaftung". Dies bedeutet für den psychiatrischen Sachverständigen nicht selten die Begutachtung eines komplizierten inneren Zusammenhangs zwischen einer seelischen Störung und einer später evtl. zu entschädigenden Handlung. Da entsprechende Querverbindungen bei psychisch Kranken aber häufig schwer durchschaubar sind und eine (einzelne) "adäquate Ursache", aus der nach der allgemeinen Lebenserfahrung gerade mit dem Eintritt des strittigen "Erfolgs" zu rechnen wäre, meist nicht herauszufinden ist, schon gar nicht im Sinne einer Monokausalität, läßt die zivile Rechtssprechung hier auch noch einen anderen Weg offen. Unter dem Aspekt einer "conditio sine qua non" kann eine psychische Störung ggf. auch danach beurteilt werden, ob sie für den Eintritt des ungünstigen Handlungserfolgs nicht ganz wegzudenken ist, ob z.B. ein krankhaftes Rentenbegehren bei der Betrachtung der angegebenen psychoreaktiven Fehlverarbeitung eines schweren Autounfalls überhaupt noch übergangen werden kann oder vielleicht doch als mitverantwortlich gesehen werden muß. Mit Umsetzung dieser sog. "Äquivalenztheorie" wird im bürgerlich-rechtlichen Bereich allerdings insofern ein schwieriges Terrain beschritten, als rechtlich nicht nur der klassische (weitgehend monokausale) Ursachenbegriff zur Disposition gestellt wird, sondern dabei auch verschiedenste psychologische Randbedingungen miteinander in Beziehung gesetzt werden müssen. Wie Kritiker meinen, könnte nämlich bei der Komplexheit seelischer Zusammenhänge fast jeder seelische Faktor theoretisch als nicht wegzudenkende Bedingung mit angesehen werden (Langelüddeke und Bresser, 1976).

9.   Krankheit in der Psychotherapie

9.1   Allgemeine und spezielle Psychotherapie

Die zunehmende Integration psychotherapeutischer Theorien und Praktiken in das Fach Psychiatrie, in der Bundesrepublik Deutschland stark
gefördert durch eine 1992 beschlossene Neufassung der psychiatrischen
Weiterbildung (vgl. Berger, 1994), bleibt notwendigerweise verbunden
mit Auseinandersetzungen über Grundannahmen von seelischer Krankheit.
Die Heterogenität der entsprechenden Begriffsinhalte tritt dabei zum Teil
noch deutlicher hervor als innerhalb der sonstigen klinischen Psychiatrie.
Ein wesentlicher Grund dafür dürfte sein, daß der Begriff "Psychotherapie" immer noch keine feste Größe in unserem Gesundheitswesen darstellt. Offensichtlich sind es die psychologischen Mittel, welche die Psychotherapie am ehesten von anderen Behandlungsmethoden unterscheidet.
Damit würde weniger der Anwendungsbereich als das methodische Vorgehen in den Vordergrund treten. Wo ist aber die Grenze zwischen sach-
kundiger psychosozialer Beratung, wie sie nach Ansicht von Krankenkassen und Gesetzgeber für Schwierigkeiten im Normalbereich in Frage
käme, und Psychotherapie, die im Gegensatz dazu jeweils nur bei anerkannten Krankheiten bzw. ihnen entsprechenden Störungen mit "Krankheitswert" durchgeführt werden darf. Hier tritt wieder der Anwendungs-
oder Objektbereich ins Zentrum inhaltlicher Bestimmtheit, nicht zuletzt
aber auch, was psychologischerseits oft kritisch angemerkt wird, die
weiterhin meist noch zuerst konsultierte Personengruppe der Ärzte (Grawe
et al., 1994).

Die Tatsache, daß fast jedes Buch über Psychotherapie eine eigene
Psychotherapiedefinition vorhält (vgl. Perez, 1991; Wolberg, 1967), hat
schließlich auch den Wiener Fachvertreter H. Strotzka (1917-1994) ermu-
tigt, eine zunächst zwar ebenso eigenständige, inzwischen aber im deutschen Sprachraum weitgehend anerkannte Definition zu wählen:

"Psychotherapie ist ein bewußter und geplanter interaktioneller Prozeß zur Beeinflussung von Verhaltensstörungen und Leidenszuständen, die in einem Konsensus
(möglichst zwischen Patient, Therapeut und Bezugsgruppe) für behandlungsbedürftig gehalten werden, mit psychologischen Mitteln (durch Kommunikation)
meist verbal aber auch averbal, in Richtung auf ein definiertes, nach Möglichkeit
gemeinsam erarbeitetes Ziel (Symptomminimalisierung und/oder Strukturänderung
der Persönlichkeit) mittels lehrbarer Techniken auf der Basis einer Theorie des
normalen und pathologischen Verhaltens. In der Regel ist dazu eine tragfähige
emotionale Bindung notwendig." (Strotzka, 1978)

Strotzka, der selbst tiefenpsychologisch orientiert war und gleichzeitig zu den Pionieren der Familientherapie zu zählen ist (Reiter, 1994), machte Psychotherapie insbesondere wieder an einer über den sozialen Kontext festgestellten Behandlungsbedürftigkeit fest. Obwohl er dabei "psychische Krankheit" nicht ausdrücklich definierte, ging er in seinen weiteren Erörterungen immer von einem impliziten psychotherapeutischen Krankheitsbegriff aus, der zur Kategorisierung von "Verhaltensstörungen und Leidenszuständen" unentbehrlich sei. Letztlich gehe es dabei darum, zwischen einer völligen Verdinglichung und Abwendung von der individuellen Problematik des Patienten und einem ungeordneten Chaos von individuellen Syndromen einen Minimalkonsens zu finden.

Die zahlreichen psychotherapeutischen Verfahren unserer Zeit sind bekanntlich nicht nur häufig beschrieben, sondern auch zunehmend verglichen worden (Grawe et al., 1994; Ford und Urban, 1963; Kriz, 1985; Strotzka, 1978). In ihrer Entstehungsgeschichte scheinen dabei fast alle Richtungen zunächst eine ähnliche Entwicklung durchlaufen zu haben, die sehr oft, wie z.B. bei der Psychoanalyse oder der Gesprächspsychotherapie, bei einer charismatischen Gründerpersönlichkeit begann. Die psychotherapeutische Wirksamkeit solcher Verfahren gründete sich damit zunächst auf überwiegend subjektive Erfahrungen im Umfeld dieser Pioniere. Im weiteren Verlauf wurden deren Erkenntnisse dann zunehmend zu einem theoretischen Gedankengebäude ausgebaut. Solche "Ursprungstheorien" sollten heute nicht als wissenschaftliche Theorien im strengen Sinne angesehen werden, da ihre jeweilige Erklärungskraft für weitere Fakten im Grunde immer gering geblieben ist. Sie bieten aber nicht selten noch sinnvolle Ausgangspunkte für grundsätzlichere konzeptionelle Betrachtungen (Hambrecht, 1986; Kapfhammer, 1995).

Bei seinen Bemühungen, die riesige Menge psychotherapeutischer Verfahren und die damit verbundene Vielfalt von Psychotherapieschulen auf einige prinzipiellere Anschauungen zu reduzieren, kam Kriz (1985) schließlich zu vier wesentlichen Strömungen. Diese psychotherapeutischen Grundorientierungen, die auch für unser Thema leitend sein sollen, erweiterten dann jeweils sogar in einer gewissen historischen Aufeinanderfolge die bereits bestehenden psychotherapeutischen Denkansätze und theoretischen Annahmen. So wurde die Psychotherapie in der ersten Hälfte unseres Jahrhunderts wesentlich von psychoanalytischen Grundanschauungen geprägt. Hierzu gehörte allen voran die Psychoanalyse von S. Freud (1856-1939) sowie in weiterer Linie besonders die Individualpsychologie von A. Adler (1870-1937) und die analytische Psychologie von C.G. Jung (1875-1961), deren Begründer beide zunächst mit Freud wissenschaftlich eng verbunden und später mit ihm zerstritten waren (Wyss, 1977). Etwa in der Jahrhundertmitte kamen dann die verhaltenstherapeutischen Methoden hinzu, welche sich ca. zehn Jahre später von zunächst noch sehr an den klassischen Lerntheorien orientierten Verfahren zu komplexeren, kognitiven Therapieansätzen weiterentwickelten. Dabei hat sich schließlich auch die Einsicht durchgesetzt, daß das streng behaviorale Menschenbild wieder verlassen werden müsse, weil damit das Erleben und Handeln eines Betroffenen, sei er nun krank oder gesund, nicht ausreichend zu verstehen sei (Markgraf und Lieb, 1995). In den 50er Jahren verbreiteten sich im weiteren als sog. "dritte Kraft" in der Psychotherapie, viele humanistischen Schulen, zu deren besonderer Innovation vorrangig die Gesprächspsychotherapie von C.R. Rogers (1902-1987) beitrug, nicht zuletzt aber auch die Gestalttherapie von F. Perls (1893-1970), das Psychodrama von J.L. Moreno (1889-1974) und die Logotherapie von V.E. Frankl (geb. 1905). Darüber hinaus entwickelten sich in den 70er Jahren die systemischen Psychotherapieansätze mit ihren vielfältigen, insbesondere familientherapeutischen Schwerpunkten.

Nach den bisher vorliegenden wissenschaftlichen Wirksamkeitsstudien haben aber bisher längst nicht alle bekannten bzw. gebräuchlichen psychotherapeutischen Verfahren ihre spezielle Effektivität in der Krankenversorgung unter Beweis stellen können, obwohl die generell entscheidenden Wirkfaktoren psychotherapeutischer Prozesse inzwischen weitgehend bekannt sein dürften. Als allgemeine Erkenntnis aus über 6000 Wirkstudien im Bereich der Erwachsenenpsychotherapie (Schauenburg, 1994) und mindestens 300 Effektivitätsstudien bei Kindern und Jugendlichen (Kazdin, 1994) kann insofern gelten, daß psychotherapeutische Maßnahmen offensichtlich insgesamt wirkungsvoller sind als alternative Plazebo- oder Nichtbehandlungen, daß der indirekte Einfluß der Therapeutenpersönlichkeit meist größer ist als der einer speziell angewandten Einzeltechnik, und daß bei gleichzeitiger Verabreichung von Psychopharmaka in vielen Fällen durchaus ein positiver Synergismus mit einer jeweils abgestimmten Psychotherapie erwartet werden kann (Laux, 1992).

Darüber hinaus konnten Orlinsky und Howard (1986 und 1988) alle hier möglicherweise einflußnehmenden Wirkfaktoren (im Rahmen eines international anerkannten "Generic Models of Psychotherapy") in sechs umschriebene Variablengruppen unterteilen: Vertragsgestaltung, Intervention, Therapeut-Patient-Beziehung, Aufnahmebereitschaft des Patienten, Therapiebereitschaft des Therapeuten und Realisierungsmöglichkeiten.

Nach dem vielfach, teilweise auch sehr kontrovers diskutierten Forschungsgutachten von Meyer et al. (1991) haben sich bei verschiedenen Störungsformen bislang vorrangig folgende Therapierichtungen als sehr wirksam erwiesen:

1. *psychodynamische Therapien*, insbesondere wenn sie innerhalb des "mainstreams" der psychoanalytischen Verfahren blieben, nicht also alle inzwischen entstandenen tiefenpsychologischen Ableger und Abspaltungen, und wenn sie möglichst auch innerhalb einer Sitzungszahl von ca.100 Stunden und einer Behandlungsdauer von bis zu zweieinhalb Jahren abliefen;

2. zahlreiche Verfahren der *Verhaltenstherapie*, incl. kognitiver Verfahren, jeweils zur Behandlung relativ spezifischer Störungen, wie z.B. systematische Desensibilisierungen und Reizkonfrontationsmethoden bei Angsterkrankungen oder kognitiv-behaviorale Therapie bei Depressionen, wobei eine positive Wirkung oft schon innerhalb von 30 bis 40 Sitzungen erreicht werden konnte;

3. von der relativ heterogenen Gruppe der *humanistischen Therapieverfahren* insbesondere die Gespächspsychotherapie nach C.R. Rogers bei Patienten, die aufgrund ihrer Persönlichkeit für das charakteristische, nicht direktive Vorgehen besonders aufnahmebereit waren. Dies waren gerade nicht Patienten, die ausgeprägte Wünsche nach konkreter Anleitung oder unmittelbarer therapeutischer Führung hatten.

Grawe et al. (1994, S. 739) sehen aufgrund ihrer groß angelegten Metaanalyse von 897 kontrollierten Therapiestudien und 41 Therapievergleichstudien (bis zum Jahre 1984) bei der psychoanalytischen Therapie allerdings nur eine gesicherte Wirkung auf die jeweilige Hauptproblematik und nicht so sehr auf eine "deutliche Verbesserung des allgemeinen Wohlbefindens" (kritisch hierzu z.B. Mertens (1994) und Rüger (1994)). Die heutigen Formen der Verhaltenstherapie, mit großem Abstand am besten kontrolliert, hätten dagegen auch ihre Indikation für gemischte Störungsbereiche unter Beweis gestellt (Grawe et al., 1994). Gespächspsychotherapie würde dagegen häufig nicht nur zur Verbesserung in der aktuellen Hauptsymptomatik führen, sondern gerade auch in Bereichen des allgemeinen Wohlbefindens, zwischenmenschlicher Beziehungen sowie in weiteren Persönlichkeitsbereichen. Damit sei die Gespächspsychotherapie im Prinzip ein relativ breit einsetzbares Verfahren (Grawe et al., 1994). Dagegen fehlten bei verschiedenen Therapieformen anderer Grundorientierung wie auch bei vielen älteren, durchaus bekannteren psychotherapeutischen Verfahren immer noch entsprechende Wirksamkeitsstudien, so daß hier bis heute keine positive Beurteilung abgegeben werden könne (vgl. Grawe, 1995a). Nicht zuletzt bei den systemischen Therapien stünden weiterhin nur katamnestische Nachuntersuchungen zur Verfügung (vgl. Ludewig, 1992; Retzer et al., 1989).

Während es insofern inzwischen keine Zweifel mehr an der prizipiellen Wirksamkeit von Psychotherapie geben kann, entzündete sich an der

Frage, ob eine bestimmte psychotherapeutische Grundrichtung vielleicht insgesamt effektiver sein könnte als eine andere, schon sehr früh eine lebhafte Diskussion. So hatte sich bereits in den 70er Jahren nach einer entsprechenden Übersichtsarbeit von Luborsky et al. (1975) in der internationalen Psychotherapieliteratur die Einschätzung etabliert "Everyone has won and all must have prizes". Dabei wurde dann weitgehend auf unspezifische psychotherapeutische Wirkfaktoren abgestellt, die sich im Prinzip auch alle Psychotherapeuten zugute halten konnten. Heute ist man einen guten Schritt weiter und von bestimmten therapiespezifischen Einflüssen, wie bereits skizziert, durchaus überzeugt. Was Psychotherapieforscher aber weiterhin vermissen, sind die konkreten Wirknachweise bestimmter Einzelfaktoren, so daß, so lange entsprechende Hinweise zur differentiellen Psychotherapie noch ausbleiben, hier erst einmal von weitgehend "spezifischen Kombinationen" ansonsten eher ubiquitärer, unspezifischer Einflüsse ausgegangen wird (Tschuschke et al., 1994).

Vermutlich sind es aber gerade die folgenden vier "allgemeinen" psychologischen Wirkprinzipien, welche jeweils mit unterschiedlicher Gewichtung in den psychotherapeutischen Verfahren zum Zuge kommen und damit einen positiven Effekt bewirken (vgl. Grawe et al., 1994; Orlinsky et al., 1994):

1. aktive Hilfe, konkrete Anleitung bzw. praktische Unterstützung (sog. Bewältigungsperspektive),
2. Klärung der Bedeutung des Erlebens und Verhaltens im Hinblick auf bewußte oder unbewußte Werte und Ziele (sog. Klärungsperspektive),
3. reales Erleben von Problemen und Veränderungen durch Aktualisierung (sog. Perspektive der realen Erfahrung), und
4. Anknüpfung an vorhandene positive Ressourcen (sog. Perspektive der Ressourcenaktualisierung).

Grawe (1995b) plädiert deshalb inzwischen für eine Psychotherapie ohne starre Grenzen. Er favorisiert dabei zunehmend eine "allgemeine Psychotherapie", die sich weniger an einzelnen therapeutischen Schulen zu orientieren habe als an empirisch nachweisbaren grundsätzlichen Wirkmechanismen. Letztlich werde auch jede wissenschaftliche Betrachtung zur Wirksamkeit psychotherapeutischer Verfahren erschwert, wenn dabei der zugrunde liegende Störungsbegriff so allgemein bleibe, daß eine differentiellere Zuordnung zu unterschiedlichen Methoden völlig unmöglich erscheint. Erst eine Krankheitslehre mit einem "gewissen Krankheitsbegriff" (Strotzka, 1978) gibt hier offensichtlich der Psychotherapie die Möglichkeit, Methodik und Technik angemessen einzusetzen, um dadurch letztlich als therapeutische Disziplin im Gesundheitswesen anerkannt zu werden. Sowohl bei der Erfolgsmessung als auch bei der Definition von

"Krankheit" sollte jedoch auch von Psychotherapeuten nicht übersehen werden, daß es immer mehrere Ebenen der Betrachtung gibt: die Ebene der "Krankheitsursachen", auf der schulenspezifische Kriterien im Prinzip unvermeidlich sind, die Ebene der "Symptome", die im allgemeinen störungsspezifische Kriterien erfordert, und die Ebene der "Krankheitsfolgen", auf der sich die Kriterienbildung noch am ehesten schulenübergreifend gestalten läßt (vgl. Schulte, 1993).

Zudem muß "Psychotherapie" immer unterschieden bleiben von den vielfältigen psychosozialen Maßnahmen und unzähligen menschlichen Interaktionen, denen wir im alltäglichen Leben ständig begegnen und die unser Erleben und Verhalten, sei es nun bewußt oder unbewußt, zum Teil erheblich beeinflussen können. Nicht zuletzt deshalb sind bisher in den sog. Psychotherapie-Richtlinien der Bundesrepublik, d.h. in der heilkundlichen Psychotherapie durch Psychologen und Ärzte im Rahmen der Versorgung durch die gesetzlichen Krankenkassen, auch nur tiefenpsychologisch-psychoanalytische und verhaltenstherapeutische Verfahren als Behandlungsformen explizit verankert worden, während sich die humanistischen und systemischen Ansätze weiterhin um ihre Anerkennung im gesetzlichen Versorgungssystem bemühen müssen (vgl. Linster und Rüchert, 1994; Rummel, 1994). Zu den Zulassungskriterien neuer Psychotherapieverfahren nach diesen Richtlinien gehört heute jedenfalls nicht nur der Nachweis einer erfolgreichen Anwendung an tatsächlich Kranken über mindestens 10 Jahre mit gleichzeitiger wissenschaftlicher Überprüfung, sondern auch eine ausreichend eigenständige Definition des Verfahrens selbst, incl. der Darstellung einer dazugehörigen Krankheitslehre. Damit zwingend verbunden ist aber immer auch ein möglichst klar definierter Krankheitsbegriff (vgl. Faber und Harrstrick, 1994; Pritz und Petzold, 1992; Sonneck, 1989).

9.2 Der psychoanalytische Ansatz

Von den zahlreichen geistigen Wegbereitern der Psychoanalyse, zu denen sogar der Philosoph A. Schopenhauer (1788-1860) zu rechnen wäre (Nitzschke, 1978), und den verschiedenen Lehrern Freuds, u.a. J. Breuer (1842-1925), J.M. Charcot (1825-1893), P. Janet (1859-1947) und A. Liébault (1823-1904), soll in diesem Zusammenhang insbesondere H. Bernheim (1840-1919), Professor für Innere Medizin und Hauptvertreter der sog. Schule von Nancy, hervorgehoben werden. Im Gegensatz zur somatogenetischen Grundposition der Schule Charcots am Hospice de la Salpêtrière in Paris, wo man seinerzeit in jeder Form von Hypnotisierbarkeit einen letztlich psychopathologischen und damit unmittelbar auf

Krankheit verweisenden Sachverhalt zu erkennen glaubte, sah Bernheim in der Tatsache der Hypnose immer einen rein psychologischen Vorgang, dem gleichfalls völlig Gesunde unterliegen könnten. Auch Freud war 1889 kurze Zeit Schüler von Bernheim, der selbst die Hypnotherapie von Liébault übernommen und zunächst hauptsächlich theoretisch weiterentwickelt hatte, indem er u.a. vehement das damals hypothetisierte Vorhandensein eines wie immer gearteten, physikalisch wirkenden "Fluidums" bestritt. Seine konsequent psychologische Denkweise prägte nicht zuletzt auch die von Freud für den psychoanalytischen Krankheitsbegriff kennzeichnende Sichtweise eines immer fließenden Übergangs zwischen gesund und krank (Kriz, 1985).

Freuds prinzipieller Hinweis auf die enorme Bedeutung psychogenetischer Faktoren und sehr subjektiver Mechanismen bei vielen psychischen Krankheiten blieb auch zeitlebens mit der festen Überzeugung verbunden, daß es jeweils nur "innerhalb" der Person des Kranken ablaufende Prozesse sein können, die ätiologisch wirksam sind. Wyss (1970) weist in diesem Zusammenhang darauf hin, daß Freud, hier u.a. in Anlehnung an die psychologischen Anschauungen des Philosophen J.F. Herbart (1776-1841), bis zuletzt von einem dynamischen Kräftespiel gegensätzlicher oder hemmender Vorstellungen und Affekte ausging, die, sofern einmal aus einem natürlichen Gleichgewicht geraten, nach naturwissenschaftlichen Gesichtspunkten überhaupt nur quantitativ beschrieben werden könnten. Dabei würden dann Vorstellungen und Affekte sowohl völlig voneinander getrennt als auch nebeneinander vorkommen können. Über die Idee verschiedener Möglichkeiten der Abspaltung jeweiliger Affekte gelang es Freud schließlich innerhalb der weiteren psychoanalytischen Theorienbildung, spezielle psychogene Krankheiten, d.h. insbesondere die unterschiedlichen Neuroseformen, genauer zu konzeptualisieren (vgl. Brenner, 1955).

"Psychoanalyse" wurde jedoch nicht nur zum Begriff für eine umfassende psychologische Theorie menschlichen Erlebens und Verhaltens, welche von Freud erstmals 1900 in seiner "Traumdeutung" (G.W., Bd. II/III) entfaltet wurde, sondern gerade auch die Bezeichnung für eine tiefenpsychologisch fundierte Behandlungs- und Forschungsmethode. Uns kann es hier allerdings nur darum gehen, die Grundstruktur des charakteristischerweise dazugehörenden Krankheitsbegriffs anzusprechen und dabei seine entscheidenden inhaltlichen Aspekte herauszuheben. Insbesondere die weitläufige wissenschaftstheoretische Kritik an der Psychoanalyse als Erfahrungswissenschaft kann hier nicht nachgezeichnet werden (vgl. Lesche, 1986; Möller, 1978; Perrez, 1972).

In seiner 28. "Vorlesung zur Einführung in die Psychoanalyse", in der Freud 1917 eine der ausführlichsten Darstellungen seiner Krankheitstheo-

rie im Hinblick auf die prinzipielle therapeutische Wirkung der Psychoanalyse gab, kann man zunächst zusammengefaßt lesen:

"Auch der Gesunde ist also virtuell ein Neurotiker, aber der Traum scheint das
einzige Symptom zu sein, das zu bilden er fähig ist. Unterwirft man sein Wachle-
ben einer schärferen Prüfung, so entdeckt man freilich – was diesen Anschein
widerlegt –, daß dies angeblich gesunde Leben von einer Unzahl geringfügiger,
praktisch nicht bedeutsamer Symptombildungen durchsetzt ist.

Der Unterschied zwischen nervöser Gesundheit und Neurose schränkt sich also
aufs Praktische ein und bestimmt sich nach dem Erfolg, ob der Person ein genü-
gendes Maß von Genuß- und Leistungsfähigkeit verblieben ist. Er führt sich
wahrscheinlich auf das relative Verhältnis zwischen den freigebliebenen und den
durch Verdrängung gebundenen Energiebeträgen zurück und ist von quantitativer,
nicht von qualitativer Art." (G.W., Bd. XI)

Neben der hier implizierten Kontinuitätsannahme, mit psychischer Gesundheit und Krankheit quasi als Endpunkte einer Verbindungslinie, und
dem Verzicht auf einen organpathologischen Befund schränkt Freud
seinen Krankheitsbegriff also insbesondere auf das Praktische, nämlich die
Genuß- und Leistungsfähigkeit, ein. Schon in einer frühen Phase der
Entwicklung seiner Theorie definierte Freud demgemäß auch bei Gesunden neben den Träumen die Fehlleistungen als pathologische Auffälligkeiten, ohne daß diesen immer ein "Krankheitswert" zukommen mußte.
Solche alltäglichen Sachverhalte allein sollten nämlich erst einmal nur
eine Art "Normalpathologie" bestätigen (Fischer und Steinlechner, 1992).
Freuds vorrangig auf eine psychodynamische Trieb- und Konflikttheorie
ausgerichtete Krankheitslehre wurde von ihm dann insbesondere ab 1923
durch seine Arbeit "Das Ich und das Es" präzisiert. Im Kern der Überlegungen stand hier die Auflösung des sog. topischen Modells der Psyche,
das noch mit einer rein topographischen Unterscheidung von Bewußtem,
Vorbewußtem und Unbewußtem gearbeitet hatte. Es entstand nun das
bekanntere Strukturmodell (G.W., Bd. VIII). Während bisher ein neurotischer Konflikt im wesentlichen als ein Widerstreit von Sexual- und
Selbsterhaltungstrieben verstanden wurde, war jetzt sein entscheidendes
Merkmal ein Konflikt zwischen drei intrapsychischen Instanzen ("Drei-
Instanzen-Modell"). Durch das neue Konstrukt einer Unterteilung des
gesamten psychischen Apparates in Ich, Es und Über-Ich konnte Freud
nun endlich auch die psychodynamischen Besonderheiten neurotischer
gegenüber psychotischen Störungen verständlicher machen. Während
demgemäß in der Psychose jetzt u.a. das Ich als Instanz der Realitätskon-
trolle, bedingt durch eine pathologische Übermacht der chaotischen
Triebinstanz Es, einen Großteil der Außenwelt völlig verleugnen konnte,
erschien bei einer Neurose der Einfluß der Realität auf das Ich jeweils nur
sehr partiell gestört (vgl. Mentzos, 1990). In seiner Arbeit "Die endliche

und die unendliche Analyse" ging Freud 1937 unter der Perspektive eines möglichst sinnvollen psychotherapeutischen Therapieziels schließlich noch einmal auf Kriterien psychischer Normalität ein. Er präzisierte damit auch seinen berühmten Leitsatz "Wo Es war, soll Ich werden" (G.W., Bd. XV) in der Weise, daß er das mögliche Ende einer therapeutischen Analyse näher beschrieb:

"Ich habe nicht die Absicht zu behaupten, daß die Analyse überhaupt eine Arbeit ohne Abschluß ist. Wie immer man sich theoretisch zu dieser Frage stellen mag, die Beendigung einer Analyse ist, meine ich, eine Angelegenheit der Praxis. ... Man wird sich nicht zum Ziel setzen, alle menschlichen Eigenschaften zugunsten einer schematischen Normalität abzuschleifen oder gar zu fordern, daß der 'gründlich Analysierte' keine Leidenschaften verspüren und keine inneren Konflikte entwickeln dürfe. Die Analyse soll die für die Ich-Funktion günstigen psychologischen Bedingungen herstellen; damit wäre ihre Aufgabe erledigt." (G.W., Bd. XVI)

Becker (1982), der sich vorrangig mit den Kriterien seelischer Gesundheit bei Freud auseinandersetzte hat, hat dabei schließlich drei inhaltliche Schwerpunkte in den Vordergrund gestellt:

1. die Freiheit von manifesten Krankheitssymptomen, was gerade in der psychoanalytischen Konzeption nicht notwendigerweise die Freiheit von Konflikten, Fehlleistungen und Traumen bedeuten müsse,

2. innerhalb eines Phasenmodells der psychosexuellen Entwicklung das relativ störungsfreie Erreichen der höchsten Stufe, d.h. eines Niveaus mit einer reifen Form von Sexualität und Zweierbeziehung, welche dann auch die "genitale Organisation" (G.W., Bd. XVII) kennzeichne, sowie

3. eine ausreichende Ich-Stärke, zu der insbesondere eine Orientierung am Realitätsprinzip sowie die Fähigkeit zur Triebkontrolle gehörten.

In der Nachfolge Freuds haben psychoanalytische Psychotherapeuten sogar diskutiert, den Begriff "Krankheit" inhaltlich noch auszuweiten, so daß, insbesondere unter pragmatisch-psychotherapeutischen Aspekten, ggf. jeder, der sich subjektiv beeinträchtigt fühlt, der von selbst einen Psychoanalytiker konsultiert oder bei dem letztlich eine "positive Psychogenie" (Rosin, 1981) festgestellt werden kann, auch als "krank" anzusehen wäre. Mitscherlich (1969) sprach im Rahmen seiner psychoanalytischen Sozialkritik sogar von der "Krankheit der Gesellschaft". Solche und ähnliche Entwicklungen (vgl. Bluestone, 1985; Hoffmann, 1994) haben dann aber eine stärkere Integration psychoanalytischen Gedankenguts in die "realwissenschaftliche" Psychiatrie, wie sie z.B. einmal von Bleuler (1916) im europäischen Raum und von Meyer (1926) in Nordamerika vorgezeichnet war, nicht nur erschwert, sondern vielleicht sogar weitgehend verhindert. Zudem haben sich mit jeweils unterschiedlicher Gewichtung in verschiedenen neueren tiefenpsychologischen Schulen relativ eigenständige Störungskonzepte entwickelt (vgl. Pritz und Petzold, 1992; Sonneck, 1989).

So vertrat schon Jung etwa ab 1912 das noch viel komplexere Grundkonzept einer analytischen Psychologie, in dem u.a. der Freudsche Libidobegriff bzgl. seiner Inhalte über den ursprünglichen Bereich einer sexuellen Energie hinaus zu einer allgemeinen Energie der Seele weiterentwickelt wurde (Jung, 1912). Psychoanalyse nach Jung begreift dann "Krankheit", die hier jeweils objektiv und/oder subjektiv zu registrierende Befindlichkeit des Krankseins, in ähnlich allgemeinem Sinne als vorübergehende Abwesenheit "einer die Ich-Prozesse nicht einschränkenden Adaptiertheit" (Springer, 1992).

Dagegen definierte Adler, der sich schon 1911 als erster bekannterer Schüler mit seinem Austritt aus der Wiener Psychoanalytischen Gesellschaft von Freud offiziell getrennt hatte, in seiner Individualpsychologie letztlich das "Gemeinschaftsgefühl" als Grundlage für das Verständnis von psychischer Gesundheit (Antoch, 1984). Er verstand dabei z.B. "Normalität" als dessen spezielle Funktion (Kretschmer, 1985). Damit rückte Adler zudem schon sehr früh, insbesondere mit seiner Arbeit "Über den nervösen Charakter" (1912), von der Prämisse ab, daß die "Minderwertigkeit" von Organen (Adler, 1907) immer Voraussetzung für psychische Störungen sein müsse. Datler und Matschiner-Zollner (1992) weisen schließlich darauf hin, daß Adler die wichtigen Begriffe "Krankheit" bzw. "psychische Krankheit" überhaupt eher vermieden hat, so daß die Problematik einer angemessenen Begriffsbestimmung mit allen klinischen und versicherungsrechtlichen Konsequenzen für die Individualpsychologie nicht nur auf die vielen Schüler übertragen wurde, sondern letztlich bis heute anhält.

Die alte Fragestellung Freuds (G.W., Bd. XVI), ob und inwieweit das kranke "Ich" eines Patienten von einem sog. "fiktiven Normal-Ich" abweicht, hat schließlich in der psychoanalytischen Ich-Psychologie zunehmend an Bedeutung gewonnen (Streeck, 1983). Dabei wurde es im Verständnis der Psychopathologie Kranker immer wichtiger, sich jeweils die relativ komplexen Funktionen eines intakten Ichs, die sog. Ich-Funktionen, zu vergegenwärtigen. Sie wurden ausführlicher zunächst von Bellak et al. (1973) beschrieben: u.a. Realitätsprüfung, Regression im Dienste des Ichs, Frustrationstoleranz, hedonistische Selbstregulierung, antizipatorisches Denken und Urteilen. Die genaue Anzahl dieser "normalerweise" zu erwartenden Ich-Leistungen wurde bereits hier als eine Frage psychoanalytischer Übereinkunft bezeichnet. Bestehen größere Ausfälle bei diesen

Ich-Funktionen, d.h. finden sich "Ich-Defizite" bzw. "Ich-Störungen", oder fehlt ggf. ein "geschmeidiges Ich" im Sinne von Greenson (1967), so entsteht oft auch kein ausreichendes therapeutisches Bündnis. Dies hat innerhalb der psychoanalytischen Praxis schließlich zur Entwicklung modifizierter Psychotherapieformen mit neuen Interventionsstilen und weitgehend integrativem Vorgehen geführt (vgl. Blanck und Blanck, 1978 und 1980; Heigl, 1981). Fürstenau (1977) hat in diesem Zusammenhang dann schließlich darauf hingewiesen, daß in der Diagnostik solcher strukturellen Ich-Störungen zumindest die Perspektive des Psychotherapeuten derjenigen des organmedizinisch orientierten Arztes vergleichbar ist. Dieser habe nämlich mindestens ebenso häufig von einem bestimmten Funktionsniveau eines Organs als eines möglichen Krankheitsindikators auszugehen und von dort auf eine gestörte, zugrunde liegende Organstruktur zu schließen. Überlegungen dieser Art lassen nicht zuletzt auch etwas verständlicher werden, warum die psychoanalytische Diagnostik inzwischen sogar wieder aus forensischer Sicht an Bedeutung gewonnen hat. Läßt sich doch gerade bei psychogenen Störungen, in deren Verlauf z.B. ein Rentenbegehren auftritt, oft über solche Ich-Funktionen als mögliche Parameter eines bestimmten psychodynamischen Entwicklungsstandes eine gegenüber reiner Deskription wesentlich differenziertere psychopathologische Betrachtung herleiten (vgl. Foerster, 1987; Sandweg, 1988).

Bei der psychoanalytischen Diagnostik richtet sich das Augenmerk heute dementsprechend auf eine Vielzahl von Betrachtungsebenen, so daß hier durchaus von einer Annäherung an die standardisierte Diagnostik in der klinischen Psychiatrie gesprochen werden kann. Jede Operationalisierung psychodynamischer Konstrukte, z.B. neuerdings in Form der "Operationalisierten Psychodynamischen Diagnostik" (OPD-1), versucht dabei dennoch so weit wie möglich innere Zusammenhänge zwischen den verschiedensten Dimensionen der Persönlichkeit zu erhalten (Schneider und Hoffmann, 1992; Cierpka et al., 1995). Da der psychoanalytische Denkansatz aber weiterhin auf dem Konstrukt unbewußter Vorgänge *und* einer Dimension offenkundigen Erlebens und Verhaltens aufbaut, bleibt er im Prinzip auch weiterhin auf interpretative Schlußfolgerungen zu dem, was kriteriologisch eine Krankheit oder Störung ausmachen soll, sehr angewiesen.

9.3 Der verhaltenstherapeutische Ansatz

Verhaltenstherapie ist bekanntlich eine stark heterogene Grundrichtung in der Psychotherapie mit inzwischen sehr zahlreichen eigenständigen Varianten und Techniken, die sich zunächst aber alle mehr oder weniger auf einem primär lerntheoretischen und symptomorientierten Verständnis der Entstehung sowie der Behandlung psychischer Erkrankungen gründeten:

"Die Verhaltenstherapie nimmt an, daß man einen Patienten, der früher gesund war und nun krank wurde, z.B. indem er ein gestörtes Verhalten zeigt, auch so sehen kann, als ob er neue Verhaltensweisen 'erworben' hätte." (Meyer und Chesser, 1971)

Vielleicht ist der größte Unterschied zur psychoanalytischen Sicht gestörten Erlebens und Verhaltens aber darin zu sehen, daß der verhaltenstherapeutische Ansatz im Prinzip keine entwicklungspsychologischen Grundannahmen enthält, daß man von der ätiopathogenetischen Konzeption her sozusagen in jedem Lebensalter völlig neu erkranken kann und damit diagnostisch und therapeutisch nicht jeweils auf frühere, oft lange zurückliegende Lebensabschnitte zurückgegriffen werden muß. Zu den theoretischen Wurzeln gehören dann nicht nur die Konzepte der klassischen und operanten Konditionierung, sondern auch andere wichtige Prinzipien aus den Bereichen des latenten Lernens sowie des Vermeidungsverhaltens (vgl. Kanfer und Phillips, 1975; Schorr, 1984). Die Bezeichnung "behavior therapy" wurde schließlich Mitte der 50er Jahre etwa gleichzeitig durch die drei großen Verhaltenspsychologen J. Wolpe, B.F. Skinner und H.-J. Eysenck international eingeführt und hat sich danach, selbst nach der vielzitierten "kognitiven Wende", weltweit als Begriff für eine der in der klinischen Psychologie und Psychiatrie wichtigsten psychotherapeutischen Perspektiven etabliert. Inzwischen werden dementsprechend in der Krankenbehandlung stimulus- und responsebezogene Verfahren, die Methoden des Modellernens und der kognitiven Umstrukturierung sowie Selbststeuerungs- bzw. Selbstkontrolltechniken angewandt (vgl. Kapfhammer, 1995; Sulz, 1987; Hand, 1986).

Ein häufiger Vorwurf gegen die Verhaltenstherapie als leitende Grundorientierung war früher, daß sie nur das einzelne Symptom und nicht die zugrunde liegende Krankheit behandele. Dagegen hatte seinerzeit Eysenck (1960a) die klassische verhaltenstherapeutische Position gehalten, nach der das Symptom gerade selbst die "Krankheit" sei. Sein Begriffsverständnis von psychogenen Erkrankungen war demgemäß so, daß seelische Beschwerden nicht kennzeichnend für etwas Dahinterliegendes seien, sondern vielmehr eigenständige, schlecht angepaßte Verhaltensweisen, die jeweils im einzelnen zu beseitigen, d.h. zu behandeln seien.

In der Lerngeschichte einer bestimmten Störung sind allerdings "gesunde" und "kranke" Anteile nicht von vornherein bereits unterscheidbar. Selbst die fundierte Analyse der das spezifische Störverhalten jeweils aufrechthaltenden Bedingungen ("Bedingungsanalyse") erfordert nicht zwingend eine spezifische Krankheitstheorie oder eine bestimmte Definition von "Normalität". Vielmehr können gerade aus verhaltensorientierter Sicht ursprünglicher pathogenetischer Kontext ("Lerngeschichte") und die aktuellen symptomstabilisierenden Faktoren völlig getrennt betrachtet werden. Dementsprechend repräsentieren die Ergebnisse der "Verhaltensanalyse", d.h. der hier immer notwendigen, strukturierten Beschreibung aller auffälligen Phänomene sowie schließlich auch die Analysen von Entstehungsbedingungen und Symptomfunktion zunächst nur wichtige methodische Grundbausteine. Während diese in der Entwicklung der Verhaltenstherapie aber immer mehr erweitert und verfeinert wurden und inzwischen eine Vielzahl einzelner, eigenständiger Techniken begründen, ist die Definition psychischen Leidens als im Kern objektivierbare Verhaltenssequenz geblieben. Dazu gehört nicht zuletzt die zielorientierte Grundhaltung als typisches therapeutisches Charakteristikum. Es ist insofern vorrangig die empirische Strategie, welche die Verhaltenstherapie innerhalb der psychotherapeutischen Verfahren kennzeichnet.

Nach einer "Identitätskrise" (Franks, 1984) im Verlauf der 70er Jahre, in der extreme behaviorale Positionen zunehmend in Frage gestellt wurden, bedeutete die sog. "kognitive Wende" schließlich eine weitgehende Neuorientierung der gesamten verhaltenstherapeutischen Richtung. Ausgangspunkt im angloamerikanischen Raum waren hier insbesondere Beck (1970) und Ellis (1962), zwei selbstkritische Psychoanalytiker, die innerseelische Vorgänge zunehmend als irrationale Gedanken und verformte Wahrnehmungsprozesse identifiziert hatten. Damit erschienen einzelne kognitive Variablen plötzlich als "verdeckt" modifizierbare Verhaltensweisen und entsprechend dysfunktionale Denkstile im Prinzip auch konditionierbar. Der Patient wurde in der Folge dieser Neubetrachtung vom Objekt einer in der Regel nur am beobachtbaren Fehlverhalten ansetzenden Verhaltensmodifikation nun erstmals zum reflexiven Subjekt mit eigenen (direktiven) Möglichkeiten der Verhaltensänderung. Zu diesen gehörten im weiteren nicht nur bestimmte Formen des Selbstmanagements, sondern nicht zuletzt auch neue Strategien zur Veränderung von persönlichen Einstellungen und individuellen Lebensstilen (Kanfer und Goldstein, 1977; Lazarus, 1971; Meichenbaum und Cameron, 1982).

Wenn auch von Verhaltenstherapeuten im weiteren nicht mehr verneint wurde, daß es in der Entstehungsgeschichte seelischer Störungen zusätzliche Einflüsse durch Vererbung, Reifungsvorgänge oder organische Krankheiten geben kann, so blieben diese unter einer kognitiv-behavioralen Perspektive dennoch weitgehend als ungünstiger "Aneignungsprozeß" verstanden, als störendes "Verhalten" in den Bereichen der Kognitionen, Motorik, Emotionen und Physiologie. Im Prinzip müßte aber jeweils erst klar sein, ob die Symptomatik selbst überhaupt einem verhaltensorientierten bzw. kognitiven Ansatz zugänglich ist. Dies kann bei der Zwangssym-

ptomatik eines akut Schizophrenen oder bei den negativistischen Denk-
inhalten eines schwer Depressiven nicht einfach vorausgesetzt werden.
Eine zusammenfassende, entsprechend mehrdimensionale Verhaltenstheo-
rie für die klinische Psychiatrie steht aber weiterhin aus (Hand, 1986).
Kognitive Umstrukturierungen zur Veränderung von negativen Einstellungen oder Attributionen sind, jedenfalls für sich allein gesehen, keine
immer ausreichende Therapie. Erst die Einbettung in eine verhaltensori-
entierte Gesamtstrategie kann sie letztlich dazu machen (Laux, 1992; Sulz,
1987).

Nach Egger (1992) bleibt die verhaltenstherapeutische Position zudem
heute primär durch den Begriff der "Reaktionsfähigkeit" bestimmt,

"welche das individuelle Verhaltensrepertoire oder das Verhaltenspotential umfaßt, das hauptsächlich durch vorausgegangene (Lern) Erfahrungen bestimmt ist,
aber auch durch aktuell situative Bedingungen und/oder durch die Konsequenzen
des betreffenden Verhaltens. Dies entspricht der Grundannahme, daß menschliches
Verhalten sowohl vom Verhaltensrepertoire des einzelnen als auch von den Anforderungen der spezifischen Situation abhängig ist."

Das Menschenbild der Verhaltenstherapie ist dabei inzwischen ähnlich
ganzheitlich orientiert wie in anderen psychotherapeutischen Richtungen
(vgl. Lieb und Lutz, 1992). Rein mechanische oder manipulative Sichtweisen wurden hier weitgehend von einer integrativen Betrachtung des
Patienten abgelöst, zu der nicht zuletzt die zunehmende Berücksichtigung
des Konstrukts "Selbst" für das neue Arbeitsmodell der individuellen
Selbstregulation beitrug.

"Wir betonen außerdem einen prinzipiellen Pluralismus der Werte, Anschauungen
und Lebensstile, was bedeutet, daß Klienten nicht auf ein uniformes, ideales
Persönlichkeitsbild hintherapiert werden, sondern Raum bleibt, für die Entwicklung individueller Ziele und Lebensvorstellungen des Menschen." (Kanfer et al.,
1991)

Insbesondere in dieser Form veränderte sich das alte, symptomorientierte
Problemverständnis, das die "Krankheit" noch mit den Einzelsymptomen
gleichgesetzt und damit auch zur Frage der therapiebedingten "Symptomverschiebung" zeitweise erhebliche Diskussionen ausgelöst hatte (Perrez
und Otto, 1978). Solange in der Anfangszeit nur relativ wenige Verfahren
in ihrer klinischen Anwendung erprobt waren, hatte es zudem noch keine
spezielleren verhaltenstherapeutischen Indikationsbereiche gegeben. Gerade deshalb wurde zunächst meist sowohl verfahrens- als auch störungs-
orientiert vorgegangen. Inzwischen stehen in der klinischen Praxis aber
überwiegend diagnosegeleitete Indikationsschwerpunkte zur Verfügung.
So sind heute z.B. Phobien ein besonders wichtiger Indikationsbereich der
Verhaltenstherapie. Die sog. Exposition in vivo, die graduierte oder ma-

ximale Angstauslösung unmittelbar vor Ort, gilt hierbei inzwischen fast als Standardmethode (Margraf und Schneider, 1989). Allerdings gibt es auch weniger klare Entwicklungen. Beispielsweise versuchen Verhaltenstherapeuten heute immer noch, mit psychiatrischen Klassifikationssystemen so sparsam wie möglich umzugehen und diese allenfalls als unumgängliche Konvention zur Verständigung unter Fachleuten und in der Forschung zu verwenden. So urteilt z.B. Reinecker (1994) weiterhin kritisch hinsichtlich der Zuordnung von Syndromen zu psychopathologischen Klassen:

"Es erfolgt somit im Prinzip ein Schritt von dem, was eine Person tut (bzw. was beobachtet werden kann), zu dem, was eine Person hat (nämlich eine Krankheit). Diese Form der Klassifikation vernachlässigt, daß eine Person nur unter Berücksichtigung a) ihres Verhaltens, b) des situationalen und sozialen Kontexts und c) normativer Gesichtspunkte als 'normal' beziehungsweise 'gestört' bezeichnet werden kann."

Andererseits ist die Verhaltenstherapie längst über ein Entwicklungsstadium hinaus, das ihr z.B. in der Bundesrepublik Deutschland noch bis 1980 den Eintritt in die kassenärztliche Versorgung weitgehend unmöglich gemacht hatte. Erst die Verfahrensweise einer auch ätiologisch orientierten Verhaltensanalyse, notwendigerweise im Rahmen der Verknüpfung ursächlicher und aufrechterhaltender Bedingungen, haben ihr letztlich zu einer versicherungsrechtlichen Anerkennung verholfen. Nach Faber (1991) betrug der Anteil der Verhaltenstherapie innerhalb der sog. Richtlinien-Psychotherapie, d.h. der Versorgung durch die gesetzlichen Krankenkassen, im Jahre 1989 immerhin schon 35,5 Prozent, während die psychoanalytisch begründeten Verfahren seinerzeit nur noch einen Anteil von 66,4 Prozent behaupten konnten.

9.4   Der gesprächspsychotherapeutische Ansatz

Die verschiedenen Psychotherapieschulen aus dem Bereich der sog. "humanistic psychology" sind hinsichtlich ihrer therapeutischen Grundkonzeption im Grunde noch heterogener, als dies für die psychoanalytischen oder die verhaltenstherapeutischen Ansätze angenommen werden könnte.

"Die Humanistische Psychologie ist eine intellektuelle und soziale Bewegung innerhalb der Psychologie, die eine Erneuerung des psychologischen Denkens im Geiste des Humanismus und Existentialismus anstrebt. Sie kann nicht den Anspruch erheben, eine eigenständige Schule zu sein, da es bis heute nicht gelungen ist, eine einheitliche Theorie zu entwickeln. Das Fehlen einer theoretischen Fundierung hat zu Unklarheiten, Mißverständnissen und einseitigen Entwicklungen geführt, so daß immer wieder bestimmte Spielarten der humanistischen Bewegung mit der Humanistischen Psychologie identifiziert werden." (Völker, 1980b)

Aufgrund der Vielzahl unabhängig voneinander entwickelter Schulen kann eine erstmals 1962 in den USA entstandene "Association for Humanistic Psychology" (AHP) allenfalls als das relativ späte Ergebnis einer großen Sammelbewegung in Abgrenzung zu den naturwissenschaftlichen und psychoanalytischen Sichtweisen des Menschen verstanden werden. Im Jahre 1975 wurde schließlich auch eine "Deutsche Gesellschaft für Humanistische Psychologie" gegründet, von der aus wenig später, analog der Entwicklung in Nordamerika, eine entsprechende "Zeitschrift für Humanistische Psychologie" ins Leben gerufen wurde.

Am ehesten lassen sich die verschiedenen Konzepte einer humanistischen Psychologie und ihrer unterschiedlichen Psychotherapieansätze noch unter dem Aspekt eines relativ einheitlichen, idealisierten Bildes vom Menschen zusammenfassen, in dem nicht zuletzt jede reduktionistische Sicht, insbesondere jede monokausal-mechanistische Determinierung, grundsätzlich abgelehnt wird. Vielmehr wird hier der Mensch und damit erforderlichenfalls auch seine psychotherapeutische Behandlung immer "ganzheitlich" verstanden. In dieser Ganzheitlichkeit unterliege dann jeder, ergänzt werden könnte "normalerweise", natürlichen Wachstums- und Selbstverwirklichungsprozessen, die ihm schließlich eigene sozialverantwortliche Autonomie ermöglichten. Diese besondere Autonomie ist dann auch von humanistischen Wertvorstellungen, wie z.B. Bekenntnis zur Menschenwürde, Freiheitsdenken, Gerechtigkeitsempfinden, ausdrücklich geprägt (London, 1964; Völker, 1980).

Die sich ebenfalls darauf gründende Richtung der "klientenzentrierten Psychotherapie" (client-centered-therapy) des amerikanischen Psychologen C. R. Rogers, die im deutschen Sprachraum unter der Bezeichnung "Gesprächspsychotherapie" erheblich bekannter wurde (Tausch und Tausch, 1979), kann inzwischen als die bei uns verbreitetste und für die klinische Praxis relevanteste "humanistische" Psychotherapieschule angesehen werden. Aufgrund entsprechender Empfehlungen von Rogers standen hier zunächst die insgesamt wenig Einfluß nehmende, nicht-direktive Technik der Gesprächsführung (non-directive therapy) sowie die gesprächsbegleitende Anfertigung von Tonbandaufzeichnungen (zur Supervision dieser Gespräche) als Besonderheiten im Vordergrund (Rogers, 1942). Diese erste Phase war zudem noch stark von Rogers' persönlichen Erfahrungen in einer Beratungsstelle für schwierige Kinder und Jugendliche geprägt, wobei von ihm hier eine betont antiautoritäre Haltung vertreten wurde (Rogers, 1939). Später verlagerte sich der inhaltliche Schwerpunkt dieser Therapieform aber dann zunehmend auf einen charakteristischen Umgang mit dem subjektiven, individuellen Erleben der Betroffenen, welches in allen Sitzungen immer so offen wie möglich zu verbalisieren und vom Gesprächstherapeuten letztlich nicht nur einzufühlen, sondern auch innerlich mitzuerleben war (Rogers, 1951). Die Postulierung einer grundsätzlichen "Aktualisierungstendenz" der menschlichen Psyche und eine daraus abzuleitende Selbstregulationsmöglichkeit der Befindlichkeit blieben als entscheidende Therapiegrundlagen dabei von Anfang an erhalten.

Es ist für dieses Konzept der Gesprächspsychotherapie bezeichnend, daß Rogers von Anfang an den Begriff des "Klienten" gegenüber dem des "Patienten" vorzog, um dadurch dessen grundsätzlich verbleibenden Möglichkeiten zur Selbständigkeit, Eigenverantwortlichkeit und Aktivität noch deutlicher hervorzuheben. Die Bezeichnung "Klient" sollte hier allerdings nicht nur unterstreichen, daß jeder Mensch auch mit ungelösten Problemen und sonstigen Beschwerden immer voll für sich verantwortlich bleibt und deshalb jeweils die Initiative zu behalten hat, sondern es war damit auch die Idee verbunden, daß er in der Rolle des Klienten nicht im medizinischem Sinne als "krank" bezeichnet werden könne (Rogers, 1951). Allerdings ist, wie kürzlich Luderer (1994) noch einmal unterstrich, der angloamerikanische Begriff des "client", der alltagssprachlich auch Kunden, Mandanten oder Auftraggeber umfaßt, schon immer viel weiter gefaßt als die entsprechende, inzwischen eingedeutschte Bezeichnung.

Obwohl Rogers auch vom Gedankengut der Psychoanalyse teilweise beeinflußt war, hier insbesondere von dem sich entgegen Freudscher Empfehlungen sehr erlebnistherapeutisch orientierenden "Abweichler" O. Rank (1894-1939), lehnte er gerade das seiner Meinung nach zu sehr beeinflussende therapeutische "Deuten", zentrales Element der Psychoanalyse, zeitlebens völlig ab (Barton, 1979; Pfeiffer, 1980). Zugleich schien ihm dann jede Diagnose im psychodynamischen Sinne eher hinderlich in der Erfassung der Bedingungen, unter denen sich jemand selbst am besten weiterentwickeln könne. Rogers' Abgrenzung gegenüber den verhaltenstherapeutischen Ansätzen geht schließlich aus einer noch in den 50er Jahren mit B. F. Skinner öffentlich und lebhaft ausgetragenen Kontroverse hervor, in der er z.B. Skinners provozierender These von einer gesellschaftlichen Kontrolle menschlichen Verhaltens seine eigenen idealistischen Vorstellungen von einer individuellen Selbststeuerung innerhalb einer Sozialordnung entgegenstellte (Rogers und Skinner, 1956).

Die Beziehungsebene der gesprächspsychotherapeutischen Technik wird nach Tausch und Tausch (1979) durch drei entscheidende Therapeutenvariablen prinzipiell definiert:

1. Verbalisierung emotionaler Erlebnisinhalte des Klienten,
2. emotionale Wärme sowie positive Wertschätzung, und
3. Echtheit und Selbstkongruenz.

174

Diese sog. Basisvariablen, etwas verkürzt oft auch als "Empathie", "Akzeptanz" und "Kongruenz" bezeichnet, verkörpern hier gleichzeitig therapeutisch wirksame Grundhaltungen, die als Ausdruck des eigentlichen Beziehungsangebots von Rogers (1957) nicht nur als jeweils notwendig, sondern im Prinzip bereits als völlig hinreichend für eine konstruktive Psychotherapie bezeichnet werden. Nicht zuletzt entspricht in der Persönlichkeitstheorie von Rogers dann dem jeweils zu erreichenden Therapieziel die besondere, "sich voll entfaltende Person" ("fully functioning person"), die er als Konstrukt einer Idealpersönlichkeit mit einem allgemeinen visionären "Ziel der sozialen Evolution" verknüpft.

Im Mittelpunkt jeder Diskussion über eine gesprächspsychotherapeutische Krankheits- oder Persönlichkeitslehre steht allerdings immer der Begriff der "Inkongruenz", der im Kern alle widersprüchlichen oder unvereinbaren persönlichen Erfahrungen umfaßt, welche zu einer ungünstigen und schließlich sogar therapierelevanten Beeinträchtigung und Desorganisation des Selbstkonzepts führen können (Rogers, 1959). Es erscheint an dieser Stelle sicher bemerkenswert, daß Rogers, wie er selbst anführt, Ende der 50er Jahre von der amerikanischen Psychologenvereinigung fast gedrängt werden mußte, entsprechende Erkenntnisse zur "psychischen Fehlanpassung" einmal klar und verbindlich zusammenzufassen. Schon dieser Bitte offensichtlich nicht begeistert gegenüberstehend, lehnte er es aber schließlich völlig ab, dabei auch noch eine empirisch-positivistische Begründung seiner therapeutischen Erfahrungen zu versuchen:

"Psychische Fehlanpassung besteht dann, wenn der Organismus bestimmte Erfahrungen der Gewahrwerdung verweigert oder deren bewußte Wahrnehmung so stört, daß diese nicht exakt symbolisiert in die Gestalt der Selbststruktur integriert werden können. In der Folge entsteht Inkongruenz zwischen dem Selbst und der Erfahrung. Möglicherweise ist es für die Verdeutlichung dieses grundlegenden Konzeptes der Inkongruenz hilfreich, wenn wir uns vor Augen halten, daß einige der von uns definierten Begriffe einfach verschiedene Ausgangspunkte für die Betrachtung ein und desselben Phänomens sind. Wenn sich eine Person im Zustand der Inkongruenz zwischen Selbst und Erfahrung befindet und wir dies von einem externen Standpunkt aus betrachten, dann sehen wir sie als verletzlich an (wenn sie sich dieser Diskrepanz nicht gewahr ist), oder wir sehen sie als bedroht an (wenn sie sich dieser Diskrepanz gewahr ist). Betrachten wir die Person von einem sozialen Standpunkt aus, dann bedeutet diese Inkongruenz eine psychische Fehlanpassung. Betrachtet sich das Individuum jedoch selbst, dann kann es sich selbst als angepaßt sehen (wenn es sich der Diskrepanz nicht gewahr ist) oder als bedroht oder desorganisiert (wenn sich die Diskrepanz dem Gewahrsein aufgezwungen hat)." (Rogers, 1959/1982)

In der Nachfolge Rogers' hat das theoretische Konzept der "Inkongruenz" weiterhin eine große Rolle bezüglich der Frage gespielt, ob es für die Gesprächspsychotherapie mit ihrer erlebnisorientierten Behandlungsmethode eine angemessene Krankheitslehre auch im Hinblick auf spezielle psychiatrische Erkrankungen geben könne (Graessner, 1995; Panagiotopoulos et al., 1995). Schließlich hatte sich Rogers im Rahmen einer Therapiestudie in Wisconsin auch einmal intensiv mit der Psychotherapie Schizophrener auseinandergesetzt und dabei für eine prinzipielle Gleichartigkeit der personenzentrierten Grundhaltung gegenüber allen psychotischen und nicht-psychotischen Patienten plädiert (Rogers et al., 1967). Eine solche über medizinische Diagnosen hinweggehende "patientenzentrierte Medizin" würde nach Pfeiffer (1986) allerdings zunächst einmal eine prinzipiell kritischere Auseinandersetzung mit den dargestellten Grundannahmen von Rogers verlangen. Dabei müßte dann insbesondere die häufige Erfahrung einer völligen Ungleichheit personaler Beziehungen in einer klinischen Situation angemessen berücksichtigt werden.

Biermann-Ratjen (1991 und 1994) hat jüngst noch einmal darauf hingewiesen, daß heute unter den meisten Gesprächspsychotherapeuten zwar prinzipielle Einigkeit darüber besteht, daß "Inkongruenz" hier weiterhin den zentralen Begriff zur Grundlegung einer eigenständigen Krankheitslehre darstellt, sich aber hinsichtlich der Inhalte im einzelnen immer noch keine gemeinsame Position abzeichnet. Sie selbst hebt dabei hervor, daß bestimmte "Symptome" für Gesprächspsychotherapeuten im Sinne des klientenzentrierten Konzepts zunächst immer nur sehr allgemein anzeigen würden, daß das Selbstkonzept des Betroffenen bestimmte Erfahrungen nicht angemessen integrieren könne. Entsprechenden Hinweisen liege dann insofern "Inkongruenz" zugrunde, als die subjektiven Bewertungen dieser Erfahrungen nicht übereinstimmen mit einer das Selbstkonzept und/ oder die Selbstachtung des Betroffenen bestätigenden Bewertung. Demgemäß beinhalte der Inkongruenzbegriff im Kern einen Konflikt zwischen einem gesamtorganismischen Erleben und dem jeweiligen Selbstbild.

Finke (1991 und 1994) versucht das inhaltliche Konzept des Inkongruenzbegriffs eher wie einen unbewußten Konflikt zu verstehen und definiert psychische Krankheit am Beispiel der Neurosen in der Form, daß das "Symptom" hier für das Erleben einer das Selbstkonzept, jeweils bestehend aus Selbstideal und Selbstbild, bedrohenden Erfahrungen stehe. Dabei erfolge aus gesprächstherapeutischer Sicht eine Unterscheidung von drei Idealtypen eventueller Inkongruenz (sog. idealtypische Grundgestalten des Krankseins), die mit den drei bereits genannten basalen Therapeutenvariablen korrespondieren würden, und die dadurch verschiedene neurotische Störungen verständlicher machen könnten. In diesem Zusammenhang darf aber nicht übersehen werden, daß dann, entgegen der Tradition von Rogers, Inkongruenz (als pathogener intrapsychischer Konflikt verstanden) nur noch für den kranken und nicht mehr für den gesunden Menschen typisch wäre.

Schließlich unterscheidet Speierer (1989 und 1992) schwerpunktmäßig störungsunspezifische Inkongruenzformen von störungsspezifischen und definiert den Kongruenzbegriff explizit im Sinne einer rein subjektiv verstandenen, inneren psychischen Unvereinbarkeit. Das Auftreten der unterschiedlichen Erscheinungsformen psychischer Störungen bzw. Krankheitsbilder versucht er dabei jeweils entweder alternativ oder kumulativ zu sehen, d.h. konkreter als "sozial-kommunikativ", "dispositionell/konstitutionell" oder als "lebensereignisbedingte Folge nichtkompensierbaren, bewußten Erlebens" zu verstehen. Dabei gelangt er sogar zu einer ersten Abgrenzung zwischen Neurosen, Charakterstörungen und Psychosen, die bei einer Gesamtwürdigung der Literatur zum Krankheitsbegriff im klientenzentrierten Konzept offensichtlich eine große Ausnahme darstellt (Panagiotopoulos et al., 1995).

Rogers hatte zeitlebens nicht nur einen medizinischen Krankheitsbegriff für seine Arbeit abgelehnt, sondern er hielt zudem immer eine spezifische Krankheitslehre für überflüssig. Ähnlich wie in der Psychoanalyse und der Verhaltenstherapie, gab es dann auch in der Nachfolge keine genauer definierten Grenzen zwischen gesund und krank oder zwischen gestört und ungestört. Finke (1992) meint allerdings in eventuell strittigen Fällen, die "Krankheitswertigkeit" einer psychogenen Störung wiederum vor allem in der erheblichen Blockierung der Selbstaktualisierung entdecken zu können. Darunter wäre im Sinne von Rogers (1959) eine ausgeprägte Behinderung von Produktivität, Phantasietätigkeit, Umstellungs- und Beziehungsfähigkeit des Betroffenen zu verstehen. Damit wird in einer zentralen diagnostischen Frage jedoch erneut auf die "grundlegende Aktualisierungstendenz" als eine jedem Menschen innewohnende Tendenz zur Entfaltung all seiner Möglichkeiten verwiesen, also auf das grundlegendste Postulat der traditionellen Gesprächspsychotherapie.

Heute wird allerdings innerhalb der wissenschaftlichen Gesprächspsychotherapie die strenge Position, daß tiefergehende psychogenetische Überlegungen oder klinische Diagnosen mit einer klientenzentrierten Grundüberzeugung eher unvereinbar seien, zunehmend weniger vertreten (vgl. Eckert, 1993; Teusch, 1993). Vielmehr konkurrieren hier inzwischen in der Diskussion vorwiegend zwei Standpunkte. Zum einen ist dies die Überzeugung, daß die Gesprächspsychotherapie in ihrer ursprünglichen Konzeption schon immer ein völlig ausreichendes theoretisches Fundament für eine noch genauer zu formulierende spezielle Krankheitslehre in sich trage (Finke, 1991; Panagiotopoulos, 1993). Ob es dabei auch eine eindeutigere Zuordnung zwischen pathogenen Faktoren und bestimmten klinischen Verhaltensmustern geben kann oder sogar einmal nosologische Kategorien definiert werden können, bleibt zunächst jedoch offen (vgl. Graesser, 1995). Andererseits wird der Standpunkt vertreten, daß dringlichst ein weitgehend neues ätiologisches Modell zu finden sei, welches dann allerdings aufgrund der Komplexität des angezielten Störungsbegriffs im Sinne der systemischen Psychotherapien über ein lineales Ursache-Wirkungsdenken hinausgehen müsse (Kriz, 1989; Höger, 1993). Die deutsche Gesellschaft für wissenschaftliche Gesprächspsychotherapie (GwG) hat auf diesem Hintergrund z.B. 1993 und 1994 die Eignung entsprechender Entwürfe einer ätiologisch orientierten Krankheitslehre im Rahmen der klientenzentrierten Konzeption vielfältig diskutiert und die Ergebnisse inzwischen vorgestellt (Eckert et al., 1993; Schmidtchen et al., 1995). Danach geht bei der Idee zu diesen Fachtagungen offenkundig auch ein gewisser Druck vom Regelwerk der bereits erwähnten Psychotherapie-Richtlinien aus, zumal es sich bei der Gesprächspsychotherapie im Sinne Rogers um ein zur Zeit noch zuzulassendes Verfahren handelt (vgl. Faber und Haarstrick, 1994; Linster und Rückert, 1994).

9.5 Der systemische Ansatz

Mit dem systemischen Grundverständnis in der Psychotherapie wird die Betrachtungsweise einzelner Personen weitgehend auf Paare, Familien oder bestimmte Kleingruppen und deren "gestörte Interaktionen" verschoben. Sofern dabei im herkömmlichen Sinne Einzelsymptome durch Fremd- oder Selbstbeobachtung überhaupt noch erfaßt werden, stellt sich anschließend in der Regel weder die Frage nach ihrem objektiven Stellenwert für eine spezielle Krankheit (im Sinne eines somatischen Krankheitsverständnisses) noch die Frage nach ihrer subjektiven Bedeutung für den direkt Betroffenen (im psychodynamischen Sinne). Vielmehr geht die systemische Sichtweise als grundsätzlich andere Perspektive für Störungen jeglicher Art davon aus, daß die "Psychopathologie" eines einzelnen nicht nur untrennbar mit einem zugrunde liegenden Mehrpersonensystem verbunden ist, sondern immer auch von diesem in besonderer, d.h. hier letztlich auch in "pathologischer" Weise aufrecht gehalten wird.

Die Wurzeln des systemischen Ansatzes in der Psychotherapie gehen zunächst auf prinzipiellere Überlegungen zu einer allgemeinen Systemtheorie ("general system theory") zurück. Sie wurden als Metatheorie zur Integration unterschiedlicher Wissensgebiete durch den kanadischen Biologen L. von Bertalanffy (1901-1972) nicht nur ganz grundsätzlich in humanwissenschaftliches Denken, sondern auch später sehr gezielt in psychopathologische Zusammenhänge eingeführt wurden (von Bertalanffy, 1966 und 1969). In den USA wurde die Systemtheorie zudem insbesondere von Arieti (1959) und Menninger (1963) in psychiatrischen Überlegungen genutzt, wobei beide Wissenschaftler dabei teilweise auch wieder Verbindungen zur Psychoanalyse herzustellen versuchten. Eine amerikanische "Society for General Systems Research" gab es dort bereits seit dem Jahre 1954 (Schmitt, 1986). Mit ihrer veränderten Perspektive konnten die assoziierten Psychotherapeuten z.B. die offensichtlich gefährdete Stabilität eines gerade noch funktionierenden Familienverbundes unter dem Gesichtspunkt eines Fließgleichgewichts ("steady state") näher beschreiben und evtl. Störfaktoren hinsichtlich ihrer Bedeutung für die "Homöostase" dieses ständig in innerer Bewegung befindlichen Systems völlig neu definieren (Bertalanffy, 1975).

Von dem britischen Kulturanthropologen G. Bateson (1904-1981) kamen schließlich wichtige Impulse zur theoretischen Begründung des gerade in diesem Zusammenhang sehr entscheidenden Übergangs von dem gewohnten linearen Ursache-Wirkungsdenken zu einem völlig neuen, sog. zirkulären Verständnis von Zusammenhängen (Bateson, 1972). Systemische Therapien stellen dementsprechend heute klassische "Warum"-Erklärungsmuster der traditionellen Ursachensuche weit zurück zugunsten der hier letztlich entscheidenden Frage nach dem "Wie" einer sich jeweils eigenständig regulierenden, umschriebenen Organisationseinheit. Bateson prägte zudem in einem weiteren Zusammenhang entscheidend den inzwischen weltweit gebräuchlichen Begriff "double-bind", der eine besondere zwischenmenschliche Beziehung mit einer sich inhaltlich und formal völlig widersprechenden, jedoch zeitgleich stattfindenden Kommunikation charakterisiert. Mit diesem Konzept einer kommunikativen Verstrickung und zwischenmenschlichen "Beziehungsfalle" schuf Bateson gleichzeitig die Grundlage für die Doppelbindungstheorie zur Erklärung in sich doppelsinniger und dadurch vom Empfänger logisch nicht mehr auflösbarer Umgangsformen in den Familien Schizophrener (Bateson et al., 1956; Angermeyer, 1978; Hirsch, 1979).

Nach von Bertalanffy lassen sich die systemtheoretischen Ansätze zudem grob unterteilen in "mechanistische" und "organismische". Das mechanistische Prinzip ist danach insbesondere in relativ geschlossenen Systemen repräsentiert, wie sie in der klassischen Physik sehr häufig vorliegen und sich vielleicht auch ganz partiell auf das "System" Mensch übertragen lassen. Die Theorie zur Beschreibung dieser technischen Regelkreise mit innerer Rückkopplung ("feed back") gründet sich nicht zuletzt gerade auf Computermodelle und allgemeine kybernetische Grundsätze (Attneave, 1959; Wiener, 1963). Die Kybernetik (von griech. kybernetike: Steuermannskunst) spielt dabei in ihrer Rolle als Hilfswissenschaft für die Medizin eine ähnlich bedeutsame Rolle wie die Mathematik für die

Physik. Zudem versteht man heute unter "Psychokybernetik" u.a. die Übertragung und Weiterentwicklung der steuerungstheoretischen Ansätze auf Teilbereiche der Psychologie (Brockhaus, 1992). Im komplexen Kommunikationsnetz unseres Gehirns erfolgen Nachrichtenübermittlungen allerdings nicht wie in einem Computer völlig determiniert, sondern über neuronale Netzwerke vorrangig als stochastische Prozesse, so daß ihr Endergebnis, d.h. letztlich bestimmte menschliche Reaktionen, wie z.B. formale Denkstörungen oder sozial unangemessene Verhaltensweisen, für den kybernetisch eingestellten Beobachter höchstens über die Auftretenswahrscheinlichkeiten bestimmter Ereignissfolgen beschrieben werden können. Bei prinzipiell verschiedenen Reaktionsmöglichkeiten sollten die relativen Häufigkeiten in unterschiedlichen, nicht allzu kurzen biographischen Abschnitten dann aber relativ konstant sein. "Krankheit" könnte damit aus kybernetischer Sicht schon bei einem veränderten Verhältnis verschiedener Reaktionswahrscheinlichkeiten beginnen, sofern diese nicht bereits als Lernprozeß, Reifung oder aus sonstigen Veränderungen in der Lebensentwicklung des Betroffenen zu erklären sind (Feer, 1970; Wieding und Schönle, 1991).

Eventuelle Auslöser einer psychopathologischen Dekompensation könnten nach eher "mechanistischem" Verständnis schließlich schon die Ausfälle "innerer Regler" sein, welche ansonsten entweder bereits eingreifen, bevor sich eine Störung überhaupt auswirken kann (Steuerung der Homöostase) oder nachdem eine Regelgröße von ihrem Sollwert tatsächlich abgewichen ist (Feetback-Regelung). Eine Störung in einem solchen System wäre natürlich auch bei einer kombinierten Regelung, bei der sich gleich mehrere Regler über Führungsgrößen gegenseitig kontrollieren, denkbar. Nach diesem geschlossenen Modell würden dann nicht zuletzt "psychische" Regler aus bestimmten Fühlern, Schalt- oder Stellgliedern, die jeweils über unterschiedliche Kanäle miteinander vernetzt sind, bestehen. Dabei würde der eigentliche "Fühler" aber jeweils nicht einfach ein bestimmtes Sinnesorgan als einen nur morphologischen Komplex (Substrat) verkörpern, wie z.B. das Auge oder das Ohr, sondern er wäre im Rahmen einer hier zwingend zu fordernden funktionalen Gesamtbetrachtung in viel umfassenderer Weise über das komplette "Erkennen" von Situationen bzw. das vollständige "Erfassen" von relevanten Informationen definiert.

Nach von Bertalanffys allgemeiner Systemtheorie erscheinen lebende Systeme allerdings weitgehend "offen". Sie entwickeln sich oft auch völlig unabhängig von ihrer ursprünglichen Ausgangslage weiter. Ihr "organismisches" Prinzip beruht insofern sowohl auf einem ständigen Austausch mit der Umwelt als auch auf einer gleichzeitigen Interaktion einzelner Systemkomponenten. Daß es diese Systeme letzlich auch wieder nur als begriffliche Konstrukte geben kann, ist schnell einzusehen. Handelt es sich nicht ebenso beim "System Mensch" um eine Neuschöpfung, die sich sowohl auf materielle als auch immaterielle Inhalte beziehen läßt, und deren kommunikativer Verwendungszusammenhang sich jeweils nur daraus ergeben kann, welche tatsächlich beobachtbaren Aspekte beschrieben und verstanden werden sollen. Entsprechend sollte man unter dem Begriff "System" nach bekannten Schülern Batesons

"ein Aggregat von Objekten und Beziehungen zwischen den Objekten und ihren Merkmalen" verstehen, "wobei unter den Objekten die Bestandteile des Systems, unter Merkmalen die Eigenschaften der Objekte zu verstehen sind und die Beziehungen den Zusammenhang des Systems gewährleisten." (Watzlawick et al., 1974)

Jedes dieser "Objekte", welches nach systemischem Grundverständnis auch ein menschliches Individuum sein kann, ist demgemäß durch individuelle Eigenschaften und überindividuelle Beziehungen definiert.

"Wenn also die Objekte menschliche Individuen sind, so sind im Sinne der Kommunikationsforschung die sie kennzeichnenden Merkmale ihr kommunikatives Verhalten (und nicht z.B. ihre intrapsychischen Merkmale)." (Watzlawick et al., 1974)

Komplexere dynamische Systeme können sich aus systemischer Sicht auch über gemischte Feedback-Prozesse aus sog. Teufelskreisen ergeben, wenn z.B. störende Verhaltensweisen bezüglich eines vorgegebenen Interaktionspartners sowohl als *Reaktion* auf diesen als auch wiederum als *Stimulus* für dessen Verhalten gelten. Klinische Symptome wären hier unter dem Aspekt ihrer funktionalen Einbindung insbesondere als ein systemisches Regulativ zu verstehen. Entgegen der traditionellen medizinischen Sichtweise geht der systemische Ansatz jedoch keinesfalls davon aus, daß ähnliche Ursachen in der Regel ähnliche Wirkungen erzielen. Vielmehr interessiert dann gerade eine gegenteilige, nichtlineare pathogenetische Dynamik, nach der eine bestimmte Divergenz oder Kohärenz von psychosozialen Ausgangsbedingungen in einem Fall zu sehr ähnlichen und in einem anderen Fall zu höchst unterschiedlichen (psychopathologischen) Folgezuständen führen kann. Für die Psychotherapie in der Praxis bedeutet dies, daß der Schwerpunkt jeder Verlaufsbetrachtungen auf komplexen Mehrpersoneneffekten, spontanen Umstrukturierungen chronifizierter Problemlagen, großen Spätwirkungen bei minimalen Veränderungen in der Ausgangskonstellation oder gerade auf der relativ unspezifischen Wirksamkeit von einzelnen Lebensereignissen liegen könnte. Endgültig zerfallen dann jedenfalls lineare Spezifitätsannahmen. Sie waren immerhin noch in der "Double-bind"-Hypothese von Bateson in Form speziell postulierter Kommunikationsstörungen für die Genese schizophrener Erkrankungen enthalten (Bateson et al., 1956). Dabei war aber im Prinzip nur ein mono-kausales Modell nach dem klassischen Muster der "schizophrenogenen Mutter" (Fromm-Reichmann, 1948) auf das System einer ganzen Familie ausgeweitet worden.

Schiepek (1993) nennt heute als grundlegende Merkmale systemischer Psychotherapie zunächst die Berücksichtigung von Autonomie und Eigen-dynamik des intervenierten Systems sowie des institutionellen Kontextes. Weiterhin charakteristisch sind die Veränderungen "konstruierter Wirk-lichkeiten" in den Köpfen der Betroffenen über Umdeutungen oder posi-tive Konnotationen (vgl. Watzlawik, 1976) sowie schließlich das Entste-hen ganz neuer Interaktionsmuster bzw. völlig neu definierter Beziehun-gen untereinander, wobei diese nicht nur als ausschließliche Konzequenz, sondern gerade auch als wichtige Vorbedingung für eine mögliche Pro-blemlösung gelten können. Hier finden wir insofern auch Theoriemerk-male, die die systemischen Theapien nicht ausschließlich für sich allein in Anspruch nehmen dürfen. Etwas anderes ist dagegen das "negative Krite-rium" der fehlenden Ursache. Tatsächliche oder hypothetische Ursachen bzw. Ursachenbündel sind sowohl in der Schulmedizin als auch in tradi-tionellen Psychotherapieschulen bis heute eine zumindest erstrebenswerte Voraussetzung für jede Behandlung geblieben. Daran hat selbst das grund-sätzliche Dilemma der Unterscheidung zwischen sehr spezifischen und relativ unspezifischen Psychotherapiefaktoren nichts geändert (vgl. Bozok und Bükler, 1988; Karasu, 1986).

Auch klinische "Symptome" sind in der systemtheoretischen Epistemolo-gie keine individuellen Ereignisse oder direkt zuzuordende Kenngrößen mehr, sondern nur noch künstliche Ausschnitte aus kreisförmigen Interak-tionssequenzen, an denen jeweils alle Mitglieder des entsprechenden Systems beteiligt sind. Zur Veränderung eventueller Systemregeln sind dann klinische Diagnosen schon deshalb nicht zwingend erforderlich, weil keiner der Beteiligten, weder ein Familien- oder Gruppenmitglied noch der Therapeut selbst, daraus irgendwelche neuen Ideen ableiten könnte, z.B. wie ein bestimmtes Problem systemisch zu lösen sei.

Das Problem der "Spezifität" in der systemischen Psychotherapie ist auf dem Hintergrund allenfalls zirkulärer Hypothesen dann offensichtlich völlig unlösbar. Cierpka (1989) weist in diesem Zusammenhang unter Bezug auf Bowen (1976) darauf hin, daß in der Familienforschung viele Interaktionsstudien davon ausgingen, dysfunktionale Interaktionsmuster kämen im Grunde nur in Familien mit einem tatsächlich psychisch Ge-störten und nicht in sog. Normalfamilien vor. Nur auf diesem Hintergrund erschien auch das bekannte Schlagwort vom eigentlichen "Patient Fami-lie" noch lange Zeit plausibel (Richter, 1970). Da evtl. "krankheitsspezifi-sche" Kommunikationsformen aber in fast allen Familiensystemen zu

182

finden sind, kann hier heute nur eine graduelle Dysfunktionalität überhaupt noch ein Unterscheidungskriterium darstellen. Von dogmatischen Spezifitätsannahmen in der Familiendiagnostik muß insofern völlig abgeraten werden (Cierpka, 1987).

Gerade die einfach wirkende Frage nach der systemischen Charakteristik einer "Normalfamilie" offenbart im Hinblick auf eventuelle Behandlungsstrategien auch ein Problem jeder allzu einfachen Klassifikation (Cierpka und Nordmann, 1988; Gantmann, 1980). Während nämlich zu Gründerzeiten der familientherapeutischen Bewegung eine Familie üblicherweise noch durch verheiratete Eltern und deren Kinder bestimmt war, scheint es heute sinnvoll, sich ganz vom Mythos dieser "Normalfamilie" zu verabschieden. So sind in diesem Zusammenhang z.B. Partnerschaft und Elternschaft in einer relativ dauerhaften Verknüpfung keinesfalls mehr selbstverständlich und damit kennzeichnend. Vielmehr haben sich diese familiären Rahmenbedingungen inzwischen auch aus systemischer Sicht einerseits als im Grunde trennbare, andererseits aber als durchaus stabilisierend wirkende Interaktionsmuster erwiesen (Herlth et al., 1994).

Von Matura (1982) wurde schließlich noch der Aspekt der "Autopoiese" in die systemtheoretischen Überlegungen eingebracht. Dies führte dann in der Folgezeit zu einer Auseinandersetzung darüber, ob es sinnvoll sein könnte, die menschliche Psyche als Teil eines sog. "autopoietischen Systems" zu beschreiben (vgl. Luhmann, 1984). Die hier zugrunde liegende Theorie der sog. autopoietischen oder selbstreferentiellen Systeme, als bestimmter, sich selbst im Prinzip erst erschaffender bzw. auf sich selbst immer rückbezogener Strukturen, baut darauf auf, daß diese sich aufgrund einer charakteristischen inneren Durchlässigkeit und wechselseitigen Abhängigkeit jeweils aus eigener Kraft heraus maximal ausdifferenzieren. Dies erscheint aber schon theoretisch nur dann möglich, wenn sich die einzelnen Elemente des Systems (sowie seine Grenzen insgesamt) jeweils auch autonom konstituieren und organisieren können. Unverstanden bleibt dabei aber letztlich immer die "strukturelle Kopplung" zwischen Kontext und System oder, anders ausgedrückt, zwischen Umwelt und Psyche. Im deutschsprachigen Raum hat hierzu allerdings Ciompi (1982 und 1986) mit seinem Konzept einer systemisch zu verstehenden Integration von Fühlen und Denken, der sog. "Affektlogik", einige Impulse gesetzt. Bekannt wurde auch seine damit verbundene "biopsychosoziale" Konzeptualisierung der Schizophrenie, mit der er einen system-theoretischen Ansatz in der klinischen Psychopathologie verfolgt und die inzwischen sehr zahlreichen neurobiologischen, kognitions- und emotionspsychologischen sowie auch familiendynamischen Einzelbefunde zu integrieren versucht (z.B. Ciompi, 1989). In der Anwendung systemischer Ansätze auf Psychopathologie und Psychotherapie bleibt dennoch weiter unklar, inwieweit die

Rückbezüglichkeit biologischer Systeme auf die Selbstbeobachtung sinnverwendender Systeme, also menschlicher Kleingruppen, überhaupt übertragen werden kann. Frommer (1989) stellt deshalb in Anlehnung an Lipp (1987) die grundsätzliche Frage, "wie hoch der analogische und wie hoch der offene, bloß metaphorische Gehalt des Vergleichs von 'Autopoiesis biologisch' und 'Autopoiesis psychologisch' bzw. 'psychopathologisch' zu veranschlagen ist."

Die hier genannten grundlegenden Aspekte systemischen Denkens finden sich in den therapeutischen Konzepten vieler familientherapeutischen Schulrichtungen wieder, in herausragender Weise in den Arbeiten der sog. "Palo-Alto-Gruppe" um P. Watzlawick sowie in der "Mailänder Schule" um Maria Selvini-Palazzoli, wobei deren Ansatz auch explizit "systemisch" genannt wird (Kriz, 1985; von Schlippe, 1984; Stierlin und Simon, 1986). In exponierter Weise besteht die Methode der "systemischen Psychotherapie" hier in speziellen strategischen Interventionen zur Unterbrechung gestörter familiärer Interaktionen sowie zur Veränderung der kommunikativen Struktur, nicht zuletzt auch wieder unter Zurückstellung sehr spezifischer Einzelinhalte. Systempathologisch geht es dabei im Grundsatz immer darum, bestehende Manifestationen eines problematischen Informationsaustausches in vorgegebenen Strukturen, wie z.B. in einer Großfamilie, zu verbessern (Watzlawick, 1985). Typischerweise ist dies manchmal gerade durch sog. paradoxe Interventionen, also durch einem zunächst erklärten Ziel völlig entgegenstehende und dadurch die Betroffenen anfänglich stark irritierende Maßnahmen und nicht durch vermitteltes Verstehen der aktuellen Problemsituation zu erreichen. Die Einhaltung der methodischen Grundregeln des systemischen Hypothetisierens, des zirkulären Fragens sowie einer neutralen (parteilosen) Grundhaltung sind dabei weitere "essentials" (Selvini-Palazzoli et al., 1977 und 1981).

Stierlin und Simon (1986) sprechen beim therapeutischen Prinzip der systemischen Familientherapie auch vom "Heilen durch Systemänderung" und empfehlen diesen Ansatz nicht nur umso eher, je starrer die aktuellen Verhältnisse jeweils erscheinen, sondern auch umso mehr, je schneller ein therapeutischer Gesamteindruck mit einer tragenden Therapiebeziehung zu allen Beteiligten hergestellt werden müsse. Einen Indikationsschwerpunkt bei einer insgesamt sehr weitgespannten therapeutischen Einsetzbarkeit sehen sie gerade dann, wenn die zu behandelnden Probleme aus besonders starken zwischenmenschlichen Bindungen und sehr großen Abhängigkeitsverhältnissen erwachsen, wie dies sehr häufig gerade im Bereich der Kinder- und Jugendpsychiatrie zu finden ist.

Nach Wirsching (1981) verliert der traditionelle Krankheitsbegriff in der Familientherapie aber spätestens dann seine ursprüngliche Bedeutung, wenn vom linearen Ursache-Wirkungsdenken zum zirkulären Systemdenken übergegangen wird. Die systemisch anzustrebende qualitative Veränderung der Beziehungsmuster, nach Watzlawik et al. (1967) eine sog. Lösung zweiter Ordnung, gehe schließlich über jede noch strukturerhaltende Symptomebene weit hinaus. Aber gerade die Unfähigkeit des Systems, solche übergeordneten Lösungen aus sich selbst hervorzubringen, und "das sich daraus ergebende Gefangensein in einem Spiel ohne Ende ist die kommunikationstheoretische Definition von Pathologie" (Watzlawik, 1979).

9.6   Die Psychotherapie-Richtlinien

Die Geschichte der Psychotherapie in der kassenärztlichen Versorgung der Bundesrepublik Deutschland läßt sich nach Faber und Haarstreck (1994) relativ gut in drei Phasen einteilen, die ihren Anfang im Jahre 1967 nahmen. Seinerzeit wurden bei uns erstmals offizielle "Psychotherapie-Richtlinien" in Kraft gesetzt, um endlich die kassenärztliche Versorgungspflicht unter den drei Gesichtspunkten Notwendigkeit, Zweckmäßigkeit und Wirtschaftlichkeit mit der neuesten Auslegung des Krankheitsbegriffs der Reichsversicherungsordnung (RVO) und einer ätiologisch fundierten Psychotherapie zu verbinden. Als "seelische Krankheiten", zu deren Behandlung anfangs ausschließlich die Psychoanalyse in noch stark eingegrenzter Form zugelassen wurde, galten zunächst nur aktuelle seelische Störungen mit einem erkennbaren zeitlichen und ursächlichen Zusammenhang zwischen einer akuten Konfliktsituation und einer neurotischen Psychodynamik. Neben einem entsprechend aufgebauten "Indikationskatalog" wurden zudem alle Zustandsbilder, die erkennbar darüber hinausgingen, sogar ausdrücklich ausgeschlossen (Faber, 1981).

Die eine zweite Entwicklungsstufe einleitende Neufassung der Psychotherapie-Richtlinien von 1976 war insbesondere notwendig geworden, weil der bisherige Krankheitsbegriff der RVO durch eine erweiterte Rechtssprechung inzwischen auch auf chronifizierte Neurosen ausgedehnt worden war. Bisher hatte hier die Versorgung chronisch Kranker nämlich als sog. Kann-Leistung noch überwiegend im Bereich der jeweiligen Rentenversicherungsträger gelegen. Nicht zuletzt wies jetzt ein neues Gesetz über die Angleichung der Leistungen zur Rehabilitation, das im Jahre 1974 in Kraft getreten war, den Krankenkassen die Aufgabe zu, ggf. auch Behinderte zur Besserung ihres Zustandes psychotherapeutisch zu behandeln.

Schließlich begann am 1.10.1987 eine dritte Phase. Nun wurde erstmals die Verhaltenstherapie voller Bestandteil der kassenärztlichen Psychotherapie, ergänzt durch die Neueinführung der "psychosomatischen

Grundversorgung" als Aufgabenbereich für primär somatisch orientierte Ärzte. Diese Versorgungsform wurde inhaltlich gerade durch eine begrenzte Zielsetzung im Rahmen einer übergeordneten somato-psychischen Behandlungsstrategie definiert (Janssen, 1993; Petzold und Hendrischke, 1993). Die Verhaltenstherapie war allerdings schon seit 1980 durch spezielle "Verhaltenstherapie-Vereinbarungen" mit den Ersatzkassen in Form einer völlig neuen Kurztherapiemöglichkeit (mit 20 bis 25 Therapiesitzungen) eingeführt, so daß für die Psychotherapierichtlinien von 1987 auf die dabei gemachten Erfahrungen zurückgegriffen werden konnte. Nach Faber und Haarstrick (1994) stieß die Integration der Verhaltenstherapie in das kassenärztliche Versorgungssystem dennoch zunächst auf größere Schwierigkeiten, als dies seinerzeit bei der Psychoanalyse der Fall gewesen war. Galten doch die klassischen Methoden der Verhaltenstherapie, wie z.B. die systematische Desensibilisierung als typische stimulusbezogene oder die operante Konditionierung als charakteristische responsebezogene Methode, immer noch weitgehend als lerntheoretisch begründete Modifikationsmöglichkeiten ohne eigens definierten Krankheitsbegriff. Das pauschalisierende Denkmodell "unerwünschtes Verhalten" konnte hier allein offensichtlich nicht genügen. Die Beurteilung der Verhaltenstherapie veränderte sich im entscheidenden Bundesausschuß für Ärzte und Krankenkassen jedoch dann in der Folge zunehmend erweiterter, ätiologisch orientierter Vorstellungen zum Krankheitsgeschehen. Hierzu gehörte zunächst eine komplexere Diagnostik sowie nicht zuletzt auch die zunehmenden empirischen Beweise einer spezifischen verhaltenstherapeutischen Wirksamkeit. So wurde der Kernbegriff "Verhalten" schließlich nicht mehr nur über äußere, direkt meßbare motorische und physiologische Vorgänge definiert, sondern im Sinne eines inneren Verhaltens zusätzlich durch die nur noch mittelbar zu erfassende Emotionen und Kognitionen psychischer Störungen.

Auf der Grundlage einer explizit vorgegebenen Definition des Begriffs "seelische Krankheit" in den Psychotherapie-Richtlinien hat sich inzwischen ein relativ abgegrenzter Indikationsbereich für die dort aufgeführten Therapieverfahren entwickelt. Entsprechend ist die Richtlinien-Psychotherapie in der kassenärztlichen Versorgung nur dann indiziert, wenn psychodynamische Faktoren "wesentlichen Anteil" an einer seelischen Behinderung oder an deren Auswirkungen haben und mit ihrer Hilfe eine Eingliederung in Arbeit, Beruf und/oder Gesellschaft (möglichst auf Dauer) erreicht werden kann. Dies gilt hier sowohl bei psychoneurotischen als auch vegetativ-funktionellen und psychosomatischen Störungen, jeweils immer "mit gesicherter psychischer Ätiologie", sowie ggf. sogar im Rahmen medizinischer Rehabilitation (Richtlinien, 1994).

Folgt man den Kommentatoren zu den in Frage kommenden Inhalten dieser Ätiologie, so wird schnell klar, daß hier allgemeinere Hinweise auf besonders ungünstige "Life events" als mögliche biographische Streßfaktoren nicht ganz ausreichen können. Die kausalen Verknüpfungen müssen vielmehr in ihrer Evidenz oder Vielschichtigkeit klarer erkannt und benannt werden können und das Krankheitsgeschehen muß durch gegenwärtig wirksame Faktoren sowie durch lebensgeschichtliche Prägungen weitgehend plausibel bestimmt erscheinen. Der pathogene Stellenwert einzelner Bedingungsfaktoren ergibt sich dabei keinesfalls schon aus ihrer rein konditionalistischen Betrachtungsweise, sondern insbesondere aus einem unterschiedlichen Rangplatz innerhalb der meist "mulifaktoriellen" Ätiologie (Faber und Haarstrick, 1994; Keil-Kuri, 1993). Damit wird eine konzeptionelle Linie durchgehalten, die in der Richtlinien-Psychotherapie seit 1967 besteht und sich einerseits in fehlender Zuständigkeit für die gesamten Lebensverhältnisse eines Patienten oder eine umfassende psychosoziale Versorgung ausdrückt, andererseits aber auch nicht auf einer simplen unikausalen Betrachtungsweise der evtl. relevanten Zusammenhänge aufbaut. Darüber hinaus bestehen neben definierten Ausschlußkriterien heute weiterhin die spätestens seit der Neufassung von 1976 hinzugetretenen allgemeinen prognostischen Anforderungen:

"Psychotherapie ist als Leistung der gesetzlichen Krankenkasse ausgeschlossen, wenn:
1. zwar seelische Krankheit vorliegt, aber ein Behandlungserfolg nicht erwartet werden kann, weil dafür beim Patienten die Voraussetzungen hinsichtlich seiner Motivationslage, seine Motivierbarkeit oder seine Umstellungsfähigkeit nicht gegeben sind, oder weil die Eigenart der neurotischen Persönlichkeitsstruktur des Patienten (ggf. seine Lebensumstände) dem Behandlungserfolg entgegensteht,
2. sie nicht der Heilung oder Besserung einer seelischen Krankheit bzw. der medizinischen Rehabilitation, sondern allein der beruflichen oder sozialen Anpassung oder der beruflichen oder schulischen Förderung dient, und
3. sie allein der Erziehung-, Ehe-, Lebens- und Sexualberatung dient." (Richtlinien, 1994)

Wie ist in diesem Zusammenhang "seelische Krankheit" aber selbst definiert?

"In diesen Richtlinien wird seelische Krankheit verstanden als krankhafte Störung der Wahrnehmung, des Verhaltens, der Erlebnisverarbeitung, der sozialen Beziehungen und der Körperfunktionen. Es gehört zum Wesen dieser Störungen, daß sie der willentlichen Steuerung durch den Patienten nicht mehr oder nur zum Teil zugänglich sind." (Richtlinien, 1994)

Das "Seelische" soll damit jeweils durch Kriterien aus den Funktionsbereichen Wahrnehmung, Verhalten, Erlebnisverarbeitung, soziale Beziehungen und Körperfunktionen näher eingegrenzt werden, während "Krankheit" in diesen Bereichen eine Störung überhaupt nur dann genannt werden darf, wenn ihre Steuerung dem Willen des Betroffenen nicht mehr oder nur noch zum Teil zugänglich erscheint. Es wird deutlich, daß sich hier der allgemeine Krankheitsbegriff der Reichsversicherungsordnung lediglich weiter konkretisiert und "seelische Krankheiten" im Sinne der Psychotherapie-Richtlinien umso mehr als "ursächlich bestimmte Prozesse" definiert werden:

"Krankhafte Störungen können durch seelische oder körperliche Faktoren verursacht werden; sie werden in seelischen und körperlichen Symptomen und krankhaften Verhaltensweisen erkennbar, denen aktuelle Krisen seelischen Geschehens, aber auch pathologische Veränderungen seelischer Strukturen zugrunde liegen können. Seelische Strukturen werden in diesen Richtlinien verstanden als die anlagemäßig disponierenden und lebensgeschichtlich erworbenen Grundlagen seelischen Geschehens, das direkt beobachtbar oder indirekt erschließbar ist. Auch Beziehungsstörungen können Ausdruck von Krankheit sein; sie sind für sich allein nicht schon Krankheit im Sinne dieser Richtlinien, sondern können nur dann als seelische Krankheit gelten, wenn ihre ursächliche Verknüpfung mit einer krankhaften Veränderung des seelischen oder körperlichen Zustandes eines Menschen nachgewiesen wurde." (Richtlinien, 1994)

Das einzelne Symptom ist hier also keinesfalls schon die "Krankheit", gleichfalls noch nicht ausreichend ist ein umfassenderes seelisches oder körperliches Syndrom bzw. eine Mischung aus beiden. Die ätiologische Fundierung der Psychotherapie-Richtlinien fordert für die psychoanalytisch begründeten Behandlungsformen vielmehr zusätzlich eine "unbewußte Psychodynamik" (1994) und für die verhaltenstherapeutischen Verfahren insbesondere die "ursächlichen und aufrecht erhaltenden Bedingungen" (1994). Durch die Verknüpfungen des Krankheitsbegriffs mit dem Zustand nur "eines" Menschen wird zusätzlich jede transindividuelle Zielsetzung in der Krankenbehandlung vermieden. Dementsprechend können, so lange sich der Krankheitsbegriff der Psychotherapie-Richtlinien nicht ändert, interpersonale und systemische Therapien, wie z.B. Paar- und Familientherapien, weder als psychoanalytische noch als verhaltenstherapeutische Verfahren eigentlicher Bestandteil der kassenärztlichen Versorgung werden. Gegebenenfalls besteht hier aber über das spezielle Gutachterverfahren die Möglichkeit, eine Bezugsperson vorübergehend mit einzubeziehen.

10. Zusammenfassende Schlußbetrachtung

Der inhaltliche Schwerpunkt dieser Arbeit lag in einer kritischen Analyse der Problematik allgemeiner und spezieller Krankheitsbegriffe in Psychiatrie, Psychotherapie und Forensik einschließlich ihrer wichtigsten Bestimmungsmerkmale und Bezugssysteme. Die zahlreichen Versuche in der Psychiatriegeschichte, einzelne psychische Krankheiten, insbesondere die bisher endogen oder endomorph genannten Psychosen, angemessen zu klassifizieren, konnten dabei nur gestreift werden. Sie sind Gegenstand eigenständiger historischer und methodischer Abhandlungen, wobei gerade die Diagnose der schizophrenen Erkrankung bis heute offensichtlich nicht sehr viel mehr als eine Konvention geblieben ist. Primär ging es uns um die Krankheitsproblematik selbst, wobei die Psychiatrie als wissenschaftliche Disziplin hier schon immer vor einem besonderen Dilemma stand. Obwohl es für sie keine allseits befriedigende Definition eines allgemeinen Krankheitskonstrukts gab, wurde dennoch zu allen Zeiten um ein den besonderen klinischen Verhältnissen bzw. den jeweiligen wissenschaftlichen Referenzobjekten angemessenes medizinisches Grundverständnis gerungen. Ähnlich ergeht es heute dem noch mit etwas weniger Konnotationen und Implikationen versehenen Begriff der "psychischen Störung", welcher zumindest in einigen klinisch-diagnostischen Bereichen sowie in der Forschung half, zu weit gehende Konzepte psychiatrischer Krankheiten und die damit verbundene Spekulationen abzulösen. Auch in diesen Fällen wird aber weiterhin über sinnvolle Einschluß- oder Ausschlußkriterien bzw. Haupt- oder Nebenmerkmale als grundlegende begriffliche Kenngrößen diskutiert, ja auf Expertentreffen sogar darüber abgestimmt. Nicht zuletzt geht es dabei um die Kernfragen, welche psychischen Auffälligkeiten überhaupt in die internationalen Diagnosesysteme gelangen sollten, wie "speziell" sie ggf. sein könnten und welcher "Kategorie" von Störungen sie letztlich zuzuordnen wären. Zahlreiche Beratungsausschüsse und Spezialisten sind in diesem Sinne heute an neuen "Störungs"-Definitionen beteiligt. Eine der Zielvorstellungen solcher Begriffsrevisionen bleibt immerhin, einen totalen Bruch mit herkömmlichen Terminologien und bewährten Krankheitsentwürfen so weit wie möglich zu vermeiden und dennoch auf einzelne diagnostische Begriffe, die nach aktueller Lehrmeinung ihren klinischen Nutzen offensichtlich überlebt haben, zu verzichten (Spitzer und Williams, 1989). Notwendigerweise lief deshalb auch die Entwicklung der Leitlinien und Definitionen psychischer Störungen für die 1991 erschienene ICD-10 immer parallel zur Konstruktion operationaler Erhebungsinstrumente, z.B.

zur Konstruktion des in 17 Ländern erprobten CIDI oder des speziell für Kliniker entwickelten SCAN (Robins et al., 1989; Wing et al., 1990).

"Psychische Störung" ("mental disorder") bleibt auch im DSM-IV hierarchisch oberster Begriff für verschiedenste spezifische Störungsarten, einschließlich aller aus sonstigen klinisch-diagnostischen Bezugssystemen bekannten, zum Teil ätiologisch geklärten "Krankheiten". Nicht einer solchen psychischen Störung zuzuschreiben sind allerdings gemäß DSM-Definition besondere Zustände mit einer sog. V-Kodierung, welche hier zunächst nur Anlaß zu weiterer Beobachtung sein können, selbst wenn die Betroffenen deshalb längst das medizinische Versorgungssystem in Anspruch genommen haben. Erst mit zusätzlichen Informationen wird dann das Vorliegen einer psychischen Störung möglicherweise beurteilbar. Weil psychiatrische Krankheiten in der Regel aus zahlreichen Teilaspekten bestehen, ist es aber auch später oft nicht möglich, sie unter einer einzigen "Störungs"-Kategorie zusammenzufassen. Eine Lösung dieses Problems kann in mehrfacher diagnostischer Kategorisierung durch die Verwendung multiaxialer Klassifikationssysteme (z.B. MAS für Kinder und Jugendliche, DSM-IV, ICD-10 und OPD-1 für Erwachsene) bestehen (Cierpka et al., 1995; Mezzich, 1988; Maier und Philipp, 1988). Auch die Etablierung des Komorbiditätsprinzips in den modernen Klassifikationen, also die strukturell vorgegebene Möglichkeit innerhalb eines relativ umschriebenen Zeitintervalls mehr als eine spezifische Störung zu diagnostizieren, bietet hier einen Lösungsansatz. Ursprünglich zur Überwindung alter diagnostischer Hierarchisierungsregeln gedacht, u.a. zur Elimination der "Jasperschen Schichtenregel", erscheint aber selbst das Komorbiditätsprinzip durch einzelne seiner Kriterien, z.B. im Falle der Komorbidität von Organkrankheiten oder Intoxikationen für weitere, offensichtlich weniger "tiefe" oder "schwere" Störungen, nicht völlig hierarchiefrei (Boyd et al., 1984). Nicht zuletzt würde das diagnostische Kernstück der Komorbidität immer auch fordern, jeweils so viele psychiatrische Diagnosen zu vergeben, daß tatsächlich der *gesamte* Befund des Patienten abgebildet erscheint. Im Grunde müßte deshalb diagnostisch immer von der Ausschöpfung *aller* Möglichkeiten ausgegangen werden.

Viele *therapeutische* Konzepte in Psychiatrie und Psychotherapie werden im Gegensatz dazu aber nicht rein additiv pro "Störungseinheit", sondern so weit wie möglich integrativ, d.h. in einem klinischen und funktionalen Gesamtbehandlungsplan, praktiziert. Hier sei nur an die zunehmende Vernetzung von Pharmako- und Psychotherapie erinnert. Soziotherapeutische Elemente sind zudem schon seit langem integraler Bestandteil jeder psychiatrischen Behandlung. Auf der anderen Seite haben verschiedene Therapieansätze zu einer weiteren Abkehr von morbusorientierten Nosologien und damit zur Einführung noch variablerer Krankheitskon-

190

strukte geführt. Entsprechend bietet z.B. die "funktionale Klassifikation" (Benkert, 1990a und 1990b) für die Psychiatrie ein weitgehend offenes, im Grunde kategoriefreies System, das keine diagnostischen Begriffe mit dem Anspruch einer Gesamtsystematik mehr enthält und dabei zugleich über das hier bereits angewandte Konzept der therapeutischen Zielsyndrome ("target symptoms") hinausgeht (Freyhan, 1957; Kielholz, 1971). Ausgangspunkt ist jetzt die Erkenntnis, daß viele der modernen Psychopharmaka offensichtlich nicht nur relativ spezifische Wirkungen an den Neurotransmitterrezeptoren haben und entsprechend klinisch sehr verschiedene Störungen vom gleichen Medikament ähnlich gut beeinflußt werden können. Während die Idee der Zielsymptomatik indessen noch dazu führte, für jede Psychopharmakagruppe die Gesamtheit der davon positiv beeinflußbaren Störungsformen, d.h. ihr sog. Wirkungsspektrum, genauer zu definieren, gründet sich diese Form der "Klassifikation" auf eine weit differentiellere Indikation, im Prinzip nur noch auf einen an psychopathologisch definierte Grenzen nicht mehr gebundenen Therapieerfolg (Benkert und Hippius, 1992).

Nicht zuletzt an besonders lebhaft diskutierten Begriffsbeispielen, wie der "Legasthenie" und der "Homosexualität", wurde versucht, einige der zahlreichen sonstigen Schwierigkeiten in der Entwicklung und Veränderung mehr oder weniger psychopathologisch bestimmter Störungsbegriffe zu veranschaulichen. Dazu zählen u.a. die Einflüsse gesellschaftlicher Faktoren auf einzelne Begriffsmerkmale, die Einwirkung soziokultureller Normen auf die Diagnostik und die Abhängigkeit des jeweiligen Störungsverhaltens von gesetzlichen Bestimmungen. Sofern in einem bestimmten gesellschaftlichen Bezugssystem schließlich noch die Festlegung eines "allgemeinen Krankheitsbegriffs" gefordert wird, also im Prinzip dessen, was hier jede Einzelkrankheit immer schon zu kennzeichnen hätte, so sind offensichtlich, gerade in Bereichen des Gesundheitswesens, inhaltliche Überschneidungen mit vielen anderen "lebensweltlichen" Begriffen nicht zu vermeiden. So würden "Gesundheit" und "Krankheit" unter einem gemeinsamen Oberbegriff "Lebensvorgänge" oder "Lebensfunktionen" vielleicht noch ein charakteristisches Begriffspaar abgeben können, indem begriffsprägende Merkmale, die in dem einen enthalten sind, jeweils im anderen fehlen. Damit wäre aber formallogisch mindestens ein Begriff negativ definiert, z.B. "Gesundheit" als "Nicht-Krankheit" oder "Krankheit" als "fehlende Gesundheit", und deshalb von der inhaltlichen Aussage letztlich unbefriedigend. Zudem enthält "Gesundheit" in der Regel auch völlig eigenständige Bewältigungsstrategien und Auseinandersetzungsmöglichkeiten bzgl. drohender Krankheit, wobei jeweils noch zwischen der Ebene des kognitiven Anspruchs und der des konkreten Verhaltens zu unterscheiden wäre. Gleichwohl ist anzustreben, daß gerade randunscharfe Begriffe wie "psychiatrische Krankheit" oder "psychische Störung" im Kern jeweils ausreichend differenzierbar bleiben gegenüber allen Formen entsprechender "Nicht-Krankheit" als einem hier entgegenzusetzenden Hilfsbegriff, der dann sowohl für ungestörte, "normale" als auch sonstige, d.h. hier üblicherweise in nicht-krankhafter Weise gestörte, aber vergleichsweise "unnormale" Formen menschlichen Lebens gelten würde. In der klinischen Praxis könnten dann zu den zuletzt genannten Formen im Prinzip alle noch mit psychischer "Gesundheit" zu vereinbarenden Erscheinungen, z.B. Extremvarianten der Lebensgestaltung oder übertriebenes Auftreten in der Öffentlichkeit, gehören. Ihnen allein würden dann ggf. auch wieder Sonderkodierungen im aktuellen DSM- oder ICD-System entsprechen können, sofern sie gleichzeitig das Kriterium der Inanspruchnahme von Gesundheitsdiensten erfüllen. Auch lebenslange "Abnormitäten", wie geistige Behinderungen oder ausschließlich optische Regelwidrigkeiten, wie z.B. Mißbildungen oder sog. Schönheitsfehler, würden nach dem Sozialrecht hierher gehören.

Die Frage nach dem für die Psychiatrie geeignetsten Normbegriff wurde schließlich im Kern, ebenso wie in der übrigen Medizin, durch eine Orientierung am statistischen Durchschnitt beantwortet. Dadurch gewann der Konformitätsgrad menschlichen Erlebens und Verhaltens gegenüber sehr individuellen Merkmalen, z.B. dem Kriterium des persönlichen Optimums, einen alles überragenden Stellenwert. Dies gilt heute nicht zuletzt auch für den Krankheitsbegriff im allgemeinen, sofern dabei der vorwissenschaftliche Bereich verlassen wird und eine Defintion auf ein bestimmtes Bezugssystem hin erfolgt. Jede prinzipielle Normenakzeptanz ist hier aber auch zwangsläufig das Ergebnis eines (ggf. nur inneren) metrischen Entscheidungsprozesses. Weniger tauglich erscheint diese Betrachtungsweise allerdings für das Krankheitsmerkmal des "qualitativen Sprungs", wie es nicht nur seinerzeit als Unverständlichkeitstheorien der traditionellen Psychiatrie, sondern neuerdings auch wieder in systemischen Krankheitskonzepten, z.B. in bestimmten Formen der Familientherapie (plötzliches Umkippen gestörter Familiensysteme), eine Rolle zu spielen scheint.

"Spezielle" Krankheitsbegriffe haben schließlich auch in der Psychiatrie zunächst einmal eine bestimmte Ordnungsfunktion. Sie bilden dabei in der Regel die Grundlage für eine Klassifikation und damit für jede weitere Diagnostik. Theoretisch könnte für alle psychiatrischen Kategorien ein einheitlicher Einteilungsgesichtspunkt gewählt werden. Um aber die Polymorphie der Erscheinungsbilder und deren möglichen zeitlichen Wandel überhaupt einigermaßen zu ordnen, werden hier seit jeher im Sinne eines polythetischen Zugangs verschiedenste Einteilungsprinzipien gewählt (Einzelursache, Erblichkeit, Symptomatik, Organbefund, Verlauf,

Ausgang etc.). Durch deren unterschiedliche Kombinationsmöglichkeit, d.h. durch die letztlich immer uneinheitlich *definierten* Algorithmen, stehen die Krankheitskategorien in der Psychiatrie nicht gleichwertig nebeneinander. Einer prinzipiellen Beliebigkeit nominalistischer Krankheits- bzw. Störungsdefinitionen kann zudem später mangelnde Brauchbarkeit im vorgesehenen Bezugssystem entgegenstehen. Besonders brauchbar ist ein Begriff im Wissenschaftsbetrieb immer dann, wenn zunächst durch eine präzise, möglichst nachprüfbare Definition genügend klar wird, was darunter verstanden werden soll. Wichtig dürften gerade in der Psychiatrie dann diejenigen Zuordnungskriterien sein, die für die Entdeckung weiterführender, bisher noch unberücksichtigter Krankheitsaspekte Gültigkeit erlangen können, z.B. hinsichtlich des gezielteren Vorgehens in einer evtl. zur Diskussion stehenden Therapie. Gerade wenn ursächliche Zusammenhänge nicht schon klarer erkennbar sind, wie z.B. bei den verschiedenen Formen schizophrener Erkrankung ("schizophrenia spectrum disorder"), bedürfen neue klinische Syndrome jeweils einer geänderten Validierung. Diese kann sich dann sowohl am Querschnitt (Interkorrelation der Symptome, Trennschärfe von Clustern etc.) als auch am Längsschnitt (Syndromstabilität, Verlaufscharakteristik, Vorhersagewahrscheinlichkeit etc.) orientieren. Im Grunde bleiben diese Syndrome aber immer Abstraktionen unterschiedlich hoher empirischer Validität. Dies gilt für die organisch mitbegründeten Störungsformen wie für die rein psychogenen; es betraf seinerzeit die Kraepelinschen "Krankheitseinheiten" wie es heute die "Symptomkrankheiten" der modernen Klassifikationssysteme betrifft.

Wie zu zeigen versucht wurde, gab es in der Geschichte der Psychiatrie aber auch zahlreiche Überlegungen zur Frage "natürlicher" Krankheiten, d.h. hier der nicht durch *festzulegende*, sondern gerade durch empirisch *festzustellende* Merkmale definierten Krankheiten. Vielgestaltig waren dabei jeweils die Vorstellungen zu Art und Umfang entsprechend vorzufindender Bestimmungsstücke.

An eine echte Nosologie mit eigenständig verlaufenden, objektivierbaren Krankheitseinheiten unterscheidbarer Ätiologie, also an das sog. "Morbus-Konzept" der Organmedizin, glaubte zunächst nicht nur Kraepelin. Immerhin trug gerade er zur Jahrhundertwende, also zu einem Zeitpunkt, als sich das Fach Psychiatrie endgültig zu einer klinischen Wissenschaft entwickelt hatte, mit seinen weitreichenden Ideen Wesentliches zur Konzeption entsprechender Krankheitseinheiten bei. Ein historisch gebotener Kompromiß zwischen tatsächlichem wissenschaftlichem Erkenntnisstand und seinerzeitigen biologischen Arbeitshypothesen war jedenfalls die u.a. von Meyer, Hoche und Bonhoeffer verfochtene und bis heute im Kern erhaltene Konzeption syndromaler Krankheitseinheiten. Damit zieht sich aber auch ein roter Faden von den "Symptomenensemblen" Birnbaums zu den Clusteranalysen der Gegenwart. Für entsprechende Klassifikationsmodelle hatte allerdings bereits Sydenham im 17. Jahrhundert mit seiner Forderung nach Stabilität klinischer Syndrome das insgesamt wohl wichtigste Mindestkriterium aufgestellt. Im übrigen spiegeln sich in der Ideengeschichte des psychiatrischen Krankheitsbegriffs wiederholt die seit der griechisch-römischen Medizin bestehenden Gegensätze zwischen einer aristotelisch-nominalistischen und einer platonisch-realistischen Weltanschauung, oft herausgearbeitet als immerwährender Kampf zwischen zwei grundsätzlichen Lagern psychiatrischen Krankheitsverständnisses.

Das zunehmende Abrücken von einer streng dichotomen Betrachtungsweise der idiopathischen Psychosyndrome führte in unserem Jahrhundert über verschiedene Zwischenschritte schließlich zum heutigen Anspruch eines möglichst "theoriefrei" zu haltenden Störungsbegriffs in der Psychiatrie, nicht zuletzt unmittelbar verknüpft mit einer konsequenten Forderung nach stets zuverlässig wiederholbarer Diagnostik. Die jüngste Psychiatriegeschichte läßt sich entsprechend durch eine kontinuierliche Vermehrung psychiatrischer Syndrome und eine radikale Verminderung noch etablierter Systematiken charakterisieren. In diesem nosologiefernen Entwicklungsprozeß konnte dann allerdings die adäquate Abbildung der klinischen Realität nicht mehr Schritt halten mit der international zunehmend verbesserten Anwendungsübereinstimmung, der diagnostischen Reliabilität.

Nosologische Spezifität läßt sich im Prinzip heute nur an zuverlässig meßbaren Variablen mit ausreichender klinischer Relevanz überprüfen und bestätigen. Sind einzelne Validierungsparameter als evtl. in Frage kommende "Krankheitskriterien" zwar ausreichend gut meßbar, aber pathogenetisch nicht spezifisch zuzuordnen, so bleibt letztlich nur die Möglichkeit, sie per Konvention als weitgehend geeignet erscheinende Validierungskriterien zu *definieren*. Erst dann könnte sich daran ein spezifischer Krankheitsbegriff, als nachrangiges Konstrukt innerhalb des allgemeinen Krankheitsbegriffs, kriteriologisch bewähren, aber immer nur an dem zuvor selbst definierten Validitätskriterium und nicht etwa in Form einer eigenständigen, definitionsunabhängigen Entität.

In einer explizit anthropologischen Psychiatrie ist das Konstrukt "Krankheit" dagegen bereits personenzentriert definiert und hat entsprechend auch die Biographie und die Individualität des Einzelnen zum Inhalt. Darüber hinaus sind hier die "Seinsweise" des psychisch Kranken sowie das ihm "Menschengemäße" zentrale Ansatzpunkte eines umfassenderen Krankheitsverständnisses. All dies hat der in der ersten Hälfte unseres Jahrhunderts weitläufig vertretenen Denk- und Forschungsrichtung jedoch nicht nur Anerkennung, sondern auch vielseitige Kritik eingebracht. Insbesondere konnte der hier quasi um verschiedene Aspekte der

Subjektivität erweiterte "Objektbegriff", durch den der ärztliche Gesamthorizont gerade seine entscheidende Erweiterung erfahren sollte, den konsequenten Operationalisierungs- und Validierungsansprüchen einer empirisch eingestellten Psychiatrie zunehmend weniger standhalten. Praktisch relevant geblieben ist davon heute noch am ehesten eine ärztliche Haltung, die in der Begegnung mit dem psychisch Kranken charakteristischerweise dessen Gesamtpersönlichkeit und damit auch die Subjektivität seines Leidens im Auge hat. Nicht zuletzt bleibt individuelles Kranksein weiterhin etwas anderes als die Krankheit des Organismus.

Organische und psychische Krankheit im medizinischen Sinne sind zudem nicht gleichzusetzen mit Krankheit im Sinne der Gesetze. Im Gegensatz zur Krankheit im medizinischen Bezugssystem, von der heute im Rahmen einer immer höher entwickelteren Diagnostik praktisch schon sehr früh, oft bereits praeklinisch oder nur bei erstem Verdacht ausgegangen wird, kann Krankheit im juristischen Sinne letztlich nur über klinisch-funktionelle Manifestationen hinreichend rechtsrelevant werden, also im Regelfall nur durch vor Gericht aufzeigbare Beschwerden oder Funktionsstörungen. Dabei handelt es sich heute in allen Gebieten des deutschen Rechts immer um einen "regelwidrigen Körper- oder Geisteszustand", der jeweils von einer "forensischen Norm" abweicht, die durch das "Leitbild des gesunden Menschen" geprägt sein muß. Ein sog. organischer Kern ist hier inzwischen, insbesondere auch zur angemessenen Berücksichtigung vieler psychischer Krankheiten, nicht mehr zwingend vorauszusetzen, sofern nur das symptomatische Bild so selbständig erscheint, daß ihm rein rechtlich ein eigener "Krankheitswert" und nicht nur die Bedeutung von Begleiterscheinungen zuerkannt werden kann. So ist es z.B. in der gesetzlichen Krankenversicherung "definitiv" nicht erforderlich, daß ganz bestimmte Ursachen festgestellt oder ganz bestimmte Beschwerden, wie z.B. Schmerzen, angegeben werden, daß subjektives Leiden vorliegt oder das klinische Bild fixiert erscheint oder daß vielleicht das Grundleiden (z.B. eine chronische Alkoholabhängigkeit) überhaupt noch einer therapeutischen Einwirkung zugänglich ist. Entscheidend ist in diesem Beispiel (nur), ob "Arbeitsunfähigkeit" im ausgeübten Beruf und/oder "Behandlungsbedürftigkeit" im Sinne erforderlicher Heilbehandlung festgestellt werden.

Gefördert durch die laufende Rechtsprechung etablierte sich in der forensischen Psychiatrie inzwischen auch der nirgends festgeschriebene Begriff des "Krankheitswertes". Seine inhaltliche Bedeutung für die forensische Psychiatrie liegt insbesondere darin, daß er den dimensionalen Charakter vieler Krankheitsparameter und damit offensichtlich auch die Unschärfe und Willkürlichkeit entsprechender Grenzen vor Gericht ausreichend berücksichtigungsfähig erscheinen läßt. Entsprechend ist hier kein "qualitativ" bestimmtes Krankheitskriterium begriffsprägend, sondern es kann nur anhand von Ausmaß, Schwere oder Dauer psychischer Beeinträchtigungen, also insbesondere aufgrund rein "quantitativer" Normkriterien, für bestimmte rechtliche Folgen individuelle Vergleichbarkeit mit bereits anerkannten, "richtigen" (somatischen) Krankheiten hergestellt werden. Ist bei kontinuierlicher Verteilung der störenden Beeinträchtigungen ein angemessen erscheinender Schwellenwert überschritten, so kann in foro schließlich "Krankheitswertigkeit" als nun normativ ausschlaggebende Katgorie festgestellt werden. Dieser Begriff steht damit inhaltlich für eine jeweils einzukreisende Schweregradkategorie, die selbst aber kein eigenständiges, objektiv nachprüfbares Krankheitskriterium darstellt, sondern eher individuelle Verhältnisse vergleichbar machen soll. In dieser Form erscheint "Krankheitswertigkeit" dann zwar auch nicht eindeutig definiert, aber heute immerhin im juristischen Schrifttum und in der forensischen Praxis hinreichend etabliert.

Dagegen ist "Krankhaftigkeit" ein inzwischen im Gesetz explizit vorhandener Begriff, der zwar auf einem jeweils notwendigen Krankheitskriterium aufbaut, dieses selbst aber, z.B. im Unterschied zum psychiatrischen Krankheitsbegriff bei K. Schneider, dann nicht nur auf der Ebene des verengenden Somatosepostulats definiert. Hier ist heute grundsätzlich auch eine rein psychologische Betrachtung zugelassen. In der forensischen Praxis lassen sich dadurch gerade in der Schuldfähigkeitsfrage der §§ 20, 21 StGB die charakteristischen Krankheitsmerkmale des "qualitativ Abnormen", also z.B. eine besondere Persönlichkeitsfremdheit oder eine relativ autonome Verlaufsdynamik psychopathologischer Erscheinungen, auch ohne ätiologische Klärung aufrecht erhalten. Eine mögliche Folge wäre dann ggf. die Exkulpation aufgrund der *nur* "krankhaften" seelischen Störung.

Psychische Krankheit über das Herausfallen aus einem idealisierten Systemgleichgewicht zu definieren, ist schließlich ein Ansatz, der sich im Prinzip bereits in Homöostase-Konzepten der Antike wiederfindet. Das Ziel der Behandlung ist immer die Wiederherstellung eines spannungs- und konfliktfreien Zustands, der in der Regel sowohl durch funktionales Zusammenwirken innerer Einzelkomponenten als auch durch gute Anpassung an das jeweilige Umfeld gekennzeichnet ist. Genau an dieser Sichtweise setzen verschiedene psychotherapeutische Grundrichtungen an, indem zwischen gestörten und ungestörten, kranken und gesunden Erlebens- und Verhaltensweisen keine prinzipiellen Unterschiede gemacht werden. Während sich hier der psychoanalytische, der verhaltenstherapeutische und der gesprächspsychotherapeutische Ansatz weitgehend ähnlich sind und jeweils Dysfunktionalität auf einem bestimmten Erlebens- und/oder Verhaltensniveau zum Kernbereich psychischer Gestörtheit gehört, gibt es dann im allgemeinen Krankheitsverständnis durchaus Unterschiede. Sie betreffen einerseits die innere Distanz zur traditionellen medizinischen Diagnostik und sind andererseits verknüpft mit unterschiedlichen kriteriologischen Ansprüchen an eine eigene Krankheitsdefinition. Daß eine solche aber heute für alle versorgungsrelevanten Psychotherapien zu fordern ist, läßt sich nicht nur aus gestiegenen Effizienzansprüchen im Gesundheitswesen, sondern auch aus richtungsweisenden Bestimmungen, nicht zuletzt aus den aktuellen Psychotherapie-Richtlinien, ableiten.

11. Literaturverzeichnis

Ackenheil, M.: Methodische Probleme bei molekulargenetischen Untersuchungen psychiatrischer Erkrankungen. Nervenheilkunde 12 (1993) 14-17

Ackerknecht, E.H.: Psychopathology, primitive medicine and primitive culture. Bull. Hist. Med. 14 (1942) 30-67

Ackerknecht, E.H.: Kurze Geschichte der Psychiatrie. 2. Aufl. Enke, Stuttgart 1967

Adler, A.: Über den nervösen Charakter (1912). Fischer, Frankfurt a.M. 1972

Adler, A.: Studie über die Minderwertigkeit der Organe (1907). Fischer, Frankfurt a.M. 1977

Alexander, F.G. and S.T. Selesnick: The history of psychiatry. Harper & Row, New York 1966

American Psychiatric Association (APA): Diagnostic and Statistical Manual of Mental Disorders. Third Edition (DSM-III). American Psychiatric Association, Washington DC 1980. Deutsch: Diagnostisches und Statistical Manual Psychischer Störungen DSM-III. Deutsche Bearbeitung und Einführung von K. Koehler und H. Saß. Beltz, Weinheim, Basel 1984

American Psychiatric Association (APA): Diagnostic and Statistical Manual of Mental Disorders. Third Edition, Revised (DSM-III-R). American Psychiatric Association, Washington DC 1987. Deutsch: Diagnostisches und Statistisches und Statistisches Manual Psychiatrischer Störungen DSM-III-R. Deutsche Bearbeitung und Einführung von H.-U. Wittchen, H. Saß, M. Zaudig und K. Koehler. 2. Aufl. Beltz, Weinheim, Basel 1989a

American Psychiatric Association (APA): Quick Reference to the Diagnostic Criteria from Diagnostic and Statistical Manual of Mental Disorders.Third Edition, Revised. American Psychiatric Association, Washington DC 1987. Deutsch: Diagnostische Kriterien und Differentialdiagnosen des Diagnostischen und Statistischen Manuals Psychischer Störungen DSM-III-R. Beltz, Weinheim, Basel 1989b

American Psychiatric Association (APA): Diagnostic and Statistical Manual of Mental Disorders. Fourth Edition (DSM-IV). American Psychiatric Press, Washington DC 1994

Angermeier, M.: Legasthenie. Fischer, Frankfurt a.M. 1976

Angermeyer, M.: 20 Jahre Double Bind: Versuch einer Bilanz. Psychiat. Prax. 5 (1978) 106-117

Angst, A.: Die ersten psychiatrischen Zeitschriften in Deutschland. Med. Diss. Universität Würzburg 1975

Angst, J.: Begriff der affektiven Erkrankungen. In: Kisker, K.P., H. Lauter, J.-E. Meyer, C. Müller und E. Strömgren (Hrsg.): Psychiatrie der Gegenwart. Bd. 5. Affektive Psychosen. 3. Aufl. Springer, Berlin, Heidelberg, New York 1987, 1-50

Angst, J., W. Felder und B. Lohmeyer: A genetic study on schizoaffective disorders. In: Obiols, J., C. Ballus, E. Gonzales Monclus and J. Pujol (eds.): Biological psychiatry today. Proceedings of the IInd World Congress on Biological Psychiatry, Barcelona 1978. Elsevier, Amsterdam, New York, Oxford 1979, 12-18

Angst, J. und C. Perris: Zur Nosologie endogener Depressionen. Arch. Psychiat. Nervenkr. 210 (1968) 373-386

Angst, J. and Ch. Scharfetter: Subtypes of schizophrenia and affective disorders from a genetic viewpoint. In: Obiols, J., C. Ballus and E. Gonzales Monclus (eds.): Biological psychiatry today. Vol A. Elsevier Amsterdam, New York, Oxford 1979, 351-357

Antoch, R.F.: Gemeinschaftsgefühl und "Psychische Gesundheit". Z. Individualpsychol. 9 (1984) 2-8

Antonovsky, A.: Health, stress and coping. Jossey-Bass, San Francisco 1979

AOK-Verlag: Das neue Krankenversicherungsrecht. Sozialgesetzbuch (SGB). Fünftes Buch (V). Gesetzliche Krankenversicherung. AOK-Verlag, Bonn 1989

Apel, M. und P. Ludz: Philosophisches Wörterbuch. De Gruyter, Berlin, New York 1976

Arieti, S.: Schizophrenia. In: Arieti, S. (ed.): American handbook of psychiatry. Vol. I. Basic books, New York 1959, 455-507

Arolt, V., M. Driessen, A. Bangert-Verleger, H. Neubauer, A. Schürmann und W. Seibert: Psychische Störungen bei internistischen und chirurgischen Krankenhauspatienten. Prävalenz und Behandlungsbedarf. Nervenarzt 66 (1995) 670-677

Aschoff, J.C.: Zur Frage der "zumutbaren Willensanspannung" bei der Überwindung eines Leidens. Versicher.-Med. 43 (1991) 5-9

Asher, R.: Munchausen's syndrome. Lancet 1 (1951) 339-341

Attneave, F.: Applications of information theory to psychology. Holt, New York 1959. Deutsch: Informationstheorie in der Psychologie. Huber, Bern, Stuttgart 1965

Bach, H. (Hrsg.): Der Krankheitsbegriff der Psychoanalyse. Vandenhoeck & Ruprecht, Göttingen 1981

Bach, H. und M. Heine: Pseudonormalität und Normalpathologie. In: Bach, H. (Hrsg.): Der Krankheitsbegriff in der Psychoanalyse. Vandenhoeck & Ruprecht 1981, 11-35

Baer, R.: Die romantische Psychiatrie: J.C.A. Heinroth und C.W. Ideler. Fundam. psychiat. 1 (1987) 49-51

Baer, R.: Normalität und Willensfreiheit als Probleme der forensischen Psychiatrie. Fundam. psychiat. 3 (1988) 150-155

Baer, R.: Schuldfähigkeit: Eine ideengeschichtliche Analyse. Nervenheilkunde 13 (1994) 369-374

Baeyer, W. von: Zur Frage der strafrechtlichen Zurechnungsfähigkeit von Psychopathen. Nervenarzt 38 (1967) 185-192

Baeyer, W. von: Erwiderung auf Diskussionsbeiträge. Nervenarzt 39 (1968) 178-179

Baeyer, W. von: Resonanz und Nachwirkung Heidelberger Ansätze in der internationalen Psychiatrie. In: Janzarik, W. (Hrsg.): Psychopathologie als Grundlagenwissenschaft. Enke, Stuttgart 1979, 172-177

Baeyer-Katte, W. von: Immanuel Kant und das Problem der abnormen Persönlichkeit. In: Baeyer,W. von and R.M. Griffith (eds.): Conditio humana. Erwin W. Straus on his 75th birthday. Springer, Berlin, Heidelberg, New York 1966 35-54

Baillarger, J. C.: De la folie à double forme. Ann. Med. Psychol. 6 (1854) 369-384

Baldessarini, R.J., S. Finklestein and G.W. Arana: The predictive power of diagnostic tests and the effect of prevalence of illness. Arch. Gen. Psychiatry 40 (1983) 569-573

Balint, M.: Unterricht von Medizinstudenten in patientenzentrierter Medizin. Psyche 23 (1969) 532-546

Bancroft, J.: Human sexuality and its problems. Longman, Edingburgh 1983. Deutsch: Grundlagen und Probleme menschlicher Sexualität. Enke, Stuttgart 1985

Barondess, J.A.: Disease and illness – a crucial distinction. Amer. J. Med. 66 (1976) 375-378

Barton, A.: Freud, Jung und Rogers. Klett-Cotta, Stuttgart 1979

Bateson, G.: Steps to an ecology of mind. Collected essays in anthropology, psychiatry, evolution and epistemology. Ballantine, New York 1972. Deutsch: Ökologie des Geistes. 2. Aufl. Suhrkamp, Frankfurt 1988

Bateson, G., D. Jackson, J. Haley and J. Weakland: Toward a theory of schizophrenia. Behavioral Science 1 (1956) 251-254

Baumann, U.: Psychologische Taxometrie. Huber, Bern 1971

Baumann, U.: Angst und Depression: Allgemeine methodische Überlegungen zur Begriffsbildung. In: Helmchen, H. und M. Linden (Hrsg.):

Die Differenzierung von Angst und Depression. Springer, Berlin, Heidelberg, New York 1986a, 5-13

Baumann, U.: Typenanalyse. In: Müller, C. (Hrsg.): Lexikon der Psychiatrie. 2. Aufl. Springer, Berlin, Heidelberg, New York 1986b, 699

Baumann, U.: Psychiatrische Klassifikation und Interpretation. In: Simhandl, Ch., P. Berner, H. Luccioni und C. Alf (Hrsg.): Klassifikationsprobleme in der Psychiatrie. Medizinisch-pharmazeutische Verlagsgesellschaft, Purkersdorf 1987, 87-101

Bayle, A.L.J.: Recherches sur les maladies mentales (1822). In: Centenaire de la thèse de Bayle. Masson, Paris 1922

Beck, A.T.: Cognitive therapy: Nature and relation to behavior therapy. Behavior Ther. 1 (1970) 184-200

Beck, D.: Krankheit als Selbstheilung. Wie körperliche Krankheiten ein Versuch zu seelischer Heilung sein können. Suhrkamp, Frankfurt a.M. 1984

Beck, M.: Prävention von Lese-Rechtschreibschwäche: Warum, wann und wie? In: Beck, M. (Hrsg.): Schriftspracherwerb-Lese-Rechtschreibschwäche. Vom (manchmal dornigen) Weg zu einer Kulturtechnik. Dtsch. Ges. für Verhaltenstherapie, Tübingen 1989, 5-13

Becker, E.: The relevance of psychiatry of recent research in anthropology. Amer. J. Psychother. 16 (1962) 600-617

Becker, P.: Psychologie der seelischen Gesundheit. Bd. 1. Theorien, Modelle, Diagnostik. Hogrefe, Göttingen, Toronto, Zürich 1982

Bellak, L., M. Hurvich and H.K. Gediman: Ego functions in schizophrenics, neurotics and normals. Wiley & Sons, New York, London, Sydney 1973

Bender, W.: Krankheitseinsicht und Krankheitsgefühl bei psychiatrischen Patienten. Enke, Stuttgart 1988

Benkert, O.: Functional classification and response to psychotropic drugs. In: Benkert, O., W. Maier and K. Rickels (eds.): Methodology of the evaluation of psychotropic drugs. Springer, Berlin, Heidelberg 1990b, 155-163

Benkert, O.: Zum Wandel in der psychiatrischen Pharmakotherapie. In: Lungershausen, E., W.P. Kaschka und R.J. Witkowski (Hrsg.): Affektive Psychosen. Schattauer, Stuttgart 1990a, 529-532

Benkert, O. und Hippius: Psychiatrische Pharmakotherapie. Unter Mitarbeit von H. Wetzel und G. Gründer. 5. Aufl. Springer, Berlin, Heidelberg, New York 1992

Berger, M.: Der Facharzt für Psychiatrie und Psychotherapie. Psycho 20 (1994) 334-341

Bergold, J.: Lerntheoretische Grundlagen für Theorie und Praxis der Psychiatrie. In: Kisker, K.P., J.E. Meyer, C. Müller und E. Strömgren

(Hrsg.): Psychiatrie der Gegenwart. Forschung und Praxis. Band I. Grundlagen und Methoden der Psychiatrie. Teil 1. Springer, Berlin, Heidelberg, New York 1979, 493-544

Berkhan, O.: Über die Störung der Schriftsprache bei Halbidioten und ihre Ähnlichkeit mit dem Stammeln. Arch. Psychiat. 16 (1885) 78-86

Berkhan, O.: Über die Störungen der Schriftsprache bei Halbidioten und ihre Ähnlichkeit mit den Sprachgebrechen Stottern und Stammeln. Arch. Psychiat. 17 (1886) 897-900

Berner, P.: Psychiatrische Systematik. Huber, Bern, Stuttgart, Wien 1982

Berner, P.: Die Unterteilung der endogenen Psychosen. Differentialdiagnostik oder Differentialtypologie? In: Gross, G. und R. Schüttler (Hrsg.): Empirische Forschung in der Psychiatrie. Schattauer, Stuttgart 1983, 79-91

Bertalanffy, L. von: General system theory and psychiatry. In: Arieti, S. (ed.): American handbook of psychiatry. Vol. III. Basic books, New York 1966, 705-722

Bertalanffy, L. von: General systems theory and psychiatry – an overview. In: Gray, W., F.J. Duhl and N.D. Rizzo (eds.): General systems theory and psychiatry. Little, Brown & Co., Boston 1969, 33-46

Bertalanffy, L. von: General systems theory. Braziller, New York 1975

Bieber, I., H.J. Dain, P.R. Dince, M.G. Drellich, H.C. Grand, R.H. Gundlach, M. W. Kremer, A.H. Rifhin, C.B. Wilbur and T.B. Bieber: Homosexuality: A psychoanalytical study. Random House, New York 1962

Biermann-Ratjen, E.-M.: Die Krankheitslehre der Gesprächspsychotherapie und ihre Anwendung in der Gruppensupervision. In: Behr, M. und U. Esser (Hrsg.): Macht Therapie glücklich? GwG-Verlag, Köln 1991, 101-114

Biermann-Ratjen, E.-M.: Zur Diskussion einer ätiologisch orientierten Krankheitslehre in der Gesprächspsychotherapie. Psychotherapeut 39 (1994) 87-93

Binswanger, L.: Drei Formen mißglückten Daseins. Verstiegenheit, Verschrobenheit, Manieriertheit. Niemeyer, Tübingen 1956

Binswanger, L.: Grundformen und Erkenntnis menschlichen Daseins. 4. Aufl. Reinhardt, Basel, München 1964

Birnbaum, K.: Die Maßbezeichnungen der Persönlichkeitselemente zueinander sowie zu äußeren Faktoren. In: Über psychopathische Persönlichkeiten. Wiesbaden 1909 (zit. nach Blankenburg, 1972)

Birnbaum, K.: Der Aufbau der Psychose. Ein klinischer Versuch. Allg. Z. Psychiat. 75 (1919) 455-502

Birnbaum, K.: Zur Revision der psychiatrischen Krankheitsaufstellungen. Mschr. Psychiat. Neurol. 68 (1928a) 80-10

Birnbaum, K.: Geschichte der psychiatrischen Wissenschaft. In: Bumke, O. (Hrsg.): Handbuch der Geisteskrankheiten. Bd. 1. Allgemeiner Teil I. Springer, Berlin 1928b, 11-49

Blanck, G. und R. Blanck: Angewandte Ich-Psychologie. Klett-Cotta, Stuttgart 1978

Blanck, G. und R. Blanck: Ich-Psychologie II. Klett-Cotta, Stuttgart 1980

Blankenburg, W.: Ansätze zu einer Psychopathologie des "common sense". Confin. psychiat. 12 (1969) 166-167

Blankenburg, W.: Grundsätzliches zur Konzeption einer "anthropologischen Proportion". Z. klin. Psychol. Psychother. 20 (1972) 322-332

Blankenburg, W.: Was heißt "anthropologische Psychiatrie"? In: Kraus, A. (Hrsg.): Leib, Geist, Geschichte. Hüthig, Heidelberg 1978a, 15-28

Blankenburg, W.: Grundlagenprobleme der Psychopathologie. Nervenarzt 49 (1978b) 140-146

Blankenburg, W.: Anthropologisch orientierte Psychiatrie. In: Peters, U. H. (Hrsg.): Die Psychologie des 20. Jahrhunderts. Band X. Ergebnisse für die (2). Psychiatrie. Kindler, Zürich 1980, 182-197

Blankenburg, W.: Der "Leidensdruck" des Patienten in seiner Bedeutung für Psychotherapie und Psychopathologie. Nervenarzt 52 (1981) 635-642

Blankenburg, W.: Unausgeschöpftes in der Psychopathologie von Karl Jaspers. Nervenarzt 55 (1984) 447-460

Blankenburg, W.: Das Problem der prämorbiden Persönlichkeit. In: W. Janzarik (Hrsg.): Persönlichkeit und Psychose. Enke, Stuttgart 1988, 57-71

Blankenburg, W.: Der Krankheitsbegriff in der Psychiatrie. In: Kisker, K.P., H. Lauter, J.-E. Meyer, C. Müller und E. Strömgren (Hrsg.): Psychiatrie der Gegenwart. Bd. 9. Brennpunkte der Psychiatrie. 3. Aufl. Springer, Berlin, Heidelberg, New York, London, Paris, Tokyo, Hongkong 1989, 119-145

Blashfield, R.K.: The classification of psychopathology – Neo-Kraepelinian and quantitative approaches. Plenum Press, New York 1984

Blau, G.: Methodologische Probleme bei der Handhabung der Schuldfähigkeitsbestimmungen des Strafgesetzbuches aus juristischer Sicht. Monatschr. für Kriminologie u. Strafrechtsreform 72 (1989) 71-77

Bleuler, E.: Die Prognose der Dementia praecox (Schizophrenie-Gruppe). Allg. Zschr. Psychiatr. 65 (1908) 436-464

Bleuler, E.: Lehrbuch der Psychiatrie. Springer, Berlin 1916

Bleuler, E.: Das autistisch-undisziplinierte Denken in der Medizin und seine Überwindung (1921). 5. Aufl. Springer, Berlin, Göttingen, Heidelberg 1962

Bleuler, E.: Dementia praecox oder die Gruppe der Schizophrenien. Nachdruck der Ausgabe von Deuticke, Leipzig, Wien 1911. Mit einem Vorwort von Manfred Bleuler. Edition diskord, Tübingen 1988

Bleuler, M.: Die schizophrene Geistesstörung im Lichte langjähriger Kranken- und Familiengeschichten. Thieme, Stuttgart 1972

Bluestone, H.: DSM III und die Psychoanalyse. Forum Psychoanal. 1 (1985) 157-160

Bochenski, I.M.: Die zeitgenössischen Denkmethoden. Francke, Bern 1965

Bochnik, H.J.: Krankheit. In: Sieverts, R. (Hrsg.): Handwörterbuch der Kriminologie. Bd. 1. De Gruyter, Berlin 1966, 482-496

Bochnik, H.J.: Triage heute: Vom Behandlungs- zum Pflegefall (§ 184 RVO). Versicher.-Med. 43 (1991) 112-118

Bock, H.H.: Automatische Klassifikation. Vandenhoeck & Ruprecht, Göttingen 1974

Bock, K.D., F. Overkamp: Vorgetäuschte Krankheit. Beobachtungen bei 44 Fällen aus einer Medizinischen Klinik und Vorschlag einer Subklassifikation. Klin. Wschr. 64 (1986) 149-164

Bodamer, J.: Zur Phänomenologie des geschichtlichen Geistes in der Psychiatrie. Nervenarzt 19 (1948) 229-310

Bodamer, J.: Zur Entstehung der Psychiatrie als Wissenschaft im 19. Jahrhundert. Fortschr. Neurol. Psychiat. 21 (1953) 511-535

Bojanovsky, J.: Das Konzept der psychischen Krankheit. MMG 2 (1977) 224-228

Bondy, B.: Genetik der Schizophrenie. Nervenheilkunde 12 (1993) 30-33

Bondy, B., M. Ackenheil, F. Müller-Spahn und H. Hippius: Biologische Marker endogener Psychosen. Nervenarzt 59 (1988) 565-572

Bonhoeffer, K.: Klinische Beiträge zur Lehre von den Degenerationspsychosen. Marhold, Halle 1907

Bonhoeffer, K.: Zur Frage der Klassifikation der symptomatischen Psychosen. Berl. klin. Wschr. 45 (1908) 2257-2260

Bonhoeffer, K.: Die symptomatischen Psychosen im Gefolge von akuten Infektionen und inneren Erkrankungen. Deuticke, Leipzig, Wien 1910

Boor, W. de: Psychiatrische Systematik. Ihre Entwicklung in Deutschland seit Kahlbaum. Springer, Berlin, Göttingen, Heidelberg 1954

Boor, W. de: Bewußtsein und Bewußtseinsstörungen. Springer, Berlin, Heidelberg, New York 1966

Bozok, B. und K.E. Bühler: Wirkfaktoren der Psychotherapie – spezifische und unspezifische Einflüsse. Fortschr. Neurol. Psychiat. 56 (1988) 119-132

Bowen, M.: Theory in the practice of psychotherapy. In: Guerin, P.J. (ed.): Family therapy: Theory and pracitice. Gardner, New York 1976 (zit. nach Cierpka, 1989)

Boyd, J., J. Burke, E. Gruenberg and C. Holzer: Exclusion criteria for PSM-III. A study of co-occurence of hierarchy-free syndroms. Arch. Gen. Psychiatry 41 (1984) 983-989

Brandt, U. und B. Köhler: Norm und Konformität. In: Gottschaldt, K.R. Lersch, F. Sander und H. Thomae (Hrsg.): Handbuch der Psychologie. Bd. 7. Sozialpsychologie. 2. Halbband. Verlag für Psychologie, Göttingen 1972, 1710-1789

Brauchli, B.: Zur Nosologie in der Psychiatrie. Methodische Ansätze empirischer Forschung: Therorie und Methodenstudien zur Cluster-Analyse. Enke, Stuttgart 1981

Braun, B.G.: Towards a theory of multiple personality and other dissociative phenomena. Psychiat. Psychiat. Clin. N. Amer. 7 (1984) 171-193

Brehm, A.: Der Begriff der Zurechnungsfähigkeit und seine geschichtliche Entwicklung. Psychiat. neurol. Wschr. 43 (1941) 251-291

Brenner, C.: Grundzüge der Psychoanalyse. Fischer, Frankfurt a.M. 1955

Brenner, G.: Diagnoseverschlüsselung: in der Arztpraxis obligatorisch. Dtsch. Ärztebl. 90 (1993) 1764-1765

Bresser, P.H.: Psychopathologie in der Kriminologie. In: Schneider, H.J. (Hrsg.): Kriminalität und abweichendes Verhalten. Kindlers "Psychologie des 20. Jahrhunderts". Bd. 1. Beltz, Basel, Weinheim 1983, 86-103

Bresser, P.H.: Die seelisch-geistige Störung und der Krankheitsbegriff. Versicher.-Med. 44 (1992) 106-109

Bridgman, P.W.: The logic of modern physics. Macmillan, New York 1927

Brockhaus Enzyklopädie, 15. Band: Norm. 19. Aufl. Brockhaus, Mannheim 1991, 693

Brockhaus Enzyklopädie, 17. Band: Psychokybernetik, kybernetische Psychologie. 19. Aufl. Brockhaus, Mannheim 1992, 592

Brockhaus Enzyklopädie, 21. Band: Sydenham. 19. Aufl. Brockhaus, Mannheim 1993a, 514

Brockhaus Enzyklopädie, 22. Band: Typ. 19. Aufl. Brockhaus, Mannheim 1993b, 527

Brockhaus Enzyklopädie, 22. Band: Typus. 19. Aufl. Brockhaus, Mannheim 1993c, 529

Brown, G.W., T.O. Harris und J. Peto: Die Kausalbeziehung zwischen lebensverändernden Ereignissen und psychischen Störungen. In: Katschnig, H. (Hrsg.): Sozialer Streß und psychische Erkrankung. Urban & Schwarzenberg, München, Wien, Baltimore 1980, 214-237

Bumke, O.: Über die Umgrenzung des manisch-depressiven Irreseins. Zbl. Nervenheilk. Psychiat. 20 (1909) 381-403

Bundesarbeitsgemeinschaft für Rehabilitation (Hrsg.): Die Rehabilitation Behinderter. Wegweiser für Ärzte. Dtsch. Ärzteverlag, Köln 1984

Bürger-Prinz, H.: Ein Psychiater berichtet. Hoffmann und Campe, Hamburg 1971

Burghardt, H.: Psychiatrische Universitätskliniken im deutschen Sprachgebiet (1828-1914). Med. Diss. Universität Köln 1985

Carnap, R.: The methodological charakter of theoretical concepts. (Deutsche Übersetzung von A. Scheibal). Z. Phil. Forsch. 14 (1960) 209-233, 571-598

Carrol, B.J., N. Feinberg, J.F. Greden, J. Tarika, A.A. Albala, R.F. Haskett, N.M. James, Z. Kronfol, N. Lohr, M. Steiner, J.P. de Vigne and E. Young: A specific laboratory test for the diagnosis of melancholia: standardization, validation and clinical utility. Arch. Gen. Psychiatry 38 (1981) 15-22

Churchill, W.: Homosexual behavior among males: A cross-culturel and cross species investigation. Prentice-Hall, Englewood Cliffs 1967

Cierpka, M.: Familiendiagnostik. Springer, Berlin, Heidelberg, New York 1987

Cierpka, M.: Das Problem der Spezifität in der Familientheorie. System Familie 2 (1989) 197-216

Cierpka, M., P. Buchheim, H.J. Freyberger, S.O. Hoffmann, P. Janssen, A. Muhs, G. Rudolf, U. Rüger, W. Schneider und G. Schüßler: Die erste Version einer Operationalisierten Psychodynamischen Diagnostik (OPD-1). Psychotherapeut 40 (1995) 69-78

Cierpka, M. und E. Nordmann (Hrsg.): Wie normal ist die Normalfamilie? Springer, Berlin, Heidelberg, New York 1988

Ciompi, L.: Ist die chronische Schizophrenie ein Artefakt? Argumente und Gegenargumente. Fortschr. Neurol. Psychiat. 48 (1980) 237-248

Ciompi, L.: Affektlogik. Über die Struktur der Psyche und ihre Entwicklung. Klett-Cotta, Stuttgart 1982

Ciompi, L.: Modellvorstellungen zum Zusammenwirken biologischer und psychosozialer Faktoren in der Schizophrenie. Fortschr. Neurol. Psychiat. 52 (1984) 200-206

Ciompi, L.: Zur Integration von Fühlen und Denken im Lichte der "Affektlogik". Die Psyche als Teil eines antopoietischen Systems. In: Kisker, K.P., H. Lauter, J.-E. Meyer, C. Müller und E. Strömgren (Hrsg.): Psychiatrie der Gegenwart. Bd. 1. Neurosen, Psychosomatische Erkrankungen, Psychotherapie, 3. Aufl. Springer, Berlin, Heidelberg, New York 1986, 373-410

Ciompi, L.: Zur Dynamik komplexer biologisch-psychosozialer Systeme: Vier fundamentale Mediatoren in der Langzeitentwicklung der Schizophrenie. In: Böker, W. und H.D. Brenner (Hrsg.): Schizophrenie als systemische Störung. Huber, Bern, Stuttgart, Toronto 1989, 27-38

Ciompi, L.: Krisentheorie heute. Eine Übersicht. In: Schnyder, U. und J.-D. Sauvant (Hrsg.): Krisenintervention in der Psychiatrie. Huber, Bern, Göttingen, Toronto 1993, 13-25

Ciompi, L. und C. Müller: Lebensweg und Alter der Schizophrenen. Eine katamnetische Langzeitstudie bis ins Senium. Springer, Berlin, Heidelberg, New York 1976

Clare, A.W.: The disease concept in psychiatry. In: Hill, P., R. Murray, A. Thorley (eds.): Essentials of portgraduate psychiatry. Grune & Stratton, London, New York 1986, 37-54

Claridge, G.: "The schizophrenias as nervous types" revisited. Brit. J. Psychiat. 151 (1987) 735-743

Cohen, H.: The nature, method and purpose of diagnosis. Univ. Press, Cambridge 1943

Conrad, K.: Das Problem der "nosologischen Einheit" in der Psychiatrie. Nervenarzt 30 (1959) 488-494

Cooper, B.: Probleme der Falldefinition und Fallfindung. Nervenarzt 49 (1978) 437-444

Cooper, B.: Psychische Störungen als Reaktion. Die Geschichte eines psychiatrischen Konzepts. In: Katschnig, H. (Hrsg.): Sozialer Streß und psychische Erkrankung. Urban & Schwarzenberg, München, Wien, Baltimore 1980, 97-124

Cooper, D.: Psychiatry and antipsychiatry. Tavistock, London 1967

Cremona-Barbaro, A.: The Munchausen syndrome and its symbolic significance. Brit. J. Psychiat. 151 (1987) 76-79

Crow, T.J.: The two-syndrome concept: origins and current status. Schizophr. Bull. 11 (1985) 471-486

Cullen, W.: Anfangsgründe der praktischen Arzneiwissenschaft. Dritter Theil, welcher die Nervenkrankheiten enthält. Fritsch, Leipzig 1784

Curtius, F.: Individuum und Krankheit. Grundzüge einer Individualpathologie. Springer, Berlin, Göttingen, Heidelberg 1959

Dannecker, M.: Der Homosexuelle und die Homosexualität. 3. Aufl. Syndikat. Frankfurt a.M. 1986

Dannecker, M. und R. Reiche: Der gewöhnliche Homosexuelle. Eine soziologische Untersuchung über männliche Homosexuelle in der Bundesrepublik. Fischer, Frankfurt a.M. 1974

Dannecker, M., G. Schmidt, E. Schorsch und V. Sigusch: Stellungnahme zu den Forschungen des Endokrinologen Prof. Dr. Günter Dörner zum Thema Homosexualität. Sexualmedizin 10 (1981) 110-111

Dannecker, M. und E. Schorsch: Sexualwissenschaft und Strafrecht. In: Jäger, H. und E. Schorsch (Hrsg.): Sexualwissenschaft und Strafrecht. Enke, Stuttgart 1987, 134-144

Datler, W. und M. Matschiner-Zollner: Der Krankheitsbegriff in der Individualpsychologie. In: Pritz, A. und H. Petzold (Hrsg.): Der Krankheitsbegrif in der modernen Psychotherapie. Junfermann, Paderborn 1992, 127-156

Davison, G.C. and J.M. Neale: Abnormal psychology. An experimental clinical approach. Wiley, New York 1978

Degkwitz, R.: Grundfragen der Psychiatrie. Fortschr. Neurol. Psychiat. 56 (1988) 207-215

Degkwitz, R., C. Faust, S.O. Hoffmann und H. Kindt: Einführung. In: Degkwitz, R. und H. Siedow (Hrsg.): Standorte der Psychiatrie. Bd. 2. Zum umstrittenen psychiatrischen Krankheitsbegriff. Urban & Schwarzenberg, München, Wien, Baltimore 1981, 1-15

Degkwitz, R., H. Helmchen, G. Kockott und W. Mombour (Hrsg.): Diagnosenschlüssel und Glossar psychiatrischer Krankheiten. Deutsche Ausgabe der ICD, 9. Revision, Kapitel V. Springer, Berlin, Heidelberg, New York 1980

Degkwitz, R. und H. Siedow (Hrsg.): Standorte der Psychiatrie. Bd. 2: Zum umstrittenen psychiatrischen Krankheitsbegriff. Urban & Schwarzenberg, München, Wien, Baltimore 1981

Dell, P.F.: Professional scepticism about multiple personality. J. Nerv. Ment. Dis. 176 (1988) 528-531

Deneke, F.W., S. Ahrens, B. Bühring, A. Haag, U. Lamparter, R. Richter und U. Stuhr: Wie erleben sich Gesunde? Psychother. med. Psychol. 37 (1986) 156-160

Deniker, P.: Die Geschichte der Neuroleptika. Kurzer Abriß der Konzepte und ihrer Entwicklung. In: Linde, O.K. (Hrsg.): Pharmakopsychiatrie im Wandel der Zeit. Tilia, Klingenmünster 1988, 119-133

Devereux, G.: Normal und abnormal. Aufsätze zur allgemeinen Ethnopsychiatrie. Suhrkamp, Frankfurt a.M. 1974

Diederichsen, U.: Juristische Voraussetzungen. In: Venzlaff, U. (Hrsg.): Psychiatrische Begutachtung. Fischer, Stuttgart, New York 1986, 463-508

Diem, O.: Die einfach demente Form der Dementia praecox (Dementia simplex). Ein klinischer Beitrag zur Kenntnis der Verblödungspsychosen. Arch. Psychiatr. Nervenkr. 37 (1903) 111-187

Dilling, H. und V. Dittmann: Die psychiatrische Diagnostik nach der 10. Revision der internationalen Klassifikation der Krankheiten (ICD-10). Nervenarzt 61 (1990) 259-270

Dilling, H. und U. Siebel: Kommentierung der ICIDH aus psychiatrisch-rehabilitativer Sicht. In: Matthesius, R.G., K.A. Jochheim, G.S. Barolin und C. Heinz (Hrsg.): Die ICIDH, Internationale Klassifikation der Schädigungen, Fähigkeitsstörungen und Beeinträchtigungen. Ullstein Mosby, Berlin, Wiesbaden 1995, 143-152

Dilling, H. und S. Weyerer: Psychische Erkrankungen in der Bevölkerung bei Erwachsenen und Jugendlichen. In: Dilling, H., S. Weyerer und R. Castell (Hrsg.): Psychische Krankheiten in der Bevölkerung. Enke, Stuttgart 1984, 1-122

Ditfurth, H. von: Zur Begriffsbestimmung der endogenen und exogenen Note in der Psychiatrie. Nervenarzt 24 (1953) 500-505

Dittmann, V., H.J. Freyberger und R.-O. Stieglitz: Zeit- und Verlaufsparameter in operationalisierten Diagnosesystemen. In: Baumann, U., E. Fähndrich, R.-D. Stieglitz und B. Woggon (Hrsg.): Veränderungsmessung in Psychiatrie und klinischer Psychologie. Profic, München 1990, 260-271

Dittmann, V., R.-D. Stieglitz und M. Zaudig: Die ICD-10-Merkmalslistenstudie. In: Lungershausen, E., W.P. Kaschka und R.J. Witkowski (Hrsg.): Affektive Psychosen. Schattauer, Stuttgart, New York 1990, 493-496

Dörner, K.: Bürger und Irre. Zur Sozialgeschichte und Wissenschaftssoziologie der Psychiatrie. Europäische Verlagsanstalt, Frankfurt a.M. 1969

Dworkin, B.: The baroreceptor reinforcement instrumental learning (BRIL) model of essential hypertension. In: Shapiro, A. P. and U. Baum (eds.): Behavioral aspects of cardio-vascular disease. Erlbaum, Hillsdale 1991, 213-245

Eberhard, G.A., W. Erdmann und E. Link: Hilfen, Schutzmaßnahmen und Maßregelvollzug bei psychischen Krankheiten in Nordrhein-Westfalen. Deutscher Gemeindeverlag, Köln 1988

Ecker, W.: Sozialgerichtliche Rechtsprechung zur Neurosenbeurteilung. In: Venzlaff, U. (Hrsg.): Psychiatrische Begutachtung. Fischer, Stuttgart, New York 1986, 535-548

Eckert, J.: Zur Begutachtung der psychotherapeutischen Verfahren im "Forschungsgutachten" zum Psychotherapeutengesetz. Psychother. Forum 1 (1993) 87-91

Eckert, J.: Diagnostik und Indikation in der Gesprächspsychotherapie. In: Janssen, P.L. und W. Schneider (Hrsg.): Diagnostik in der Psychotherapie und Psychosomatik. Fischer, Stuttgart, Jena 1994, 147-164

Eckert, J., D. Höger und H. Linster (Hrsg.): Die Entwicklung der Person und ihre Störung. Bd. 1: Entwurf einer ätiologisch orientierten Krankheitslehre im Rahmen des klientenzentrierten Konzepts. GWG-Verlag, Köln 1993

Eckes, Th.: Psychologie der Begriffe. Struktur des Wissens und Prozesse der Kategorisierung. Hogrefe, Göttingen, Toronto, Zürich 1991

Eckhardt, A.: Das Münchhausen-Syndrom. Formen der selbstmanipulierten Krankheit. Urban & Schwarzenberg, München, Wien, Baltimore 1989

Egger, J.: Zum Krankheitsbegriff in der Verhaltenstherapie. In: Pritz, A. und H. Petzold (Hrsg.): Der Krankheitsbegriff in der modernen Psychotherapie. Junfermann, Paderborn 1992, 303-322

Eggers, C., R. Lempp, G. Nissen und P. Strunk: Kinder- und Jugendpsychiatrie. 6. Aufl. Springer, Berlin, Heidelberg, New York 1993

Ehrhardt, H.: Die Schuldfähigkeit in psychiatrisch-psychologischer Sicht. In: Frey, E. R. (Hrsg.): Schuld – Verantwortung – Strafe. Schuldheiss, Zürich 1964, 227-263

Eicher, W.: Die Praktikabilität des Krankheitsbegriffes in der gesetzlichen Krankenversicherung: Eine Überprüfung anhand rechtlicher Zweifelsfälle. Krankenversicherung 39 (1987) 153-159

Ellis, A.: Reason and emotion in psychotherapy. Lyle Stuart, Secanus/New Jersey 1962. Deutsch: Die rational-emotive Therapie. Pfeiffer, München 1977

Emrich, H.M. und H. Hippius: Die Bedeutung diagnostischer Kriterien für biologisch-psychiatrische Untersuchungen. In: Hopf, A. und H. Beckmann (Hrsg.): Forschungen zur Biologischen Psychiatrie. Springer, Berlin, Heidelberg, New York 1984, 43-49

Engle, R.L. and B.J. Davis: Medical diagnosis: past, present and future. Arch. intern. Med. 112 (1963) 512-519, 520-529

Erkwoh, R. und H. Saß: Störung mit multipler Persönlichkeit: alte Konzeptionen in neuem Gewande. Nervenarzt 64 (1993) 169-174

Erlenkämper, A.: Sozialrecht für Mediziner. Thieme, Stuttgart, New York 1981

Erlenkämper, A.: Sozialrecht. Leitfaden für die Praxis. 2. Aufl. Heymanns, Köln 1988

Esquirol, E.: Des maladies mentales considérées sous les rapports médical, hygiénique et médico-légal. Baillière, Paris 1838. Deutsch: Die Geisteskrankheiten in Beziehung zur Medizin und Staatsarzneikunde. 2 Bde. Voss'sche Buchhandlung, Berlin 1838

Everitt, B.S.: Cluster analysis. Heinemann, London 1974

Eysenck, H. J.: Behavior therapy and neuroses. Pergamon Press, Oxford 1960a

Eysenck, H.J.: Classification and the problem of diagnosis. In: Eysenck, H.J.(ed.): Handbook of abnormal psychology. Pitman, London 1960b, 1-31

Eysenck, H.J.: A dimensional system of psychodiagnostics. In: Mahrer, A.R. (ed.): New approaches to personality classification. Columbia University Press, New York 1970a, 169-207

Eysenck, H.J.: The classifikation of depressive illnesses. Brit. J. Psychiatr. 117 (1970b) 241-250

Faber, F.R.: Der Krankheitsbegriff in der Reichsversicherungsordnung. Psychother. med. Psychol. 31 (1981) 179-182

Faber, F. R.: Verhaltenstherapie in der gesetzlichen Krankenversicherung der BRD. Eine kritische Bilanz der ersten 10 Jahre (1980-1990). Verhaltenstherapie 1 (1991) 15-25

Faber, F.R. und R. Haarstrick: Kommentar Psychotherapie-Richtlinien. 3. Aufl. Jungjohann, Neckarsulm, Stuttgart 1994

Fahy, T.A.: The diagnosis of multiple personality disorder. A critical review. Brit. J. Psychiat. 153 (1988) 597-606

Falk, G.: Das Pathologiemodell auffälligen und abweichenden Verhaltens. In: Keupp, H. (Hrsg.): Normalität und Abweichung. Urban & Schwarzenberg, München, Wien, Baltimore 1979, 337-363

Falret, J.P.: Folie circulaire. Gaz. Hop. Salpet. Paris 24 (1851) 238-286

Favazza, A.R.: Psychiatrie und Kulturanthropologie I. In: Freedman, A.M., H.I. Kaplan, B.J. Sadock, U.H. Peters (Hrsg.): Psychiatrie in Klinik und Praxis. Bd. 7: Untersuchung psychisch Kranker, Psychiatrie und die soziokulturellen Wissenschaften, AIDS und Psychiatrie, Psychiatrie und Epilepsie. Thieme, Stuttgart, New York 1994, 162-181

Feer, H.: Kybernetik in der Psychiatrie. Karger, Basel 1970

Feer, H.: Die Sprache der Psychiatrie. Springer, Berlin, Heidelberg, New York, Tokyo 1987

Feighner, J.P., E. Robins, S.B. Guze, R.A. Woodruff, G. Winokur and R. Munoz: Diagnostic criteria for use in psychiatric research. Arch. gen. Psychiat. 26 (1972) 57-63

Feldmann, H.: Zum Krankheitsbegriff in der Psychiatrie. In: Bach, H. (Hrsg.): Der Krankheitsbegriff in der Psychoanalyse. Vandenhoeck & Ruprecht, Göttingen 1981, 99-103

Feuchtersleben, E. von: Lehrbuch der ärztlichen Seelenheilkunde. Gerold, Wien 1845

Fichter, M.M.: Verlauf psychischer Erkrankungen in der Bevölkerung. Springer, Berlin, Heidelberg, New York 1990

Fiegl, H.: Operationismus and scientific method. Psychol. Rev. 52 (1945) 250-259

Finke, J.: Die gesprächspsychotherapeutische Krankheitslehre unter dem Aspekt der sog. ätiologischen Orientierung. GwG-Zeitschrift 22 (1991) Heft 83, 25-29

Finke, J.: Der Krankheitsbegriff in der klientenzentrierten Gesprächstherapie. In: Pritz, A. und H. Petzold (Hrsg.): Der Krankheitsbegriff in der modernen Psychotherapie. Junfermann, Paderborn 1992, 99-125

Finke, J.: Ist die Gesprächspsychotherapie ein konfliktzentriertes Verfahren? Anmerkungen zum Inkongruenz-Begriff. GwG-Zeitschrift 25 (1994) Heft 94, 6-9

Finzen, A.: Psychiatrie – Politik – Ethik. Wende in der Psychiatrie? Spektr. Psychiatr. Nervenheilk. 13 (1984) 198-210

Fischer, C. und M. Steinlechner: Der Krankheitsbegriff der Psychoanalyse. In: Pritz, A. und H. Petzold (Hrsg.): Der Krankheitsbegriff in der modernen Psychotherapie. Junfermann, Paderborn 1992, 69-97

Foerster, K.: Zur Beurteilung neurotischer Patienten bei sozialrechtlichen Fragen. Prax. Psychother. Psychosomatik 32 (1987) 1-11

Foerster, K.: Psychiatrische Begutachtung im Sozialrecht. Nervenarzt 63 (1992) 129-136

Foerster, K. und H. Heimann: Zur Problematik der Abgrenzung von "Pflege"- und "Behandlungsfällen" (§184 RVO) bei psychischen Erkrankungen. Med. Recht 4 (1986) 21-23

Ford, D. H. and H. B. Urban: Systems of psychotherapy. Wiley & Sons, New York 1963

Frankl, V.E.: Viktor E. Frankl. In: Pongratz, L.J. (Hrsg.): Psychotherapie -in Selbstdarstellungen. Huber, Bern 1973, 177-204

Frankl, V.E.: Theorie und Therapie der Neurosen. 4. Aufl. Reinhardt, München, Basel 1975

Franks, C.: New developments in behavior therapy. Haworth, New York 1984

Freud, S.: Werke aus den Jahren 1932-1939. Gesammelte Werke (GW) Bd. XVI. Fischer, Frankfurt a.M. 1950

Freud, S.: Vorlesungen zur Einführung in die Psychoanalyse (1917). Gesammelte Werke (GW) Bd. XI. Fischer, Frankfurt a.M. 1961

Freud, S.: Jenseits des Lustprinzips. Massenpsychologie und Ich-Analyse. Das Ich und das Es und andere Werke aus den Jahren 1920-1924. Gesammelte Werke (GW) Bd. XIII. Fischer, Frankfurt a.M. 1964

Freud, S.: Neue Folge der Vorlesungen zur Einführung in die Psychoanalyse (1933). Gesammelte Werke (GW) Bd. XV. Fischer, Frankfurt a.M. 1967

Freud, S.: Die Traumdeutung (mit den Zusätzen bis 1935). Über den Traum (1900-1901). Gesammelte Werke (GW) Bd. II/III. Fischer, Frankfurt a.M. 1968a

Freud, S.: Schriften aus dem Nachlaß. Gesammelte Werke (GW). Bd. XVII. Fischer, Frankfurt a.M. 1968b, 75-78

Freyberger, H.J., G. Jantschek und W. Schneider: Die Klassifikation artifizieller Störungen in der ICD-10. In: Schneider, W., H.J. Freyberger, A. Muhs und G. Schüßler (Hrsg.): Diagnostik und Klassifikation nach ICD-10 Kapitel V. Vandenhoeck & Ruprecht, Göttingen, Zürich 1993, 210-224

Freyberger, H.J., G. Schröder und W. Schneider: Der Arzt als invasiver Täter und getäuschtes Opfer. Psycho 16 (1990) 73-80

Freyhan, F.A.: Course and outcome of schizophrenia. Amer. J. Psychiat. 112 (1955) 161-169

Freyhan, F.A.: Psychomotilität, extrapyramidale Syndrome und Wirkungsweisen neuroleptischer Therapien (Chlorpramazin, Reserpin, Prochlorperazin). Nervenarzt 28 (1957) 504-509

Friedman, R.C.: Male homosexuality. Yale University Press, New York 1986. Deutsch: Männliche Homosexualität. Springer, Berlin, Heidelberg, New York 1993

Friedreich, J.B.: Versuch einer Literaturgeschichte der Pathologie und Therapie der psychischen Krankheiten. Strecker, Würzburg 1830

Friedreich, J.B.: Historisch-kritische Darstellung der Theorien über das Wesen und den Sitz psychischer Krankheit. Wigand, Leipzig, 1836

Fritze, J.: Einführung in die biologische Psychiatrie. Fischer, Stuttgart 1989

Frommer, J.: Möglichkeiten und Grenzen des systemtheoretischen Ansatzes in der Psychopathologie. Nervenarzt 60 (1989) 65-70

Fromm-Reichmann, F.: Notes on the development of treatment of schizophrenics by psychoanalytic psychotherapy. Psychiatry 10 (1948) 163-273

Fürstenau, P.: Die beiden Dimensionen des psychoanalytischen Umgangs mit strukturell ich-gestörten Patienten. Psyche 15 (1977) 197-207

Gaebel, W. und W. Maier: Neurologische Determinanten schizophrener Erkrankungen. Nervenarzt 64 (1993) 415-426

Gaebel, W. und E. Wolpert: Qualitätssicherung in der Psychiatrie. Spektr. Psychiat. Nervenheilk. 23 (1994) 4-13

Gantmann, C. A.: A closer look at families that work well. Int. J. Family Therapy 2 (1980) 106-119

Garcia, C.: Die Schichtenregel als Grundsatz der Psychopathologie. Nervenarzt 58 (1987) 589-594

Gebsattel, V.E. von: Imago Hominis. Neues Forum, Schweinfurt 1964

Gebsattel, V.E. von: Zur Sinnstruktur der ärztlichen Handlung (1953). In: Rothschuh, K.E. (Hrsg.): Was ist Krankheit? Wissensch. Buchgesellschaft, Darmstadt 1975, 233-255

Gercke, W., F.W. Kaufmann und U. Bauriedl: Medizin im Sozialrecht. Bd. 2 Sammlung von Rechtsentscheidungen (ab 1985). Luchterhand, Neuwied, Darmstadt o. J.

Gercke, W., F.W. Kaufmann und U. Bauriedl: Medizin im Sozialrecht. Leitsätze 1955-1984. Luchterhand, Neuwied, Darmstadt 1986

Giese, H.: Homosexuelles Verhalten als Straftatbestand im geltenden und künftigen Strafrecht. 33. Nervenarzt 33 (1962a) 27-30

Giese, H.: Psychopathologie der Sexualität. Enke, Stuttgart 1962b

Ginsburg, H.P.: Jean Piaget. In: Freedman, A.M., H.I. Kaplan, B.J. Sadock und U.H. Peters (Hrsg.): Psychiatrie in Praxis und Klinik. Bd. 7. Untersuchung psychisch Kranker, Psychiatrie und die soziokulturellen Wissenschaften, AIDS und Psychiatrie, Psychiatrie und Epilepsie. Thieme, Stuttgart, New York 1994, 68-76

Glatzel, J.: Der gesunde und der kranke Mensch. Klett, Stuttgart 1970

Glatzel, J.: Zum Begriff des Symptoms in der Psychopathologie. Nervenarzt 43 (1972) 33-36

Glatzel, J. (Hrsg.): Gestaltwandel psychiatrischer Krankheitsbilder. Schattauer, Stuttgart, New York 1973

Glatzel, J.: Die Antipsychiatrie. Psychiatrie in der Kritik. Fischer, Stuttgart 1975

Glatzel, J.: Das psychisch Abnorme. Kritische Ansätze zu einer Psychopathologie. Urban & Schwarzenberg, München, Wien, Baltimore 1977

Glatzel, J.: Allgemeine Psychopathologie. Enke, Stuttgart 1978

Glatzel, J.: Über Abweichung und Abnormität. Nervenarzt 50 (1979) 302-306

Glatzel, J.: Spezielle Psychopathologie. Enke, Stuttgart 1981

Glatzel, J.: Die Psychopathologie Karl Jaspers' in der Kritik. Nervenarzt 55 (1984) 10-17

Gochmann, D.S.: Health behavior. Plenum Press, New York 1988

Goffman, E.: Interaktionsrituale. Über Verhalten in direkter Kommunikation. Suhrkamp, Frankfurt a.M. 1971

Goldberg, D.P., B. Cooper, M.R. Eastwood, H.B. Kedward and M. Shephard: A standardized psychiatric interview for use in community serveys. Brit. J. prev. soc. Med. 24 (1970) 18-23

Gooren, L.J.G.: Biomedizinische Theorien zur Entstehung der Homosexualität: Eine Kritik. Zeitschr. f. Sexualforschung 1 (1988) 132-145

Gottschick, J.: Der medizinische und der juristische (Gesundheits- und) Krankheitsbegriff. Dtsch. Ärztebl. 66 (1963) 1246-1308

Gouzoulis, E., L. Hermle und H. Saß: Psychedelische Erlebnisse zu Beginn produktiver Episoden endogener Psychosen. Nervenarzt 65 (1994) 198-201

Graessner, D.: Gesprächspsychotherapeutische Krankheitslehre. GwG-Zeitschrift 26 (1995) Heft 98, 29-37

Grawe, K.: Welchen Sinn hat Psychotherapieforschung? Psychotherapeut 40 (1995a) 96-106

Grawe, K.: Grundriß einer Allgemeinen Psychotherapie. Psychotherapeut 40 (1995b) 130-145

Grawe, K., R. Donati und F. Bernauer: Psychotherapie im Wandel. Von der Konfession zur Profession. 2. Aufl. Hogrefe, Göttingen 1994

Greenson, R.R.: The technique and practice of psychoanalysis. Vol. I. Int. Univ. Press, New York 1967

Griesinger, W.: Die Pathologie und Therapie der psychischen Krankheiten (1861). 2. Aufl. Wreden, Braunschweig 1867

Groeben, N. und H. Westmeyer: Kriterien psychologischer Forschung. Juventa München 1975

Gross, R.: Medizinische Diagnostik – Grundlagen und Praxis. Springer, Berlin, Heidelberg, New York 1969

Gross, R.: Der Krankheitsbegriff aus der Sicht des Klinikers. Internist 16 (1975) 49-52

Grosspietzsch, R., S.M. Grosspietzsch und G. Müller: Die gutachterliche Beurteilung von artefiziellen Erkrankungen und Krankheitsverlängerungen. Med. Sachverstnd. 81 (1985) 32-35

Gruhle, H.W.: Psychologie des Abnormen. In: Kafka, G. (Hrsg.): Handbuch der vergleichenden Psychologie. Bd. III, Abt. 1. Reinhardt, München 1922, München 1922, 1-151

Gruhle, H.W.: Verstehende Psychologie. 2. Aufl. Thieme, Stuttgart, 1956

Gyldenfeldt, H. von und S. Ahrenz: Krankheit und Devianz. Ein Vergleich zweier Grundbegriffe. MMG 3 (1978) 124-127

Hackstein, J.G.: Analyse psychosomatischer Beschwerden einer repräsentativen Stichprobe der Normalbevölkerung. Med. Diss. Universität Gießen 1978

Haddenbrock, S.: Die Unbestimmtheitsrelation von Freiheit und Unfreiheit als methodologischer Grenzbegriff der forensischen Psychiatrie. Nervenarzt 32 (1961) 145-152

Häfner, H.: Prozeß und Entwicklung als Grundbegriff der Psychopathologie. Fortschr. Neurol. Psychiat. 31 (1963) 393-438

Häfner, H.: Der Krankheitsbegriff in der Psychiatrie. In: Degkwitz, R. und H. Siedow (Hrsg.): Standorte der Psychiatrie. Bd. 2. Zum umstrittenen psychiatrischen Krankheitsbegriff. Urban & Schwarzenberg, München, Wien, Baltimore 1981, 16-54

Häfner, H.: Allgemeine und spezielle Krankheitsbegriffe in der Psychiatrie. Nervenarzt 54 (1983) 231-238

Häfner, H.: Sind psychische Krankheiten häufiger geworden? Nervenarzt 56 (1985) 120-133

Häfner, H.: Determinanten psychischer Gesundheit und Krankheit. Fundam. psychiat. 1 (1987) 4-14

Häfner, H.: Ernst Kretschmer – Beständiges und Vergangenes. Fundam. psychiat. 3 (1989a) 56-64

Häfner, H.: Ist Schizophrenie eine Krankheit? Nervenarzt 60 (1989b) 191-199

Häfner, H.: Gibt es überhaupt psychische Krankheiten? In: Häfner, H.: Psychiatrie: Ein Lesebuch für Fortgeschrittene. Fischer, Stuttgart, Jena 1991, 14-23

Häfner, H.: Krankheitsbegriff. In: Battegay, R., J. Glatzel, W. Pöldinger und U. Rauchfleisch (Hrsg.): Handwörterbuch der Psychiatrie. Enke, Stuttgart 1992, 284-288

Häfner, H. und H. Helmchen: Psychiatrischer Notfall und psychische Krise – Konzeptuelle Fragen. Nervenarzt 49 (1978) 82-87

Hambrecht, M.: Krankheitskonzepte als Paradigmata in der Psychotherapie. Psychother. Psychosom. med. Psychol. 36 (1986) 58-63

Hambrecht, M.: Schizophrenie: Neue Ergebnisse und Modelle zur Ätiologie. Nervenarzt 65 (1994) 496-498

Hamer, D.H., S. Hu, V.L. Magnuson, N. Hu and A.L. Pattatucci: A linkage between DNA markers on the X chromosome and male sexual orientation. Science 261 (1993) 321-327

Hand, I.: Verhaltenstherapie und kognitive Therapie in der Psychiatrie. In: Kisker, K. P., H. Lauter, J.E. Meyer, C. Müller und E. Strömgren (Hrsg.): Psychiatrie der Gegenwart. Bd. 1. Neurosen, Psychosomatische Erkrankungen, Psychotherapie. 3. Aufl. Springer, Berlin, Heidelberg, New York 1986, 277-306

Harrow, M. and L.S. Grossman: Outcome in schizoaffective disorders: A critical review and reevaluation of the literature. Schizophr. Bull. 10 (1984) 87-108

Hayes, S.S.; R.O. Nelson and R.B.Jarret: The treatment utility of assissment: A functional approach to evaluating assessment quality. American Psychologist 42 (1987) 963-974

Hecker, E.: Die Hebephrenie. Virchows Arch. path. Anat. 52 (1871) 394-429

Hegarty, J.D., R.J. Baldessarini, M. Thoen, C. Waternaux and G. Oepen: One hundred years of schizophrenia: A meta-analysis of the outcome literature. Am. J. Psychiatry 151 (1994) 1409-1416

Heigl, F.: Psychotherapeutischer Gesamtbehandlungsplan. In: Baumann, U. (Hrsg.): Indikation zur Psychotherapie. Urban & Schwarzenberg, München, Wien, Baltimore 1981, 41-51

Heimann, H.: Psychiatrie zwischen Natur- und Geisteswissenschaften. Methodologische Bestimmung ihres Standortes. Fundam. psychiat. 3 (1989) 129-133

Heimann, H.: Die Stimme der Psychiatrie im Konzert der medizinischen Fächer. Nervenarzt 62 (1991) 391-397

Heimann, H.: Psychiatrie und Anthropologie in Geschichte und Gegenwart. Fundam. psychiat. 8 (1994) 60-64

Heinroth, J.C.A.: Lehrbuch der Störungen des Seelenlebens. 2 Bde. Vogel, Leipzig, 1818

Helmchen, H.: Ethische Fragen in der Psychiatrie. In: Kisker, K.P., H. Lauter, J.-E. Meyer, C. Müller und E. Strömgren (Hrsg.): Psychiatrie der Gegenwart. Bd. 2. Krisenintervention, Suizid, Konsiliarpsychiatrie. 3. Aufl. Springer, Berlin, Heidelberg, New York 1986, 309-368

Helmchen, H.: Methodologische und strategische Erwägungen in der Schizophrenieforschung. Fortschr. Neurol. Psychiat. 56 (1988) 379-389

Helmchen, H.: Der Einfluß diagnostischer Systeme auf die Behandlungsplanung. Fundam. psychiat. 5 (1991) 18-23

Hempel, C.G.: The concept of cognitive significance, a reconsideration. Proc. Amer. Acad. Arts and Science 80 (1951) 61-77

Hempel, C.G.: Fundamentals of concept formation in empirical science. In: Neurath, O., R. Carnap and C. Morris (eds.): Foundations of the unity of science: Toward an international encyclopedia of unified science. University of Chicago Press, Chicago 1970, 651-745

Hempel, C.G.: Philosophie der Naturwissenschaften (1966). Deutscher Taschenbuch Verlag, München 1974

Hennies, G.: Rechtsprobleme zur "selbstverschuldeten" Krankheit. Med. Sachverständ. 79 (1983) Nr. 1, 2-7

Herlth, A., E.-J. Brunner, H. Tyrell und J. Kriz (Hrsg.): Abschied von der Normalfamilie? Partnerschaft kontra Elternschaft. Springer, Berlin, New York, London 1994 Hermle, L., G. Oepen und M. Spitzer: Zur Bedeutung der Modellpsychosen. Fortschr. Neurol. Psychiat. 56 (1988) 48-58

Herold, C.: Untersuchungen zur Organisationsgeschichte der Psychiatrie in Deutschland. Med. Diss. Universität Marburg 1972

Hildebrandt, K.: Funktionell, endogen, psychogen. Ein Beitrag zur allgemeinen Psychopathologie. Z. ges. Neurol. Psychiat. 53 (1920) 242-262

Hirsch, S.R.: Eltern als Verursacher der Schizophrenie. Der wissenschaftliche Stand einer Theorie. Nervenarzt 50 (1979) 337-345

Hirschfeld, M: Die Homosexualität des Mannes und Weibes. Marcus, Berlin 1920

Hoaken, P.C.S.: The causes and treatment of non-disease. Canad. Med. Ass. J. 114 (1976) 989-990

Hoche, A.: Die Grenzen der geistigen Gesundheit. Marhold, Halle a.S. 1903

Hoche, A.: Die Bedeutung der Symptomenkomplexe in der Psychiatrie. Z. ges. Neurol. Psychiat. 12 (1912) 540-551

Hoff, P.: Zum Krankheitsbegriff bei Emil Kraepelin. Nervenarzt 56 (1985) 510-513

Hoff, P.: Nosologische Grundpostulate bei Kraepelin – Versuch einer kritischen Würdigung des Kraepelinschen Spätwerkes. Zeitschr. klin. Psychol. Psychopath. Psychother. 36 (1988) 328-336

Hoff, P.: Emil Kraepelin und die Psychiatrie als klinische Wissenschaft. Ein Beitrag zum Selbstverständnis psychiatrischer Forschung. Springer, Berlin, Heidelberg, New York 1994a

Hoff, P.: Psychiatrische Diagnostik: Emil Kraepelin und die ICD-10. Psychiat. Prax. 21 (1994b) 190-195

Hoffmann, S.O.: Die Krankheit "Neurose" am Ende des 20. Jahrhunderts. Nervenheilkunde 13 (1994) 63-69

Hoffmann, S.O. und G. Hochapfel: Einführung in die Neurosenlehre und Psychosomatische Medizin. 4. Aufl. Schattauer, Stuttgart, New York 1991

Hofstätter, P.R.: Normalitätsbegriff. In: Hofstätter, P.R. (Hrsg.): Psychologie. Fischer-Lexikon Bd. 6. Fischer, Frankfurt a.M., Hamburg 1957, 216-221

Höger, D.: Organismus, Aktualisierungstendenz, Beziehung-die zentralen Grundbegriffe der klientenzentrierten Gesprächspsychotherapie. In: Eckert, J., D. Höger und H. Linster (Hrsg.): Die Entwicklung der Person und ihre Störung. Bd. 1. GWG-Verlag, Köln 1993, 17-41

Hole, G.: Die endo-neurotische Depression. Notwendigkeit und Ärgernis einer begrifflichen Aussage. Fortschr. Neurol. Psychiat. 60 (1992) 420-436

Hönmann, H., H. Schepank und P. Riedel: Beschwerden bei psychisch Gesunden und Kranken in der Allgemeinbevölkerung. In: Studt, H.H. (Hrsg.): Psychosomatik in Forschung und Praxis. Urban & Schwarzenberg, München, Wien, Baltimore 1983, 3-22

Huber, G.: Psychiatrie. 3. Aufl. Schattauer, Stuttgart, New York 1981

Huber, G.: Die Bedeutung von Karl Jaspers für die Psychiatrie der Gegenwart. Nervenarzt 55 (1984) 1-9

Huber, G.: Gibt es den schizophrenen Defekt? In: Hippius, H., H. Lauter, D. Ploog, H. Bieber und L. van Hout (Hrsg.): Rehabilitation in der Psychiatrie. Springer, Berlin, Heidelberg, New York, London, Paris, Tokyo, Hongkong 1989, 56-59

Huber, G.: Klinische und psychopathologische Argumente für eine Differentialtypologie idiopathischer Psychosen. In: Simhandl, C., P. Berner,

H. Luccioni und C. Alf (Hrsg.): Klassifikationsprobleme in der Psychiatrie. Ueberreuter, Wien, Berlin 1990, 128-145

Huber, G. und G. Gross: Was wissen wir heute über Schizophrenien? Psycho 21 (1995) 156-173

Huber, G., G. Gross und R. Schüttler: Schizophrenie. Eine verlaufs- und sozialpsychiatrische Langzeitstudie. Springer, Berlin, Heidelberg, New York 1979

Huppmann, G.: Zum Begriff der Norm in der deutschen Psychiatrie (vom Jahre 1800 bis zur Gegenwart). Med. Diss. Universität Würzburg 1975

Jacobi, M.: Die Hauptformen der Seelenstörungen. Weidmann, Berlin 1844

Jahoda, M.: Current concepts of positive mental health. Basic Books, New York 1958

Janke, W.: Klassifikation. In: Heiss, R. (Hrsg.): Handbuch der Psychologie. Bd. 6. Psychologische Diagnostik. Hogrefe, Göttingen 1971, 901-929

Janssen, P.L.: Psychosomatische Grundversorgung in Deutschland. Zur Geschichte in den westlichen Ländern. Psycho 19 (1993) 543-550

Janzarik, W.: Strukturdynamische Überlegungen zur Fortentwicklung des Endogenitätsbegriffes. In: Kranz, H. und K. Heinrich (Hrsg.): Psychiatrie im Übergang. Thieme, Stuttgart 1969, 66-72

Janzarik, W.: Themen und Tendenzen der deutschsprachigen Psychiatrie. Springer, Berlin, Heidelberg, New York 1974

Janzarik, W.: Die Krise der Psychopathologie. Nervenarzt 47 (1976) 73-80

Janzarik, W.: Wandlungen des Schizophreniebegriffes. Nervenarzt 49 (1978) 133-139

Janzarik, W.: 100 Jahre Heidelberger Psychiatrie. In: Janzarik, W. (Hrsg.): Psychopathologie als Grundlagenwissenschaft. Enke, Stuttgart 1979, 1-18

Janzarik, W.: Jaspers, Kurt Schneider und die Heidelberger Psychopathologie. Nervenarzt 55 (1984) 18-24

Janzarik, W.: Geschichte und Problematik des Schizophreniebegriffes. Nervenarzt 57 (1986) 681-685

Janzarik, W.: Die nosologische Differenzierung der idiopathischen Psychosyndrome – ein psychiatrischer Sisyphus-Mythos. Nervenarzt 60 (1989) 86-89

Janzarik, W.: Grundlagen der Einsicht und das Verhältnis von Einsicht und Steuerung. Nervenarzt 62 (1991) 423-427

Janzarik, W.: Seelische Struktur als Ordnungsprinzip in der forensischen Anwendung. Nervenarzt 64 (1993) 427-433

Janzarik, W.: Heuristik und Empirie in psychiatrischer Anwendung. Nervenarzt 65 (1994) 277-281

Jaspers, K.: Allgemeine Psychopathologie (1913). 9. Aufl. Springer, Berlin, Heidelberg, New York 1973 (seit 4. Aufl. von 1946 unverändert)

Jochheim, K.A. und R.G. Matthesius: Zum Konzept der ICIDH und zum Stand ihrer internationalen Diskussion. In: Matthesius, R.G., K.A. Jochheim, G. S. Barolin und Chr. Heinz (Hrsg.): Die ICIDH-Bedeutung und Perspektiven. Mosby, Berlin, Wiesbaden 1995, 5-12

Jung, C.G.: Wandlungen und Symbole der Libido. Deuticke, Leipzig 1912

Junge, S.R.: Verschlüsselung von Homosexualität in Krankengeschichten? In: Gooß, U. und H. Gschwind (Hrsg.): Homosexualität und Gesundheit. Verlag rosa Winkel, Berlin 1989

Jürgens, A., D. Kröger, R. Marschner und P. Winterstein: Das neue Betreuungsrecht. Eine systematische Gesamtdarstellung. Beck, München 1991

Jürgens, H.W. und C. Vogel (Hrsg.): Beiträge zur menschlichen Typenkunde. Enke, Stuttgart 1965

Kahlbaum, K.: Die Gruppirung der psychischen Krankheiten und die Eintheilung der Seelenstörungen. Kafemann, Danzig 1863

Kahlbaum, K.: Die Katatonie oder das Spannungsirresein. Eine klinische Form psychischer Krankheit. Hirschwald, Berlin 1874

Kanfer, F.H. und A.P. Goldstein (Hrsg.): Möglichkeiten der Verhaltensänderung. Urban & Schwarzenberg, München, Wien, Baltimore, 1977

Kanfer, F.H. and J.S. Phillips: Learning foundations of behavior therapy. Wiley & Sons, New York, London, Sydney 1970. Deutsch: Lerntheoretische Grundlagen der Verhaltenstherapie. Kindler, München 1975

Kanfer, F.H., H. Reinecker und D. Schmelzer: Selbstmanagement-Therapie. Springer, Berlin 1991

Kant, I.: Kritik der reinen Vernunft (1781/A, 1787/B). Meiner, Hamburg 1956

Kant, I.: Anthropologie in pragmatischer Hinsicht (1798). Meiner, Hamburg 1980

Kapfhammer, H.P.: Psychotherapeutische Verfahren in der Psychiatrie. Nervenarzt 66 (1995) 157-172

Karasu, T.B.: The specificity versus nonspecificity delemma: toward identifying therapeutic change agents. Amer. J. Psychiatry 143 (1986) 687-695

Kardorff, E. von: Modellvorstellungen über psychische Störungen. In: Keupp, H. und M. Zaumseil (Hrsg.): Die gesellschaftliche Organisierung psychischen Leidens. Suhrkamp, Frankfurt a.M. 1978, 539-589

Karst, W.: Zur Geschichte der "Natürlichen Krankheitssysteme". Abhandlungen zur Geschichte der Medizin und der Naturwissenschaften. Heft 37. Eberling, Berlin 1941

Kasanin, J.: The acute schizo-affective psychoses. Amer. J. Psychiat. 13 (1933) 97-126

Katschnig, H. (Hrsg.): Sozialer Streß und psychische Erkrankung. Urban & Schwarzenberg, München, Wien, Baltimore 1980a

Katschnig, H.: Lebensverändernde Ereignisse als Ursache psychischer Krankheiten. In: Katschnig, H. (Hrsg.): Sozialer Streß und psychische Erkrankung. Urban & Schwarzenberg, München, Wien, Baltimore 1980b, 1-94

Kazdin, A.E.: Psychotherapie mit Kindern und Jugendlichen. Psychotherapeut 39 (1994) 345-352

Keil, G.: Deutsche psychiatrische Zeitschriften des 19. Jahrhunderts. In: Nissen, G. und G. Keil (Hrsg.): Psychiatrie auf dem Wege zur Wissenschaft. Thieme, Stuttgart, New York 1985, 28-35

Keil-Kuri, E. und G. Görlitz: Vom Erstinterview zum Kassenantrag. Jungjohann, Neckarsulm 1993

Keller, W.: Freiheit, Wille, Schuld. Nervenarzt 33 (1962) 97-106

Kendell, R.E.: The concept of disease and its implications for psychiatry. Brit. J. Psychiat. 127 (1975) 305-315

Kendell, R.E.: The role of diagnosis in psychiatry. Blackwell Scientific Publ., Oxfort 1975. Deutsch: Die Diagnose in der Psychiatrie. Enke, Stuttgart 1978

Keupp, H.: Der Krankheitsmythos in der Psychopathologie. Darstellung einer Kontroverse. Urban & Schwarzenberg, München, Berlin, Wien 1972

Keupp, H.: Modellvorstellungen von Verhaltensstörungen: "Medizinisches Modell" und mögliche Alternativen. In: Kraiker, H. (Hrsg.): Handbuch der Verhaltenstherapie. Kindler, München 1974, 117-148

Keupp, H. (Hrsg.): Normalität und Abweichung. Fortsetzung einer notwendigen Kontroverse. Urban & Schwarzenberg, München, Wien, Baltimore 1979

Kick, H.: Der Forschungsansatz Kraepelins aus der Sicht seiner klinischen Praxis. Fortsch. Neurol. Psychiat. 49 (1981) 259-264

Kielholz, P.: Diagnose und Therapie der Depression für den Praktiker. Lehmann, München 1971

Kindt, H.: Zur Entstehung und Entwicklung des Psychose-Begriffs. Fortschr. Neurol. Psychiat. 42 (1974) 453-464

Kinsey, A.C., W.B. Pomeroy and C.E. Martin: Sexual behavior in the human male. Sauders, Philadelphia 1948. Deutsch: Das sexuelle Verhalten des Mannes. Fischer, Frankfurt a.M. 1955

Kinsey, A.C., W.B. Pomeroy, C.E. Martin and P.H. Gebhard: Sexual behavior in the human female. Sauders, Philadelphia 1953. Deutsch: Das sexuelle Verhalten der Frau. Fischer, Frankfurt a.M. 1954

Kirchhoff, Th.: Geschichte der Psychiatrie. In: Aschaffenburg, G. (Hrsg.): Handbuch der Psychiatrie. Allg. Teil. 4. Abt. Deuticke, Leipzig, Wien 1912, 1-48

Kisker, K.P.: Zur Frage der Sinngesetzlichkeit. Schweiz. Arch. Neurol. 76 (1955) 5-22

Kisker, K.P.: Kants psychiatrische Systematik. Psychiat. Neurol. 133 (1957) 17-28

Kisker, K.P.: Antipsychiatrie. In: Kisker, K.P., J.-E. Meyer, C. Müller und E. Strömgren (Hrsg.): Psychiatrie der Gegenwart. Forschung und Praxis. Bd. I/1. Grundlagen und Methoden der Psychiatrie. 2. Aufl. Springer, Berlin, Heidelberg, New York 1979, 811-826

Kleist, K.: Fortschritte der Psychiatrie. Kramer, Frankfurt 1947

Klerman, G.L.: Mental illness, the medical model and psychiatry. J. Med. Phil. 2 (1977) 220-243

Klicpera, C.: Der neuropsychologische Beitrag zur Legasthenieforschung – Eine Übersicht über wichtige Erklärungsmodelle und Befunde. Fortschr. Neurol. Psychiat. 52 (1984) 93-103

Klosterkötter, J.: Schizophrenie. In: Battegay, R., J. Glatzel, W. Pöldinger und U. Rauchfleisch (Hrsg.): Handwörterbuch der Psychiatrie. 2. Aufl. Enke, Stuttgart 1992, 517-534

Klosterkötter, J., M. Albers, E.M. Steinmeyer, A. Hensen und H. Saß: Positive oder negative Symptome. Was ist brauchbar für die Diagnose Schizophrenie? Nervenarzt 65 (1994) 444-453

Kluft, R.P.: An introduction to multiple personality disorder. Psychiat. Ann. 14 (1984) 19-24

Knoll, M.: Der psychiatrische Gesundheitsbegriff – seine dialektische und reflexive Bestimmung. Z. klin. Psychol. 31 (1983) 43-52

Koehler, K.: Psychiatrisch-nosologische Entwicklungstendenzen in den USA. In: Heinrich, K. (Hrsg.): Zur Kritik der psychiatrischen Nosologie. Schattauer, Stuttgart, New York 1975, 101-111

Koehler, K.: Die ältere Heidelberger Psychiatrie: Einige Aspekte ihrer Aktualität in der modernen anglo-amerikanischen Forschung. In: Janzarik, W. (Hrsg.): Psychopathologie als Grundlagenwissenschaft. Enke, Stuttgart 1979, 178-188

Koehler, K.: Gibt es noch eine Seele? Thomas von Aquin und die moderne Psychiatrie. Fortschr. Neurol. Psychiat. 52 (1984) 329-337

Koehler, K.: Die zykloide Psychose: Ein brauchbarer Begriff? Eine kritische Übersicht einiger Forschungsergebnisse aus den Jahren 1974-1986. In: Huber, G. (Hrsg.): Fortschritte in der Psychosenforschung? Schattauer, Stuttgart, New York 1987, 98-109

Koehler, K. und H. Saß: DSM-III in deutscher Übersetzung. Droht eine Amerikanisierung der deutschsprachigen Pychiatrie? In: Diagnostisches und Statistisches Manuel Psychischer Störungen DSM-III. Beltz, Weinberg, Basel 1984, 9-16

Koehler, K. und H. Saß: Einführung zur deutschen Ausgabe: Der junge Psychiater und die psychiatrischen Sichtweisen. In: McHugh, P.R. und P.R. Slavney. Psychiatrische Perspektiven. Eine methodologische Einführung. Springer, Berlin, Heidelberg, New York, Tokyo 1986, 1-5

Kolle, K.: Die endogenen Psychosen – das delphinische Orakel der Psychiatrie. Münch. med. Wschr. 97 (1955) 135-138, 170-173, 202-205

Konner, M.: Psychiatrie und Kulturanthropologie II. In: Freedman, A.M., H.I. Kaplan, B. J. Sadock und U. H. Peters (Hrsg.): Psychiatrie in Paxis und Klinik. Bd. 7. Untersuchung psychisch Kranker, Psychiatrie und soziokulturelle Wissenschaften, AIDS und Psychiatrie, Psychiatrie der Epilepsie. Thieme, Stuttgart, New York 1994, 182-208

Kopp, P.: Psychiatrisches bei Thomas von Aquin. Beiträge zur Psychiatrie der Scholastik II. Z. ges. Neurol. Psychiat. 152 (1935) 178-196

Körner, S.: Erfahrung und Theorie. Suhrkamp, Frankfurt a.M. 1970

Kraepelin, E.: Psychiatrie. Ein kurzes Lehrbuch für Studierende und Ärzte. 2., gänzlich umgearbeitete Aufl., Abel, Leipzig 1887

Kraepelin, E.: Psychiatrie. Ein Lehrbuch für Studirende und Aerzte. 5., vollständig umgearbeitete Aufl. Barth, Leipzig 1896

Kraepelin, E.: Psychiatrie. Ein Lehrbuch für Studirende und Aerzte. Bd. I und Bd. II. 6. , vollständig umgearbeitete Aufl. Barth, Leipzig 1899

Kraepelin, E.: Psychiatrie. Ein Lehrbuch für Studierende und Ärzte. Bd. I. Allgemeine Psychiatrie. 7., vielfach umgearbeitete Aufl. Barth, Leipzig, 1903

Kraepelin, E.: Psychiatrie. Ein Lehrbuch für Studierende und Ärzte. Bd. II. Klinische Psychiatrie. 7., vielfach umgearbeitete Aufl. Barth, Leipzig 1904

Kraepelin, E.: Fragestellungen der klinischen Psychiatrie. Zbl. Nervenheilk. 28 (1905) 573-590

Kraepelin, E.: Psychiatrie. Ein Lehrbuch für Studierende und Ärzte. Bd. III. Klinische Psychiatrie II. Teil. 8., vollständig umgearbeitete Aufl. Barth, Leipzig 1913

Kraepelin, E.: Die Erscheinungsformen des Irreseins. Z. Neurol. 62 (1920) 1-29

Kramer, M., N. Sartorius, A. Jablensky and W. Gulbinat: The ICD-9 classification of mental disorders – A review of its development and contents. Acta psychiat. scand. 59 (1979) 241-262

Krasney, O.E.: Denken Juristen anders als Mediziner? Psycho 18 (1992) 810- 814

Kräupl-Taylor, F.: The medical model of the disease concept. Brit. J. Psychiat. 128 (1976) 588-594

Kräupl-Taylor, F.: The concepts of illness, disease and morbus. Univ. Press, Cambridge 1979

Kraus, A.: Phänomenologische und symptomatologisch-kriteriologische Diagnostik. Fundam. psychiat. 5 (1991) 102-109

Krebs, H.: Ist der behinderte Jugendliche krank oder gesund? Schriftenreihe Dtsch. Zentrale für Volksgesundheitspflege 47 (1986) 96-113

Kretschmer, E.: Gedanken über die Fortentwicklung der psychiatrischen Systematik. Z. ges. Neurol. Psychiat. 48 (1919a) 370-379

Kretschmer, E.: Über psychogene Wahnbildung bei traumatischer Hirnschwäche. Z. ges. Neurol. Psychiat. 45 (1919b) 272-300

Kretschmer, E.: Körperbau und Charakter. 4. Aufl. Springer, Berlin 1925

Kretschmer, E.: Der Typus als erkenntnistheoretisches Problem. Studium generale 4 (1951) 399-401

Kretschmer, W.: Normalität. In: Brunner R. und M. Titze (Hrsg.): Wörterbuch der Individualpsychologie. Reinhardt, München 1985, 315-317

Krienen, H.-P.: Ludwig Binswangers Versuch einer existential-ontologischen Grundlegung des psychopathologischen Daseins. Lang, Frankfurt a.M., Bern 1982

Kripke, S.A.: Naming and necessity. In: Davidson, D. and G. Harmann (eds.): Semantics of natural language. Reidel, Dortrecht 1972

Kriz, J.: Grundkonzepte der Psychotherapie. Urban & Schwarzenberg, München 1985

Kriz, J.: Entwurf einer systemischen Theorie klientenzentrierter Psychotherapie. In: Sachse, R. und J. Howe (Hrsg.): Zur Zukunft der klientenzentrierten Psychotherapie. Asanger, Heidelberg 1989, 168-196

Kröber, H.-L.: Krankheitserleben und Krankheitsverarbeitung bipolar manischdepressiver Patienten. Fortschr. Neurol. Psychiat. 61 (1993) 267-273

Krüger, M., A. Piesch, H. Thoma und P.O. Schmidt-Michel: Chronisch psychisch krank. Wie aus endlicher Krankheit unendliche Behinderung wird. Fundam. psychiat. 8 (1994) 191-195

Krümpelmann, J.: Die Neugestaltung der Vorschriften über die Schuldfähigkeit durch das Zweite Strafrechtsreformgesetz vom 4. Juli 1969. Z St W 88 (1976) 6-39

Krupinski, M., E. Tutsch-Bauer, R. Frank, S. Brodherr-Heberlein und M. Soyka: Münchhausen-by-proxy-Syndrom. Nervenarzt 66 (1995) 36-40

Kubinger, K.D.: Krankheit definiert aus statistischer Sicht: Abweichung von der Norm. In: Simhandl, C., P. Berner, H. Luccioni und C. Alf (Hrsg.): Klassifikationsprobleme in der Psychiatrie. Ueberreuter, Wien, Berlin 1990, 53-60

Künsebeck, H.W., W. Lempa und H. Freyberger: Häufigkeit psychischer Störungen bei nichtpsychiatrischen Klinikpatienten. Dtsch. med. Wschr. 109 (1984) 1483-1442

Kunz, H.: Zur Frage nach dem Wesen der Norm (Teil I). Psyche 8 (1954a) 241-271

Kunz, H.: Zur Frage nach dem Wesen der Norm (Teil II). Psyche 8 (1954b) 321-366

Kutscher, J.: Die Opfer der Schreibkultur. Die Zeit 48 (1993) Nr. 4, 27-28

Kutschera, F. von: Wissenschaftstheorie I. Fink, München 1972

Laing, R.: The politics of experience. Penguin, Harmondsworth/Middlesex 1967. Deutsch: Phänomenologie der Erfahrung. Suhrkamp, Frankfurt a.M. 1969

Laing, R.: The divided self. Tavistock, London 1960. Deutsch: Das geteilte Selbst. Rowohlt, Hamburg 1976

Lamprecht, F. und R. Johnen (Hrsg.): Salutogenese. Ein neues Konzept in der Psychosomatik. Verlag für Akademische Schriften, Frankfurt a.M. 1994

Lange, H.U.: Anpassungsstrategien, Bewältigungsreaktionen und Selbstheilversuche bei Schizophrenen. Fortschr. Neurol. Psychiat. 49 (1981) 275-285

Lange, R.: Der juristische Krankheitsbegriff. In: Bürger-Prinz, G. und H. Giese (Hrsg.): Beiträge zur Sexualforschung. Heft 28: Die Zurechnungsfähigkeit bei Sittlichkeitsstraftätern. Enke, Stuttgart 1963, 1-20

Langelüddecke, A.: Gerichtliche Psychiatrie. 3. Aufl. De Gruyter, Berlin 1971

Langelüddeke, A. und P.H. Bresser: Gerichtliche Psychiatrie. 4. Aufl. De Gruyter, Berlin, New York 1976

Laux, G.: Psychopharmaka und Psychotherapie. In: Riederer, P., G. Laux und W. Pöldinger (Hrsg.): Neuro-Psychopharmaka. Ein Therapie-Lehrbuch. Bd. 1: Allgemeine Grundlagen der Pharmakopsychiatrie. Springer, Wien, New York 1992, 459-474

Lazarus, A.A.: Behavior therapy and beyond. McGraw Hill, New York 1971

Lazarus, R.S.: Psychological stress and the coping process. McGraw-Hill, New York 1966

Leibbrand, W. und A. Wettley: Der Wahnsinn. Geschichte der abendländischen Psychopathologie. Alber, Freiburg, München 1961

Leitfaden für Behinderte des Bundesministers für Arbeit und Sozialordnung. Kölnische Verlagsdruckerei, Köln 1989

Lempp, R.: Organische Psychosyndrome. In: Eggers, C., R. Lempp, G. Nissen und P. Strunk (Hrsg.): Kinder- und Jugendpsychiatrie. 6. Aufl. Springer, Berlin, Heidelberg, New York 1993, 384-453

Leonhard, K.: Aufteilung der endogenen Psychosen in der Forschungs-richtung von Wernicke und Kleist. In: Kisker, K.P., J.E. Meyer, C. Müller und E. Strömgren (Hrsg.): Psychiatrie der Gegenwart. Forschung und Praxis. Bd. II/1. Klinische Psychiatrie I. 2. Aufl. Springer, Berlin, Heidelberg, New York 1972, 183-212

Leonhard, K.: Zur Frage einer psychiatrischen Nosologie nach Symptombild und Verlauf. In: Glatzel, J. (Hrsg.): Gestaltwandel psychiatrischer Krankheitsbilder. Schattauer, Stuttgart, New York 1973, 17-39

Leonhard, K.: Zur nosologischen Differenzierung der endogenen Psychosen und der Neurosen. Nervenarzt 49 (1978) 461-467

Leonhard, K.: Aufteilung der endogenen Psychosen und ihre differenzierte Ätiologie (1957). 6. Aufl. Akademie-Verlag, Berlin 1986

Lesche, C.: Die Notwendigkeit einer hermeneutischen Psychoanalyse. Psyche 40 (1986) 49-68

Levinson, P.F. and B.J. Mowry: Defining the schizophrenia spectrum: issues for genetic linkage studies. Schizoph. Bull. 17 (1991) 491-514

Lewinsohn, P.M., A.M. Zeiss, R.A. Zeiss, R. Haller: Endogeneity and reactivity as orthogonal dimensions in depression. J. Nerv. Ment. Dis. 164 (1977) 327-332

Lewis, A.J.: Melancholia: A clinical survey of depressive states. J. ment. Sci. 80 (1934) 277-378

Lewis, A.J.: "Psychogenic": a word and its mutations. Psychol. Med. 2 (1972) 209-215

Lieb, H. und R. Lutz: Verhaltenstherapie. Ihre Entwicklung – ihr Menschenbild. Verlag für angewandte Psychologie, Göttingen 1992

Lienert, G.A.: Testaufbau und Testanalyse. 3. Aufl. Beltz, Weinheim, Berlin, Basel 1969

Linden, M.: Krankheitskonzepte von Patienten. Psychiat. Prax. 12 (1985) 8-12

Linder, M.: Über Legasthenie (spezielle Leseschwäche). Z. Kinderpsychiat. 17 (1951) 97-143

Lindner, R.: Diagnosis: description or prescription? A case study in the psychology of diagnosis. Perceptual and Motor Skills 20 (1965) 1081-1092 (zit. nach Kendell, 1978)

Linné, C. von: Genera morborum in auditorum usum. Steinart, Uppsala 1963

Linster, H.W. und D. Rückert: Neues vom Psychotherapeutengesetz und zur Frage der Anerkennung der Gesprächspsychotherapie und der personenzentrierten Psychotherapie mit Kindern und Jugendlichen. GwG-Zeitschrift 25 (1994) Heft 96, 7-10

Lipp, W.: Autopoiesis biologisch, Autopoiesis soziologisch. Köln. Z. Soziol. Sozialpsychol. 39 (1987) 452-470

Llopis, B.: Das allen Psychosen gemeinsame Axialsyndrom. Fortsch. Neurol. Psychiat. 28 (1960) 106-129

Loccumer Protokolle: Legasthenie – Phantom oder Wirklichkeit? Loccumer Protokolle 1979 (zit. nach Weinschenk, 1981)

London, P.: The modes and morals of psychotherapy. Holt, Rinehart & Winston, New York 1964

Lorr, M.: A typological conception of the behavior disorders. In: Mahrer, A.R. (ed.): New approaches to personality classification. Columbia Univ. Press. New York 1970, 101-116

Lotz, J.B.: Wesen. In: Brugger, W. (Hrsg.): Philosophisches Wörterbuch. Herder, Freiburg, Basel, Wien 1967, 444-445

Luborsky, L.: B. Singer and L. Luborsky: Comparative studies of psychotherapies: Is it true that "everyone has won and all must habe prizes"? Arch. gen. Psychiat. 32 (1975) 995-1008

Luderer, H.-J.: Gesprächspsychotherapie – der personenzentrierte Ansatz in der Psychotherapie. Fundam. psychiat. 8 (1994) 140-147

Ludewig, K.: Systemische Therapie. Grundlagen klinischer Theorie und Praxis. Klett-Cotta, Stuttgart 1992

Luhmann, N.: Soziale Systeme. Grundriß einer allgemeinen Theorie. Suhrkamp, Frankfurt a.M. 1984

Maier, W. und M. Philipp: Die empirische Erforschung der Klassifikation psychischer Störungen. Nervenarzt 59 (1988) 449-455

Maier, W. und J. Sandmann: Die Validierung von Diagnosen psychiatrischer Diagnosemanuals an Verlaufsstudien, dargestellt anhand affektiver und schizophrener Erkrankungen. Nervenarzt 64 (1993) 160-168

Maneros, A.: Schizoaffektive Psychosen. Diagnose, Therapie und Prophylaxe. Springer, Berlin, Heidelberg, New York, London, Paris, Tokyo, Hongkong 1989

Maneros, A., A. Deister und A. Rohde: The cologne study on schizoaffective disorders and schizophrenia suspecta. In: Maneros, A. and M.T. Tsuang (eds.): Schizoaffective psychoses. Springer, Berlin, Heidelberg, New York 1986, 123-142

Marcuse, H.: Zur Frage der Einheitspsychose. Arch. Psychiat. Nervenkr. 78 (1926) 682-693

Margraf, J. und R. Lieb: Was ist Verhaltenstherapie? Versuch einer zukunftsoffenen Neucharakterisierung. Z. klin. Psychol. 24 (1995) 1-7

Margraf, J. und S. Schneider: Panik – Angstanfälle und ihre Anwendung. Springer, Berlin, Heidelberg, New York 1989

Martinius, J.: Gutachten für den Bayerischen Verwaltungsgerichtshof zur Anwendung des Krankheitsbegriffs auf die Legasthenie vom 07.03.1989, Universität München (zit. nach Warnke, 1991)

Maturana, H.R.: Erkennen: Die Organisation der Verkörperung von Wirklichkeit. Vieweg, Braunschweig, Wiesbaden 1982

Mayer-Gross, W.: Die Entwicklung der klinischen Anschauungen Kraepelins. Arch. Psychiat. 87 (1929) 30-42

Mayr, J.: Handbuch der Artefakte. Fischer, Jena 1937

McGuffin, P., A. Farner and I.I. Gottesmann: Is there really a split in schizophrenia? The genetic evidence. Brit. J. Psychiat. 150 (1987) 581-592

McHugh, P.R. and P.R. Slavney: The perspectives of psychiatry. J. Hopkins. Univ. Press Baltimore 1983. Deutsch: Psychiatrische Perspektiven. Eine methodologische Einführung. Springer, Berlin, Heidelberg, New York, Tokyo 1986

Mechanic, D.: Einige Faktoren bei der Identifikation und Definition psychischer Krankheit. In: Keupp, H. (Hrsg.): Der Krankheitsmythos in der Psychopathologie. Darstellung einer Kontroverse. Urban & Schwarzenberg, München, Berlin, Wien 1972, 109-121

Mechler, A.: Das Wort "Psychiatrie". Historische Anmerkungen. Nervenarzt 34 (1963a) 405-406

Mechler, A.: Degeneration und Endogenität. Nervenarzt 34 (1963b) 219-226

Mechler, A.: Über den Begriff der Psychose. Jb. Psychol. Psychother. 12 (1965) 67-74

Meichenbaum, D.H. and R. Cameron: Cognitive-behavior therapy. In: Wilson, G.T. and C. Franks (eds.): Contemporary behavior therapy. Conceptual and empirical foundations. Guilford, New York 1982, 310-338

Mende, W. und H. Schüler-Springorum: Aktuelle Fragen der forensischen Psychiatrie. In: Kisker, K.P., H. Lauter, J.-E. Meyer, C. Müller und E. Strömgren (Hrsg.): Psychiatrie der Gegenwart. Bd. 9. Brennpunkte der Psychiatrie. 3. Aufl. Springer, Berlin, Heidelberg, New York 1989, 303-338

Menne, A.: Definition. In: Krings, H., H.M. Baumgartner u. Chr. Wild (Hrsg.): Handbuch philosophischer Grundbegriffe. Bd. 1. Kösel, München 1973, 268-274

Menninger, K.: The vital balance: the life process in mental health and illness. Vicing Press, New York 1963. Deutsch: Das Leben als Balance. Kindler, München 1974

Mentzos, S.: Neurotische Konfliktverarbeitung. Kindler, München 1990

Merskey, H.: The manufacture of personalities. The production of multiple personality disorder. Brit. J. Psychiat. 160 (1992) 327-340

Mertens, W.: Psychoanalyse auf dem Prüfstand – Zur empirisch verkleideten Berufspolitik von Klaus Grawe. Zeitschr. psychosom. Med. Psychoanal. 40 (1994) 353-367

Merton, R.K.: Social theory and social structure. Free Press, New York 1957

Messer, B.S. and M. Winokur: Eclecticism and the shifting visions of reality in three systems of psychotherapy. Int. J. Ecl. Ps. Th. 5 (1986) 115-123

Meyer, A.: Fundamental conception of dementia praecox. J. Nerv. Ment. Dis. 34 (1907) 331-336

Meyer, A.: The problem of mental reactionstypes, mental causes and diseases. Psychol. Bull. 5 (1908) 245-261

Meyer, A.: Genetisch-dynamische Psychologie versus Nosologie. Z. Neurol. Psychiat. 101 (1926) 406-427

Meyer, A.-E., R. Richter, K. Grawe, J.-M. Graf v. d. Schulenburg und B. Schulte: Forschungsgutachten zu Fragen eines Psychotherapeutengesetzes im Auftrag des Bundesministeriums für Jugend, Familie, Frauen und Gesundheit. Universitäts-Krankenhaus, Hamburg, Eppendorf 1991

Meyer, V. and E.S. Chesser: Behaviour Therapy in clinical psychiatry. Harmondsworth, Middlesex 1970. Deutsch: Verhaltenstherapie in der klinischen Psychiatrie. Thieme, Stuttgart 1971

Meynert, Th.: Klinische Vorlesungen über Psychiatrie auf wissenschaftlichen Grundlagen für Studierende und Ärzte, Juristen und Psychologen. Braunmüller, Wien 1890

Mezzich, J.E.: On developing a psychiatric multiaxial schema for ICD-10. Brit. J. Psychiat. 152 (1988) 38-43

Michel, L.: Allgemeine Grundlagen psychometrischer Tests. In: Heiss, R. (Hrsg.): Handbuch der Psychologie. 6. Bd.: Psychologische Diagnostik. Hogrefe, Göttingen 1971, 19-70

Miles, T.R. and M.N. Haslum: Dyslexia: anomaly or normal variation? Ann. of Dyslexia 36 (1986) 103-117

Miller Brown, W.: On defining disease. J. Med. Phil. 10 (1985) 311-328

Millon, T. and G.L. Klermann (eds.): Contemporary issues in psychopathology. Quilford, New York 1986

Minkowski, E.: Vers une cosmologie. Aubier Montaigne, Paris 1936

Mitscherlich, A.: Krankheit als Konflikt. 3. Aufl. Suhrkamp, Frankfurt a.M. 1969

Möbius, P.J.: Über die Einteilung der Krankheiten. Neurologische Betrachtungen. Nervenheilk. Psychiat. 15 (1892) 289-301

Möbius, P.J.: Abriss der Lehre von den Nervenkrankheiten. Abel, Leipzig 1893

Möller, H.-J.: Methodische Grundprobleme der Psychiatrie. Kohlhammer, Stuttgart, Berlin, Köln, Mainz 1976

Möller, H.-J.: Zur wissenschaftstheoretischen Kritik an der psychoanalytischen Theorie. Nervenarzt 50 (1979) 157-164

Möller, H.-J.: Probleme der Klassifikation und Diagnostik. In: Reinecker, H. (Hrsg.): Lehrbuch der klinischen Psychologie. Modelle psychischer Störungen. Hogrefe, Göttingen, Toronto, Zürich 1990, 3-24

Möller, H.-J.: Zur Prognostik schizophrener Psychosen: Methoden und Ergebnisse. In: Kühne, G.-E. (Hrsg.): Aktuelle Aspekte der Psychiatrie. Universitätsverlag, Jena 1991, 31-58

Möller, H.-J., W. Schmid-Bode, C. Cording-Tömmel, H.U. Wittchen, M. Zaudig and D. von Zerssen: Psychopathological and social outcome in schizophrenia versus affective/schizoaffective psychoses and prediction of poor outcome in schizophrenia. Acta psychiat. scand. 77 (1988) 379-389

Möllhoff, G.: Versicherungsmedizinische Grundlagen. Zur Anwendung einzelner Rechtsbegriffe in der Begutachtung. Krankenhauspsychiatrie 3 (1992) 183-187

Mombour, W.: Klassifikation, Patientenstatistik, Register. In: Kisker, K.P., J.E. Meyer, C. Müller, E. Strömgren (Hrsg.): Psychiatrie der Gegenwart. Bd. III. Soziale und angewandte Psychiatrie. 2. Aufl. Springer, Berlin, Heidelberg, New York 1975, 81-118

Mombour, W.: Neue Ansätze in der Psychiatrischen Diagnostik. In: Möller, H.-J. (Hrsg.): Therapie psychiatrischer Erkrankungen. Enke, Stuttgart 1993, 2-16

Moos, R.H.: Coping: Konzepte und Meßverfahren. Z. psychosom. Med. 34 (1988) 207-225

Moosbauer, W.: Lernbehinderung. Probleme der Begriffsbestimmung und Gegenstandsbeschreibung. Rehabilitation 19 (1980) 61-72

Mora, G.: Historical and theoretical trends in psychiatry. In: Freedman, A.M., H.I. Kaplan and B.J. Sadock (eds.): Comprehensive textbook of psychiatry II. Vol. 1. Williams & Wilkins, Baltimore 1975, 1-75

Morel, B.A.: Traité des maladies mentales. Masson, Paris 1860

Morgan, W.P.: A case of congenital word-blindness. Brit. med. J. 2 (1896) 1378

Müller-Suur, H.: Das psychisch Abnorme. Untersuchungen zur allgemeinen Psychiatrie. Springer, Berlin, Heidelberg, Göttingen 1950

Mundt, Ch.: Zur Interpretation der sogenannten schizophrenen Basisstörungen. Nervenarzt 51 (1980) 289-293

Mundt, Ch.: Gibt es eine Konvergenz der Schizophrenie-Hypothesen? In: Janzarik, W. (Hrsg.): Persönlichkeit und Psychose. Enke, Stuttgart 1988, 91-100

Mundt, Ch. und H. Lang: Die Psychopathologie der Schizophrenien. In: Kisker, K.P., H. Lauter, J.-E. Meyer, C.Müller und E. Strömgren (Hrsg.): Psychiatrie der Gegenwart. Bd. 4. Schizophrenien. 3. Aufl. Springer, Berlin, Heidelberg, New York 1987, 39-70

Mundt, Ch. und H. Saß (Hrsg.): Für und wider die Einheitspsychose. Thieme, Stuttgart 1992

Münsterberg, H.: Psychologie und Pathologie. Z. Patho-Psychol. 1 (1912) 50-66

Murray, E.J.: Therapeutic integration and visions of reality. Int. J. Ecl. Ps. Th. 5 (1986) 127-133

Myerson, A.: Neuroses and Neuropsychoses. Amer. J. Psychiat. 93 (1936) 263-301

Nadelson, T.: The Munchausen spectrum. Borderline character features. Gen. Hosp. Psychiat. 1 (1979) 11-17

Nasse, C.F.: Über die Benennung und vorläufige Eintheilung des psychischen Krankseins. Z. Psych. Ärzte 1 (1818) 17-48

Nelson, R.O.: Behavioral assessment. Past, present and future. Behavioral Assessment 5 (1983) 195-206

Nemiah, J.C.: Dissoziative Störungen. In: Freedman, A.M., H.J. Kaplan, B.J. Sadock and U.H. Peters (Hrsg.): Psychiatrie in Praxis und Klinik. Bd. 4. Psychosomatische Störungen. Thieme, Stuttgart, New York 1988, 89-112

Neugebauer, R., B.P. Dohrenwend, B.S. Dohrenwend: Formulation of hypotheses about the true prevalence of functional psychiatric disorders among adults in the United States. In: Dohrenwend, B.P., B.S. Dohrenwend, M. Schwartz-Gould, B. Link, R. Neugebauer and Wunsch-Hitzig (eds.): Mental illness in the United States. Praeger, New York 1980 (zit. nach Schepank, 1994)

Neumann, H.: Lehrbuch der Psychiatrie. Enke, Erlangen 1859

Neumärker, K.-J.: Karl Bonhoeffer und die Stellung der symptomatischen Psychosen – Organische Psychosen – in Klinik und Forschung. Nervenarzt 60 (1989) 593-602

Neumärker, K.-J.: Carl Wernicke und Karl Kleist. Zwei Biographien – eine Richtung in ihrer Entwicklung. Fundam. psychiat. 8 (1994) 176-184

Nissen, G.: Zur Geschichte der Kinder- und Jugendpsychiatrie. Nervenarzt 62 (1991) 143-147

Nissen, G.: Anfänge einer Psychopathologie des Entwicklungsalters. Fundam. psychiat. 8 (1994) 184-190

Nitzschke, B.: Die reale Innenwelt. Anmerkungen zur psychischen Realität bei Freud und Schopenhauer. Kindler, München 1978

Nuechterlein, K.H.: Vulnerability models for schizophrenia: state of the art. In: Häfner, H., W.F. Gattaz and W. Janzarik (eds.): Search for the cause of schizophrenia. Springer, Berlin, Heidelberg, New York 1987, 297-316

Oefele, K. von: Forensisch-psychiatrische Gesichtspunkte des neuen Betreuungsrechts. Tilla, Klingenmünster 1993

Oefele, K. von und H. Saß: Die forensisch psychiatrische Beurteilung von freier Willensbestimmung und Geschäftsfähigkeit. Versicher.-Med. 46 (1994) 167-171

Offer, D. and M. Sabshin: Normality. Theoretical and clinical concepts of mental health. Basic Books, New York 1974

Offer, D. und M. Sabshin: Normalität. In: Freedman, A.M., H.I. Kaplan, B.J. Sadock und U.H. Peters (Hrsg.): Psychiatrie in Praxis und Klinik. Bd. 2. Biologische und organische Psychiatrie. Thieme, Stuttgart, New York 1986, 134-141

Oldham, P.D., G. Pickering, J.A. Fraser Roberts and G.S.C. Sowry: The nature of essential hypertension. Lancet 1 (1960) 1085-1093

Orlinsky, D.E., K. Grawe and R. Parks: Process and outcome in psychotherapy. In: Bergin, A.E. and S.L. Garfield (eds.): Handbook of psychotherapy and behavior change. 4th ed. Wiley, New York 1994, 270-376

Orlinsky, D.E. and K.I. Howard: Process and outcome in psychotheapy. In: Garfield, S.L. and A.E. Bergin (eds.): Handbook of psychotherapy and behavior change. Wiley, New York 1986, 311-384

Orlinsky, D.E. and K.I. Howard: Ein allgemeines Psychotherapiemodell. Integrative Therapie 14 (1988) 281-308

Orth, G.-W.: Normen im medizinischen und ärztlichen Bereich. Dtsch. Ärztebl. 78 (1981) 1833-1836

Overbeck, G.: Krankheit als Anpassung. Suhrkamp, Frankfurt a.M. 1984

Paar, G.H. und A. Eckhardt: Chronisch vorgetäuschte Störungen mit körperlichen Symptomen – eine Literaturübersicht. Psychother. med. Psychol. 37 (1987) 197-204

Panagiotopoulos, P.: Inkongruenz und Abwehr. Der Beitrag von Rogers zu einer klientenzentrierten Krankheitslehre. In: Eckert, J., D. Höger und H. Linster (Hrsg.): Die Entwicklung der Person und ihre Störung. Bd. 1. GwG-Verlag, Köln 1993, 43-55

Panagiotopoulos, P., W. Ketterer und G. Vogel: Auswertung und kritische Würdigung der Literatur zum Krankheitsbegriff im klientenzentrierten Konzept. In: Schmidtchen, S., G.-W. Speierer und H. Linster (Hrgs.): Die Entwicklung der Person und ihre Störung. Bd. 2: Theorien und Ergebnisse zur Grundlegung einer klientenzentrierten Krankheitslehre. GwG-Verlag, Köln 1995, 15-27

Panse, F.: Erbpathologie der Psychopathien. In: Just, H.-G. (Hrsg.): Handbuch der Erbpathologie des Menschen. Bd. 5, II. Erbpsychiatrie. Springer, Berlin 1939, 1089-1176

Pantel, J.: Streitfall Nervenheilkunde – eine Studie zur disziplinären Genese der klinischen Neurologie in Deutschland. Fortschr. Neurol. Psychiat. 61 (1993) 144-156

Panzetta, A.F.: Toward a scentific psychiatric nosology. Arch. Gen. Psychiat. 30 (1974) 154-161

Parker, G., W. Hall, P. Boyce, D. Hadzi-Pavlovic, P. Mitchell, K. Wilhelm, H. Brodaty, I. Hickie and K. Eyers: Depression Sub-Typing: Unitary, Binary or Arbitrary? Aust. N. Z. J. Psychiat. 25 (1991) 63-76

Parsons, T.: Definition of health and illness in the light of american values and social structure. In: Jaco, E.G. (ed.): Patients, physicians and illness. Macmillan, New York 1964. Deutsch: Definition von Gesundheit und Krankheit im Lichte der Wertbegriffe und der sozialen Struktur Amerikas. In: Mitscherlich, A., T. Brocher, O. von Mering und K. Horn (Hrsg.): Der Kranke in der modernen Gesellschaft. Syndikat, Frankfurt a.M. 1984, 57-87

Pauleikhoff, B.: Das Menschenbild im Wandel der Zeiten. Ideengeschichte der Psychiatrie und der klinischen Psychologie. Bd. I. Von Sokrates bis Kant. Pressler, Hürtgenwald 1983a

Pauleikhoff, B.: Das Menschenbild im Wandel der Zeiten. Ideengeschichte der Psychiatrie und der klinischen Psychologie. Bd. II. Die Zeit bis Kraepelin und Freud. Pressler, Hürtgenwald 1983b

Pauleikhoff, B.: Das Menschenbild im Wandel der Zeiten. Ideengeschichte der Psychiatrie und der klinischen Psychologie. Bd. III. Die Zeit vor und nach 1900. Pressler, Hürtgenwald 1987

Pawlowski, T.: Begriffsbildung und Definition. De Gruyter, Berlin, New York 1980

Payk, Th.R. und M. Langenbach: Elemente psychopathologischer Diagnostik. Enke, Stuttgart 1986

Perrez, M.: Ist die Psychoanalyse eine Wissenschaft? Huber, Bern, Stuttgart, Wien 1972

Perrez, M.: Behandlung und Therapie (Psychotherapie). In: Perrez, M. und U. Baumann (Hrsg.): Klinische Psychologie. Bd. 2. Huber, Stuttgart 1991, 99-116

Perrez, M. und J. Otto (Hrsg.): Symptomverschiebung. Ein Mythos oder ein unklar gestelltes Problem? Müller, Salzburg 1978

Peters, U.H.: Laings Negativmodell des Irreseins. Nervenarzt 48 (1977) 478-482

Peters, U.H.: Wörterbuch der Psychiatrie und medizinischen Psychologie. 3. Aufl. Urban und Schwarzenberg, München, Wien, Baltimore 1984

Peters, U.H.: Endogene und symptomatische Schizophrenien: Worin besteht der Unterschied? Psychiat. Neurol. med. Psychol. 42 (1990a) 25-33

Peters, U.H.: Adolf Meyer und die Beziehung zwischen deutscher und amerikanischer Psychiatrie. Fortschr. Neurol. Psychiat. 58 (1990b) 332-338

Peters, U.H.: Diagnostische Bilder, Phänomene und Kriterien in der Psychiatrie – eine Gegenüberstellung. Fortschr. Neurol. Psychiat. 62 (1994) 137-146

Petzold, E. und A. Hendrischke: Was heißt psychosomatische Grundversorgung. Definition und Hintergrund. Psycho 19 (1993) 551-557

Pfeiffer, W.M.: Otto Rank – Wegbereiter personenzentrierter Psychotherapie. In: Schulz, W. und M. Hautzinger (Hrsg.): Klinische Psychologie und Psychotherapie. Kongreßbericht Berlin 1980. Bd. 5. DGVT/GwG, Tübingen, Köln 1980, 93-101

Pfeiffer, W.M.: Ist das Rogers'sche Persönlichkeits- und Therapiekonzept im Hinblick auf psychiatrische Erkrankungen angemessen? Z. personenzentr. Psychol. Psychother. 5 (1986) 367-377

Pfeiffer, W.M.: Wodurch wird ein Gespräch therapeutisch? Psychother. Psychosom. Med. 41 (1991a) 93-101

Pfeiffer, W.M.: Die Bedeutung des Kulturvergleichs für die psychiatrische Nosologie. Curare. Zeitschr. f. Ethnomed. u. transkult. Psychiat. 14 (1991) 23-30

Pfeiffer, W.M. und W. Schoene: Psychopathologie im Kulturvergleich. Enke, Stuttgart, 1980

Pflanz, M.: Medizinsoziologie. In: König, R. (Hrsg.): Handbuch der empirischen Sozialforschung. Bd. 2. Enke, Stuttgart 1969, 1123-1156

Philipp, M., W. Maier und O. Benkert: Operational diagnosis of endogenous depression. II. Comparison of 8 different operational diagnosis. Psychopathology 18 (1985) 218-225

Pichot, P.: Ein Jahrhundert Psychiatrie. Edition Roche, Paris, Basel 1983

Pichot, P.: Klassifikation in der Geschichte der Psychiatrie. In: Simhandl, Ch., P. Berner, H. Luccioni und C. Alf (Hrsg.): Klassifikationsprobleme in der Psychiatrie. Medizinisch-pharmazentische Verlagsgesellschaft, Purkersdorf 1987, 49-58

Pittrich, W. und W. Schäfer: Pflegefall – Behandlungsfall. Welchen Beitrag zur Gleichstellung psychisch Kranker mit körperlich Kranken können wir heute leisten? In: Böcker, F. und W. Weig (Hrsg.): Aktuelle Kernfragen in der Psychiatrie. Springer, Berlin, Heidelberg, New York 1988, 385-395

Plassmann, R.: Die heimliche Selbstmißhandlung. Z. psychosom. Med. Psychoanal. 32 (1986) 316-336

Plassmann, R.: Factitious disease. Karger, Basel, Freiburg, Paris 1994

Pohlmeier, H.: Selbsttötung von Geistesgesunden. Versicher.- Med. 44 (1992) 110-113

Pongratz, L.J.: Lehrbuch der klinischen Psychologie. Psychologische Grundlagen der Psychotherapie. Hogrefe, Göttingen, Toronto, Zürich 1975 Zürich 1975

Pope, H.G. und J. F. Lipinski: Diagnosis in schizophrenia and manic-depressive illness. A reassessment of the specificity of "schizophrenic" symptoms in the light of current research. Arch. Gen. Psychiatry 35 (1978) 811-828

Pophal, R.: Der Krankheitsbegriff in der Körpermedizin und Psychiatrie. Karger, Berlin 1925

Popper, K.: Logik der Forschung. 5. Aufl. Mohr, Tübingen 1973

Pritz, A. und H. Petzold (Hrsg.): Der Krankheitsbegriff in der modernen Psychotherapie. Junfermann, Paderborn 1992

Propping, P.: Psychiatrische Genetik. Befunde und Konzepte. Springer, Berlin, Heidelberg, New York 1989

Propping, P.: Geschichte der Genetik in der Nervenheilkunde. Nervenheilkunde 12 (1993) 1-6

Putnam. F.W., J.J. Guroff, E.K. Silbermann, L. Barban and R.M. Post: The clinical phenomenology of multiple personality disorder: review of 100 recent cases. J. clin. Psychiat. 47 (1986) 285-293

Ramm, B. und G. Hofmann: Biomathematik und medizinische Statistik. 2. Aufl. Enke, Stuttgart 1982

Ranschburg, P.: Die Leseschwäche und Rechenschwäche der Schulkinder im Lichte des Experiments. Marhold, Berlin 1916

Rasch, W.: Die Beurteilung der Schuldfähigkeit. In: Ponsold, A. (Hrsg.): Lehrbuch der gerichtlichen Medizin. Thieme, Stuttgart 1967, 55-89

Rasch, W.: Die Zuordnung der psychiatrisch-psychologischen Diagnosen zu den vier psychischen Merkmalen der §§ 20, 21 StGB. Psychiat. Prax. 10 (1983) 170-176

Rau, H., T. Ebbert, P. Paul und N. Birbaumer: Bluthochdruck – eine gelernte Reaktion? Implikationen eines systemischen Modells. In: Schiepek, G. und H. Spörkel (Hrsg.): Verhaltensmedizin als angewandte Systemwissenschaft. Mackinger, Salzburg 1993, 96-120

Reblin, E.: Krankheit als medizinischer und juristischer Begriff. Med. Sachverständ. 65 (1969) 177-182

Redlich, F.C.: Der Gesundheitsbegriff in der Psychiatrie. In: Mitscherlich, A., T. Brocher, O.V. Mering und K. Horn (Hrsg.): Der Kranke in der modernen Gesellschaft. Kiepenheuer & Witsch, Köln, Berlin 1970, 88-110

Rehbinder, M.: Einführung in die Rechtswissenschaft. 5. Auf. De Gruyter, Berlin, New York 1983

Rehmke, J. und F. Schneider: Grundriß der Geschichte der Philosophie. Athenäum, Frankfurt a.M., Bonn 1965

Reil, J.Chr.: Rhapsodien über die Anwendung der psychischen Curmethode auf Geisteszerrüttungen. Curth, Halle 1803

Reinecker, H.: Grundlagen der Verhaltenstherapie. Psychologie-Verlagsunion, München 1987

Reiter, L.: Wissenschaftstheoretische Probleme der Psychotherapie. In: Strotzka, H. (Hrsg.): Grundlagen, Verfahren, Indikationen. 2. Aufl. Urban & Schwarzenberg, München 1978, 7-33

Reiter, L.: In memorian Hans Strotzka. System Familie 7 (1994) 131-132

Rempen, E.: Megaphen – die Einführung des ersten Neuroleptikums in der Bundesrepublik Deutschland. In: Linde, O.K. (Hrsg.): Pharmakopsychiatrie im Wandel der Zeit. Tilia, Klingenmünster 1988, 134-136

Remschmidt, H. und M.H. Schmidt (Hrsg.): Multiaxiales Klassifikationsschema für psychische Störungen des Kindes- und Jugendalters nach ICD-10 der WHO. 3. Aufl. Huber, Bern 1994

Rennert, H.: Die Universalgenese der endogenen Psychosen. Ein Beitrag zum Problem "Einheitspsychose". Fortschr. Neurol. Psychiat. 33 (1965) 251-272

Rennert, H.: Zur Entstehung und Einordnung psychischer Krankheiten aus der Sicht der Universalgenese der Psychosen. Psychiat. Neurol. med. Psychol. 29 (1977) 9-13

Rennert, H.: Zum Modell "Universalgenese der Psychosen" – Aspekte einer unkonventionellen Auffassung der psychiatrischen Krankheiten. Fortschr. Neurol. Psychiat. 50 (1982) 1- 29

Rensch, B. und C. Dücker: Biologie II: Zoologie. Fischer, Frankfurt a.M. 1965

Retterstöl, N.: Schizophrenie – Verlauf und Psychose. In: Kisker, K.P., H. Lauter, J.E. Meyer, C. Müller und E. Strömgren (Hrsg.): Psychiatrie der Gegenwart. Bd. 4. Schizophrenien. Springer, Berlin, Heidelberg, New York 1987, 1987, 71-115

Retzer, A., F.B. Simon, G. Weber, H. Stierlin und G. Schmidt: Eine Katamnese manisch-depressiver und schizo-affektiver Psychosen nach systemischer Familientherapie. Familiendynamik 14 (1989) 214-235

Richter, H.E.: Patient Familie. Rowohlt, Reinbek 1970

Richtlinien des Bundesausschusses der Ärzte und Krankenkassen über die Durchführung der Psychotherapie (Psychotherapie-Richtlinien) in der Neufassung vom 3. Juli 1986, zuletzt geändert am 31. August 1993. In: Faber, F. R. und R. Haarstrick: Kommentar Psychotherapie-Richtlinien. 3. Aufl. Jungjohann, Neckarsulm, Stuttgart 1994, 137-151

Ridder, P.: Gesundheitshandeln im gesellschaftlichen Alltag. MMG 10 (1985) 78-84

Rieger, H.J.: Allgemeines Persönlichkeitsrecht und Schweigepflicht bei der Behandlung von Simulanten. Dtsch. med. Wschr. 100 (1975) 567-568

Rifkin, A.H.: A general assessment of psychiatry. In: Arieti, S. (ed.): American handbook of psychiatry. Vol. 1. The foundation of psychiatry. Basic Books, New York 1974, 117-130

Robins, L., J.K. Wing, H.-U. Wittchen, J.E. Helzer, T.F. Babor, J. Burke, A. Farmer, A. Jablensky, R. Pickens, D.A. Regier, N. Sartorius and L.E. Towle: The Composite International Diagnostic Interview (CIDI): An epidemiological instrument uniting multiple diagnostic systems. Arch. Gen. Psychiat. 45 (1989) 1069-1077

Robins, E. and S.B. Guze: Establishment of diagnostic validity in psychiatric illness. Its application to schizophrenia. Amer. J. Psychiat. 126 (1970) 983-987

Rogers, C.R.: The clinical treatment of the problem child. Houghton Mifflin, Boston 1939

Rogers, C.R.: The necessary and sufficient conditions of therapeutic personality change. J. consult. Psychol. 21 (1957) 95-103

Rogers, C.R.: Counseling and psychotherapy. Houghton Mifflin, Boston 1962. Deutsch: Die nichtdirektive Beratung. Kindler, München 1972

Rogers, C.R.: Client-centered therapy. Houghton Mifflin, Boston 1951. Deutsch: Die klientenzentrierte Gesprächspsychotherapie. Fischer, Frankfurt a.M. 1983

Rogers, C.R.: A theory of therapy, personality and interpersonal relationships, as developed in the client-centered framework. In: Koch, S. (ed.): Psychology, a study of a science. Vol. III. M. Graw Hill, New York, Toronto, London 1959, 184-256. Deutsch: Die Theorie der Psychotherapie der Persönlichkeit und der zwischenmenschlichen Beziehungen. GwG-Verlag, Köln 1987

Rogers, C.R., E.T. Gendlin, D.J. Kiesler and Ch.B. Truax: The therapeutic relationship and its impact: A study of psychotherapy with schizophrenics. Univ. of Wisconsin Press, Madison 1967

Rogers, C.R. and B.F. Skinner: Some issues concerning the control of human behavior: A symposium. Science 124 (1956) 1057-1066

Rohde, A. und A. Marneros: "Therapieresistenz" schizophrener Erkrankungen im Lichte der Langzeitkatamnese: Die persistierenden Alterationen. In: Möller, H.-J. (Hrsg.): Therapieresistenz unter Neuroleptikabehandlung. Springer, Wien, New York 1993, 25-35

Rose, H.K.: Mißverständnisse zwischen Arzt und Jurist: Jeder hat seinen eigenen Krankheitsbegriff. In: Oberdalhoff, H.E. und W. Dahlmann (Hrsg.): Psychosomatische Gutachtertätigkeit. Banaschewski, München 1986a, 17-19

Rose, H.K.: Psychiatrische Begutachtung im Zivilrecht. In: Venzlaff, U. (Hrsg.): Psychiatrische Begutachtung. Fischer, Stuttgart, New York 1986b, 507-534

Rosenhan, D.L.: On being sane in insane places. Science 79 (1973) 250-258

Rosin, U.: Krankheitsbegriffe in Psychiatrie und analytischer Psychotherapie und ihr Einfluß auf die Arzt-Patient-Beziehung. In: Bach, H. (Hrsg.): Der Krankheitsbegriff in der Psychoanalyse. Vandenhoeck & Ruprecht, Göttingen 1981, 104-121

Rössler, W. und H.J. Salize: Qualitätsindikatoren psychiatrischer Versorgungssysteme. In: Gaebel, W. (Hrsg.): Qualitätssicherung im psychiatrischen Krankenhaus. Springer, Wien, New York 1995, 39-51

Roth, M. and T.R. Barnes: The classification of affective disorders: A synthesis of old and new concepts. Comp. Psychiat. 22 (1981) 54-77

Roth, M. and J. Kroll: The reality of mental illness. Cambridge Univ. Press, Cambridge, London, New York 1986

Rothschuh, K.E.: Prinzipien der Medizin. Ein Wegweiser durch die Medizin. Urban & Schwarzenberg, München 1965

Rothschuh, K.E.: Der Krankheitsbegriff (Was ist Krankheit?). In: Rothschuh, K.E. (Hrsg.): Was ist Krankheit? Wissenschaftl. Buchgesellschaft, Darmstadt 1975, 397-420

Rothschuh, K.E.: Krankheitsvorstellung, Krankheitsbegriff, Krankheitskonzept. Metamed 1 (1977) 106-114

Rothschuh, K.E.: Konzepte der Medizin in Vergangenheit und Gegenwart. Hippokrates, Stuttgart 1978

Rüger, B.: Kritische Anmerkungen zu den statistischen Methoden in Grawe, Donati und Bernauer: "Psychotherapie im Wandel. Von der Konfession zur Profession". Zeitschr. psychosom. Med. Psychoanal. 40 (1994) 368-383

Rüger, U., A.F. Blomert und W. Förster: Coping. Theoretische Konzepte, Forschungsansätze, Meßinstrumente zur Krankheitsbewältigung. Verlag f. med. Psychologie, Göttingen 1990

Rummel, C.: Das "isolierte Ich" als Erbhof der etablierten Helfer – oder: Das gescheiterte Psychotherapeutengesetz. Familiendynamik 19 (1994) 383-403

Rutter, M.: Prevalence and types of dyslexia. In: Benton, A.L. and D. Pearl (eds.): Dyslexia – an appraisal of current knowledge. Oxford University Press, New York 1978, 3-28

Sabshin, M.: Wendepunkte in der amerikanischen Psychiatrie des 20. Jahrhunderts. Fortschr. Neurol. Psychiat. 58 (1990) 323-331

Sabshin, M.: Comorbidity: A central concern of psychiatry in the 1990s. Hosp. Community Psychiat. 42 (1991) 345

Sachweh, D.: Ausnahmeregelungen für Risikopatienten der GKV. Arzt-recht 30 (1995) 39-41

Sadegh-Zadeh, K.: Krankheitsbegriffe und nosologische Systeme. Meta-med 1 (1977) 4-41

Sandweg, R.: Psychoanalytische Diagnostik im Sozialrecht. Prax. Psy-chother. Psychosom. 33 (1988) 200-207

Sartorius, N.: Crosscultural Psychiatry. In: Kisker, K. P., J. E. Meyer, C. Müller und E. Strömgren (Hrsg.): Psychiatrie der Gegenwart. For-schung und Praxis Bd. I/1. Grundlagen und Methoden der Psychiatrie. 2. Aufl. Springer, Berlin, Heidelberg, New York 1979, 711-737

Sartorius, N., A. Jablensky, A. Korten, G. Ernberg, M. Anker, J.E. Cooper and R. Day: Early manifestations and first-contact incidence of schizo-phrenia in different cultures. Psychol. Med. 16 (1986) 909-928

Saß, H.: Affektdelikte. Nervenarzt 54 (1983) 557-572

Saß, H.: Die Krise der psychiatrischen Diagnostik. Fortschr. Neurol. Psychiat. 55 (1987) 355-360

Saß, H.: Operationalisierte Diagnostik in der Psychiatrie. Nervenarzt 61 (1990) 255-258

Saß, H.: Forensische Erheblichkeit seelischer Störungen im psychopatho-logischen Referenzsystem. In: Schütz, H., H.-J. Kaatsch und H. Thomsen (Hrsg.): Medizinrecht – Psychopathologie – Rechtsmedizin. Springer, Berlin, Heidelberg, New York 1991, 266-281

Saß, H.: Affektdelikte: die Kontroverse geht weiter. In: Saß, H. (Hrsg.): Affektdelikte. Interdisziplinäre Beiträge zur Beurteilung von affektiv akzentuierten Straftaten. Springer, Berlin, Heidelberg, New York 1993, 10-17

Sauer, H.: Die nosologische Stellung schizoaffektiver Psychosen. Nerven-arzt 61 (1990) 3-15

Saussure, R. de: Philippe Pinel. In: Kolle K. (Hrsg.): Große Nervenärzte. Bd. 1. Thieme, Stuttgart, New York 1970, 216-235

Scadding, J.G.: Diagnosis: The clinician and the computer. Lancet 2 (1967) 877-882

Schadewaldt, H.: Grenzen von Gesundheit und Krankheit – historisch gesehen. Med. Welt 28 (1977) 613-619

Scharfetter, Chr.: Automanipulation von Krankheit. Schweiz. med. Wschr. 114 (1984) 1142-1149

Scharfetter, Chr.: Definition, Abgrenzung, Geschichte. In: Kisker, K.P., H. Lauter, J.-E. Meyer, C. Müller und E. Strömgren (Hrsg.): Psychiatrie der Gegenwart. Bd. 4. Schizophrenien. 3. Aufl. Springer, Berlin, Hei-delberg, New York 1987, 1-38

Scharfetter, Chr.: Allgemeine Psychopathologie. 3. Aufl. Thieme, Stutt-gart, New York 1991

Schauenburg, H.: Grenzen der Kurzzeit-Therapie – neue Trends in der Prozeßforschung. Psychotherapeut 39 (1994) 386-388

Scheff, T.J.: Being mentally ill. A sociological theory. Aldine Publ. Chicago III. 1966. Deutsch: Das Etikett "Geisteskrankheit". Soziale Interaktion und psychische Störung. Fischer, Frankfurt a.M. 1973

Scheff, T.J.: The labelling theory of mental illness. Amer. sociol. Rev. 39 (1974) 444-452

Scheid, K.F.: Existentiale Analytik und Psychopathologie. Nervenarzt 5 (1932) 617-625

Schenk-Danzinger, L.: Legasthenie. Zerebralfunktionelle Interpretation. Reinhardt, München 1984

Schepank, H.: Erb- und Umweltfaktoren bei Neurosen. Tiefenpsychologische Untersuchung an 50 Zwillingspaaren. Springer, Berlin, Heidelberg, New York 1974

Schepank, H., H. Hilpert, H. Hönmann, B. Janta, H. Parekh, P. Riedel, N. Schiessl, H. Storck, W. Tress und M. Weinhold-Metzner: Das Mannheimer Kohortenprojekt – Die Prävalenz psychogener Erkrankungen in der Stadt. Zschr. psychosom. Med. 30 (1984) 43-61

Schepank, H.: Die Versorgung psychogen Kranker aus epidemiologischer Sicht. Psychotherapeut 39 (1994) 220-229

Schian, H.-M.: Erhebung der beruflichen Fähigkeiten Behinderter unter Verwendung der WHO-Klassifikation ICIDH-Bericht über die internationale Sachverständigensitzung vom 20.-21.3.91 in Siegen. Rehabilitation 30 (1991) 159-160

Schiepek, G.: Systemorientierte Psychotherapie. Psychother. Forum 1 (1993) 8-16

Schipperges, H.: Melancolia als ein mittelalterlicher Sammelbegriff für Wahnvorstellungen. Studium Generale 20 (1967) 723-736

Schipperges, H.: Psychiatrische Konzepte und Einrichtungen in ihrer geschichtlichen Entwicklung. In: Kisker, K.P., J.E. Meyer, C.Müller und E. Strömgren (Hrsg.): Psychiatrie der Gegenwart. Forschung und Praxis. Bd. III. Soziale und angewandte Psychiatrie. 2. Aufl. Springer, Berlin, Heidelberg, New York 1975, 1-38

Schlee, J.: Legasthenieforschung am Ende? Urban & Schwarzenberg, Berlin, München, Wien 1976

Schlippe, A. von: Familientherapie im Überblick. Basiskonzepte, Formen, Anwendungsmöglichkeiten. Junfermann, Paderborn 1984

Schmidt, A. und G. Lehmkuhl: Krankheitskonzepte bei Kindern – Literaturübersicht. Fortschr. Neurol. Psychiat. 62 (1994) 50-65

Schmidt, H.: Philosophisches Wörterbuch. Bearb. von G. Schischkoff. Kröner, Stuttgart 1974

Schmidt, J. und R. Nübling: Qualitätssicherung in der Psychotherapie. Teil 1: Grundlagen, Hintergründe und Probleme. GwG-Zeitschrift 25 (1994) Heft 96, 15-25

Schmidt, J. und R. Nübling: Qualitätssicherung in der Psychotherapie. Teil 2: Realisierungsvorschläge, Modellprojekte und bereits laufende Maßnahmen. GwG-Zeitschrift 26 (1995) Heft 99, 42-53

Schmidt, M.H.: Die Verwendung empirischer und heuristischer Modelle in der kinder- und jugendpsychiatrischen Forschung und Klinik. In: Bochnik, H.J., C. Gärtner-Huth und W. Richtberg (Hrsg.): Der einzelne Fall und die Regel. Deutscher Ärzte-Verlag, Köln 1988a, 99-107

Schmidt, M.H.: Teilleistungsstörungen aufgrund von Entwicklungsstörungen. In: Kisker, K.P., H. Lauter, J.-E. Meyer, C. Müller und E. Strömgren (Hrsg.): Psychiatrie der Gegenwart. Bd. 7. Kinder- und Jugendpsychiatrie. 3. Aufl. Springer, Berlin, Heidelberg, New York 1988b, 215-233

Schmidt-Degenhard, M.: Einheitspsychose – Begriff und Idee. In: Mundt, Ch. und H. Saß (Hrsg.): Für und wider die Einheitspsychose. Thieme, Stuttgart 1992, 1-11

Schmidtchen, S., G.-W. Speierer und H. Linster (Hrsg.): Die Entwicklung der Person und ihre Störung. Bd. 2. Theorien und Ergebnisse zur Grundlegung einer klientenzentrierten Krankheitslehre. GwG-Verlag, Köln 1995

Schmitt, W.: Zur Entwicklung der Systemtherapy seit Bertalanffy. In. Schmitt, W. (Hrsg.): Systemtheorie und Psychiatrie. Festschrift für Walter Schmitt zum 65. Geburtstag. Janssen, Saarbrücken 1986, 1-15

Schneble, H.: Nomen est omen. Krankheitsnamen und Krankheitsverständnis am Beispiel der Epilepsie. Nervenarzt 57 (1986) 383-390

Schneewind, K.A. (Hrsg.): Wissenschaftstheoretische Grundlagen der Psychologie. Reinhardt, München, Basel 1977

Schneider, F.: Psychophysiologische Unspezifität schizophrener Erkrankungen. Fischer, Stuttgart, Jena, New York 1992

Schneider, K.: Der Krankheitsbegriff in der Psychiatrie. Mschr. Psychiat. Neurol. 49 (1921) 154-158

Schneider, K.: Die psychopathischen Persönlichkeiten. Deuticke, Leipzig, Wien 1923

Schneider, K.: Über die Notwendigkeit einer dreifachen Fragestellung bei der systemischen Erfassung von Psychosen. Z. ges. Neurol. Psychiat. 91 (1924) 200-208

Schneider, K.: Die allgemeine Psychopathologie im Jahre 1928. Fortschr. Neur. 1 (1929a) 127-150

Schneider, K.: Abnormität und Krankheit im Psychischen. Mschr. Kriminalpsychol. Strafrechtsreform 20 (1929b) 592-597

Schneider, K.: Probleme der klinischen Psychiatrie. Thieme, Leipzig 1932

Schneider, K.: Zum Krankheitsbegriff in der Psychiatrie. Dtsch. med. Wschr. 71 (1946) 306-307

Schneider, K.: Die Beurteilung der Zurechnungsfähigkeit. Thieme, Stuttgart 1948

Schneider, K.: Psychiatrie heute. Thieme, Stuttgart 1952

Schneider, K.: Kraepelin und die gegenwärtige Psychiatrie. Fortschr. Neurol. Psychiat. 24 (1956) 1-7

Schneider, K.: Klinische Psychopathologie (1959). 11. Aufl. Thieme, Stuttgart 1976 (seit 8. Aufl. von 1967 unverändert)

Schneider, W. und S.O. Hoffmann, Diagnostik und Klassifikation neurotischer und psychosomatischer Störungen. Fundam. psychiat. 6 (1992) 137-142

Schomerus, H.G.: Gesundheit und Krankheit der Person in der medizinischen Anthropologie Johann Christian August Heinroths. Med. Diss. Universität Heidelberg 1964

Schorr, A.: Die Verhaltenstherapie: ihre Geschichte von den Anfängen bis zur Gegenwart. Beltz, Weinheim 1984

Schorr, A.: Gesundheit und Krankheit: Zwei Begriffe mit getrennter Historie? In: Lutz, R. und N. Mark (Hrsg.): Wie gesund sind Kranke? Verlag für Angewandte Psychologie, Göttingen 1995, 53-69

Schorsch, E.: Die sexuellen Deviationen und sexuell motivierte Straftaten. In: Venzlaff, U. (Hrsg.): Psychiatrische Begutachtung. Fischer, Stuttgart, New York 1986, 279-315

Schorsch, E.: Psychopathologie der Sexualität? In: Schmidt, G. und V. Sigusch (Hrsg.): Perversion, Liebe, Gewalt. Enke, Stuttgart 1993, 11-32

Schott, H.: Traum und Neurose. Erläuterungen zum Freudschen Krankheitsbegriff. Huber, Bern 1979

Schottländer, F.: Die Welt der Neurose. Hippokrates, Stuttgart 1950

Schreiber, H.-J.: Juristische Grundlagen. In: Venzlaff, U. (Hrsg.): Psychiatrische Begutachtung. Fischer, Stuttgart, New York 1986, 3-77

Schröder, P.: Über Degenerationspsychosen. Z. ges. Neurol. Psychiat. 105 (1926) 539-547

Schroeder, F.C. (Hrsg.): Strafgesetzbuch (StGB) mit Einführungsgesetz und anderen Nebengesetzen. 20. Aufl. Goldmann, München 1980

Schulin, B.: Rehabilitation – eine Herausforderung an Gesetzgeber und Sozialverwaltung. Rehabilitation 29 (1990) 33-38

Schulte, B. und P. Trenk-Hinterberger: Legasthenie und Sozialrecht. Schriftenreihe der Bundesarbeitsgemeinschaft "Hilfe für Behinderte". Bd. 26. Rehabilitationsverlag, Bonn 1982

Schulte, D.: Psychische Gesundheit, psychische Krankheit, psychische Störung. In: Baumann, U. und M. Perrez (Hrsg.): Lehrbuch der klinischen Psychologie. Bd. 1. Huber, Bern, Stuttgart, Toronto 1990, 28-37

Schulte, D.: Wie soll Therapieerfolg gemessen werden? Zeitschr. klin. Psychol. 22 (1993) 374-393

Schulte, D. und H.-U. Wittchen: Wert und Nutzen klassifikatorischer Diagnostik für die Psychotherapie. Diagnostica 34 (1988) 85-98

Schulte, R.-M. und H.-R. Quillmann: Bundesseuchengesetz. Z. Allg.-Med. 64 (1988) 184-189

Schulte, W. und R. Tölle: Psychiatrie. Springer, Berlin, Heidelberg, New York 1971

Schwartz, R.L.: Der Begriff des Begriffes in der philosophischen Lexikographie. Ein Beitrag zur Begriffsgeschichte. Minerva, München 1983

Schwartz, M.A. and O.P. Wiggins: Typifications. The first step for clinical diagnosis in psychiatry. J. Nerv. Ment. Dis. 175 (1987) 65-77

Schwarz, R. und J. Michael: Zum Konzept von (psychischer) Behinderung. Nervenarzt 48 (1977) 656-662

Schwarzer, R.: Psychologie des Gesundheitsverhaltens. Hogrefe, Göttingen, Toronto, Zürich 1992

Schwenkmezger, P. und L.R. Schmidt (Hrsg.): Lehrbuch der Gesundheitspsychologie. Enke, Stuttgart 1994

Seifert, J.: Das Leib-Seele-Problem in der gegenwärtigen philosophischen Diskussion. Wissenschaftl. Buchgesellschaft, Darmstadt 1979

Selvini-Palazzoli, M., L. Boscolo, G. Cecchin und G. Prata: Paradoxon und Gegenparadoxon. Klett, Stuttgart 1977

Selvini-Palazzoli, M., L. Boscolo, G. Cecchin und G. Prata: Hypothetisieren – Zirkularität – Neutralität: drei Richtlinien für den Leiter der Sitzung. Familiendynamik 4 (1981) 123-139

Selye, H.: The stress of life. McGraw-Hill, New York 1956

Sheldon, W.H. and S.S. Stevens: The varieties of temperament. Harper, New York, London 1942

Shepherd, M.: Book review of Karl Jaspers' "General Psychopathology". Brit. J. Psychiat. 141 (1982) 310-312

Siegler, M. and H. Osmond: Models of madness, models of medicine. Macmillan, London, New York 1974

Siegler, M., H. Osmond and H. Mann: Laings model of madness. Brit. J. Psychiat. 115 (1969) 947-958

Siegrist, J.: Die Bedeutung von Lebensereignissen für die Entstehung körperlicher und psychosomatischer Erkrankungen. Nervenarzt 51 (1980) 312-320

Sigerist, H.E.: The great doctors. Norton, New York 1933

Sigusch, V.: Homosexuelle und Sexualforscher. Z. Sex.-Forsch. 2 (1989) 55-74

Sirch, K.: Der Unfug mit der Legasthenie. Klett, Stuttgart 1975

Snell, L.: Über Monomanie als primäre Form der Seelenstörung. Allg. Z. Psychiat. 22 (1865) 368-381

Socarides, C.W.: Bedeutung und Inhalt von Abweichungen im Sexualverhalten. Der Betrag der Psychoanalyse. In: Eicke, D. (Hrsg.): Tiefenpsychologie. Bd.1: Sigmund Freud – Leben und Werk. Beltz, Weinheim, Basel 1982, 717-747

Sommer, R.: Diagnostik der Geisteskrankheiten. Urban & Schwarzenberg, Wien, Leipzig 1894

Sommer-Stumpenhorst, N. und R. Christiani: Der neue LRS-Erlaß. Zur Leserechtschreibschwäche: Runderlaß des Kultusministers vom 19.07.91. Schulverwaltung Nordrhein-Westfalen 11 (1991) 255-258

Sonneck, G. (Hrsg.): Der Krankheitsbegriff in der Psychotherapie. Fakultas, Wien 1989

Speer, E.: Vom Wesen der Neurose. 2. Aufl. Thieme, Stuttgart 1949

Speidel, H.: Braucht die Psychiatrie Werte? In: Danzer, G. und S. Priebe (Hrsg.): Forschen und Denken. Wege in der Psychiatrie. Königshausen & Neumann, Würzburg 1993, 85-101

Speierer, G.-W.: Die Krankheitslehre der klientenzentrierten Psychotherapie. In: Sachse, R. und J. Howe (Hrsg.): Zur Zukunft der klientenzentrierten Psychotherapie. Asanger, Heidelberg 1989, 37-53

Speierer, G.-W.: Einheitliche oder krankheitsspezifische Inkongruenzformen in der klientenzentrierten Gesprächspsychotherapie? GwG-Zeitschrift 23 (1992) Heft 85, 22-26

Spitzer, M. und R. Degkwitz: Zur Diagnose des DSM-III. Nervenarzt 57 (1986) 698-704

Spitzer, R.L.: On pseudoscience in science. Logic in remission and psychiatric diagnosis: A critique of Rosenhan's "On Being Sane in Insane Places". J. abnorm. Psychol. 84 (1975) 442-452

Spitzer, R.L.: More on pseudoscience in science and the case for psychiatric diagnosis. Arch. gen. Psychiat. 33 (1976) 459-470

Spitzer, R.L. and J. Endicott: Medical and mental disorder: proposed definition and criteria. In: Spitzer, R.L. and D.F. Klein (eds.): Critical issues in psychiatric diagnosis. Raven Press, New York 1978, 15-39

Spitzer, R.L., J. Endicott and E. Robins: Research diagnostic criteria: rationale and reliability. Arch. Gen. Psychiatry 35 (1978) 773-782

Spitzer, R.L. und J.B.W. Williams: Einleitung. In: Diagnostisches und statistisches Manual psychischer Störungen DSM-III-R. Deutsche Bearbeitung von H. U. Wittchen, H. Saß, M. Zaudig und K. Koehler. 2. Aufl. Beltz, Weinheim, Basel 1989, 3-17

Springer, A.: Der Krankheitsbegriff in der Analytischen Psychologie nach C.G. Jung. In: Pritz, A. und H. Petzold (Hrsg.): Der Krankheitsbegriff in der modernen Psychotherapie. Junfermann, Paderborn 1992, 157-169

Stark, F.-M. und R. Stolle: Schizophrenie: Subjektive Krankheitstheorien – Eine explorative Studie. Teil 1: Patienten. Psychiat. Prax. 21 (1994) 74-78

Starobinski, J.: The word reaction: from physics to psychiatry. Psychol. Med. 7 (1977) 373-386

Stegmüller, W.: Hauptströmungen der Gegenwartsphilosophie. Bd. II. Kröner, Stuttgart 1975

Stegmüller, W.: Hauptströmungen der Gegenwartsphilosophie. Bd. I. Kröner, Stuttgart 1976

Steinhausen, H.-Chr.: Psychische Störungen bei Kindern und Jugendlichen. Lehrbuch der Kinder- und Jugendpsychiatrie. 2. Aufl. Urban & Schwarzenberg, München, Wien, Baltimore 1993

Stephens, J.H.: Long-term course and prognosis in schizophrenia. Schizophr. Bull. 4 (1978) 25-47

Stephenson, S.: Congenital word-blindness. Lancet (1904) 827-828

Sticken, R.J.: Die Entwicklung des Krankheitsbegriffs der gesetzlichen Krankenversicherung. Ursachen und Auswirkungen der Veränderung. Europäische Hochschulschriften: Reihe 2, Rechtswissenschaft Bd. 443. Lang, Frankfurt a.M. 1985

Stierlin, H. und F.B. Simon: Familientherapie. In: Kisker, K.P., H. Lauter, J.-E. Meyer, C. Müller und E. Strömgren (Hrsg.): Psychiatrie der Gegenwart. Bd.1 Neurosen, Psychosomatische Erkrankungen, Psychotherapie. 3. Aufl. Springer, Berlin, Heidelberg, New York, Tokyo 1986, 249-275

Stockert, F.G. von: Das Gerstmann-Syndrom der Fingeragnosie mit besonderer Berücksichtigung der Sprach- und Schreibstörungen. Mschr. Psychiat. Neurol. 88 (1934) 121-159

Stoller, R.J., J. Marmor, J. Bieber, R. Gold, C.W. Socarides, R. Green and R.L. Spitzer: A symposium: should homosexuality be in the APA nomenclature? Amer. J. Psychiat. 130 (1973) 1207-1216

Straus, E.: Vom Sinn der Sinne. 2. Aufl. Springer, Berlin, Göttingen, Heidelberg 1956

Straus, E. und J. Zutt: Vorwort. In: Straus, E. und J. Zutt (Hrsg.): Die Wahnwelten. Akadem. Verlagsges., Frankfurt a.M. 1963, 1-5

Streeck, U.: Abweichungen von "fiktiven Normal-Ich": Zum Dilemma der Diagnostik struktureller Ich-Störungen. Zschr. psychosom. Med. 29 (1983) 334-349

Strömgren, E.: Aktuelle Probleme der psychiatrischen Klassifikation. In: Kisker, K.P., H. Lauter, J.-E. Meyer, C. Müller und E. Strömgren (Hrsg.): Psychiatrie der Gegenwart. Bd. 9. Brennpunkte der Psychiatrie. Diagnostik. Datenerhebung. Krankenversorgung. 3. Aufl. Springer, Berlin, Heidelberg, New York 1989, 47-83

Strömgren, E.: Zur Klassifikation endogener Psychosen aus genetischer Sicht. Nervenheilkunde 12 (1993) 26-29

Strotzka, H.: Was ist Psychotherapie? In: Strotzka, H. (Hrsg.): Psychotherapie: Grundlagen, Verfahren, Indikationen. 2. Aufl. Urban & Schwarzenberg, München 1978, 3-6

Stumme, W.: Was heißt "Geisteskrankheit"?. Nervenarzt 41 (1970) 294-298

Stumme, W.: Psychische Erkrankung – Im Urteil der Bevölkerung. Urban & Schwarzenberg, München 1975

Sulz, S.K.D.: Psychotherapie in der klinischen Psychiatrie. Thieme, Stuttgart, New York 1987

Susser, M.: Causal thinking in the health sciences. Oxford Univ. Press, London 1973

Sydenham, T.: Observationes medicae (1676). In: Swan, J. (ed.): The entire works of Thomas Sydenham newly made English from the originals. Cave, London 1742 (zit. nach Häfner, 1983)

Synatschke, V.: Die Geschichte mit den vierzehntausend Diagnosen. Westf. Ärztebl. 49 (1995) Heft 10, 33-34

Szasz, T. S.: The myth of mental illness. Amer. Psychologist 15 (1960) 113-118

Tausch, R. und A.-M. Tausch: Gesprächspsychotherapie. 7. Aufl. Hogrefe, Göttingen, Toronto, Zürich 1979

Tellenbach, H.: Die Begründung psychiatrischer Erfahrung und psychiatrischer Methoden in philosophischen Konzeptionen von Wesen und Menschen. In: Gadamer, H.-G. und P. Vogler (Hrsg.): Philosophische Anthropologie. 1.Teil. Thieme, Stuttgart 1975, 138-181

Tellenbach, H.: Normalität. In: Peters, U.H. (Hrsg.): Kindlers "Psychologie des 20. Jahrhunderts". Psychiatrie. Bd. 1. Beltz, Weinheim, Basel 1983, 68-79

Tellenbach, H.: Karl Jaspers Konzeption einer geistigen Psychiatrie. Ein Nachwort zum 7.Jahrzehnt "Allgemeine Psychopathologie". Nervenarzt 58 (1987) 743-747

Temkin, O.: Die Krankheitsauffassung von Hippokrates und Sydenham in ihren "Epidemien". Arch. Gesch. Med. 20 (1928) 327-352

Teusch, L.: Diagnostik in der Gesprächspsychotherapie. In: Teusch, L. und J. Finke (Hrsg.): Krankheitslehre der Gesprächspsychotherapie.

Neuere Beiträge zur theoretischen Fundierung. Asanger, Heidelberg 1993, 115-134

Thigpen, C.H. and H.M. Cleckley: The three faces of eve. Mc Graw-Hill, New York 1957

Tölle, R.: Die Tübinger Psychiatrie-Schule. Fundam. Psychiat. 8 (1994) 170-175

Trenckmann, U.: Mit Leib und Seele. Ein Wegweiser durch die Konzepte der Psychiatrie. Psychiatrie Verlag, Bonn 1988

Trenk-Hinterberger, P. und B. Schulte: Die sozialrechtliche Situation legasthenischer Kinder. In: Dummer, L. (Hrsg.): Legasthenie. Bericht über den Fachkongreß 1982. Bundesverband Legasthenie e. V., Hannover 1983

Trojan, A.: Psychisch krank durch Etikettierung? Urban und Schwarzenberg, München, Wien, Baltimore 1978

Tschuschke, V., H. Kächele und M. Hölzer: Gibt es unterschiedlich effektive Formen von Psychotherapie? Psychotherapeut 39 (1994) 281-297

Tsuang, M.T. and G.M. Dempsey: Long-term outcome of major psychoses. II. Schizoaffective disorders compared with schizophrenia. Affective disorders and a surgical control group. Arch. gen. Psychiat. 36 (1979) 1302-1304

Vaillant, G.E.: Prospective prediction of schizophrenic remission. Arch. gen. Psychiat. 11 (1964) 509-518

Venzlaff, U.: Aktuelle Probleme der forensischen Psychiatrie. In: Kisker, K.P., J.-E. Meyer, C. Müller und E. Strömgren (Hrsg.): Psychiatrie der Gegenwart. Forschung und Praxis. Bd. III. Soziale und angewandte Psychiatrie. 2. Aufl. Springer, Berlin, Heidelberg, New York 1975, 883-932

Viefhues, H.: Der medizinische Krankheitsbegriff. Z. Sozialreform 22 (1976) 394-402

Vliegen, J.: Die Einheitspsychose. Geschichte und Problem. Enke, Stuttgart 1980

Vliegen, J.: Endogenität. In: Müller, Ch. (Hrsg.): Lexikon der Psychiatrie. Springer, Berlin, Heidelberg, New York 1986, 233-238

Vliegen, J.: Psychiatrie und das Bild vom Menschen. Fundam. psychiat. 1 (1987) 41-48

Vliegen, J., Th. Vogel, E. Lungershausen: Modelle endogener Psychosen. Fortschr. Neurol. Psychiat. 43 (1975) 223-253

Völker, U. (Hrsg.): Humanistische Psychologie. Beltz, Weinheim 1980 a

Völker, U.: Grundlagen der Humanistischen Psychologie. In: Völker, U. (Hrsg.): Humanistische Psychologie. Beltz, Weinheim, Basel 1980 b, 13-37

Vries, J. de: Allgemeinbegriff. In: Brugger, W. (Hrsg.): Philosophisches Wörterbuch. Herder, Freiburg, Basel, Wien 1967a, 8-10

Vries, J. de: Realismus. In: Brugger, W. (Hrsg.): Philosophisches Wörterbuch. Herder, Freiburg, Basel, Wien 1967b, 302-304

Warnke, A.: Teilleistungsschwächen. In: Remschmidt, H. (Hrsg.): Kinder- und Jugendpsychiatrie. 2. Aufl. Thieme, Stuttgart, New York 1987, 114-121

Warnke, A.: Legasthenie und Hirnfunktion. Neurologische Befunde zur visuellen Informationsverarbeitung. Huber, Bern, Stuttgart, Toronto 1990

Warnke, A.: Legasthenie. Diagnostik, Therapie und neue neuropsychologische Befunde zur Ätiologie. Pädiat. Prax. 42 (1991) 11-22

Warnke, A.: Stellungnahme des Vorstandes der Deutschen Gesellschaft für Kinder- und Jugendpsychiatrie zur Diagnostik, schulischen Förderung und Therapie bei Schülern mit Lese- und Rechtschreibstörung (Legasthenie). Spektr. Psychiat. Nervenheilk. 23 (1994) 70-71

Watson, W.C.: The causes and treatment of non-disease. Canad. Med. Ass. J. 114 (1976) 402-403

Watzlawik, P.: Wie wirklich ist die Wirklichkeit? Pieper, München, Zürich 1976

Watzlawik, P.: Kommunikation und Interaktion in psychiatrischer Sicht. In: Kisker, K.P., J.E. Meyer, C. Müller und E. Strömgren (Hrsg.): Psychiatrie der Gegenwart. Forschung und Praxis. Bd. I. Grundlagen und Methoden der Psychiatrie. Teil 1. 2. Aufl. Springer, Berlin, Heidelberg, New York 1979, 598-626

Watzlawik, P.: Systempathologie – Systemtherapie. In: Janzarik, W. (Hrsg.): Psychopathologie und Praxis. Enke, Stuttgart 1985, 101-106

Watzlawik, P., J.H. Beavin and D.D. Jackson: Pragmatics of human communication. A study of interactional patterns, pathologies and paradoxes. Norton, New York 1967. Deutsch: Menschliche Kommunikation. Formen, Störungen, Paradoxien. 4. Aufl. Huber, Bern, Stuttgart, Wien 1974

Weber, A.C. and Chr. Scharfetter: The syndrome concept: history and statistical operationalizations. Psychol. Med. 14 (1984) 315-325

Weber, M.: Gesammelte Aufsätze zur Wissenschaftslehre. Mohr, Tübingen 1922

Weinberg, G.: Society and the healthy homosexual. St. Martin's Press, New York 1972

Weiner, H.: Die Geschichte der psychosomatischen Medizin und des Leib-Seele-Problems in der Medizin. Psychother. med. Psychol. 36 (1986) 361-391

Weinschenk, C.: Der Krankheitsbegriff und der "Beruf des Psychotherapeuten". Dtsch. Ärztebl. 76 (1979) 225-229

Weinschenk, C.: Die Eingliederungshilfe für Legastheniker und Rechen-
gestörte nach dem Bundessozialhilfegesetz (BSHG). Z. Kinder. Ju-
gendpsychiat. 9 (1981) 435-445

Weinschenk, C.: Die Legasthenie als Problem der Gegenwart. In: Stehr, K.
(Hrsg.): Kinderheilkunde und Jugendmedizin. Perimed Verlag, Erlangen 1987, 103-107

Weinschenk, C.: Über den Unterschied der Schreibstörungen bei primärer
Agraphie und kongenitaler Legasthenie und dessen klinische Relevanz.
Fortschr. Neurol. Psychiat. 56 (1988) 259-264

Weinstein, R.M.: Patient's perceptions of mental illness: paradigms for
analysis. J. Hlth soc. Behav. 13 (1972) 38-47

Weitbrecht, H.J.: Psychiatrie im Grundriß. Springer, Berlin, Göttingen,
Heidelberg 1963

Weizsäcker, V. von: Pathosophie. Vandenhoeck und Ruprecht, Göttingen
1956

Weizsäcker, V. von: Der Arzt und der Kranke (1927). In: Rothschuh, K.E.
(Hrsg.): Was ist Krankheit? Wissenschaftl. Buchgesellschaft, Darmstadt 1975, 214-232

Wernicke, C.: Der aphasische Symptomkomplex. Eine psychologische
Studie auf anatomischer Basis. Cohn und Weigert, Breslau 1874

Wernicke, C.: Grundriß der Psychiatrie in klinischen Vorlesungen (1900).
2. Aufl. Thieme, Leipzig 1906

Wieding, J.U. und P.W. Schönle: Neuronale Netze. Nervenarzt 62 (1991)
415-422

Wiener, N.: Kybernetik. Econ, Düsseldorf, Wien 1963

Williams, P. and A. Tarnopolsky: Psychiatric case definition. Publ. Hlth
Rev. 9 (1980) 67-92

Wilmans, K. (Hrsg.): Die Schizophrenie. Springer, Berlin 1932

Wilson, M.: DSM-III and the transformation of american psychiatry: A
history. Amer. J. Psychiat. 150 (1993) 399-410

Wing, J.K., J.E. Cooper und N. Sartorius: Die Erfassung und Klassifikation psychiatrischer Symptome. Beschreibung und Glossar des PSE
(Present State Examination) – ein Verfahren zur Erhebung des psychopathologischen Befundes. Beltz, Weinheim, Basel 1982

Wing, J.K., T. Babor, T. Brugha, J.E. Cooper, R. Giel, A. Jablensky, D.
Rieger and N. Sartorius: SCAN: Shedules for Clinical Assessment in
Neuropsychiatry Arch. gen. Psychiat. 47 (1990) 589-593

Wing, J.K., P. Bebbington and L. Robbins: What is a case? Grant
McIntyre, London 1981

Winter, E.: Über die Häufigkeit neurotischer Symptome bei "Gesunden". Zschr. psychosomat. Med. 5 (1959) 153-167

Wirsching, M.: Der Krankheitsbegriff in der Familientherapie. In: Bach, H. (Hrsg.): Der Krankheitsbegriff in der Psychoanalyse. Vandenhoeck & Ruprecht, Göttingen 1981, 133-144

Wissfeld, E.: Zur Geschichte der Psychiatrie in ihrer Abhängigkeit von der geisteswissenschaftlichen Entwicklung seit der Renaissance. Arch. f. Psychiat. 196 (1957) 63-89, 328

Wittenborn, J.R., J.D. Holzberg and B. Simon: Symptom correlates for descriptive diagnosis. Genet. Psychol. Monogr. 47 (1953) 237-301

Witter, H.: Französische Psychiatrie. Fortschr. Neurol. 29 (1961) 500-520

Witter, H.: Grundriß der gerichtlichen Psychologie und Psychiatrie. Springer, Berlin, Heidelberg, New York 1970

Witter, H.: Wissen und Werten bei der Beurteilung der strafrechtlichen Schuldfähigkeit. In: Kerner, H.-J., H. Göppinger und F. Streng (Hrsg.): Kriminologie Psychiatrie-Strafrecht. Festschrift für Heinz Leferenz zum 70. Geburtstag. Müller, Heidelberg 1983, 441-462

Wittern, R.: Die psychische Erkrankung in der klassischen Antike. Fundam. psychiat. 1 (1987) 93-100

Wolberg, L.R.: The technique of psychotherapie. Grune & Stratton, New York 1967

World Health Organization (WHO): Epidemiology of mental disorders. 8th report of the expert committee on mental health. Technical Report Series No. 185. WHO, Geneva 1960 (zit. nach Häfner, 1981)

World Health Organization (WHO): Mental disorders: Glossary and guide to their classification in accordance with the Ninth Revision of the International Classification of Diseases. WHO, Geneva 1978

World Health Organization (WHO): International Classification of Impairments, Desabilities and Handicaps (ICIDH). WHO Geneva 1980. Deutsch: Matthesius, R.G., K.A. Jochheim, G.S. Barolin und C. Heinz (Hrsg.): Die ICIDH, Internationale Klassifikation der Schädigungen, Fähigkeitsstörungen und Beeinträchtigungen. Ullstein Mosby, Berlin, Wiesbaden 1995

World Health Organization (WHO): Tenth Revision of the International Classification of Diseases. Chapter V (F): Mental and behavioural disorders (including disorders of psychological development). Clinical description and diagnostic guidelines. WHO, Geneva 1991. Deutsch: Dilling, H., W. Mombour und M.H. Schmidt (Hrsg.): Internationale Klassifikation psychischer Störungen. ICD-10 Kapitel V (F). Klinisch-diagnostische Leitlinien. Huber, Bern, Göttingen, Toronto 1991

World Health Organization (WHO): Tenth Revision of the International Classification of Diseases, Chapter V (F): Mental and behavioural disorders. Diagnostic criteria for research. WHO, Geneva 1993. Deutsch: Dilling, H., W. Mombour, M.H. Schmidt und E. Schulte-Markwort (Hrsg.): Internationale Klassifikation psychischer Störungen. ICD-10. Kapitel V (F). Forschungskriterien. Huber, Bern, Göttingen, Toronto 1994

Wulff, E.: Psychiatrie und Klassengesellschaft. Zur Begriffs- und Sozialkritik der Psychiatrie und Medizin. Fischer, Frankfurt a.M. 1972

Wyatt, R.J., S.G. Potkin and D.L. Murphey: Platelet monoamine oxidase activity in schizophrenia: a review of the data. Amer. J. Psychiat. 136 (1979) 377-385

Wyrsch, J.: Über Geschichte der Psychiatrie. Bibl. psychiat. neurol. 100 (1957) 21-41

Wyss, D.: Beziehung und Gestalt. Entwurf einer anthropologischen Psychologie und Psychopathologie. Vandenhoeck & Ruprecht, Göttingen 1973

Wyss, D.: Die anthropologisch-existenzialontologische Psychologie und ihre Auswirkungen insbesondere auf die Psychiatrie und Psychotherapie. In: Balmer, H. (Hrsg.): Die Psychologie des 20. Jahrhunderts. Bd. I. Die europäische Tradition: Tendenzen, Schulen, Entwicklungslinien. Kindler, Zürich 1976

Wyss, D.: Die tiefenpsychologischen Schulen von den Anfängen bis zur Gegenwart. Vandenhoeck & Ruprecht, Göttingen 1977

Zepf, S.: Klinik der psychosomatischen Erkrankungen. In: Kisker, K.P., H. Lauter, J.-E. Meyer, C. Müller und E. Strömgren (Hrsg.): Psychiatrie der Gegenwart. Bd. 1. Neurosen, Psychosomatische Erkrankungen, Psychotherapie. 3. Aufl. Springer, Berlin, Heidelberg, New York 1986, 63-102

Zerbin-Rüdin, E.: Psychiatrische Genetik. In: Kisker, K.P., J.E. Meyer, C. Müller und E. Strömgren (Hrsg.): Psychiatrie der Gegenwart. Bd. I/2. Grundlagen und Methoden der Psychiatrie. 2. Aufl. Springer, Berlin, Heidelberg, New York 1980, 544-618

Zerssen, D. von: Psychisches Kranksein – Mythos oder Realität? In: Hippius, H. und H. Lauter (Hrsg.): Standorte der Psychiatrie. Urban & Schwarzenberg, München, Wien, Baltimore 1976, 79-118

Zerssen, D. von: Diagnose. In: Müller, Chr. (Hrsg.): Lexikon der Psychiatrie. Springer, Berlin, Heidelberg, New York 1986a, 194-198

Zerssen, D. von: Konstitutionstypen. In: Müller, Chr. (Hrsg.): Lexikon der Psychiatrie. Springer, Berlin, Heidelberg, New York 1986b, 405-408

Zerssen, D. von: Nosologie. In: Müller, Chr. (Hrsg.): Lexikon der Psychiatrie. Springer, Berlin, Heidelberg, New York 1986c, 474-477

Zerssen, D. von: Typus. In: Müller, Chr. (Hrsg.): Lexikon der Psychiatrie. 2. Aufl. Springer, Berlin, Heidelberg, New York 1986d, 696-699

Zerssen, D. von, W. Mombour und H.-U. Wittchen: Aktueller Stand der Definition und Klassifikation affektiver Störungen. In: Zerssen, D. von und H.J. Möller (Hrsg.): Affektive Störungen. Springer, Berlin, Heidelberg, New York 1988, 12-28

Zintl-Wiegand, A., B. Cooper und B. Krumm: Psychisch Kranke in der Allgemeinpraxis. Eine Untersuchung in der Stadt Mannheim. Beltz, Weinheim 1980

Zubin, J. and B. Spring: Vulnerability – a new view on schizophrenia. J. abnorm. Psychol. 86 (1977) 102-126

Zutt, J.: Auf dem Weg zu einer anthropologischen Psychiatrie. Springer, Berlin, Göttingen, Heidelberg 1963

12. Stichwortverzeichnis